Schuka · Röhle · Unterberg

Klausurenbuch für
Steuerfachwirte / Steuerfachassistenten

NWB-Prüfungsvorbereitung Steuern

Klausurenbuch für Steuerfachwirte / Steuerfachassistenten

Von
Volker Schuka, Diplom-Finanzwirt, Steuerberater
Hans Joachim Röhle, Diplom-Finanzwirt
Fred Unterberg, Diplom-Finanzwirt

3. Auflage

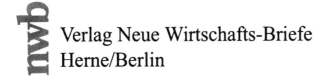

Verlag Neue Wirtschafts-Briefe
Herne/Berlin

Die Deutsche Bibliothek – CIP-Einheitsaufnahme

Schuka, Volker:
Klausurenbuch für Steuerfachwirte, Steuerfachassistenten / von Volker Schuka ; Hans Joachim Röhle ; Fred Unterberg. – 3. Aufl. – Herne ; Berlin : Verl. Neue Wirtschafts-Briefe, 1999
  (NWB-Prüfungsvorbereitung Steuern)
  ISBN 3-482-47123-1

ISBN 3-482-**47123**-1 – 3. Auflage 1999

© Verlag Neue Wirtschafts-Briefe GmbH & Co., Herne/Berlin 1986

Alle Rechte vorbehalten.

Dieses Buch und alle in ihm enthaltenen Beiträge und Abbildungen sind urheberrechtlich geschützt. Mit Ausnahme der gesetzlich zugelassenen Fälle ist eine Verwertung ohne Einwilligung des Verlages unzulässig.

Druck: Druckerei Plump OHG, Rheinbreitbach.

Vorwort

Mit dem vorliegenden Buch möchten wir der immer größer werdenden Anzahl von Personen, die sich auf eine Prüfung im Steuerrecht vorbereiten, eine wertvolle Hilfe an die Hand geben: nämlich das Abrufen von Wissen während und in Form einer Klausur.

Im Zuge jeder steuerlichen Ausbildung, während der bekanntermaßen eine große Menge von neuem und hinreichend komplizierten Stoff auf den Prüfling eindringt, stellt sich immer häufiger die Frage: Wie kann ich mein Wissen auf einen Prüfungsfall anwenden? Wie packe ich einen Klausurfall überhaupt an? Antworten hierauf soll der vorliegende Band geben.

Der vorliegende Band wendet sich in erster Linie an die Teilnehmer von Ausbildungslehrgängen zum Steuerfachassistenten/Steuerfachwirt in ihrer Vorbereitung auf die schriftliche Abschlußprüfung. Das Leistungsniveau dieser Prüfung ist zuletzt deutlich aufgewertet worden und wesentlich oberhalb der Steuerfachangestellten (früher Steuerfachgehilfen) auf dem Weg zum Steuerberater angesiedelt. Je nach Bundesland wird die Berufsbezeichnung Steuerfachassistent/Steuerfachwirt geführt.

Steuerfachassistenten/Steuerfachwirte übernehmen in der Praxis leitende Positionen und sind häufig die rechte Hand des Steuerberaters. Das Niveau der praktischen Anforderungen der Steuerfachassistenten/Steuerfachwirte ist in erster Linie mit dem der Bilanzbuchhaltern vergleichbar. Von daher eignet sich dieser Band auch für die angehenden Bilanzbuchhalter bei ihrer Prüfungsvorbereitung.

Auch für angehende Steuerberater sowie für Finanzanwärter kann dieses Klausurenbuch eine wertvolle Hilfe zu Beginn und während der Ausbildung sein.

Dieser Klausurenband ist gegliedert in insgesamt fünf Klausurensätze mit den dazugehörigen Lösungshinweisen. Die Lösungshinweise sind sehr sorgfältig erarbeitet worden und haben teilweise lehrbuchartigen Charakter. Die Ausführlichkeit der Lösungen, wie sie in diesem Buch dargestellt wird, werden den Prüflingen in Prüfungen so nicht abverlangt. Es ist den Verfassern aber wichtig, über das reine Ergebnis und seine Begründung hinaus Erklärungen und Erläuterungen zu liefern.

Jeder Klausursatz umfaßt die verschiedenen Schwerpunkte der Steuerfachassistenten-/Steuerfachwirtprüfung in Anlehnung an die Prüfungsordnung der Steuerberaterkammern des Landes Nordrhein-Westfalen (NRW) Düsseldorf, Köln und Westfalen-Lippe.

Die Steuerfachassistenten-/Steuerfachwirtprüfung ist noch keine bundeseinheitliche Prüfung. Viele Steuerberaterkammern übernehmen aber die Art und Weise der NRW-Klausuren, so daß bundesweit mit Hilfe dieses Bandes die Schwerpunkte der Steuerfachassistenten-/Steuerfachwirtprüfung erarbeitet und vertieft werden können.

Im Regelfall schreiben Steuerfachassistenten/Steuerfachwirte drei Abschlußprüfungen, die sich wie folgt gliedern:

Steuerrecht I: Einkommen-, Gewerbe-, Körperschaftsteuer
Steuerrecht II: Umsatzsteuer, Abgabenordnung
Rechnungswesen   Buchführung und Bilanzsteuerrecht

Für jede dieser drei Klausuren steht im Ernstfall eine Bearbeitungszeit von vier Stunden zur Verfügung. Diese Zeiteinteilung sollte bei der übungsmäßigen Bearbeitung dieses Klausurenbandes insbesondere im steuerrechtlichen Bereich vernachlässigt werden, weil einige Klausuren bewußt größeren Umfang und Erklärungsbedarf haben. Die Übung, mit der vorgegebenen Prüfungszeit auszukommen, sollte sich jeder Prüfling in Form eines von diversen Lehrgangsveranstaltern angebotenen Klausurenkurses verschaffen.

Die Klausurensätze dieses Bandes haben folgenden Rechtsstand:
- Rechnungswesen, Einkommensteuer, Gewerbesteuer und Körperschaftsteuer beinhalten die Rechtslage 1998.

- Bereits eingearbeitet ist der Rechtsstand folgender Steuerrichtlinien:
- EStR/EStH 1998, UStR 1996, LStR 1999,GewStR 1998, KStR 1998

Hinsichtlich des Steuerentlastungsgesetzes 1999,2000 und 2002 enthält dieser Band in den Fachbereichen Einkommen- und Umsatzsteuer Hinweise auf Änderungen. Für die Prüfung 1999/2000 wird davon ausgegangen, daß dieses Recht noch nicht abgefragt wird.

Die Vielzahl von Änderungen erleichtert dem Prüfling zwar nicht gerade die Vorbereitung, weil in der Praxis bereits häufig neues Recht anzuwenden ist. In der Vergangenheit hat sich aber gezeigt, daß Rechtsänderungen nicht zu Lasten der Prüflinge gingen und eher erst später in Klausuren abgefragt wurden.

In eigener Sache bitten wir mit Nachsicht die nie völlig zu vermeidenden Schwachstellen bei der Erstellung von Klausuren und deren Lösungen zu bedenken.

Als Autoren haben wir zwar mit äußerster Sorgfalt gearbeitet; sollten sich dennoch aus der Sicht des Bearbeiters Anregungen oder Hinweise zur Vervollkommnung dieses Klausurenbandes ergeben, so bitten wir um Mitteilung über den Verlag.

Unser besonderer Dank gilt Herrn Diplom-Finanzwirt Wolfgang Tausch für seine Mitarbeit im Bereich der Umsatzsteuer.

Abschließend dürfen wir allen Personen, die sich auf eine Prüfung im Steuerrecht vorbereiten, ein insgesamt erfolgreiches Gelingen wünschen. Wir wären sehr froh, wenn wir dazu mit diesem Band einen Beitrag geleistet hätten.

Hünxe, Ratingen, Düsseldorf, im Juli 1999

> Dipl.-Finanzwirt Volker Schuka, *Steuerberater,* Hünxe
> Dipl.-Finanzwirt Fred Unterberg, Düsseldorf
> Dipl.-Finanzwirt Hans-Jochen Röhle, Ratingen

Inhaltsverzeichnis

Inhaltsverzeichnis   **Seite**
Vorwort 5
Inhaltsverzeichnis 9

Klausursatz Nr. 1
Aufgabenteil Nr. 1: Einkommensteuer 13
Aufgabenteil Nr. 2: Körperschaftsteuer 18
Aufgabenteil Nr. 3: Gewerbesteuer 20
Aufgabenteil Nr. 4: Umsatzsteuer 22
Aufgabenteil Nr. 5: Abgabenordnung 26
Aufgabenteil Nr. 6: Rechnungswesen 27

Lösungshinweise - Klausursatz Nr. 1
Aufgabenteil Nr. 1: Einkommensteuer 36
Aufgabenteil Nr. 2: Körperschaftsteuer 47
Aufgabenteil Nr. 3: Gewerbesteuer 52
Aufgabenteil Nr. 4: Umsatzsteuer 54
Aufgabenteil Nr. 5: Abgabenordnung 62
Aufgabenteil Nr. 6: Rechnungswesen 66

Klausursatz Nr. 2
Aufgabenteil Nr. 1: Einkommensteuer 81
Aufgabenteil Nr. 2: Körperschaftsteuer 87
Aufgabenteil Nr. 3: Gewerbesteuer 90
Aufgabenteil Nr. 4: Umsatzsteuer 93
Aufgabenteil Nr. 5: Abgabenordnung 96
Aufgabenteil Nr. 6: Rechnungswesen 97

Lösungshinweise - Klausursatz Nr. 2
Aufgabenteil Nr. 1: Einkommensteuer 105
Aufgabenteil Nr. 2: Körperschaftsteuer 116
Aufgabenteil Nr. 3: Gewerbesteuer 125
Aufgabenteil Nr. 4: Umsatzsteuer 128
Aufgabenteil Nr. 5: Abgabenordnung 133
Aufgabenteil Nr. 6: Rechnungswesen 136

Klausursatz Nr. 3

Aufgabenteil Nr. 1: Einkommensteuer 154
Aufgabenteil Nr. 2: Körperschaftsteuer 161
Aufgabenteil Nr. 3: Gewerbesteuer 164
Aufgabenteil Nr. 4: Umsatzsteuer - Klausur Nr. 1 166
Aufgabenteil Nr. 4: Umsatzsteuer - Klausur Nr. 2 169
Aufgabenteil Nr. 5: Abgabenordnung 173
Aufgabenteil Nr. 6: Rechnungswesen 174

Lösungshinweise - Klausursatz Nr. 3

Aufgabenteil Nr. 1: Einkommensteuer... 182
Aufgabenteil Nr. 2: Körperschaftsteuer.. 195
Aufgabenteil Nr. 3: Gewerbesteuer 205
Aufgabenteil Nr. 4: Umsatzsteuer - Klausur Nr. 1 207
Aufgabenteil Nr. 4: Umsatzsteuer - Klausur Nr. 2 212
Aufgabenteil Nr. 5: Abgabenordnung.. 217
Aufgabenteil Nr. 6: Rechnungswesen.. 221

Klausursatz Nr. 4

Aufgabenteil Nr. 1: Einkommensteuer 237
Aufgabenteil Nr. 2: Körperschaftsteuer 244
Aufgabenteil Nr. 3: Gewerbesteuer 245
Aufgabenteil Nr. 4: Umsatzsteuer - 1. Klausur 246
Aufgabenteil Nr. 4: Umsatzsteuer - 2. Klausur 250
Aufgabenteil Nr. 5: Abgabenordnung 256
Aufgabenteil Nr. 6: Rechnungswesen 258

Lösungshinweise - Klausursatz Nr. 4

Aufgabenteil Nr. 1: Einkommensteuer... 266
Aufgabenteil Nr. 2: Körperschaftsteuer.. 278
Aufgabenteil Nr. 3: Gewerbesteuer 283
Aufgabenteil Nr. 4: Umsatzsteuer - 1. Klausur 287
Aufgabenteil Nr. 4: Umsatzsteuer - 2. Klausur 293
Aufgabenteil Nr. 5: Abgabenordnung.. 299
Aufgabenteil Nr. 6: Rechnungswesen.. 305

Klausursatz Nr. 5

Aufgabenteil Nr. 1: Einkommensteuer 320
Aufgabenteil Nr. 2: Körperschaftsteuer 325
Aufgabenteil Nr. 3: Gewerbesteuer - 1. Klausur 328
Aufgabenteil Nr. 3: Gewerbesteuer - 2. Klausur 329
Aufgabenteil Nr. 4: Umsatzsteuer - 1. Klausur 331
Aufgabenteil Nr. 4: Umsatzsteuer - 2. Klausur 335
Aufgabenteil Nr. 5: Abgabenordnung 339
Aufgabenteil Nr. 6: Rechnungswesen 341

Lösungshinweise - Klausursatz Nr. 5

Aufgabenteil Nr. 1: Einkommensteuer 349
Aufgabenteil Nr. 2: Körperschaftsteuer 358
Aufgabenteil Nr. 3: Gewerbesteuer - 1.Klausur 364
Aufgabenteil Nr. 3: Gewerbesteuer - 2.Klausur 366
Aufgabenteil Nr. 4: Umsatzsteuer - 1. Klausur 368
Aufgabenteil Nr. 4: Umsatzsteuer - 2. Klausur 374
Aufgabenteil Nr. 5: Abgabenordnung 383
Aufgabenteil Nr. 6: Rechnungswesen 386

Klausursatz Nr. 1

Aufgabenteil Nr. 1: Einkommensteuer

A. Allgemeiner Sachverhalt

Die kinderlosen Eheleute Siggi (geb. 1.10.1937) und Sonja (geb. 10.8.1940) Sohle sind seit 1961 verheiratet.

Sie leben in einem Einfamilienhaus (Baujahr 1950) in Essen, welches sie mit notariellem Kaufvertrag vom 7.9.1997 (Übergang von Nutzungen und Lasten 30.12.1997) zum Kaufpreis von 400.000 DM (25 % Grund- und Bodenanteil) erworben haben. In dieses Haus sind sie nach größeren Renovierungsarbeiten, wobei Aufwendungen i.H.v. 40.000 DM zzgl. 6.400 DM Umsatzsteuer (gezahlt in 1998) entstanden sind, am 1.6.1998 eingezogen, um hier ihren Lebensabend zu verbringen.

Folgende Aufwendungen sind neben den genannten noch entstanden:

Grunderwerbsteuer	(zutreffend) 3,5 % vom Kaufpreis
Maklergebühr	3,45 % vom Kaufpreis
Notargebühren Kaufvertrag	5.000 DM
Notar- und Gerichtsgebühren Eigentumsumschreibung	2.000 DM
Notar- und Gerichtsgebühren Grundschuldeintragung	500 DM

Zur Finanzierung des Kaufpreises nahmen die Eheleute ein Darlehen zu folgenden Bedingungen auf:

Nennbetrag	300.000 DM
Auszahlung mit Wertstellung	am 1.4.1998 zu 95 %
Nominalzins, fällig monatlich nachschüssig	7 %

Das Darlehen ist 1998 tilgungsfrei gestellt worden. Ab 1.1.1999 sind jährlich vorschüssig 20.000 DM zu tilgen. Die erste Tilgungsrate überwiesen die Ehegatten bereits am 28.12.1998. Zinsen sind stets pünktlich zum 30. des jeweiligen Monats gezahlt worden.

Vor dem Umzug lebten sie in einem ebenfalls ihnen gehörenden Einfamilienhaus in Mülheim, für das sie früher einmal die Förderung nach § 7 b EStG geltend gemacht haben. Vor dem Einzug in dieses Einfamilienhaus in Mülheim lebten sie stets zur Miete.

In das Einfamilienhaus in Essen nahmen sie den nach einem Schlaganfall am 15.6.1998 aus dem Krankenhaus entlassenen Vater des Siggi Sohle auf. Nach diesem Schlaganfall ist der Vater (Jahrgang 1914) zu 100 % schwerbehindert und außerstande, sich selbst zu unterhalten.

Trotz seines hohen Alters war der Vater bis zu seinem Schlaganfall noch als Gewerbetreibender tätig. Das Unternehmen des Vaters mußte allerdings mit hohen Verlusten abgewickelt werden, wobei der Vater sein gesamtes Vermögen verlor. Die steuerlichen Verhältnisse des Vaters stellen sich wie folgt dar:

In 1997 erzielte der Vater Verluste aus Gewerbebetrieb i.H.v. 300.000 DM sowie Einkünfte aus Kapitalvermögen i.H.v. 20.000 DM.

Ausweislich der vorliegenden, bestandskräftig veranlagten Einkommensteuerbescheide betrug sein jeweiliges

Einkommen 1995	80.000 DM
Einkommen 1996	100.000 DM

In den Veranlagungen 1994 und 1995 sind Anträge nach § 10d Abs. 1 Satz 4 EStG nicht gestellt worden.

In 1998 wird der Vater mangels Einkünfte steuerlich nicht mehr geführt.

Am 10.10.1998 verstarb der Vater an den Folgen des Schlaganfalles (nachgewiesene Beerdigungskosten 10.000 DM). Bis dahin hatte Sonja Sohle die Pflege ihres Schwiegervaters persönlich geleistet. Leistungen nach dem Pflegeversicherungsgesetz haben die Eheleute Sohle nicht erhalten.

Eine große Hilfe war ihr dabei die auch über den Tod des Vaters hinaus festangestellte Putzhilfe Steffi Spüli, der die Eheleute ein monatliches Gehalt i.H.v. brutto 2.000 DM lohnsteuer- und beitragspflichtig auf Lohnsteuerkarte zahlen. Frau Spüli organisiert seit Jahren den Haushalt der Eheleute Sohle.

Im November 1998 gelang den Eheleuten die Adoption eines Kindes (geb. 1996), welches seit seiner Geburt zu 60 % schwerbehindert ist.

B. Einkünfte

I. Schuhgeschäft

Siggi Sohle betreibt in Essen ein Schuhgeschäft in einem ihm selbst gehörenden Gebäude. Seinen steuerlichen Unterlagen ist folgendes zu entnehmen:

Betriebsvermögen 1.1.1998	./.100.000 DM
Betriebsvermögen 30.9.1998	+200.000 DM
Entnahmen bis 30.9.1998	50.000 DM
Einlagen bis 30.9.1998	200.000 DM

Zum 30.9.1998 veräußerte er das Schuhgeschäft an Sascha Senkel zum Kaufpreis von 300.000 DM, der vereinbarungsgemäß erst am 31.1.1999 überwiesen wurde.

Dabei gingen bis auf einen Pkw (gemeiner Wert 46.400 DM, Buchwert 10.000 DM) und das Geschäftsgrundstück „Alfred Straße" (gemeiner Wert 1.000.000 DM, Buchwert 200.000 DM, jeweiliger Grund- und Bodenanteil 30%) alle Vermögensgegenstände und Schulden auf den Erwerber über. Die Veräußerungskosten wurden von dem Erwerber übernommen.

Ab 1.10.1998 vermietete Herr Sohle das Grundstück für monatlich 10.000 DM an den Erwerber, der das Schuhgeschäft weiterführte und sämtliche Nebenkosten des Grundstücks zu tragen hat. Der Pkw wird nur noch privat genutzt.

II. Ruhegehalt

Als Beamtin im Ruhestand erhält Sonja seit 1.8.1995 eine monatliche Pension. Auf der Lohnsteuerkarte 1998 wurden 36.000 DM Ruhegehalt, 5.600 DM Lohnsteuer, 504 DM Lohnkirchensteuer sowie 308 DM Solidaritätszuschlag eingetragen.

III. Grundstück Rüttenscheider Straße in Essen

Mit Kaufvertrag vom Januar 1998 (Umschreibung im Grundbuch Februar 1998, Übergang von Nutzungen und Lasten zum 1.3.1998) erwarb Siggi Sohle das Grundstück "Rüttenscheider Str." zum Preis von 280.000 DM (Grund- und Bodenanteil 80.000 DM).

Die Grunderwerbsteuer (i.H.v. 9.800 DM) und die Notar- und Gerichtskosten (i.H.v. 3.000 DM) belasteten lt. Vertrag den Verkäufer.

Bis zum 30.6.1998 war das 1920 errichtete Gebäude, das weder technisch noch wirtschaftlich verbraucht war, zu Wohnzwecken vermietet. Er konnte Mieteinnahmen i.H.v. 9.800 DM erzielen.

In mühsamen Verhandlungen mit den Mietern konnte Herr Sohle erreichen, daß diese unter Aufgabe ihrer Rechte zum 25.6.1998 vorzeitig auszogen. Dafür zahlte Sohle ihnen Abfindungen i.H.v. zusammen 30.000 DM.

Am 30.6.1998 wurde mit dem Auszug des letzten Mieters das Gebäude abgerissen. Die Abbruchkosten i.H.v. 20.000 DM und die Anschaffungskosten des Grundstücks i.H.v. 280.000 DM möchte er als Werbungskosten geltend machen.

Noch im Juli 1998 (der Bauantrag war im März 1998 gestellt und zügig positiv beschieden worden) wurde auf dem Grundstück mit dem Bau einer Lagerhalle in Schnellbauweise begonnen, welche bereits zum 28.10.1998 bezugsfertig war. Somit konnte Siggi Sohle die Lagerhalle an verschiedene Gewerbetreibende bereits ab 1.11.1998 vermieten. Seine gesamten Mieteinnahmen betragen ab November 1998 monatlich 10.000 DM zzgl. 1.600 DM Umsatzsteuer. Folgende Aufwendungen sind bei der Errichtung der Lagerhalle entstanden:

Herstellungskosten	300.000 DM
Schnellbauzuschlag	30.000 DM
Umsatzsteuer auf HK und Schnellbauzuschlag	52.800 DM
Kosten für das Richtfest	1.000 DM

Sämtliche Vorsteuerbeträge wurden in den USt-Voranmeldungen bis Oktober 1998 geltend gemacht und bis Dezember 1998 vom Finanzamt erstattet. Ansonsten war umsatzsteuerlich die Dauerfristverlängerung vereinbart.

An Grundbesitzabgaben sind ab dem 2. Quartal 1998 vierteljährlich 1.500 DM entrichtet worden. Die Kosten des 1. Quartals übernahm noch der Verkäufer.

Finanzierungskosten sind für das Objekt nicht angefallen, da Siggi Sohle aus der Veräußerung von Aktien der Forsch AG über genügend flüssige Mittel verfügte.

Die Aktien der Forsch-AG hatte Siggi Sohle am 28.12.1997 von seinem verstorbenen Onkel als Alleinerbe geerbt. Der Onkel hatte die Aktien (Anteil am Grundkapital der AG 20 %) am 19.10.1997 für 300.000 DM erworben. Siggi Sohle, der sich zugegebenermaßen bisher mit Börsengeschäften wenig auseinandergesetzt hat, gelang es, diese Aktien am 27.6.1998 für 400.000 DM zu veräußern.

IV. Wesentliche Beteiligung an der Schlager GmbH

Seit März 1998 ist Siggi Sohle an der 1980 gegründeten Schlager-GmbH mit 30 % am Stammkapital beteiligt (Anschaffungskosten 150.000 DM). Bereits im Mai 1998 zeichnete sich ein Wertverlust der Beteiligung ab, da der deutsche Schlager kriselte. Um einen Totalverlust zu vermeiden, veräußerte er die Anteile im Juli 1998 für 50.500 DM.

C. Private Aufwendungen

Die Ehegatten planen für 2002 ernsthaft die Errichtung eines weiteren Mietwohngrundstücks in Essen. Deshalb leisteten sie 1998 Beitragszahlungen auf einen gemeinsamen Bausparvertrag (Vertragsabschluß 1994) i.H.v. 10.000 DM. Die Bausparkasse schrieb ihnen Zinsen aus diesem Bausparguthaben (ohne Zinsabschlagsteuer) i.H.v. 1.000 DM gut. Freistellungsaufträge hatten sie in ausreichender Höhe erteilt.

Die Ehegatten konnten noch folgende Aufwendungen nachweisen:

Beiträge an die private Krankenversicherung	6.200 DM
Beiträge an die private Unfallversicherung	200 DM

Beiträge an eine Sterbekasse	500 DM
Beiträge an eine Lebensversicherung	10.000 DM
Beiträge der Ehegatten an die freiwillige zusätzliche Pflegeversicherung	800 DM
Säumniszuschlag zur Einkommensteuer 1996	300 DM
Verspätungszuschlag Einkommensteuererklärung 1996	1.000 DM
Einkommensteuer-Vorauszahlungen 1998	20.000 DM
Kirchensteuer-Vorauszahlungen 1998	1.800 DM

D. Aufgabe

In nachfolgender Reihenfolge ist das niedrigstmögliche zu versteuernde Einkommen für den Veranlagungszeitraum 1998 zu ermitteln:

I. Persönliche Einkommensteuerpflicht
II. Veranlagungsart
III. Ermittlung des Gesamtbetrages der Einkünfte
IV. Ermittlung des Einkommens
V. Ermittlung des zu versteuernden Einkommens
   Gehen Sie bei der Ermittlung des zu versteuernden Einkommens davon aus, daß sich der Kinderfreibetrag günstiger auswirkt als das Kindergeld. Ansonsten ist für alle Monate Kindergeld in zutreffender Höhe ausgezahlt worden, es sei denn, in einzelnen Monaten sind die Voraussetzungen für das Kindergeld aus im Sachverhalt genannten Gründen nicht erfüllt.
VI. Sollten sich aus dem Sachverhalt Anhaltspunkte für die Gewährung von Steuer- und Tarifermäßigungen ergeben, so sind diese unter Angabe der gesetzlichen Vorschriften zu nennen.

Bearbeitungshinweis:

- Sämtliche für die Bearbeitung erforderlichen Anträge gelten als gestellt, insbesondere wenn sie steuermindernde Wirkung haben.
- Die Einkünfte der Ehegatten betrugen 1997 300.000 DM.

Aufgabenteil Nr. 2: Körperschaftsteuer

Sachverhalt 1:

Die Kaufleute Klug und Weise faßten am 2.1.1998 den Entschluß, wegen der gestiegenen Nachfrage nach Sportartikeln eine Sportartikel-GmbH zu gründen.

Am 20.1.1998 verpflichteten sie sich durch formgerechten Vorvertrag zum Abschluß eines Gesellschaftsvertrags. Ab diesem Zeitpunkt bereiteten sie auch die Eröffnung einer gemieteten Ladenlokals vor. Um bereits das Frühjahrsgeschäft in 1998 auszunutzen, eröffneten sie das Ladenlokal bereits am 23.2.1998. Wegen der äußerst positiven Geschäftsentwicklung fanden Klug und Weise erst am 1.11.1998 Zeit, den eigentlichen notariellen Gesellschaftsvertrag abzuschließen. Anschließend meldeten sie die GmbH zur Eintragung in das Handelsregister an. Die Eintragung erfolgte am 2.1.1999.

Folgende (zutreffend ermittelten) Betriebsergebnisse wurden erzielt:

a) 02.01.1998 - 22.02.1998 ./. 5.000 DM (vorbereitende Betriebsausgaben)
b) 23.02.1998 - 31.10.1998 90.000 DM
c) 02.11.1998 - 31.12.1998 24.000 DM.

Aufgabe:

Wie erfolgt die Besteuerung der Betriebsergebnisse?

Sachverhalt 2:

Der seit 1990 im Vereinsregister eingetragene Geselligkeitsverein bezog 1998 aus folgenden Quellen Einkünfte:

1. Der Verein gibt eine Vereinszeitschrift heraus, in der Anzeigenwerbung betrieben wird. Der Verein erzielte daraus 10.000 DM Einnahmen und 5.000 DM Ausgaben.

2. Der Verein ist zu 60 % an einer GmbH beteiligt. Laut Gesellschafterbeschluß vom 2.12.1998 soll der Verein für 1997 eine Gewinnausschüttung in Höhe von 50.000 DM erhalten.

Am 20.1.1999 wurden dem Bankkonto des Vereins 36.812,50 DM gutgeschrieben. Der Tag der Auszahlung war im Gewinnverteilungsbeschluß nicht festgeschrieben. Die GmbH hat dem Verein die erforderliche Steuerbescheinigung erteilt.

3. Im Februar 1998 erwarb der Verein 40 % der Anteile an einer weiteren GmbH für 100.000 DM. Diese Beteiligung wurde im Mai 1998 für 120.000 DM wieder veräußert.

4. Der Verein ist im Besitz eines Mietwohngrundstücks. 1998 wurden Mieteinnahmen in Höhe von 72.000 DM erzielt. Diesen Einnahmen stehen Werbungskosten (einschließlich Abschreibung) in Höhe von 32.000 DM gegenüber.

5. Der Verein verkaufte am 12.10.1998 ein unbebautes Grundstück für 300.000 DM. Dieses Grundstück hatte der Verein 1990 für 180.000 DM erworben.

6. Daneben erzielte der Verein an Mitgliedsbeiträgen 34.000 DM. Aufwendungen im Zusammenhang mit seiner satzungsmäßigen Tätigkeit entstanden in Höhe von 28.000 DM.

Aufgabe:

Ermitteln Sie für 1998 die Körperschaftsteuer und den Solidaritätszuschlag.

Aufgabenteil Nr. 3: Gewerbesteuer

I. Sachverhalt

Karl Klunker ist als Juwelier und Goldschmiedemeister in Duisburg selbständig tätig. Sein Wirtschaftsjahr stimmt mit dem Kalenderjahr überein. Er ermittelt seinen Gewinn nach § 4 Abs. 1 und § 5 EStG.
Für den Erhebungszeitraum 1998 werden Ihnen folgende Angaben zur Verfügung gestellt:

1. Vorläufiger Gewinn lt. Handelsbilanz   150.000 DM

2. Zum Betriebsvermögen des Karl Klunker gehört seit Jahren eine Beteiligung an der Edelmetall-Handel-GmbH (Stammkapital 50.000 DM) mit Sitz in Düsseldorf. Der Geschäftsanteil beträgt 20 %. Im Oktober 1998 beschloß die Gesellschafterversammlung der GmbH eine Gewinnausschüttung für 1997, die i.H.v. 18.500 DM noch im gleichen Jahr auf ein Geschäftskonto der Firma Klunker überwiesen worden ist.
   Diesen Vorgang hat Karl Klunker i.H.v. 18.500 DM über "Bank an Erträge aus Dividenden" verbucht, so daß er insoweit im vorläufigen Handelsbilanzgewinn enthalten ist.
   Für das Geschäftsjahr 1998 kann aufgrund der schlechten Geschäftsentwicklung mit einer Ausschüttung nicht gerechnet werden.

3. Für eine von der Genius AG gemietete Spezialmaschine hat Karl Klunker im Kalenderjahr 1998 Mietzahlungen i.H.v. 50.000 DM geleistet.

4. Der Privatmann und passionierte Edelmetall-Experte Rudi Ring ist seit 1985 mit einer Einlage von 100.000 DM am Gewerbebetrieb des Karl Klunker still beteiligt.
   Für 1998 wurde ihm sein Gewinnanteil i.H.v. 9.061 DM in 1999 auf sein Privatkonto überwiesen.

5. Das bebaute Grundstück, in dem er seinen Gewerbebetrieb ausübt, steht seit 1970 in seinem Alleineigentum (80 % betriebliche Nutzung, 20 % Nutzung zu eigenen Wohnzwecken).
   Die Bewertungsstelle des zuständigen Finanzamtes hat für das Grundstück einen Einheitswert auf den 1.1.1964 i.H.v. 120.000 DM festgestellt. Der Verkehrswert beträgt unstreitig 1.600.000 DM.

6. Auf dem Grundstück lastet eine im Jahre 1995 zum Zwecke des Gebäudeumbaus aufgenommene Hypothek. Der Gebäudeumbau betraf nur die betrieblich genutzten Gebäudeteile.

Für diese Hypothek wurden im Jahre 1998 folgende Beträge als Aufwand gebucht:

a) Zinsen 7.200 DM
b) Damnum als aktiver Rechnungsabgrenzungsposten 800 DM

7. Die Gewerbesteuervorauszahlungen für 1998 betragen 30.000 DM.

II. Aufgabe

Ermitteln Sie für den Gewerbebetrieb des Karl Klunker die Gewerbesteuerrückstellung/Erstattung für 1998 unter Verwendung der 5/6 Methode (Annahme: Der GewSt-Hebesatz der Stadt Duisburg beträgt in 1998 450 %).

Begründen Sie Ihre Lösung unter Angabe der einschlägigen gesetzlichen Bestimmungen.

Aufgabenteil Nr. 4: Umsatzsteuer

A. Sachverhalt

Der Architekt Siggi Sachlich betreibt in Düsseldorf ein Architekturbüro. Er ermittelt seinen Gewinn freiwillig im Rahmen eines Betriebsvermögensvergleichs. Er versteuert seine Umsätze nach vereinbarten Entgelten. Seine Umsätze haben in den letzten Jahren jeweils ca. 2 Mio. DM betragen. Für 1999 rechnet er mit einem ähnlich hohen Umsatzvolumen.

Für den Unternehmer ist die Umsatzsteuererklärung 1999 vorzubereiten. Es sind die folgenden Einzelsachverhalte von Ihnen unter Nennung der einschlägigen gesetzlichen Vorschriften bzw. Verwaltungsanweisungen noch umsatzsteuerrechtlich einzuordnen.

Dabei ist folgende Gliederung einzuhalten, sofern der Sachverhalt zu allen Gliederungspunkten Aussagen zuläßt:

I. Steuerbarkeit (insbesondere Art und Ort der Leistung)
II. Steuerfreiheit/Steuerpflicht
III. Steuersatz
IV. Bemessungsgrundlage und Höhe der Umsatzsteuer
V. Entstehung der Umsatzsteuer

Bearbeitungshinweis:

Aufgrund der permanenten Änderungen des UStG ist der vorliegende Sachverhalt überwiegend so gestaltet, daß er rechtslagenneutral ohne rechtlichen Unterschied gelöst werden kann. Sollte zwischen der Rechtslage bis 31.3.1999 und ab 1.4.1999 Unterschiede bestehen, wird diese dargestellt.

B. Einzelsachverhalte

1. Herr Sachlich hat sich an einer Ausschreibung für den Neubau eines Berliner Verwaltungsgebäudes beteiligt. Nach den Ausschreibungsbedingungen gehen sämtliche eingegangenen Entwürfe und Pläne in das Eigentum der Stadt Berlin über. Dies geschieht unabhängig davon, ob der eingereichte Entwurf von der unabhängigen Jury prämiert wurde oder nicht.

Die Jury prämierte den Entwurf letztendlich nicht. Hätte Herr Sachlich die Arbeiten (ähnliche Planungen und Entwürfe) für einen Bauherrn gefertigt, hätte er dafür 50.000 DM zzgl. 16 % Umsatzsteuer in Rechnung gestellt.

2. Herr Sachlich wurde von der Duisburger Steuerberaterin Lea Anlag beauftragt, die Planung und Bauleitung eines im Duisburger Süden zu bauenden Einfamilienhauses zu übernehmen. Als Honorar wurden 30.000 DM zzgl. 16 % Umsatzsteuer vereinbart. Frau Anlag war von der Auftragsdurchführung derart begeistert, daß sie Herrn Sachlich zum Einzug am 30.6.1999 einlud und ihm feierlich neben einem Scheck über 34.800 DM ein Gemälde im Wert von 5.000 DM überreichte.

3. Im November 1999 meldeten sich bei Herrn Sachlich mehrere private Investoren, die im Düsseldorfer Stadtteil Benrath gemeinsam eine Seniorenresidenz errichten wollten. Da Herr Sachlich sich von diesem Auftrag ein hohes Honorar versprach, lud er die Investoren am 28.11.1999 zu einer Vorbesprechung in ein bekanntes Restaurant in der Düsseldorfer Altstadt ein. Er erhielt von dem Restaurant eine Quittung über "Speisen und Getränke" 1.500 DM zzgl. offen ausgewiesener Umsatzsteuer. Mit der Durchführung des Auftrages konnte erst im Frühjahr 2000 begonnen werden.

4. Herr Sachlich nutzt seinen Pkw BMW 525 TD Touring (unstreitige Nutzungsdauer 5 Jahre) ausweislich seines ordnungsgemäß geführten Fahrtenbuches wie folgt:

Privatfahrten	5.000 km
Fahrten Wohnung/Büro	8.000 km
sonstige betriebliche Fahrten	15.000 km

Der Pkw, den er 1998 für 70.000 DM zzgl. Umsatzsteuer angeschafft hatte und seitdem linear abschrieb, verursachte 1999 folgende Kosten:

Treibstoff	4.000 DM
Reparaturen, Inspektionen	3.000 DM
Kfz-Versicherung	4.000 DM
Kfz-Steuer	1.000 DM
Garagenmiete (Vermieter ist Kleinunternehmer)	1.200 DM

Am 30.12.1999 veräußerte er das Fahrzeug zum Preis von 45.000 DM an einen niederländischen Privatmann, der den Wagen in Düsseldorf abholte.

5. Einem befreundeten Bauunternehmer, der für ihn ca. 60 % aller Hochbauarbeiten durchführt, schenkte er zu dessen Silberhochzeit im Mai 1999 einen goldenen Spaten, den er im Januar 1999 selbst für 3.000 DM zzgl. Umsatzsteuer angeschafft hat.

Aufgrund des gestiegenen Goldpreises würde der Spaten im Zeitpunkt der Schenkung 3.200 DM zzgl. Umsatzsteuer kosten.

6. Im Dezember 1999 vereinnahmte Sachlich folgende Anzahlungen auf Planungsleistungen:

a) Von dem privaten Bauherrn Max Gründlich erhielt er 11.600 DM. Diesem hatte Herr Sachlich eine Anzahlungsrechnung i.H.v. 10.000 DM zzgl. offen ausgewiesener 16 %iger Umsatzsteuer erteilt.

b) 7.000 DM von dem Autohaus Trecker, für welches er eine Ausstellungshalle zu errichten hat. Diesem Autohaus hatte er lediglich ein Fax geschickt mit der Mitteilung "Bitte 7.000 DM a cto. überweisen".

7. Für seine Schwester Isolde plante Herr Sachlich im November 1999 ein Ferienhaus in Griechenland. Aufgrund der Tatsache, daß er sich mit seiner Schwester schon immer sehr gut verstanden hat, verzichtete er von vornherein auf jegliches Honorar und überreichte ihr die vorzüglichen Pläne anläßlich eines gemeinsamen Opernbesuchs Ende November 1999 in München. Einem fremden Dritten hätte er 20.000 DM zzgl. 3.200 DM Umsatzsteuer berechnet. Im Zusammenhang mit der Planung sind Kosten i.H.v. 6.000 DM entstanden.

8. Am 1.12.1999 hielt er in München einen Vortrag über Sinn und Unsinn der Entwicklungen im Baudesign. Er vereinnahmte ein Vortragshonorar i.H.v. 3.000 DM. Da die Vortragsveranstaltung von einer italienischen Agentur veranstaltet wurde, geht er von der Nichtsteuerbarkeit des Umsatzes aus.

9. Für den Eigentümer eines hochwassergeschädigten Hauses in Bonn erstellte er im März 1999 ein Gutachten über die Ursachen des Schadeneintritts. Sein Gutachterhonorar i.H.v. 5.000 DM rechnete er direkt mit der beteiligten Versicherungsgesellschaft ab, weswegen er nach § 4 Nr. 10 UStG von der Umsatzsteuerfreiheit ausgeht.

10. Ein Bauherr entrichtete das im Februar 1999 entstandene und in Rechnung gestellte Architektenhonorar über 10.000 DM zzgl. 16 % Umsatzsteuer erst nach mehreren Mahnungen im Dezember 1999 i.H.v. 12.600 DM. Die Differenz zum Rechnungsbetrag i.H.v. 1.000 DM kommt durch Verzugszinsen zustande.

11. Bei einer französischen Computerfirma bestellte Herr Sachlich im September 1999 ein Kopiergerät, mit dem sich auch sehr große Pläne kopieren und vergrößern bzw. verkleinern lassen und somit speziell die Bedürfnisse von Architekten abdeckt. Die französische Firma lieferte und installierte die Anlage mit eigenen Mitarbeitern am 1.12.1999. Sie ging von der Steuerfreiheit des Auftrages aus und stellte 100.000 DM - mit Datum vom 1.12.1999 - in Rechnung, wobei sie sowohl die eigene als auch die Identifikations-Nr. des Herrn Sachlich berücksichtigte.

Aufgabenteil Nr. 5: Abgabenordnung

Sachverhalt 1

Die Eheleute Max und Erna Meier haben die Einkommensteuer-Erklärung für das Kalenderjahr 1998 beim zuständigen Finanzamt eingereicht und Zusammenveranlagung beantragt.

Der Ehemann hat u.a. Aufwendungen für ein häusliches Arbeitszimmer als Werbungskosten bei den Einkünften aus nichtselbständiger Arbeit geltend gemacht. Das Arbeitszimmer soll nicht der Abzugsbeschränkung des § 9 Abs. 5 i.V.m. § 4 Abs. 5 Nr. 6b EStG unterliegen.

Im Rahmen der Bearbeitung der Einkommensteuer-Erklärung kommen dem zuständigen Veranlagungsbeamten Zweifel hinsichtlich der ausschließlichen beruflichen Nutzung des Arbeitszimmers. Er entschließt sich daraufhin, dies durch ein Telefonat zu klären. Am Telefon erreicht er Erna Meier. Im Rahmen des Gesprächs erfährt er, daß das Zimmer von ihr auch als Bügelzimmer genutzt wird.

Aufgrund der Information von Erna Meier werden die Aufwendungen für das Arbeitszimmer wegen der nicht ausschließlichen beruflichen Nutzung nicht zum Abzug als Werbungskosten zugelassen.

Aufgabe

Nehmen Sie zur Vorgehensweise des Finanzamts aus verfahrensrechtlicher Sicht Stellung.

Sachverhalt 2

Der Unternehmer Müller gibt die Umsatzsteuervoranmeldung für den Monat August 01 am 19.9.01 (Montag) beim zuständigen Finanzamt ab. Die vorangemeldete Steuer beträgt 20.000 DM. Am 21.9.01 reicht Müller einen entsprechenden Verrechnungsscheck beim Finanzamt ein.

Aufgabe

Mit welchen Maßnahmen seitens der Finanzbehörde muß Müller rechnen?

Aufgabenteil Nr. 6: Rechnungswesen

A. Allgemeines

Der Fabrikant und Großhändler K. Linka betreibt sein Unternehmen seit Jahren in Mülheim, Düsseldorfer Str. 1.

Die Firma ist im Handelsregister eingetragen. K. Linka versteuert seine Umsätze nach vereinbarten Entgelten und tätigt ausschließlich Umsätze, die den Vorsteuerabzug zulassen. Sein Vorjahresumsatz betrug 2.750.000 DM.

Das steuerliche Betriebsvermögen zum 31.12.1997 beträgt 337.000 DM.

Das Wirtschaftsjahr stimmt mit dem Kalenderjahr überein.

B. Aufgabe

Nehmen Sie zu den nachstehenden neun Sachverhalten in folgender Reihenfolge Stellung:

1. Beurteilen Sie die nachstehenden Sachverhalte aus handels- und aus steuerrechtlicher Sicht und begründen Sie Ihre Entscheidungen kurz unter Hinweis auf die gesetzlichen Bestimmungen und Verwaltungsanweisungen (HGB, EStG, EStR und EStH). Soweit Bilanzierungs- und Bewertungswahlrechte bestehen, ist davon auszugehen, daß K. Linka für das Wirtschaftsjahr 1998 den steuerrechtlich niedrigsten Gewinn ausweisen möchte. Auf eine evtl. Gewerbesteuer-Rückstellung für 1998 ist nicht einzugehen.

2. Die einzelnen Bilanzansätze sind zu entwickeln, dabei ist das abnutzbare Anlagevermögen in Staffelform darzustellen. Mögliche Änderungen bei der Vorsteuer bzw. Umsatzsteuer sind bei den betreffenden Sachverhalten betragsmäßig anzugeben (die Ermittlung des Endbestandes ist nicht erforderlich). Gehen Sie bitte aus Vereinfachung für das ganze Wirtschaftsjahr 1998 von einem Umsatzsteuersatz von 16 % aus. Soweit in den einzelnen Sachverhalten besonders darauf hingewiesen wird, daß Bilanzposten bereits korrekt erfaßt sind, brauchen diese nicht mehr angesprochen zu werden.

3. Es sind die erforderlichen Korrektur- bzw. Ergänzungsbuchungen zu erstellen.

4. Es ist die jeweilige Gewinnauswirkung mit den einzelnen Beträgen anzugeben. Dabei sind die betreffenden Erfolgskonten der Gewinn- und Verlustrechnung zu benennen. Eine Zusammenstellung sämtlicher Änderungen (Ermittlung des endgültigen steuerlichen Gewinns) ist nicht erforderlich.

C. Sachverhalte:

1. Grundstück Mülheim, Düsseldorfer Str. 1

K. Linka ist seit Januar 1991 Eigentümer dieses bebauten Grundstücks in Mülheim. Das aufstehende Gebäude (Geschäftslokal und Verwaltungsräume der Firma) wurde 1976 errichtet.

Der Grund und Boden wurde seit der Anschaffung unverändert mit den anteiligen Anschaffungskosten in Höhe von 120.000 DM, zuletzt in der Bilanz zum 31.12.1997, ausgewiesen. Das Gebäude wurde mit den anteiligen Anschaffungskosten von 380.000 DM abzüglich der betriebsgewöhnlichen AfA von 2 % angesetzt.

In unmittelbarer Nachbarschaft wurde in 1998 ein störendes Bauwerk errichtet, welches unbestritten zu einer nachhaltigen Wertbeeinträchtigung des vorliegenden Grundstücks führte. Daraufhin schätzte K. Linka den Wert des Grundstücks zum 31.12.1998 auf insgesamt 320.000 DM (Grund und Boden 120.000 DM, Gebäude 200.000 DM) und entwickelte den Bilanzansatz des Gebäudes zum 31.12.1998 wie folgt:

Vorläufige Entwicklung des Gebäudekontos lt. HB/StB:

Anschaffungskosten	380.000 DM
./. AfA 1991 - 1997 (7 x 7.600 DM)	53.200 DM
Bilanzwert 31.12.1997	326.800 DM
./. außerplanmäßige Abschreibung	126.800 DM
Zwischensumme	200.000 DM
./. AfA 1998	7.600 DM
Bilanzwert 31.12.1998	192.400 DM

Aus der Buchführung ergeben sich folgende Buchungen:

Außerplanmäßige Abschreibung	an Gebäude	126.800 DM
AfA	an Gebäude	7.600 DM

Nach Auskunft des Gutachterausschusses der Stadt Mülheim und eines Bausachverständigen ergeben sich für das betroffene Objekt zum 31.12.1998 die folgenden - unbestrittenen - Zeitwerte (= Teilwerte):

Grund und Boden	Gebäude	Gesamtbetrag
120.000 DM	240.000 DM	360.000 DM

2. Grundstück Mülheim, Kölner Str. 12

Auf diesem bebauten Grundstück befindet sich die Fertigungshalle der Firma K. Linka.

Unter Androhung der Enteignung (Flurbereinigung) hat K. Linka zum Zwecke der Straßenverbreiterung eine Teilfläche von 200 qm seines Grund und Bodens zum 1.2.1998 an die Stadt Mülheim verkaufen müssen. Das Grundbuch wurde Ende März 1998 berichtigt. Der Grund und Boden, der zu 100 % betrieblichen Zwecken diente, wurde am 1.4.1992 erworben und seitdem zutreffend in der Bilanz mit den Anschaffungskosten von 30.000 DM ausgewiesen.

Die aufgrund des rechtskräftigen Verfahrens zugesprochene Entschädigung von 90.000 DM wurde im April 1998 von der Stadt Mülheim auf das private Bankkonto überwiesen und bisher nicht gebucht.

K. Linka konnte wider Erwarten ein neues Grundstück in unmittelbarer Nähe eines Einkaufszentrums erwerben. Er beabsichtigt, hierauf in 1999 ein neues Geschäftsgebäude zu errichten. Nach dem Kaufvertrag gehen die Gefahr, die Nutzungen und Lasten zum 1.12.1998 auf K. Linka über. Der Kaufpreis betrug 72.000 DM, Umsatzsteuer wurde im Kaufvertrag nicht ausgewiesen. Außerdem betrugen die Erwerbsnebenkosten (Notar, Grunderwerbsteuer, Grundbuchkosten, etc.) ohne die gesondert in Rechnung gestellte Vorsteuer 9.000 DM.

Buchung der Anschaffung:

Grund und Boden	72.000 DM	
und sonstige Aufwendungen	9.000 DM	
und Vorsteuer	980 DM	an Bank 81.980 DM

Da die Eintragung der Eigentumsänderung in das Grundbuch erst am 12.1.1999 erfolgte, buchte K. Linka zum 31.12.1998:

Sonstige Forderungen 72.000 DM an Grund und Boden 72.000 DM

Weitere Buchungen sind zu diesem Vorgang bisher nicht erfolgt. Der aus dem Betriebsvermögen ausgeschiedene Grund und Boden ist zum 31.12.1998 noch mit 30.000 DM im Gesamtbetrag des Bilanzwertes enthalten.

3. Transportanlage

K. Linka schloß Anfang November 1997 mit der Fa. Krampe in Ratingen einen Kaufvertrag über eine gebrauchte Transportanlage ab. Zur Beförderung des Rohmaterials und der Fertigteile sollten Transportwannen verwendet werden, die Spezialhängevorrichtungen hatten und deren Maße auf das Förderband abgestimmt waren.

Am 3.2.1998 wurde die Anlage nach der Vornahme von Überholungsarbeiten dem Spediteur Schnell übergeben, der sie nach Mülheim transportierte. Die gebrauchte Anlage wurde nach Montage durch die Firma Kurze am 22.2.1998 in Gebrauch genommen.

Die Netto-Rechnungsbeträge des Spediteurs in Höhe von 1.200 DM und des Monteurs in Höhe von 2.200 DM wurden im März 1998 bei Zahlung dem Konto "Sonstige Aufwendungen" belastet. Die Vorsteuer wurde zutreffend gebucht.

Die Rechnung der Firma Krampe wurde bei Eingang wie folgt gebucht:

Transportanlage	80.000 DM		
und Vorsteuer	12.800 DM	an Verbindlichkeiten	92.800 DM

und bei Zahlung am 20.2.1998:

Verbindlichkeiten	92.800 DM	an	Bank	90.016 DM
			Vorsteuer	384 DM
			Skontoertrag	2.400 DM

Ende Mai 1998 wurde die Transportanlage durch Anbringung von Zusatzbändern erweitert und die Netto-Aufwendungen hierfür in Höhe von 12.000 DM wurden dem Konto "Erhaltungsaufwendungen" belastet. Die Vorsteuer wurde zutreffend erfaßt.

Im Zusammenhang mit der Erweiterung des Transportbandes kaufte K. Linka am 3.7.1998 20 Transportwannen (Rechnungspreis 7.000 DM zzgl. 1.120 DM USt). Die Anschaffungskosten sind von K. Linka wie folgt gebucht worden:

Sofortabschreibung
Geringwertige Wirtschaftsgüter   7.000 DM
und Vorsteuer   1.120 DM   an Bank 8.120 DM

Die Transportanlage hat eine Nutzungsdauer von 10 Jahren. Da keine weiteren Buchungen erfolgt sind, ist die Transportanlage im Bestand noch mit einem Wert von 80.000 DM enthalten.

4. Finanzanlagen

a) Beteiligung

K. Linka hat am 1.5.1998 von seinem Kunden Miller einen Anteil von nominal 10.000 DM an der Metallvertriebsgesellschaft mbH erworben.

Die Bezahlung erfolgte durch Verrechnung mit einer Forderung an Miller in Höhe von 15.000 DM, die aus einer umsatzsteuerfreien Lieferung stammte. K. Linka hatte diese Forderung bereits in der Bilanz zum 31.12.1997 wertberichtigt und zutreffend mit 5.000 DM ausgewiesen, nachdem Miller mehrfache Mahnungen unbeantwortet ließ.

Der gemeine Wert des Anteils an der GmbH betrug 15.000 DM. K. Linka hat diesen Anteil wie folgt gebucht:

Beteiligungen 5.000 DM   an Forderungen 5.000 DM.

Die 1998 im Zusammenhang mit dem Erwerb angefallenen Nebenkosten (Notar, etc.) in Höhe von insgesamt 280 DM sind dem Konto "Sonstige Aufwendungen" belastet worden. K. Linka beabsichtigt vorerst nicht, die Anteile an der GmbH zu veräußern oder dem Betrieb zu entnehmen.

b) Wertpapiere

K. Linka kaufte mit betrieblichen Mitteln am 1.6.1996 bei einem Kurs von 100 % für 6.000 DM zzgl. 120 DM Nebenkosten Wertpapiere.

Er entnahm diese Papiere am 1.8.1997 aus dem Betriebsvermögen bei einem Kurs von 150 % und buchte zu diesem Zeitpunkt:

Privatentnahmen 9.180 DM an Wertpapiere 6.120 DM
sonstige Erträge 3.060 DM

Am 1.3.1998 buchte K. Linka die Wertpapiere zulässigerweise erneut in das Betriebsvermögen ein. Der Kurs betrug zu diesem Zeitpunkt 200 %.

Buchung:

Wertpapiere 12.000 DM an Privateinlage 12.000 DM.

Da der Kurswert dieser Papiere zum 31.12.1998 auf 120 % gefallen war, berücksichtigte K. Linka diese Wertminderung durch folgende Buchung:

Teilwertabschreibung 4.800 DM an Wertpapiere 4.800 DM.

Trotz der ständigen Kursschwankungen beabsichtigt K. Linka vorerst nicht, die Wertpapiere in absehbarer Zeit zu verkaufen.
Sie sollen vielmehr (wie die Anteile an der Metallvertriebsgesellschaft mbH, vgl. Tz. 4, Buchst. a) das Betriebskapital K. Linkas dauerhaft verstärken.

5. Vorratsvermögen

a) Handelsware

Die Waren sind zum 31.12.1998 körperlich aufgenommen und mit den Anschaffungskosten in Höhe von 95.000 DM bilanziert worden. In diesem Betrag ist ein Posten mit Anschaffungskosten von 25.000 DM enthalten, der im März 1998 erworben wurde. Aus den zum 31.12.1998 gültigen Preislisten des Veräußerers ist jedoch ersichtlich, daß die Preise für diesen Posten um 20 % gesenkt worden sind. Schlußfolgerungen hat K. Linka hieraus nicht gezogen.

b) Fertigerzeugnisse

K. Linka ist bei der Ermittlung der Herstellungskosten der Fertigerzeugnisse wie folgt vorgegangen:

Materialeinzelkosten	80.000 DM
+ 20 % Materialgemeinkosten	16.000 DM
Summe	96.000 DM
+ Fertigungseinzelkosten	160.000 DM
+ 80 % Fertigungsgemeinkosten	128.000 DM
+ 10 % Kalkulatorischer Unternehmerlohn	16.000 DM
Summe	304.000 DM
+ Kalkulatorische Wagniskosten	4.000 DM
Summe	404.000 DM
+ 15 % Verwaltungskosten	60.600 DM
+ 10 % Vertriebskosten	40.400 DM
Herstellungskosten und Bilanzwert zum 31.12.1998 lt. Firma	505.000 DM

6. Forderungen aus Lieferungen und Leistungen

In den Forderungen aus Lieferungen und Leistungen von insgesamt 232.000 DM ist eine Forderung in Höhe von 46.400 DM gegenüber dem Kunden H. Lunke enthalten, der am 30.12.1998 Konkurs angemeldet hat. Von diesem Vorgang hat K. Linka erst Anfang Februar 1999 erfahren. Die Konkursquote betrug 20 %.

Den vorläufigen Bilanzwert der Forderungen aus Lieferungen und Leistungen entwickelte K.Linka wie folgt:

Forderungen lt. Saldenliste	232.000 DM
Pauschalwertberichtigung 3 %	./. 6.960 DM
vorl. Bilanzwert 31.12.1998	225.040 DM

Buchung:

Abschreibungen auf Forderungen 6.960 DM an Forderungen 6.960 DM.

Weitere Buchungen sind nicht getätigt worden.

7. Gewinnansprüche aus der Beteiligung

Am 12.8.1998 hat die Metallvertriebsgesellschaft mbH (vgl. Tz. 4, Buchst. a) für das Geschäftsjahr 1997 eine Ausschüttung von 12 % beschlossen.

Nach Einbehaltung der Kapitalertragsteuer i.H.v. 25 % und des SolZ i.H.v. 16,50 DM überwies die Gesellschaft einen Betrag von 883,50 DM, der am 30.9.1998 dem privaten Bankkonto K. Linkas gutgeschrieben wurde. Eine Bescheinigung über die anrechenbare Körperschaftsteuer wurde erteilt.

K. Linka hat diesen Vorgang bisher nicht gebucht.

8. Rückstellungen

a) Im Geschäftsjahr 1998 hat K. Linka Schäden am Dach seiner Fertigungshalle festgestellt. Die Instandhaltungskosten werden sich voraussichtlich auf 20.000 DM belaufen. Wegen Terminschwierigkeiten der Dachdecker konnten die Arbeiten erst Ende Mai 1999 begonnen und im Juni 1999 fertiggestellt werden.

Eine Buchung hierzu ist bisher nicht erfolgt.

b) Die bisher durchgeführten Garantiearbeiten betragen im Durchschnitt 3 % des jeweiligen Nettoauftragswertes. Die garantiebehafteten Netto-Umsatzerlöse (vertraglich 12 Monate Garantie) K. Linkas betrugen im Jahre 1998 1.200.000 DM.

Eine Buchung hierzu ist bisher nicht erfolgt.

c) Anfang Dezember 1998 hat K. Linka einen Warenposten zum Preis von 100.000 DM netto bestellt. Die Auslieferung der Ware erfolgte Mitte Februar 1999. Wider Erwarten ist der Wiederbeschaffungspreis dieses Warenpostens zum Bilanzstichtag auf 85.000 DM netto gesunken. Eine Anzahlung wurde in 1998 nicht geleistet.

Eine Buchung ist zu diesem Sachverhalt bisher nicht erfolgt.

d) Seit Jahren schwebt gegen K. Linka ein Prozeß aus einer Werklieferung. Die für die Prozeßkosten gebildete Rückstellung betrug zum 31.12.1997 24.000 DM. Am 17.6.1999, kurz vor Aufstellung der Bilanz, teilte K.Linkas Anwalt mit, daß die Klage des Prozeßgegners in letzter Instanz abgewiesen worden sei.

Eine Buchung ist zu diesem Sachverhalt bisher nicht erfolgt.

9. Geschenke

K. Linka erhielt am 12.10.1998 aus Anlaß seines 50. Geburtstages von einem langjährigen Lieferanten eine Stehlampe geschenkt. K. Linka stellte diese Lampe sofort in sein betriebliches Besprechungszimmer und erkundigte sich nach dem Ladenverkaufspreis dieser Lampe; dieser betrug 928 DM (inkl. 16 % Umsatzsteuer). Die Lampe hat eine betriebsgewöhnliche Nutzungsdauer von 10 Jahren.

K. Linka buchte am 12.10.1998:

Betriebs- und Geschäftsausstattung 928 DM an Privateinlage 928 DM

Weitere Buchungen sind bisher nicht erfolgt.

Lösungshinweise - Klausursatz Nr. 1

Aufgabenteil Nr. 1: Einkommensteuer

I. Persönliche Steuerpflicht

Alle im Sachverhalt genannten Personen sind unbeschränkt einkommensteuerpflichtig, weil sie ihren Wohnsitz im Inland innehaben, § 1 Abs. 1 Satz 1 EStG.

II. Veranlagungsart

Die Eheleute Siggi und Sonja Sohle unterliegen nach § 26 Abs. 1 EStG der Ehegattenveranlagung, weil sie beide unbeschränkt einkommensteuerpflichtig sind und nicht dauernd getrennt voneinander leben. Damit haben sie die Wahl zwischen der getrennten Veranlagung nach § 26a EStG und der Zusammenveranlagung nach § 26b EStG. Ganz offensichtlich führt hier die Zusammenveranlagung nach § 26b EStG zu einer geringeren Belastung mit Einkommensteuer.

Eines besonderen Antrags auf Zusammenveranlagung bedarf es nicht, da diese Veranlagungsart als gewählt gilt, solange die Ehegatten nichts anderes beantragen.

III. Ermittlung des Gesamtbetrages der Einkünfte

1. Schuhgeschäft

a) Laufender Gewinn

Siggi Sohle erzielt als Einzelunternehmer aus seinem Schuhgeschäft einen laufenden Gewinn aus Gewerbebetrieb, § 15 Abs. 1 Nr. 1, Abs. 2 EStG. Dieser ermittelt sich wie folgt:

Betriebsvermögen 30.9.1998	+ 200.000 DM
abzüglich negatives Betriebsvermögen 1.1.1998, somit:	+ 100.000 DM
Zwischensumme	+ 300.000 DM
zzgl. Entnahmen 1998	+ 50.000 DM
abzüglich Einlagen 1998	./. 226.500 DM
Gewinn aus Gewerbebetrieb	123.500 DM

Die lfd. Einkünfte aus Gewerbebetrieb unterliegen der Gewerbesteuer (§ 2 Abs. 1 GewStG) und ggfs. der Tarifbegrenzung auf 47%, § 32c EStG.

b) Veräußerung des Schuhgeschäfts

Die Veräußerung des Schuhgeschäfts stellt eine Betriebsaufgabe im ganzen dar, § 16 Abs. 1 Nr.1, Abs. 3 Satz 1 EStG. Eine Betriebsveräußerung im ganzen kann nicht vorliegen, da das Schuhgeschäft nicht mit allen wesentlichen Betriebsgrundlagen (insbesondere wird das Geschäftsgrundstück nicht mitveräußert) gegen Entgelt auf einen einheitlichen Erwerber in der Weise übertragen wird, daß der Betrieb als geschäftlicher Organismus fortgeführt werden kann, vgl. R+H 139 Abs. 1 EStR/EStH. Da das Schuhgeschäft zum Teil veräußert wird und zum anderen wesentliche Betriebsgrundlagen in das Privatvermögen überführt werden, ist eine Betriebsaufgabe im ganzen anzunehmen, vgl. R+H 139 Abs. 2 EStR/EStH. Insbesondere bei dem Grundstück, in dem das Schuhgeschäft bisher betrieben wurde, handelt es sich um eine wesentliche Betriebsgrundlage, vgl. H 139 Abs. 8 EStH). Nach § 6 Abs. 3 Satz 1 EStG wird auch die Betriebsaufgabe im ganzen wie eine Betriebsveräußerung im ganzen behandelt.

Die veräußerten Wirtschaftsgüter sind mit ihrem Veräußerungspreis (§ 16 Abs. 3 Satz 3 EStG) anzusetzen; dabei ist auf die Entstehung des Kaufpreises und nicht auf den Zufluß in 1999 abzustellen, vgl. § 16 Abs. 2 S. 2 EStG. Die in das Privatvermögen überführten Wirtschaftsgüter sind mit ihrem gemeinen Wert im Zeitpunkt der Aufgabe anzusetzen (§ 16 Abs. 3 Satz 4 EStG). Der Aufgabegewinn ermittelt sich wie folgt:

Veräußerungspreis	300.000 DM
gemeiner Wert des in das PV überführten Pkw	46.400 DM
gemeiner Wert des in das PV überführten Grundstücks	1.000.000 DM
Zwischensumme	1.346.000 DM
abzgl. USt auf die Entnahme des Pkw, § 1 Abs. 1 Nr. 2a UStG bis 31.3.1999, § 3 Abs. 1b UStG ab 1.4.1999	./. 6.400 DM
abzgl. Betriebsvermögen 30.9.1998	./. 200.000 DM
Aufgabegewinn	1.140.000 DM

Der gewinnmindernde technische Abzug der Umsatzsteuer verbietet sich zwar gem. § 12 Nr. 3 EStG, wird aber von der Rechtsprechung aus Vereinfachungsgründen akzeptiert. Nicht zu beanstanden wäre aber der Ansatz des gemeinen Werts in Nettohöhe unter Verzicht auf den Abzug.

Der Freibetrag nach § 16 Abs. 4 EStG i.H.v. 60.000 DM ist nicht zu gewähren, da die Höhe des Veräußerungsgewinns den anrechnungsfreien Gewinn von 300.000 DM so deutlich übersteigt, daß sich der Freibetrag auf 0 DM kürzt.

Der somit steuerpflichtige Veräußerungsgewinn i.S.d. § 16 EStG i.H.v. 1.140.000 DM wird nach § 34 Abs. 1, Abs. 2 Nr. 1 EStG nur mit dem halben durchschnittlichen Steuersatz versteuert.

c) Vermietung Alfred Straße

Aus der Vermietung des Geschäftsgrundstücks an den Erwerber des Schuhgeschäfts erzielt Siggi Sohle ab 1.10.1998 Einkünfte aus Vermietung und Verpachtung, § 21 Abs. 1 Nr.1 EStG. Die Einkünfte ergeben sich aus dem Überschuß der Einnahmen über die Werbungskosten, § 2 Abs. 2 Nr. 2 EStG.

Mieteinnahmen, §§ 8, 11 Abs. 1 EStG:

10.000 DM mtl. x 3 Monate	30.000 DM

Werbungskosten, § 9 EStG:

Anhand des vorliegenden Sachverhalts kann lediglich die Abschreibung für das Gebäude berücksichtigt werden, § 9 Abs. 1 Nr. 7 EStG. Nach einer Entnahme bestimmt sich die AfA-BMG nach dem Entnahmewert, mithin 1.000.000 DM x 70% = 700.000 DM, R 43 Abs. 6 S. 2 EStR. Die AfA ist linear (R 44 Abs. 12 Nr. 1 EStR) gem. § 7 Abs. 4 Nr. 2 EStG vorzunehmen, allerdings zeitanteilig, H 44 „Teil des..." EStH:

700.000 DM x 2 % x 3/12	./. 3.500 DM
Einkünfte	**26.500 DM**

2. Ruhegehalt

Einnahmen § 19 Abs. 1 Nr. 2 EStG	36.000 DM
abzgl. Versorgungsfreibetrag, § 19 Abs. 2 Nr. 1 EStG, max.	./. 6.000 DM
abzgl. Arbeitnehmerpauschbetrag, § 9a Nr. 1a EStG	./. 2.000 DM
Einkünfte aus nichtselbständiger Arbeit	28.000 DM

Bei Beamten im Ruhestand wird der Versorgungsfreibetrag gewährt, ohne daß ein bestimmtes Lebensalter vollendet sein muß, § 19 Abs. 2 Nr. 1a EStG.

3. Grundstück Rüttenscheider Straße, Essen

Da Siggi Sohle das Gebäude innerhalb von drei Jahren nach Erwerb abreißen läßt, ohne daß es wirtschaftlich oder technisch verbraucht war, liegt ein Erwerb des Grundstücks mit Abbruchabsicht vor, vgl. H 33a „Abbruchkosten" EStH. Sowohl Restbuchwert als auch die Abbruchkosten des alten Gebäudes gehören zu den Herstellungskosten der neu zu errichtenden Lagerhalle.

Lösung Nr. 1; Einkommensteuer

Zunächst ist jedoch die restliche Abschreibung bis zum Zeitpunkt des Abbruchs zu berechnen:

Anschaffungskosten des Gebäudes (280.000 DM ./. 80.000 DM)	200.000 DM
(Die Nebenkosten trug der Veräußerer)	
Abschreibung, § 7 Abs. 4 Nr. 2b EStG:	
2,5 % x 4/12 (steuerliche Anschaffung 1.3.1998 bis 30.6.1998)	./. 1.667 DM
"Restbuchwert" 30.6.1998 bei Abbruch	198.333 DM

Berechnung der AfA-Bemessungsgrundlage der neuen Lagerhalle

Restbuchwert altes Gebäude	198.333 DM
Abbruchkosten	+ 20.000 DM
Herstellungskosten inkl. Schnellbauzuschlag (Besonderheiten ergeben sich aus dem Schnellbauzuschlag nicht)	+330.000 DM
Kosten für das Richtfest	+ 1.000 DM
Abstandszahlung an weichende Mieter, H 33a „Gebäude..." EStH	+ 30.000 DM
AfA-Bemessungsgrundlage	579.333 DM

Die ausgewiesenen USt-Beträge sind gem. § 15 Abs. 1 Nr. 1 UStG als Vorsteuer abzugsfähig, da er die Lagerhalle aufgrund offensichtlich zutreffender Option zu Abzugsumsätzen nutzt. Sie gehören nicht zu den AK/HK, § 9b Abs. 1 EStG.

Die 5%ige AfA nach § 7 Abs. 5 Nr. 2 EStG ist nicht möglich, da der Bauantrag nicht vor dem 1.1.1995 gestellt worden ist. Somit muß nach § 7 Abs. 4 Nr. 2a EStG wegen der Zugehörigkeit zum steuerlichen Privatvermögen mit 2 % zeitanteilig für drei Monate (Abschreibung ab Bezugsfertigkeit 28.10.1998) abgeschrieben werden.

AfA-Bemessungsgrundlage: 579.333 DM x 2 % x 3/12 =	2.897 DM

Berechnung der Einkünfte aus Vermietung und Verpachtung:

Mieteinnahmen altes Gebäude	9.800 DM
Mieteinnahmen Lagerhalle inkl. Umsatzsteuer	+ 23.200 DM
Summe Mieteinnahmen	33.000 DM
Grundbesitzabgaben 1.500 DM x drei Quartale	./. 4.500 DM
abzüglich Abschreibung altes Gebäude	./. 1.667 DM
abzüglich Abschreibung Lagerhalle	./. 2.897 DM
Einkünfte aus diesem Objekt	**23.936 DM**

Die von den Mietern vereinnahmte Umsatzsteuer ist als Mieteinnahme in 1998 zu erfassen. Diese Umsatzsteuerbeträge werden sich erst im Zeitpunkt der Entrichtung an das Finanzamt (wegen der Dauerfristverlängerung offensichtlich erst in 1999) als Werbungskosten auswirken, § 11 Abs. 2 Satz 2 EStG (verschleppte Erfolgsneutralität).

Die erstatteten Vorsteuern und an Lieferanten gezahlten Umsatzsteuern wirken in 1998 erfolgsneutral und sind deshalb aus Vereinfachungsgründen nicht als Einnahmen/Werbungskosten in jeweils gleicher Höhe aus Vermietung und Verpachtung zu erfassen.

4. Bausparzinsen

Die Bausparzinsen i.H.v. 1.000 DM gehören wegen der beabsichtigten Nutzung des gemeinsamen Bausparvertrages zur Finanzierung eines privaten Mietwohngrundstücks zu den Einkünften aus Vermietung und Verpachtung der Eheleute Sohle (§ 21 EStG, H 161 „Einnahmen" EStH), und zwar zu je 500 DM.

5. Aktien der Forsch-AG

Bei den Aktien handelt es sich um Wirtschaftsgüter, die Siggi Sohle im Wege der Gesamtrechtsnachfolge erworben hat. Nach H 169 „Anschaffung" EStH ist bei der Berechnung der Spekulationsfrist von dem Zeitpunkt des entgeltlichen Erwerbs durch den Rechtsvorgänger (Onkel) auszugehen, § 1922 BGB. Damit sind zwischen Anschaffung durch den Onkel (19.10.1997) und Veräußerung durch Siggi Sohle (27.6.1998) mehr als sechs Monate vergangen, weshalb nach § 23 Abs. 1 Nr. 1b EStG ein Spekulationsgeschäft nicht vorliegt. Der Erbfall am 28.12.1997 stellt mangels Entgeltlichkeit keine Anschaffung i.S.d. § 23 EStG dar.

Da es sich auch nicht um eine wesentliche Beteiligung an der Forsch-AG (nur 20 %) handelt, kann auch keine Versteuerung i.R.d. § 17 EStG erfolgen. Somit bleibt der erzielte Gewinn unversteuert.

6. Schlager GmbH

Der Kauf und Verkauf der Geschäftsanteile an der Schlager GmbH löst ein Spekulationsgeschäft nach § 23 Abs. 1 Nr. 1b EStG aus, da Anschaffung und Veräußerung innerhalb von 6 Monaten stattfanden. Auch wenn es sich um eine wesentliche Beteiligung i.S.d. § 17 Abs. 1 EStG handelt, erfolgt nach § 23 Abs. 2 Satz 2 EStG keine Besteuerung nach § 17 EStG, wenn die Voraussetzungen für Spekulationsgeschäfte tatbestandsmäßig ebenfalls vorliegen (Konkurrenzsituation).

Die Berechnung erfolgt nach § 23 Abs. 3 EStG:

Veräußerungspreis	50.500 DM
abzüglich Anschaffungskosten	./.150.000 DM
Spekulationsverlust	./. 99.500 DM

Nach § 23 Abs. 3 Satz 3 EStG sind Verluste aus Spekulationsgeschäften nicht mit anderen positiven Einkünften ausgleichsfähig.

Lösung Nr. 1; Einkommensteuer

Hinweis:

Wären die Voraussetzungen für ein Spekulationsgeschäft tatbestandsmäßig nicht erfüllt gewesen, so hätte im vorliegenden Sachverhalt auf § 17 EStG entschieden werden müssen. Auch im Rahmen des § 17 EStG hätte sich ein Verlust ergeben. Dieser Verlust wäre dann aber durch die Neufassung des § 17 Abs. 2 Satz 4 EStG durch das JStG 1996 ebenfalls nicht zu berücksichtigen, weil Siggi Sohle nicht schon seit Gründung der GmbH oder seit mehr als fünf Jahren wesentlich an der GmbH beteiligt war.

Zusammenstellung der Summe der Einkünfte

Einkunftsart	Siggi Sohle	Sonja Sohle
Schuhgeschäft, § 15	123.500 DM	
Schuhgeschäft, § 16	1.140.000 DM	
Ruhegehalt, § 19		28.000 DM
Rüttenscheider Str., § 21	23.936 DM	
Alfred Str. ab 1.10.98	26.500 DM	
Bausparzinsen, § 21	500 DM	500 DM
Summe der Einkünfte	**1.314.436 DM**	**28.500 DM**

Da ein Altersentlastungsbetrag nach § 24a EStG mangels vollendeten 64. Lebensjahres nicht in Betracht kommt, entspricht die Summe der Einkünfte gleichzeitig dem Gesamtbetrag der Einkünfte, § 2 Abs. 3 EStG.

Gesamtbetrag der Einkünfte der Ehegatten   1.342.936 DM

IV. Ermittlung des Einkommens

1. Sonderausgaben

a) Vorsorgeaufwendungen

Die Abzugsfähigkeit der Versicherungsbeiträge ergibt sich aus § 10 Abs. 1 Nr. 2, § 10 Abs. 3 EStG. Die Beiträge zur freiwilligen zusätz-lichen Pflegeversicherung führen nicht zu einem gesonderten Höchstbetrag von je 360 DM, weil die Ehegatten nicht nach dem 31.12.1957 geboren sind, vgl. § 10 Abs. 3 Nr. 3 EStG. Diese Beiträge gehören aber weiterhin zu den insgesamt begünstigten Aufwendungen, § 10 Abs. 1 Nr. 2a EStG.

Bausparbeiträge sind nach Wegfall des § 10 Abs. 1 Nr. 3 EStG durch das JStG 1996 nicht mehr abzugsfähig.

Krankenversicherung	6.200 DM
freiwillige Pflegeversicherung	800 DM

Unfallversicherung	200 DM	
Sterbekasse	500 DM	
Lebensversicherung	10.000 DM	
Summe Versicherungsbeiträge	17.700 DM	
Vorwegabzug, § 10 Abs. 3 Nr. 2 EStG	./. 12.000 DM	
keine Kürzung, da kein Arbeitslohn aus aktiver Tätigkeit (nur Ruhegehalt), vgl. § 10 Abs. 3 Nr. 2a EStG		12.000 DM
verbleibende Versicherungsbeiträge	5.700 DM	
Grundhöchstbetrag, § 10 Abs. 3 Nr.1	./. 5.220 DM	+ 5.220 DM
verbleibende Vorsorgeaufwendungen	480 DM	
Hälftiger Höchstbetrag, § 10 Abs. 3 Nr. 4 x 50 %		+ 240 DM
Summe der abzugsfähigen Vorsorgeaufwendungen		17.460 DM

b) gezahlte Kirchensteuer, § 10 Abs. 1 Nr. 4 EStG

Kirchensteuer lt. Lohnsteuerkarte Sonja Sohle	504 DM	
Kirchensteuervorauszahlung	1.800 DM	
Summe Kirchensteuer		2.304 DM

Der Säumniszuschlag/Verspätungszuschlag zur Einkommensteuer teilen als steuerliche Nebenleistungen das Schicksal der Einkommensteuer und sind nicht als Sonderausgaben abzugsfähig, § 12 Nr. 3 EStG, insbesondere nicht nach § 10 Abs. 1 Nr. 5 EStG.

c) Hauswirtschaftliches Beschäftigungsverhältnis, § 10 Abs. 1 Nr. 8

Die Steuerpflichtigen haben für die Haushaltshilfe Beiträge in die inländische, gesetzliche Rentenversicherung entrichtet. Ab VZ 1997 sind die in den Vorjahren bestehenden weiteren Voraussetzungen entfallen, § 10 Abs. 1 Nr. 8 EStG
Die Aufwendungen i.H.v. 2.000 DM x 12 Monate = 24.000 DM sind nur bis zum Höchstbetrag von 18.000 DM zu berücksichtigen: **18.000 DM**

2. Außergewöhnliche Belastungen

a) Allgemeine Außergewöhnliche Belastungen, § 33 EStG

Die Beerdigungskosten i.H.v. 10.000 DM sind zwar dem Grunde nach nach § 33 EStG als außergewöhnliche Belastung zu berücksichtigen. Jedoch beträgt die zumutbare Eigenbelastung (4 % vom Gesamtbetrag der Einkünfte 1.342.936 DM, § 33 Abs. 3 Nr. 2a EStG) 53.717 DM, so daß hier kein Abzug erfolgen kann.

b) Unterhaltsfreibetrag, § 33a Abs. 1 EStG

Die Eheleute erhalten einen Unterhaltsfreibetrag nach § 33a Abs. 1 EStG, weil sie dem Vater aufgrund gesetzlicher Verpflichtung Unterhalt gewähren.
Der Höchstbetrag beträgt 12.000 DM. Der Vater hat in 1998 weder Vermögen noch eigene Einkünfte und Bezüge.
Aufwendungen entstehen den Ehegatten durch Kost und Logis im eigenen Haushalt in 5 Monaten:

Abzug zu 5/12 (§ 33a Abs. 4 EStG) von 12.000 DM   **5.000 DM**

c) Hilfe im Haushalt, § 33a Abs. 3 Satz 1 EStG

Es ist ein Freibetrag für eine Hilfe im Haushalt nach § 33a Abs. 3 Satz 1 EStG zu gewähren, da § 33 Abs. 2 Satz 2 2. Halbsatz EStG diesen Abzug über den Sonderausgabenabzug hinaus ausdrücklich zuläßt:

1.800 DM (§ 33a Abs. 3 Satz 1 Nr. 2 EStG wegen des hilflosen Vaters) x 5/12 (§ 33a Abs. 4 EStG)	750 DM
1.200 DM (§ 33a Abs. 3 Satz 1 Nr. 1a EStG: 60. Lebensjahr der Steuerpflichtigen vollendet) x 5/12 (§ 33a Abs. 4 EStG)	500 DM
1.800 DM (§ 33a Abs. 3 Satz 1 Nr. 2 EStG wegen des schwerbehinderten Kindes ab 11/98) x 2/12 (§ 33a Abs. 4)	300 DM
Summe	**1.550 DM**

d) Behindertenpauschbetrag

Der Behindertenpauschbetrag für den Vater (§ 33b Abs. 3 i.H.v. 7.200 DM) kann nicht auf die Ehegatten übertragen werden, weil § 33b Abs. 5 EStG diese Übertragungsmöglichkeit nur für Kinder der Steuerpflichtigen vorsieht.
Dem schwerbehinderten Kind der Eheleute steht ein Behindertenpauschbetrag i.H.v. 1.410 DM zu. Nach § 33b Abs. 5 EStG ist dieser Pauschbetrag auf Antrag (der zu unterstellen ist) der Steuerpflichtigen auf die Ehegatten zu übertragen.

Abzugsfähig sind somit nach § 33b Abs. 3 EStG   **1.410 DM**

e) Pflegepauschbetrag

Da Sonja Sohle die Pflege des Vaters höchstpersönlich durchführt, erhält sie den Pflegepauschbetrag nach § 33b Abs. 6 EStG: 1.800 DM. Eine Zwölftelung ist nicht vorzunehmen, R 194 Abs. 7 Satz 2 EStR.

3. Wohneigentumsförderung, EFH Essen

Die Förderung hat über das Eigenheimzulagengesetz zu erfolgen.

a) Fördergrundbetrag, § 9 Abs. 2 EigZulG

Der Fördergrundbetrag kann den Eheleuten 1998 nicht gewährt werden, da ihr Gesamtbetrag der Einkünfte unter Addition der Jahre 1997 und 1998 480.000 DM übersteigt, § 5 EigZulG.

b) Kinderzulage, § 9 Abs. 5 EigZulG

Die Kinderzulage kann aus den unter a) genannten Gründen nicht berücksichtigt werden.

c) Kosten vor Bezug, §10i EStG

Die Vorkostenpauschale i.H.v. 3.500 DM ist in 1998 allein schon deshalb nicht zu berücksichtigen, weil sie zwingend im Jahr des Überganges von Nutzungen und Lasten 1997 anzusetzen ist, § 10i Abs. 1 Nr. 1 EStG. Die Berücksichtigung in 1997 setzt allerdings voraus, daß spätestens bis 1999 der Fördergrundbetrag gewährt wird.

d) Erhaltungsaufwendungen

Die Erhaltungsaufwendungen i.H.v. netto 40.000 DM lösen keinen anschaffungsnahen Herstellungsaufwand aus, da sie 15 % der Anschaffungskosten des Gebäudes (=300.000 DM) nicht überschreiten, R 157 Abs. 4 EStR. Sie sind nach § 10i Abs. 1 Nr. 2a EStG allerdings nur mit 22.500 DM im Abflußjahr 1998 abzugsfähig. Der Betrag ist auch dann zu berücksichtigen, wenn ein Fördergrundbetrag nicht gewährt wird.

e) Finanzierungskosten

Eine besondere Berücksichtigung für Finanzierungskosten besteht in § 10i EStG nicht.

4. Verlustabzug nach § 10d EStG

Der Vater hat 1997 einen negativen Gesamtbetrag der Einkünfte in folgender Höhe:

Verluste aus Gewerbebetrieb	./. 300.000 DM
Einkünfte aus Kapitalvermögen	+ 20.000 DM
Gesamtbetrag der Einkünfte 1997	./. 280.000 DM

Ein Altersentlastungsbetrag nach § 24a EStG kann mangels positiver Summe der Einkünfte nicht gewährt werden.

Lösung Nr. 1; Einkommensteuer

Nach § 10d Abs. 1 EStG hat der Vater diese Verluste zunächst im Wege des Verlustrücktrags i.H.v. 80.000 DM in 1995 und i.H.v. 100.000 DM in 1996 (das Einkommen ist jeweils auf 0 DM zu bringen, weil Anträge nach § 10d Abs. 1 Satz 4 EStG lt. Sachverhalt nicht gestellt worden waren) abzuziehen, so daß für den Verlustvortrag nach § 10d Abs. 2 EStG 100.000 DM verbleiben.

Dieser Verlust ist nach § 10d Abs. 3 EStG gesondert festzustellen.

Da der Vater in 1998 keine eigenen Einkünfte mehr erzielt, kann er 1998 tatsächlich keinen Verlustvortrag abziehen.

Da der Erbe nach § 1922 BGB in die Rechtsstellung des Erblassers eintritt, kann der nicht verbrauchte Verlustvortrag des Vaters von Siggi Sohle übernommen werden, vgl. H 115 Beispiel 3. Über § 1922 BGB befindet sich Siggi Sohle ebenfalls in einem Verlustvortragsjahr.

Er erhält somit einen Verlustabzug nach § 10d Abs. 3 EStG i.H.v. 100.000 DM.

Zusammenstellung des Einkommens

Gesamtbetrag der Einkünfte der Ehegatten:	1.342.936 DM
Sonderausgaben:	
-- Vorsorgeaufwendungen	./. 17.460 DM
-- Kirchensteuer	./. 2.304 DM
-- Hauswirtschaftliches Beschäftigungsverhältnis	./. 18.000 DM
Außergewöhnliche Belastungen:	
-- Unterhaltsfreibetrag	./. 5.000 DM
-- Haushaltshilfe	./. 1.550 DM
-- Behindertenpauschbetrag	./. 1.410 DM
-- Pflegepauschbetrag	./. 1.800 DM
Kosten vor Bezug	./. 22.500 DM
Verlustabzug	./. 100.000 DM
Einkommen, § 2 Abs. 4 EStG	**1.172.912 DM**

V. Ermittlung des zu versteuernden Einkommens

Aufgrund der in 1998 vorgenommenen Adoption (Gleichstellung mit leiblichen Kindern) stehen den Ehegatten ab November 1998 Kinderfreibeträge zu, § 32 Abs. 1 Nr. 1 EStG, H 176 EStH. Der Kinderfreibetrag wird i.H.v. 576 DM für zwei Monate vom Einkommen abgezogen, § 32 Abs. 6 Satz 2 EStG:

Einkommen	**1.154.662 DM**
Kinderfreibetrag	./. 1.152 DM
zu versteuerndes Einkommen, § 2 Abs. 5 EStG	**1.153.618 DM**

VI. Nennung der Einkommensteuer-/Tarifermäßigungen

Der Veräußerungsgewinn nach § 16 Abs. 1 Nr.1 EStG wird nach § 34 Abs. 2 Nr. 1 EStG in Verbindung mit § 34 Abs. 1 EStG mit dem halben durchschnittlichen Einkommensteuersatz besteuert.

Da der Kinderfreibetrag günstiger als das Kindergeld ist, wird das ausgezahlte Kindergeld i.H.v. 400 DM (200 DM für zwei Monate) der tariflichen Einkommensteuer hinzugerechnet, vgl. § 2 Abs. 6 Satz 2, § 31 EStG.

Aufgabenteil Nr. 2: Körperschaftsteuer

Sachverhalt 1:

Gemäß § 1 Abs. 1 Nr. 1 KStG sind Kapitalgesellschaften mit Sitz oder Geschäftsleitung im Inland unbeschränkt körperschaftsteuerpflichtig. Zu den Kapitalgesellschaften gehören u.a. die Gesellschaften mit beschränkter Haftung.

Eine GmbH entsteht zivilrechtlich mit Eintragung im Handelsregister (§ 11 Abs. 1 GmbHG). Bis es zur Eintragung im Handelsregister kommt, gehen jedoch verschiedene Gründungsphasen voraus. Zivilrechtlich und steuerlich werden drei Stufen unterschieden:

Mit Abschluß des Vorvertrags am 20.1.1998 entsteht die sog. **Vorgründungsgesellschaft**. Die Vorgründungsgesellschaft bezieht sich auf die Zeit vor Abschluß des notariellen Gesellschaftsvertrags. Sie ist noch nicht identisch mit der nachher entstehenden Kapitalgesellschaft. Da die Körperschaftsteuerpflicht der später entstehenden GmbH nicht auf die Vorgründungsgesellschaft zurückwirkt, sind die Einkünfte unmittelbar bei den Gründungsgesellschaftern zu erfassen (BFH, BStBl 1990 II S. 91; Abschn. 2 Abs. 4 KStR). Die während der Zeit des Bestehens der Vorgründungsgesellschaft erzielten Einkünfte unterliegen daher in der Regel nicht der Körperschaftsteuer.

Für den vorliegenden Fall bedeutet dies, daß hinsichtlich der bis zum Abschluß des notariellen Gesellschaftsvertrags am 1.11.1998 erzielten Einkünfte eine Mitunternehmerschaft i.S. von § 15 Abs. 1 Nr. 2 EStG vorliegt. Der Gewinn ist einheitlich und gesondert festzustellen (§§ 179, 180 Abs. 1 Nr. 2 AO), und zwar für die Zeit vom 2.1.1998 bis 31.10.1998, i.H.v. ./. 5.000 DM + 90.000 DM = 85.000 DM. Dieser Gewinn ist auf Klug und Weise je zur Hälfte zu verteilen, falls keine abweichende Gewinnverteilung besteht.

Mit Abschluß des notariellen Gesellschaftsvertrags am 1.11.1998 entsteht die sog. **Vorgesellschaft**. Diese ist wesensgleich mit der nachher im Handelsregister eingetragenen GmbH. Nach der Rechtsprechung sind auf eine Vorgesellschaft bereits alle Regelungen anwendbar, die auch auf die später eingetragene GmbH Anwendung finden.
Nach der Rechtsprechung des BFH (BStBl 1990 II S. 91) beginnt die Körperschaftsteuerpflicht bereits mit dem Entstehen der Vorgesellschaft, d.h. mit Abschluß des notariellen Gesellschaftsvertrags (Abschn. 2 Abs. 3 KStR).

Alle ab diesem Zeitpunkt erzielten Betriebsergebnisse unterliegen der unbeschränkten Körperschaftsteuerpflicht.

Für den vorliegenden Fall bedeutet dies, daß der in der Zeit vom 1.11.1998 bis 31.12.1998 erzielte Gewinn i.H.v. 24.000 DM der unbeschränkten Körperschaftsteuerpflicht unterliegt, obwohl die eigentliche GmbH erst mit Eintragung im Handelsregister am 2.1.1999 entstanden ist.

Sachverhalt 2:

Der Geselligkeitsverein ist als sonstige juristische Person des privaten Rechts unbeschränkt körperschaftsteuerpflichtig (§1 Abs. 1 Nr. 4 KStG).
Eine Steuerbefreiung nach § 5 KStG kommt nach dem vorliegenden Sachverhalt nicht in Betracht.

Die Körperschaftsteuer bemißt sich nach dem zu versteuernden Einkommen (§ 7 Abs. 1 KStG). Zu versteuerndes Einkommen ist das Einkommen i.S.d. § 8 Abs. 1 KStG, vermindert um die Freibeträge der §§ 24 und 25 KStG (§ 7 Abs. 2 KStG). Was als Einkommen gilt und wie das Einkommen zu ermitteln ist, bestimmt sich nach den Vorschriften des EStG und des KStG (§ 8 Abs. 1 KStG). Das bedeutet, daß für die Ermittlung des Einkommens vorrangig die Vorschriften des EStG Anwendung finden. Daher können Körperschaftsteuerpflichtige grds. Bezieher sämtlicher Einkünfte i.S. des § 2 Abs. 1 EStG sein. Lediglich bei Steuerpflichtigen, die nach den Vorschriften des Handelsgesetzbuches zur Führung von Büchern verpflichtet sind, sind alle Einkünfte als Einkünfte aus Gewerbebetrieb zu behandeln. Das sind insbesondere die GmbHs, die als Kaufleute kraft Rechtsform zur Führung von Büchern verpflichtet sind (§§ 6 i.V.m. 238 ff. HGB). Diese Regelung trifft auf den Geselligkeitsverein jedoch nicht zu. Das bedeutet, daß die verschiedenen Einkunftsquellen des Vereins daraufhin zu untersuchen sind, ob sie unter eine der Einkunftsarten des § 2 Abs. 1 EStG fallen.

1. Der Gewinn aus der Anzeigenwerbung gehört zu den Einkünften aus Gewerbebetrieb (§ 2 Abs. 1 Nr. 2 i.V.m. § 15 EStG). Einkünfte sind der Gewinn (§ 2 Abs. 2 Nr. 1 EStG). Dieser ergibt sich durch Gegenüberstellung der Betriebseinnahmen mit den Betriebsausgaben;
das sind im vorliegenden Fall 10.000 DM ./. 5.000 DM = 5.000 DM.

Lösung Nr. 1; Körperschaftsteuer

2. Die Gewinnausschüttung der GmbH gehört zu den Einnahmen aus Kapitalvermögen (§ 8 Abs. 1 KStG i.V.m. § 20 Abs. 1 Nr. 1 EStG). Diese sind mit Zufluß zu erfassen (§ 11 EStG). Einnahmen aus Kapitalvermögen sind zugeflossen, sobald der Steuerpflichtige über sie wirtschaftlich verfügen kann. Dies ist einem beherrschenden Gesellschafter bereits im Zeitpunkt der Beschlußfassung über die Gewinnverwendung möglich. Aufgrund seiner beherrschenden Stellung ist er ab diesem Zeitpunkt jederzeit in der Lage über die Gewinnausschüttung zu verfügen (H 154 "Zuflußzeitpunkt bei Gewinnausschüttungen" EStH). Damit gilt die Gewinnausschüttung bereits mit Beschlußfassung im Dezember 1998 als zugeflossen. Der Tag der Auszahlung = 20.1.1999 ist insoweit unmaßgeblich.

Zu den Einnahmen gehört auch die nach § 36 Abs. 2 Nr. 3 EStG anrechenbare Körperschaftsteuer (§ 20 Abs. 1 Nr. 3 EStG). Die Anrechnung und der Ansatz des Anrechnungsanspruchs als Einnahme erfolgt in dem Veranlagungszeitraum, in dem auch die Einnahmen nach § 20 Abs. 1 Nr. 1 EStG zu erfassen sind.

Die Einnahmen aus Kapitalvermögen setzen sich wie folgt zusammen:

Dividende einschließlich Kapitalertragsteuer und Solidaritätszuschlag (§ 20 Abs. 1 Nr. 1 EStG, § 10 Nr. 2 KStG)	50.000 DM
anrechenbare Körperschaftsteuer (§ 20 Abs. 1 Nr. 3 i.V.m. § 36 Abs. 2 Nr. 3 EStG) 30/70	21.429 DM
Summe der Einnahmen	71.429 DM

Darüber hinaus sind bei der Ermittlung der Einkünfte aus Kapitalvermögen die Vorschriften des § 9 a Nr. 2 EStG (Werbungskostenpauschbetrag) und des § 20 Abs. 4 Satz 1 EStG (Sparerfreibetrag) zu berücksichtigen (Abschn. 27 Abs. 2 Satz 2 KStR).

Demnach sind im vorliegenden Fall zusätzlich abzuziehen:

Sparerfreibetrag	6.000 DM
Werbungskostenpauschbetrag	100 DM
Die Einkünfte aus Kapitalvermögen betragen somit	65.329 DM

3. Der Verkauf der im Februar 1998 erworbenen 40 %igen Beteiligung an der GmbH im Mai 1998 stellt ein Spekulationsgeschäft i.S.v. § 23 Abs. 1 Nr. 1 b EStG dar.

Obwohl es sich bei der GmbH-Beteiligung um eine wesentliche Beteiligung i.S.v. § 17 EStG handelt, findet § 17 EStG für den Fall, daß die Veräußerung innerhalb der Spekulationsfrist von sechs Monaten stattfindet, keine Anwendung (§ 23 Abs. 2 Satz 2 EStG). § 23 EStG genießt insoweit Vorrang vor § 17 EStG.

Der Spekulationsgewinn ermittelt sich wie folgt:

Veräußerungspreis	120.000 DM
./. Anschaffungskosten	100.000 DM
Gewinn	20.000 DM

Dieser Spekulationsgewinn gehört zu den sonstigen Einkünften i.S.v. § 22 Nr. 2 EStG.
Ein Werbungskostenpauschbetrag i.S.v. § 9a EStG wird bei Einkünften i.S.v. § 22 Nr. 2 EStG nicht berücksichtigt.

4. Die Vermietung des Mietwohngrundstücks führt zu Einkünften aus Vermietung und Verpachtung i.S.v. § 21 Abs. 1 Nr. 1 EStG. Einkünfte sind der Überschuß der Einnahmen über die Werbungskosten (§ 2 Abs. 2 Nr. 2 EStG). Die Einkünfte ermitteln sich wie folgt:

Einnahmen	72.000 DM
./. Werbungskosten	32.000 DM
Einkünfte	40.000 DM

5. Der Gewinn aus dem Verkauf des unbebauten Grundstücks ist keiner Einkunftsart i.S. des § 2 Abs. 1 EStG zuzuordnen. Der Verkauf vollzieht sich auf der privaten Vermögensebene.

6. Die Mitgliedsbeiträge bleiben bei der Ermittlung des Einkommens außer Ansatz (§ 8 Abs. 6 KStG).
Ebenso bleiben die Aufwendungen für die Erfüllung von Zwecken des Steuerpflichtigen, die durch die Satzung vorgeschrieben sind außer Ansatz (§ 10 Nr. 1 KStG).

7. Die Körperschaftsteuer für den Veranlagungszeitraum 1998 ermittelt sich somit wie folgt:

Einkünfte gem. § 15 EStG:	5.000 DM
Einkünfte gem. § 20 EStG	65.329 DM
Einkünfte aus Vermietung und Verpachtung	40.000 DM
Sonstige Einkünfte (Spekulationsgewinn)	<u>20.000 DM</u>
Summe der Einkünfte	130.329 DM
./. Freibetrag gem. § 24 KStG	<u>7.500 DM</u>
= zu versteuerndes Einkommen	<u>122.829 DM</u>
Tarifsteuer 42 %. (§ 23 Abs. 2 KStG)	51.588 DM
./. anrechenbare Kapitalertragsteuer	
(§ 49 KStG i.V.m. § 36 Abs. 2 Nr. 2 EStG)	12.500 DM
./. anrechenbare Körperschaftsteuer	
(§ 49 KStG i.V.m. § 36 Abs. 2 Nr. 3 EStG)	<u>21.429 DM</u>
verbleibende Körperschaftsteuer	<u>17.659 DM</u>

8. Der Solidaritätszuschlag für den Veranlagungszeitraum 1998 ermittelt sich wie folgt:

Festgesetzte Körperschaftsteuer	51.588 DM
./. anrechenbare Körperschaftsteuer	<u>21.429 DM</u>
Bemessungsgrundlage (§ 3 Abs. 1 Nr. 1 SolZG)	<u>30.159 DM</u>
Höhe 5,5 %. (§ 4 SolZG)	1.658 DM
./. anrechenbarer Solidaritätszuschlag	<u>688 DM</u>
Solidaritätszuschlag 1998	<u>970 DM</u>

Aufgabenteil Nr. 3: Gewerbesteuer

I. Allgemeine Feststellungen

Karl Klunker ist kraft gewerblicher Tätigkeit i.S.v. § 15 Abs. 2 EStG gewerbesteuerpflichtig, § 2 Abs. 1 GewStG. Eine Gewerbesteuerbefreiung nach § 3 GewStG ist offensichtlich nicht relevant. Die Stadt Duisburg ist die hebeberechtigte Gemeinde, § 4 Abs. 1 GewStG. Besteuerungsgrundlagen ist der Gewerbeertrag, § 6 GewStG.

II. Gewerbesteuermeßbetrag nach dem Gewerbeertrag

1. Ermittlung des Steuerbilanzgewinns

Vorläufiger Gewinn lt. Handelsbilanz		150.000 DM

Die Dividendenerträge aus der Edelmetall Handel GmbH sind noch um die anrechenbare Körperschaftsteuer und Kapitalertragsteuer nebst Solidaritätszuschlag zu erhöhen (reiner Buchungsfehler, keine gewerbesteuerliche Hinzurechnung):

Nettodividende	18.500 DM	
Kapitalertragsteuer/ Solidaritätszuschlag 26,375/73,625, § 20 Abs. 1 Nr. 1 EStG	+ 6.628 DM	
Bardividende	25.128 DM	
Körperschaftsteuer 30/70 § 20 Abs. 1 Nr. 3, § 36 Abs. 2 Nr.3	+ 10.769 DM	
als Dividendenerträge zu erfassen	35.897 DM	
bisher über Dividendenerträge erfaßt	./. 18.500 DM	
noch gewinnerhöhend zu erfassen		+ 17.397 DM
Steuerbilanzgewinn		167.397 DM
zzgl. Gewebesteuervorauszahlungen		+ 30.000 DM
bereinigter Steuerbilanzgewinn		197.397 DM

2. Hinzurechnungen, § 8 GewStG

a) Entgelte für Dauerschulden, § 8 Nr. 1 GewStG

Schuldzinsen	7.200 DM	
Damnum, Abschn. 48 Abs. 1 GewStR	+ 800 DM	
Summe	8.000 DM	
Hinzurechnung zu 50 %		+ 4.000 DM

b) Gewinnanteil stiller Gesellschafter, § 8 Nr. 3 GewStG

Der Gewinnanteil 1998 ist bereits in 1998 als Aufwand zu erfassen und deshalb hinzuzurechnen:

Auszahlungsbetrag netto	9.061 DM	
zzgl. Kapitalertragsteuer/SoliZ, 26,375/73,625	+3.246 DM	
Hinzurechnung		+ 12.307 DM

c) Miete Spezialmaschine, § 8 Nr. 7 GewStG

Die Miete für die Spezialmaschine unterliegt bei der Genius AG der Gewerbeertragsteuer und ist bei Karl Klunker somit nicht dem Gewerbeertrag hinzuzurechnen.

3. Kürzungen, § 9 GewStG

a) Einheitswert des Betriebsgrundstücks, § 9 Nr. 1 GewStG

Eine Kürzung erfolgt nur i.H.d. ertragsteuerlichen Betriebsvermögens, § 20 Abs. 1 GewStDV: EW 120.000 DM x 140 % x 80 % (betriebliche Nutzung) x 1,2 %, gerundet	./. 1.613 DM

b) Gewinnanteile (Kapitalgesellschaften), § 9 Nr. 2a GewStG

Gewinnanteil Edelmetall GmbH (>10% beteiligt)	./. 35.897 DM
Gewerbeertrag	**176.194 DM**
Abrundung auf volle 100 DM, § 11 Abs. 1 GewStG	176.100 DM
Freibetrag, § 11 Abs. 1 Nr. 1 GewStG	./. 48.000 DM
maßgebender Gewerbeertrag	128.100 DM
Steuermeßzahl, § 11 Abs. 2 GewStG:	
Staffeltarif x 5 %	6.405 DM
Kürzungsbetrag wegen Staffeltarif	./. 2.400 DM
Steuermeßbetrag nach dem Gewerbeertrag	4.005 DM
Hebesatz, § 16 GewStG: x 450 %	18.022 DM
x 5/6, R 20 Abs. 2 Sätze 2 und 3 EStR	15.018 DM
abzüglich Gewerbesteuervorauszahlungen	./. 30.000 DM
GewSt-Erstattungsanspruch (Forderung)	**14.981 DM**

Aufgabenteil Nr. 4: Umsatzsteuer

Vorbemerkung

Die Lösungshinweise werden auf die Rechtsänderungen zum 1.4.1999 hinweisen. Das Zahlenwerk wird aber aus didaktischen Gründen die jeweilige Rechtslage für das gesamte Jahr 1999 darstellen, ohne zum 1.4.1999 zu differenzieren

Einzelsachverhalt 1

Herr Sachlich erbringt zwar eine sonstige Leistung (§ 3 Abs. 9 UStG), die aber mangels Entgelt nicht steuerbar ist, § 1 Abs. 1 Nr.1 UStG.
Ein Eigenverbrauch ist mangels außerunternehmerischer Sphäre (z. Bsp. Verwendung der Pläne für private Zwecke) nicht erkennbar.

Einzelsachverhalt 2

Gegenüber Lea Anlag erbringt Herr Sachlich eine sonstige Leistung (§ 3 Abs. 9 UStG) gegen Entgelt (Honorar) im vereinbarten Leistungsaustausch. Der Ort der sonstigen Leistung bestimmt sich nach § 3a Abs. 2 Nr. 1c UStG ("wo das Grundstück liegt"): Duisburg. Die sonstige Leistung des Sachlich ist somit im Inland steuerbar, § 1 Abs. 1 Nr. 1 UStG.
Mangels einer Umsatzsteuerbefreiung nach § 4 UStG (insbesondere sind § 4 Nr. 9a UStG und § 4 Nr. 12 UStG nicht einschlägig) ist die sonstige Leistung steuerpflichtig.
Der Umsatzsteuersatz beträgt 16 %, § 12 Abs. 1 UStG.
Bemessungsgrundlage des Umsatzes ist alles, was der Leistungsempfänger aufwendet, um die Leistung zu erhalten, § 10 Abs. 1 Satz 2 UStG. Das Entgelt besteht aus dem Honorar und dem Gemälde.

Bruttohonorar	34.800 DM
Gemälde (Bruttowert)	+ 5.000 DM
Gesamtbruttogegenleistung	39.800 DM
: 1,15 = Bemessungsgrundlage	34.310 DM
x 15 % Umsatzsteuer	5.489 DM

Die Umsatzsteuer i.H.v. 5.489 DM entsteht spätestens mit Ausführung der Leistung, offensichtlich im Juni 1999, § 13 Abs. 1 Nr. 1a UStG.

Lösung Nr. 1; Umsatzsteuer

Einzelsachverhalt 3

Rechtslage bis 31.3.1999

Da Herr Sachlich die Bewirtungsaufwendungen für Zwecke seines Unternehmens bezogen hat, steht ihm nach § 15 Abs. 1 Nr.1 UStG der Vorsteuerabzug i.H.v. 225 DM zu. Für die Frage des Vorsteuerabzuges reicht die Angabe "Speise und Getränke" aus.
Ein Umsatz i.S.d. § 1 Abs. 1 Nr. 1 UStG ist nicht ersichtlich.
Zu prüfen ist allerdings ein Eigenverbrauch nach § 1 Abs. 1 Nr. 2c UStG, sofern Sachlich Aufwendungen tätigt, die unter das Abzugsverbot des § 4 Abs. 5 Nr. 2 EStG fallen. Nach R 21 Abs. 8 Sätze 8 und 9 EStR ist bei Bewirtungen die Angabe "Speisen und Getränke" nicht mehr ausreichend, um den Betriebsausgabenabzug wenigstens zu 80 % herbeizuführen.
Somit handelt es sich nach § 4 Abs. 5 Nr. 2 EStG um in voller Höhe nicht abziehbare Betriebsausgaben, die nach § 1 Abs. 1 Nr. 2c UStG einen steuerbaren Eigenverbrauch im Inland auslösen. Mangels Steuerbefreiung in § 4 UStG ist der Eigenverbrauch steuerpflichtig. Der Steuersatz beträgt 16 %, § 12 Abs. 1. Die Bemessungsgrundlage ergibt sich nach § 10 Abs. 4 Nr. 3 UStG aus den entstandenen Aufwendungen:

$$1.500 \text{ DM} \times 16\,\% = 240 \text{ DM Umsatzsteuer.}$$

Die Umsatzsteuer entsteht nach § 13 Abs. 1 Nr. 2 UStG mit Ablauf des Voranmeldungszeitraums, in dem die Bewirtung stattfand, somit im November 1999.

Rechtslage ab 1.4.1999

Der Vorsteuerabzug für nicht abziehbare Betriebsausgaben/Bewirtungsaufwendungen i.S.v. § 4 Abs. 5 Nr. 2 EStG ist ab 1.4.1999 nicht mehr zulässig, § 15 Abs. 1a UStG 1999. Eine Besteuerung als Aufwendungseigenverbrauch ist entfallen.

Einzelsachverhalt 4

Der Pkw gehört zum Unternehmensvermögen des Herrn Sachlich. Zunächst einmal ist festzuhalten, daß ihm deshalb der Vorsteuerabzug aus allen Rechnungen mit gesondertem Ausweis der Umsatzsteuer zusteht, die den Pkw betreffen, § 15 Abs. 1 Nr.1 UStG. Dies betrifft insbesondere die Anschaffungskosten in 1998 sowie die Treibstoff-, Reparatur- und Inspektionskosten.

Bezüglich der Privatfahrten handelt es sich um einen ganz offensichtlich nach § 1 Abs. 1 Nr. 2b UStG im Inland (Ort nach § 3a Abs. 1 UStG: Düsseldorf) steuerbaren Eigenverbrauch. Mangels Steuerbefreiung i.S.d. § 4 UStG ist der Eigenverbrauch steuerpflichtig. Der Steuersatz beträgt 16 %, § 12 Abs. 1 UStG.

Die Bemessungsgrundlage ergibt sich nach § 10 Abs. 4 Nr. 2 UStG aus den entstandenen Kosten (nach § 6 Abs. 1 Nr. 4 Satz 3 EStG ist die Fahrtenbuchmethode maßgebend). Dabei ist das EuGH-Urteil vom 23.5.1993 zu beachten, wonach die nicht vorsteuerbelasteten Kosten i.H.v. 6.200 DM (Kfz-Versicherung, Kfz-Steuer, Garagenmiete) nicht zur Bemessungsgrundlage beim Eigenverbrauch nach § 1 Abs. 1 Nr. 2b UStG gehören, vgl. Abschn. 155 Abs. 3 UStR. Die Bemessungsgrundlage setzt sich also nur aus den vorsteuerbelasteten Kosten i.H.v. 7.000 DM (Treibstoff, Reparaturen, Inspektionen) zusammen. Hinzu kommt die Abschreibung (lt. Sachverhalt nur linear), da der Pkw unter Abzug von Vorsteuer erworben worden ist:

$$\text{AK } 70.000 \text{ DM} \times 20 \% = 14.000 \text{ DM Jahres-AfA } 1999$$

Die vorsteuerbelasteten Kosten betragen somit insgesamt 21.000 DM. Diese Kosten i.H.v. 21.000 DM entfallen auf die Privatfahrten wie folgt:

$$\frac{21.000 \text{ DM} \times 5.000 \text{ km Privatfahrten}}{28.000 \text{ km Gesamtfahrleistung}}$$

$= 3.750 \text{ DM} \times 16 \% = 600 \text{ DM USt auf den Eigenverbrauch } 1999$

Die Umsatzsteuer i.H.v. 600 DM entsteht nach § 13 Abs. 1 Nr. 2 UStG mit Ablauf des jeweiligen Voranmeldungszeitraumes (Kalendermonat) der privaten Nutzung.

Bei den Fahrten zwischen Wohnung und Büro handelt es sich um unternehmerisch veranlaßte Fahrten, so daß ein Eigenverbrauch nach § 1 Abs. 1 Nr. 2b UStG nicht in Frage kommt.
Allerdings liegt hier insoweit ein steuerbarer Eigenverbrauch nach § 1 Abs. 1 Nr. 2c UStG vor, soweit die Aufwendungen für diese Fahrten nach § 4 Abs. 5 Nr. 6 EStG i.V.m. § 9 Abs. 1 Nr. 4 EStG nur begrenzt als Betriebsausgaben abgezogen werden dürfen (nach § 4 Abs. 5 Nr. 6 EStG ist auch hier die Fahrtenbuchmethode maßgebend).
Mangels Steuerbefreiung nach § 4 UStG ist dieser Eigenverbrauch steuerpflichtig. Der Steuersatz beträgt nach § 12 Abs. 1 UStG 16 %. Die Bemessungsgrundlage ergibt sich nach § 10 Abs. 4 Nr. 3 UStG nach den entstandenen Aufwendungen.

Lösung Nr. 1; Umsatzsteuer

Hierbei vertritt die Finanzverwaltung nunmehr die Auffassung, daß auch beim Aufwendungseigenverbrauch die nicht mit Vorsteuern belasteten Aufwendungen nicht zur Bemessungsgrundlage gehören, BMF-Schreiben vom 16.2.1999.

Wenn der Pkw für eine Gesamtfahrleistung von 28.000 km 21.000 DM Kosten verursacht, so kostet der Kilometer 0,75 DM.
Berechnung:

tatsächliche Kosten pro Kilometer	0,75 DM
abzgl. Pauschale nach § 9 Abs. 1 Nr. 4 EStG: 0,70 DM	
x 1/2 für jeden gefahrenen Kilometer	./. 0,35 DM
Bemessungsgrundlage pro Kilometer	0,40 DM
x 8.000 km	3.200 DM
x 16 % USt	512 DM

Die Jahres-Umsatzsteuer i.H.v. 512 DM entsteht nach § 13 Abs. 1 Nr. 2 UStG mit Ablauf des jeweiligen Voranmeldungszeitraumes (Kalendermonat) der Nutzung i.S. des § 1 Abs. 1 Nr. 2c UStG.

Rechtslage ab 1.4.1999

Die neue 50%ige Vorsteuerkappung durch § 15 Abs. 1b UStG 1999 ist nicht zu berücksichtigen, weil der Pkw vor dem 1.4.1999 angeschafft wurde, § 27 Abs. 3 UStG 1999.

Hinsichtlich der privaten Nutzung und der Fahrten zwischen Wohnung und Betrieb ist die Besteuerung als Eigenverbrauch ab 1.4.1999 entfallen. Allerdings löst die private Verwendung des Pkw eine sonstige Leistung gegen ein fiktives Entgelt insoweit aus, als die Kosten zum Vorsteuerabzug berechtigt haben, § 3 Abs. 9a Nr. 1 UStG 1999. Der Leistungsort ist gem. § 3f UStG 1999 am Sitzort des Unternehmens, mithin in Düsseldorf anzunehmen. Der Umsatz ist steuerbar (§ 1 Abs. 1 Nr. 1 UStG) und mangels Steuerbefreiung (§ 4 UStG) zu 16% (§ 12 Abs. 1 UStG) steuerpflichtig. Hinsichtlich des Zahlenwerks s.o..

Hinweis:

Nähere Einzelheiten zu dieser Problematik sind dem BMF-Schreiben vom 8.6.1999 zu entnehmen (unbedingt lesen !).

Mit der Veräußerung des Pkw am 30.12.1999 erbringt Herr Sachlich gegenüber dem niederländischen Privatmann eine Lieferung (Hilfsgeschäft), § 3 Abs. 1 UStG. Ort der Lieferung ist nach § 3 Abs. 6 UStG dort, wo die Beförderung durch den Abnehmer beginnt, offensichtlich Düsseldorf.

Der nach § 1 Abs. 1 Nr.1 UStG steuerbare Umsatz ist mangels Steuerbefreiung nach § 4 UStG steuerpflichtig. Insbesondere handelt es sich nicht um eine Ausfuhrlieferung nach § 6 UStG, da das Fahrzeug nicht in ein Drittland versendet wird. Es liegt auch keine innergemeinschaftliche Lieferung vor, da das Fahrzeug zwar in einen Mitgliedstaat der EU befördert wird, der Abnehmer (Privatmann) allerdings nicht der dortigen Erwerbsbesteuerung unterliegt. Der Niederländer hat insbesondere keine Erwerbsbesteuerung nach § 1b UStG durchzuführen, da er kein neues Fahrzeug erworben hat.

Der Steuersatz beträgt 16 %, § 12 Abs. 1 UStG. Die Bemessungsgrundlage ist nach § 10 Abs. 1 UStG das Entgelt, also alles, was der Leistungsempfänger aufwendet, um die Leistung zu erhalten, jedoch abzüglich Umsatzsteuer. Der Veräußerungspreis i.H.v. 45.000 DM ist brutto zu verstehen, so daß die Umsatzsteuer herauszurechnen ist:

$$45.000 \text{ DM} : 1,16 = 38.793 \text{ DM Entgelt}$$
$$\times 16 \text{ \% USt} = 6.206 \text{ DM}$$

Die Umsatzsteuer i.H.v. 6.206 DM entsteht mit Ablauf des Voranmeldungszeitraumes der Lieferung also Dezember 1999, § 13 Abs. 1 Nr. 1a UStG.

Einzelsachverhalt 5

Rechtslage bis 31.3.1999

Da er den Spaten für unternehmerische Zwecke erworben hat, steht Herrn Sachlich der Vorsteuerabzug aus der Anschaffung nach § 15 Abs. 1 Nr.1 UStG i.H.v. 450 DM im Januar 1999 zu.

Ein steuerbarer Umsatz nach § 1 Abs. 1 Nr. 1 UStG liegt ganz offensichtlich nicht vor.

Allerdings leistet Herr Sachlich durch das Geschenk eine nach § 4 Abs. 5 Nr. 1 EStG nicht abziehbare Betriebsausgabe, die nach § 1 Abs. 1 Nr. 2c UStG zu einem Aufwendungseigenverbrauch führt. Der steuerbare Eigenverbrauch ist mangels Steuerbefreiung nach § 4 UStG steuerpflichtig. Der Steuersatz beträgt 16 %, § 12 Abs. 1 UStG.

Die Bemessungsgrundlage ergibt sich nach § 10 Abs. 4 Nr. 3 UStG aus den tatsächlich entstandenen Aufwendungen, somit 3.000 DM x 16 % = 480 DM USt. Die zwischenzeitliche Erhöhung der Goldpreise ist hier nicht zu beachten.

Die Umsatzsteuer i.H.v. 480 DM entsteht nach § 13 Abs. 1 Nr. 2 UStG mit Ablauf des Voranmeldungszeitraums der Schenkung also Mai 1999.

Rechtslage ab 1.4.1999

Da es sich hinsichtlich des Geschenks um eine einkommensteuerlich nicht abziehbare Betriebsausgabe handelt, können ab 1.4.1999 keine Vorsteuerbeträge mehr geltend gemacht werden, § 15 Abs. 1a UStG. Allerdings stellt das Geschenk anschließend auch keinen steuerbaren Umsatz mehr da, weil die Eigenverbrauchstatbestände abgeschafft wurden.

Einzelsachverhalt 6

Setzt man voraus, daß Herr Sachlich mit seinen Leistungen gegenüber Max Gründlich sowie dem Autohaus Trecker nach Vollendung der Aufträge steuerbare und steuerpflichtige Umsätze erbringen wird, so sind die vereinnahmten Anzahlungen nach § 13 Abs. 1 Nr. 1a Satz 4 UStG bereits bei Vereinnahmung des Entgeltes vor Ausführung der Leistung zu versteuern. Dieser Grundsatz gilt sowohl im Fall a) (Umsatzsteuer 1.600 DM) sowie im Fall b) (Umsatzsteuer 965 DM).

Einzelsachverhalt 7

Rechtslage bis 31.3.1999

Die kostenlose Planung eines Wochenendhauses für seine Schwester stellt einen Eigenverbrauch nach § 1 Abs. 1 Nr. 2b UStG dar. Ort des Eigenverbrauches ist nach § 3a Abs. 2 Nr. 1c UStG dort, wo das Grundstück liegt, somit in Griechenland. Der Eigenverbrauch ist deshalb im Inland nicht steuerbar.

Rechtslage bis 1.4.1999

Die Planungsarbeiten stellen eine sonstige Leistung dar, deren Entgelt fingiert wird, § 3 Abs. 9a Nr. 2 UStG 1999. Der Ort bestimmt sich gem. § 3f UStG 1999: Sitzort der Unternehmers, mithin Düsseldorf. Der steuerbare Umsatz (§ 1 Abs. 1 Nr. 1 UStG) ist zu 16% (§ 12 Abs. 1 UStG) steuerpflichtig, da eine Steuerbefreiung (§ 4 UStG) nicht vorliegt. Bemessungsgrundlage sind die entstandenen Kosten, § 10 Abs. 1 UStG: 6.000 DM. Die Umsatzsteuer i.H.v. 960 DM entsteht mit Ablauf des VAZ 11/1999, § 13 Abs. 1 Nr. 1 UStG.

Einzelsachverhalt 8

In Form des Vortrages erbringt Herr Sachlich eine sonstige Leistung (§ 3 Abs. 9 UStG) gegen Entgelt im vereinbarten Leistungsaustausch.

Ort der sonstigen Leistung ist nach § 3a Abs. 2 Nr. 3a UStG dort, wo der Unternehmer wesentlich tätig wird, mithin in München. Der Umsatz ist nach § 1 Abs. 1 Nr.1 UStG steuerbar und mangels Steuerbefreiung nach § 4 UStG steuerpflichtig (insbesondere nicht nach § 4 Nr. 21 oder 22 UStG steuerfrei). Der Umsatzsteuersatz beträgt 16 %, § 12 Abs. 1 UStG. Die Bemessungsgrundlage ist nach § 10 Abs. 1 UStG das Entgelt abzüglich Umsatzsteuer:

$$\text{Brutto } 3.000 \text{ DM} : 1{,}16 = \text{Entgelt } 2.586 \text{ DM}$$
$$\times 16 \% = 414 \text{ USt}$$

Die Umsatzsteuer i.H.v. 414 DM entsteht mit Ablauf des VAZ Dezember 1999, § 13 Abs. 1 Nr. 1a UStG.

Einzelsachverhalt 9

Die Erstellung eines Gutachtens stellt eine sonstige Leistung (§ 3 Abs. 9 UStG) gegen Entgelt im vereinbarten Leistungsaustausch dar. Der Leistungsort ergibt sich aus § 3a Abs. 2 Nr. 1 Satz 1 UStG und ist in Bonn. Der Umsatz ist nach § 1 Abs. 1 Nr. 1 UStG im Inland steuerbar und mangels Steuerbefreiung nach § 4 UStG steuerpflichtig (§ 4 Nr. 10 UStG gilt nur für die Umsätze der Versicherer selbst). Der Steuersatz beträgt 16 %, § 12 Abs. 1 UStG. Die Bemessungsgrundlage bestimmt sich gem. § 10 Abs. 1 UStG nach allem, was der Leistungsempfänger aufwendet, um die Leistung zu erhalten, allerdings abzüglich Umsatzsteuer:

$$5.000 \text{ DM brutto} : 1{,}16 = \text{Entgelt } 4.310 \text{ DM} \times 16 \% = 670 \text{ DM USt}$$

Die Umsatzsteuer i.H.v. 670 DM entsteht nach § 13 Abs. 1 Nr. 1a UStG mit Ablauf des Voranmeldungszeitraumes im März 1999.
Die Besonderheit, daß er sein Honorar direkt von der Versicherungsgesellschaft erhält, ändert nichts an den oben getroffenen Feststellungen; es handelt sich lediglich um einen abgekürzten Zahlungsweg.

Einzelsachverhalt 10

Verzugszinsen sind nach Abschn. 3 Abs. 3 Satz 3 UStR als Schadensersatz zu behandeln. Sie lösen keinen steuerbaren Vorgang nach § 1 Abs. 1 Nr.1 UStG aus.
Darüber hinaus sind sie nach Abschn. 149 Abs. 3 Satz 5 UStR nicht Teil des Entgelts, so daß die bisher unstreitig entstandene Umsatzsteuer i.H.v. 1.600 DM nicht zu erhöhen ist.

Einzelsachverhalt 11

Bei der Lieferung der Kopieranlage handelt es sich aus der Sicht des Sachlich um einen innergemeinschaftlichen Erwerb nach § 1a Abs. 1 UStG, da der Liefergegenstand von einem Mitgliedstaat in einen anderen Mitgliedstaat gelangt und der Erwerber (Sachlich) als Unternehmer den Gegenstand für sein Unternehmen erworben hat. Der Ort des innergemeinschaftlichen Erwerbs ist nach § 3d Satz 1 UStG dort, wo sich der Gegenstand am Ende der Beförderung befindet.
Somit ist der Umsatz nach § 1 Abs. 1 Nr. 5 UStG im Inland steuerbar und mangels Steuerbefreiung nach § 4 UStG steuerpflichtig.
Der Steuersatz beträgt 16 %, § 12 Abs. 1 UStG. Die Bemessungsgrundlage beträgt nach § 10 Abs. 1 UStG 100.000 DM.

$$100.000 \text{ DM} \times 16\ \% = 16.000 \text{ DM USt}$$

Die Umsatzsteuer entsteht nach § 13 Abs. 1 Nr. 6 UStG in den Fällen des innergemeinschaftlichen Erwerbs grds. mit Ausstellung der Rechnung, spätestens jedoch mit Ablauf des dem Erwerb folgenden Kalendermonats, hier also am 1. Dezember 1999, § 13 Abs. 1 Nr. 6 UStG.
Nach § 15 Abs. 1 Nr. 3 UStG kann Herr Sachlich die Steuer für den innergemeinschaftlichen Erwerb i.H.v. 16.000 DM ebenfalls im VAZ 12/99 als Vorsteuer geltend machen.

Aus der Sicht der französischen Firma handelt es sich um eine in Frankreich steuerbare, aber als innergemeinschaftlich steuerfreie Lieferung, vgl. die § 6a UStG entsprechende Vorschrift des französischen Umsatzsteuerrechts.

Aufgabenteil Nr. 5: Abgabenordnung

Sachverhalt 1

Nach § 85 AO haben die Finanzbehörden sicherzustellen, daß Steuern nicht verkürzt, zu Unrecht gewährt oder versagt werden (Grundsatz der Gleichmäßigkeit bzw. Gesetzmäßigkeit der Besteuerung). Hierbei ermittelt die Finanzbehörde den Sachverhalt von Amts wegen. Sie bestimmt die Art und den Umfang der Ermittlungen (§ 88 Abs. 1 AO).

Dabei bedient sich die Finanzbehörde der Beweismittel, die sie nach pflichtgemäßem Ermessen zur Ermittlung des Sachverhalts für erforderlich hält (§ 92 AO). Sie kann insbesondere Auskünfte jeder Art von den Beteiligten und anderen Personen einholen.
Gemäß § 90 Abs. 1 AO sind die Beteiligten zur Mitwirkung bei der Ermittlung des Sachverhalts verpflichtet. Zu den Mitwirkungspflichten gehört u.a., daß die Beteiligten (aber auch andere Personen) der Finanzbehörde die zur Feststellung eines für die Besteuerung erheblichen Sachverhaltes erforderlichen Auskünfte zu erteilen haben (§ 93 Abs. 1 S. 1 AO).
Andere Personen als die Beteiligten sollen dabei erst dann zur Auskunft angehalten werden, wenn die Sachverhaltsaufklärung durch die Beteiligten nicht zum Ziele führt oder keinen Erfolg verspricht (§ 93 Abs. 1 S. 3 AO).
Aufgrund der dargestellten Grundsätze ergibt sich für den vorliegenden Fall folgendes:

Steuern werden, soweit nichts anderes vorgeschrieben ist, von der Finanzbehörde durch Steuerbescheid festgesetzt (§ 155 Abs. 1 Satz 1 AO). Sind zur Entrichtung einer Steuer mehrere gesamtschuldnerisch verpflichtet, so können gegen sie zusammengefaßte Steuerbescheide ergehen (§ 155 Abs. 3 AO). Im Fall der Einkommensteuer-Zusammenveranlagung schulden Ehegatten die Einkommensteuer als Gesamtschuldner i.S.v. § 44 Abs. 1 AO.

Die Regelung des § 155 Abs. 3 AO dient als Vereinfachungsvorschrift für die Bekanntgabe des Steuerbescheides.
Dies ändert jedoch nichts daran, daß es sich bei Ehemann und Ehefrau grds. um zwei Steuersubjekte handelt. Es werden lediglich mehrere an sich getrennt zu erlassene Bescheide äußerlich verbunden. Der Sache nach liegen mehrere inhaltsgleiche Festsetzungen vor.

Der Veranlagungsbeamte möchte Auskünfte zu den Einkünften aus nichtselbständiger Arbeit des Ehemanns einholen. Die Ehefrau ist somit insoweit als andere Person i.S.v. § 93 Abs. 1 AO anzusehen. In dem Befragen der Ehefrau liegt somit ein Verstoß gegen § 93 Abs. 1 Satz 3 AO, wonach andere Personen als die Beteiligten erst dann zur Auskunft angehalten werden sollen, wenn die Sachverhaltsaufklärung durch die Beteiligten nicht zum Ziele führt oder keinen Erfolg verspricht.

Darüber hinaus ist von entscheidender Bedeutung, daß in diesem Fall die Ehefrau als Angehörige i.S.v. § 15 AO ein Auskunftsverweigerungsrecht gehabt hätte. Nach § 101 Abs. 1 AO können Angehörige eines Beteiligten die Auskunft verweigern, soweit sie nicht selbst als Beteiligte oder über ihre eigenen steuerlichen Verhältnisse auskunftspflichtig sind oder die Auskunftspflicht für einen Beteiligten zu erfüllen haben. Diese Voraussetzungen sind im vorliegenden Fall jedoch nicht gegeben. Die Ehefrau ist trotz Zusammenveranlagung nicht als Beteiligte anzusehen.

Die Angehörigen sind über das Bestehen des Auskunftsverweigerungsrechts zu belehren (§ 101 Abs. 1 Satz 2 AO). Die erforderliche Belehrung ist im vorliegenden Fall jedoch nicht erfolgt. Ist die erforderliche Belehrung unterblieben, dürfen die auf der Aussage des Angehörigen beruhenden Kenntnisse nicht verwertet werden (BFH vom 31.10.1990, BStBl 1991 II S. 204), es sei denn, der Angehörige stimmt nachträglich zu oder wiederholt nach Belehrung seine Aussage (BFH, BStBl 1986 II S. 435). Somit besteht für die Finanzbehörde hinsichtlich der Auskunft der Ehefrau, daß das Arbeitszimmer auch als Bügelzimmer genutzt wird, ein Verwertungsverbot. Allein aufgrund dieser Aussage dürfen die Aufwendungen für das Arbeitszimmer nicht unberücksichtigt bleiben. Dazu ist es erforderlich, daß gegen den entsprechenden Einkommensteuerbescheid Einspruch eingelegt wird.

Sachverhalt 2

Die Umsatzsteuervoranmeldung für den Monat August 01 ist grds. bis zum 10.9.01 beim Finanzamt abzugeben (§ 149 Abs. 1 AO i.V.m. § 18 Abs. 1 Satz 1 UStG). Da der 10.9. ein Samstag ist, verschiebt sich der Abgabetermin auf den nächsten Werktag (§ 108 Abs. 3 AO). Das ist Montag, der 12.9.01.

Als Zwischenergebnis bleibt somit festzuhalten, daß die Abgabe der Umsatzsteuervoranmeldung am 19.9.01 grds. verspätet ist. Für das Finanzamt bestünde somit grds. die Möglichkeit, einen Verspätungszuschlag gem. § 152 AO festzusetzen.

Von der Festsetzung eines Verspätungszuschlags ist jedoch bei einer bis zu fünf Tagen verspäteten Abgabe der monatlich abzugebenden Umsatzsteuervoranmeldung grds. abzusehen (Abgabeschonfrist; Anwendungserlaß zur AO 1977 (AEAO) Anm. 7 zu § 152 AO). Die Abgabeschonfrist berechnet sich wie folgt:

Regulärer Abgabetermin für die Umsatzsteuer-Voranmeldung ist der 12.9.; somit beginnt die Abgabeschonfrist am 13.9. um 0.00 Uhr (§§ 108 Abs. 1 AO i.V.m. 187 Abs. 1 BGB).

Die Abgabeschonfrist beträgt fünf Tage. Sie endet mit dem letzten Tage der Frist (§ 108 Abs. 1 AO i.V.m. § 188 Abs. 1 BGB). Das ist Samstag der 17.9., 24 Uhr. Fällt der letzte Tag der Abgabeschonfrist auf einen Sonntag, einen allgemeinen Feiertag oder auf einen Sonnabend, so tritt an seine Stelle der nächste Werktag, der kein Sonnabend ist (§ 108 Abs. 3 AO; AEAO § 152 Anm. 7). Somit verschiebt sich das Fristende auf Montag, den 19.9..

Als Ergebnis bleibt somit festzuhalten, daß die Abgabe der Umsatzsteuervoranmeldung am 19.9. grds. fristgerecht erfolgt ist. Der Anwendungserlaß enthält jedoch den Hinweis, daß die Abgabeschonfrist nicht in Mißbrauchsfällen zu gewähren ist. Für die Überprüfung, ob es sich um ein Mißbrauchsfall handelt, ist die Zahlung der angemeldeten Steuer von Bedeutung.

Gemäß § 220 Abs. 1 AO i.V.m. § 18 Abs. 1 Satz 5 UStG ist der angemeldete Steuerbetrag grds. am 10. Tag nach Ablauf des Voranmeldungszeitraums fällig. Das wäre grds. der 10.9.. Da dies jedoch ein Samstag ist verschiebt sich der Fälligkeitstermin auf den nächsten Werktag = Montag 12.9..
Die Zahlung ist erst am 21.9. durch Hingabe des Verrechnungsschecks und damit verspätet erfolgt. Dies hat grds. zur Folge, daß für jeden angefangenen Monat ein Säumniszuschlag von 1 % des rückständigen auf 100 DM nach unten abgerundeten Steuerbetrags zu entrichten ist (§ 240 Abs. 1 Satz 1 AO). Gemäß § 240 Abs. 3 AO wird ein Säumniszuschlag bei einer Säumnis bis zu fünf Tagen nicht erhoben (Zahlungsschonfrist). Sofern - wie bei Fälligkeitssteuern - die Steuer ohne Rücksicht auf die erforderliche Steuerfestsetzung oder Steueranmeldung fällig wird, tritt die Säumnis nicht ein, bevor die Steuer festgesetzt oder die Steueranmeldung abgegeben worden ist (§ 240 Abs. 1 Satz 3 AO). Nach dem Anwendungserlaß zur AO, § 240 Anm. 1, ist in diesen Fällen wie folgt zu verfahren:

Gibt der Steuerpflichtige seine Voranmeldung oder Anmeldung erst nach Ablauf des Fälligkeitstags ab, sind Säumniszuschläge bei verspätet geleisteter Zahlung nicht vom Ablauf des im Einzelsteuergesetz bestimmten Fälligkeitstages an, sondern erst von dem auf den Tag des Eingangs der Voranmeldung oder Anmeldung folgenden Tages an unter Gewährung der Zahlungsschonfrist nach § 240 Abs. 3 AO zu berechnen. (Die Zahlungsschonfrist wird dagegen nicht bei Scheckzahlungen gewährt, § 240 Abs. 3 Satz 2 AO). Im vorliegenden Fall bedeutet dies, daß Säumniszuschläge erst von dem auf den Tag des Eingangs der Umsatzsteuervoranmeldung (= 19.9.) folgenden Tages - unter Berücksichtigung der Zahlungsschonfrist - an zu berechnen sind:

Abgabe der Anmeldung am 19.9.. Die Zahlungsschonfrist beginnt somit am 20.9. 0.00 Uhr (§ 108 Abs. 1 AO i.V.m. § 187 Abs. 1 BGB). Sie endet grds. am 24.9. 24.00 Uhr (§§ 108 Abs. 1 AO i.V.m. 188 Abs. 1 BGB). Da dies jedoch ein Samstag ist, verschiebt sich das Ende der Zahlungsschonfrist auf Montag, den 26.9. (§ 108 Abs. 3 AO).

Die Zahlung durch Überweisung am 21.9. löst somit keine Säumniszuschläge aus.

Wie oben ausgeführt ist grds. für die Abgabe einer Umsatzsteuervoranmeldung eine Abgabeschonfrist von fünf Tagen zu berücksichtigen. Das gilt jedoch nicht in Mißbrauchsfällen. Nach dem Anwendungserlaß zur AO liegt ein solcher Mißbrauch vor, wenn der Steuerpflichtige die angemeldete Steuer nicht gleichzeitig mit der Abgabe der Anmeldung entrichtet, sondern die Zahlung bewußt verzögert. Es reicht in diesem Zusammenhang u.a. aus, wenn der Steuerpflichtige die angemeldete Steuer mittels eines der Steueranmeldung beigefügten Schecks leistet (AEAO § 152 Anm. 7). Im vorliegenden Fall ist der angemeldete Steuerbetrag jedoch erst zwei Tage nach Abgabe der Umsatzsteuer-Voranmeldung überwiesen worden. Somit handelt es sich um einen solchen Mißbrauchsfall. Für das Finanzamt besteht damit die Möglichkeit, einen Verspätungszuschlag i.S.v. § 152 AO festzusetzen. Die Festsetzung liegt im Ermessen des Finanzamts.

Aufgabenteil Nr. 6: Rechnungswesen

1. Grundstück Mülheim, Düsseldorfer Str. 1

- Bei der Ermittlung des Bilanzansatzes und des Teilwertes ist davon auszugehen, daß der Grund und Boden und das Gebäude als zwei selbständige Wirtschaftsgüter zu beurteilen sind.

- Hinsichtlich des bebauten Grundstücks besteht Aktivierungsgebot gem. § 5 Abs. 1 Satz 1 EStG i.V.m. § 240 Abs. 1, § 242 Abs. 1 und § 246 Abs. 1 HGB, weil es ausschließlich eigenbetrieblichen Zwecken dient. Es gehört deshalb auch gem. R 13 Abs. 7 EStR zum notwendigen Betriebsvermögen.

- Der Grund und Boden gehört zum nicht abnutzbaren Anlagevermögen (§ 247 Abs. 2 HGB, R 32 Abs. 1 Satz 6 EStR) und ist grds. mit den Anschaffungskosten zu bewerten (vgl. § 6 Abs. 1 Nr. 2 EStG oder § 253 Abs. 1 HGB). Die Anschaffungskosten stellen die Bewertungsobergrenze dar, diese sind mit dem Teilwert vom 31.12.1998 identisch. Der Bilanzansatz beträgt demnach zum 31.12.1998 120.000 DM.

- Das Gebäude gehört zum unbeweglichen abnutzbaren Anlagevermögen (R 32 Abs. 1 Satz 5 EStR) und ist grds. mit den fortgeführten Anschaffungskosten (AK ./. AfA) zu bewerten (vgl. § 6 Abs. 1 Nr. 1 EStG oder § 253 Abs. 2 HGB).

Die Errichtung des störenden Bauwerks ist als langfristiges Ereignis einzustufen und führt somit zu einer dauernden Wertminderung. Gemäß § 5 Abs. 1 S. 1 EStG i.V.m. § 253 Abs. 2 Satz 3 HGB muß daher eine außerplanmäßige Abschreibung (bzw. Teilwertabschreibung) vorgenommen werden. Gemäß § 6 Abs. 1 Nr. 1 Satz 2 EStG kann zwar der niedrigere Teilwert angesetzt werden (Wahlrecht), in diesem Fall sind jedoch die Vorschriften des HGB aufgrund der Maßgeblichkeit vorrangig.

Kontenentwicklung:

Anfangsbestand 1.1.1998	326.800 DM
erst planmäßige AfA; AfA § 7 Abs. 4 Satz 1 Nr. 2 a EStG	
2 % v. 380.000 DM	./.7.600 DM
fortgeführte AK (§ 6 Abs. 1 Nr. 1 Satz 1 EStG)	319.200 DM
danach außerplanmäßige Abschreibung (Teilwertabschreibung)	./.79.200 DM
niedrigerer Teilwert 31.12.1998	240.000 DM

Berichtigungsbuchung:

Gebäude 47.600 DM an außerplanmäßige Abschreibung 47.600 DM

Gewinn:

Minderung außerplanmäßige Abschreibung = $\underline{+ 47.600\ DM}$

2. Grundstück Mülheim, Kölner Str. 12

- Auch für dieses ausschließlich betrieblichen Zwecken dienende Grundstück besteht Aktivierungsgebot gem. § 5 Abs. 1 Satz 1 EStG i.V.m. § 240 Abs. 1, § 246 Abs. 1 HGB. Dies gilt bis zum Ausscheiden für das alte Grundstück und ab dem Zugang auch für das neue Grundstück (vgl. auch R 13 Abs. 7 EStR).

- Die Eintragung in das Grundbuch und der damit verbundene Übergang des zivilrechtlichen Eigentums spielt für die bilanzielle Zurechnung des neuen Grundstücks zum 31.12.1998 keine Rolle. K. Linka ist bereits am 1.12.1998 wirtschaftlicher Eigentümer geworden (§ 39 Abs. 2 Nr. 1 AO), weil lt. Kaufvertrag zu diesem Zeitpunkt sämtliche Nutzungen und Lasten auf K. Linka übergegangen sind.

- Der Grund und Boden gehört zum nicht abnutzbaren Anlagevermögen (§ 247 Abs. 2 HGB, R 32 Abs. 1 Satz 6 EStR) und ist grds. mit den Anschaffungskosten zu bewerten (§ 6 Abs. 1 Nr. 2 EStG). Hierzu gehören gem. § 255 Abs. 1 HGB auch die Nebenkosten, nicht jedoch die verrechenbare Vorsteuer (§ 9 b Abs. 1 EStG).

- Durch den behördlichen Eingriff werden gegen bzw. ohne den Willen des Stpfl. stille Reserven wie folgt freigesetzt:

Entschädigung	90.000 DM
anteiliger Buchwert 1.2.1998	./. 30.000 DM
aufgedeckte stille Reserven:	60.000 DM

- Die Anwendung des § 6b EStG scheidet hier aus, weil der veräußerte Grund und Boden nicht sechs Jahre ununterbrochen zum Anlagevermögen gehörte, vgl. § 6b Abs. 4 Nr. 2 EStG. Der Verkauf hätte frühestens mit Wirkung zum 2.4.1998 erfolgen dürfen (§ 108 Abs. 1 AO i.V.m. §§ 187 Abs. 1, 188 Abs. 1 BGB). Ein Sonderfall i.S.d. § 6b Abs. 8 Nr. 2 i.V.m. Abs. 9 EStG liegt nicht vor.

Es sind jedoch die Voraussetzungen des R 35 Abs. 1 EStR erfüllt. Danach brauchen die zwangsweise aufgedeckten stillen Reserven nicht sofort versteuert zu werden. Allerdings dürfen nicht die vollen stillen Reserven auf das Ersatzwirtschaftsgut übertragen werden, weil die hierfür getätigten Anschaffungskosten die Entschädigungssumme unterschreiten.

- Der Bilanzwert des Grund und Bodens entwickelt sich wie folgt:

Bilanzansatz Grund und Boden alt 1.1.1998	30.000 DM
Abgang 1.2.1998 (bisher nicht erfaßt)	./. 30.000 DM
	0 DM
Zugang Grund und Boden (Kaufpreis)	72.000 DM
Nebenkosten, netto	+ 9.000 DM
Anschaffungskosten	81.000 DM
Übertragung der stillen Reserven, 9/10 anteilig:	
H 35 Abs. 3 EStH $\frac{81.000 \times 60.000}{90.000}$ =	./. 54.000 DM
Anschaffungskosten und Bilanzwert 31.12.1998	27.000 DM

Die sonstige Forderung i.H.v. 72.000 DM wurde zu Unrecht bilanziert, da ein Anspruch am Bilanzstichtag nicht mehr besteht. Ein Sonderposten mit Rücklageanteil zum 31.12.1998 ergibt sich nicht, da die Übertragung in 1998 erfolgt. Danach sind die aufgedeckten stillen Reserven i.H.v. 6.000 DM (10 % von 60.000 DM) als sonstige betriebliche Erträge zu behandeln. Ein Fall des R 35 Abs. 3 Sätze 1, 2 EStR liegt nicht vor. Die Bilanzansätze der sonstigen Forderung und des Sonderpostens mit Rücklageanteil zum 31.12.1998 betragen deshalb 0 DM.

Die Überweisung der Entschädigungssumme auf das private Bankkonto K. Linkas stellt im April 1998 eine Geldentnahme i.S.d. § 4 Abs. 1 Satz 2 EStG dar.

- Buchung:

Privatentnahmen 90.000 DM	an	Grund u. Boden	3.000 DM
		sonstige Ford.	72.000 DM
		sonstige Aufw.	9.000 DM
		sonstige Erträge	6.000 DM

- Gewinn:

Erhöhung sonst. Erträge	+ 6.000 DM
Minderung sonst. Aufwendungen	+ 9.000 DM
	+ 15.000 DM

3. Transportanlage

- Hinsichtlich der Transportanlage besteht ebenfalls Aktivierungsgebot gem. § 5 Abs. 1 Satz 1 EStG i.V.m. § 240 Abs. 1, § 246 Abs. 1 HGB. Die Transportanlage ist als Betriebsvorrichtung ein selbständiges Wirtschaftsgut (vgl. R 13 Abs. 3 Satz 3 Nr. 1 EStR) und gehört fiktiv zum beweglichen abnutzbaren Anlagevermögen (R 42 Abs. 2 und 3 EStR), auch wenn sie wesentlicher Bestandteil des Grundstücks ist.

- Die Bewertung erfolgt gem. § 6 Abs. 1 Nr. 1 EStG (oder § 253 Abs. 2 HGB) grds. mit den fortgeführten Anschaffungskosten (AK ./. AfA).

- Bei der im Mai bzw. im Juli 1998 vorgenommenen Erweiterung der Anlage handelt es sich um nachträgliche Anschaffungskosten. Die erworbenen Transportwannen dürfen nicht gem. § 6 Abs. 2 EStG sofort abgeschrieben werden, weil sie zu keiner selbständigen Nutzung fähig sind (R 40 Abs. 1 EStR). Beide Nettobeträge sind zu aktivieren und einheitlich mit der Transportanlage abzuschreiben. Für die nachträglichen Anschaffungskosten kann jedoch aus Vereinfachungsgründen unterstellt werden, daß sie zu Jahresbeginn (bzw. im Zeitpunkt der Montage) aufgewendet worden wären (R 44 Abs. 11 Satz 3 EStR).

- Kontenentwicklung Transportanlage:

Kaufpreis lt. Vertrag		80.000 DM
Skonti (§ 255 Abs. 1 Satz 3 HGB)	./.	2.400 DM
Transportkosten als Einzelkosten	+	1.200 DM
Montagekosten	+	2.200 DM
Anschaffungskosten im Februar 1998		81.000 DM
nachträgliche AK (§ 255 Abs. 1 Satz 2 HGB) 5/1998	+	12.000 DM
zusätzliche Transportwannen, 7/1998	+	7.000 DM
AK insgesamt, ohne verrechenbare Vorsteuer		100.000 DM

<u>Absetzung für Abnutzung:</u>

a) grds. 10 % linear, § 7 Abs. 1 EStG

b) jedoch lt. Aufgabe niedrigster Gewinn, deshalb 30 % degressiv (§ 7 Abs. 2 EStG)

c) Vereinfachungsregelung 1/1 AfA, da erste Jahreshälfte (R 44 Abs. 2 Satz 3 EStR): ./. 30.000 DM

Fortgeführte Anschaffungskosten 31.12.1998 70.000 DM

Eine Sonderabschreibung gem. § 7g EStG kommt nicht in Betracht, weil es sich bei der erworbenen Anlage um ein gebrauchtes Wirtschaftsgut handelt (vgl. § 7g Abs. 1 EStG und R 83 Abs. 5 EStR).

- Berichtigungsbuchung:

AfA	30.000 DM	an	
Skontiertrag	2.400 DM	Transportanlage	10.000 DM
		Erhaltungsaufw.	12.000 DM
		sonstige Aufw.	3.400 DM
		Sofortabschreibung Geringwertige WG	7.000 DM

- Gewinnauswirkung:

Erhöhung AfA	./. 30.000 DM
Minderung Skontiertrag	./. 2.400 DM
Minderung Erhaltungsaufwand	+ 12.000 DM
Minderung sonstige Aufwendungen	+ 1.200 DM
Minderung sonstige Aufwendungen	+ 2.200 DM
Minderung Sofortabschreibung Geringwertige Wirtschaftsgüter	+ 7.000 DM
	./. 10.000 DM

4. Finanzanlagen

a) Beteiligung

- Die erworbene Beteiligung gehört gem. § 4 Abs. 1 EStG i.V.m. R 13 Abs. 1 Satz 3 EStR mindestens zum gewillkürten Betriebsvermögen (ggf. auch notwendiges Betriebsvermögen gem. H 13 Abs. 1 EStH „Beteiligungen").

- Die Beteiligung soll dem Betrieb auf Dauer dienen (Betriebskapitalverstärkung) und ist deshalb dem nicht abnutzbaren Anlagevermögen zuzuordnen (§ 247 Abs. 2 HGB, R 32 Abs. 1 Satz 6 EStR).

- Die Beteiligung ist mit den Anschaffungskosten (= gemeiner Wert der Anteile) gem. § 6 Abs. 1 Nr. 2 EStG wie folgt anzusetzen:

	15.000 DM
Nebenkosten (§ 255 Abs. 1 HGB)	+ 280 DM
31.12.1998	15.280 DM

Die aus einer Warenlieferung bestehende zivilrechtliche Forderung K. Linkas ist mit der Übergabe der Anteile in voller Höhe untergegangen. Es liegt kein Tausch vor, da als Gegenleistung ursprünglich Geld vereinbart war, tatsächlich jedoch später die Befriedigung durch die Übergabe der Anteile erfolgte. Eine nachträgliche Korrektur der Umsatzsteuer ist nicht erforderlich, da es sich um eine steuerfreie Lieferung handelte.

Die im Vorjahr vorgenommene Abschreibung i.H.v. 10.000 DM ist deshalb in 1998 rückgängig zu machen (sonstige betriebliche Erträge).

- Buchung:

| Beteiligung | 10.280 DM | an | sonstige Erträge | 10.000 DM |
| | | | sonstige Aufw. | 280 DM |

- Gewinnauswirkung:

Erhöhung sonstige Erträge	+ 10.000 DM
Minderung sonstige Aufwendungen	+ 280 DM
	+ 10.280 DM

b) **Wertpapiere**

- Die Wertpapiere gehören gem. § 4 Abs. 1 EStG i.V.m. R 13 Abs. 1 Satz 3 EStR zum gewillkürten Betriebsvermögen.

- Die Wertpapiere sind nach dem vorliegenden Sachverhalt eindeutig dem nicht abnutzbaren Anlagevermögen (§ 247 Abs. 2 HGB) zuzuordnen.

- Zunächst ist die erneute Sacheinlage i.S.d. § 4 Abs. 1 Satz 5 EStG zum 1.3.1998 zu beurteilen:

- Grundsätzlich ist die Einlage mit dem Teilwert, höchstens jedoch mit den Anschaffungskosten zu bewerten, da die Anschaffung innerhalb der letzten drei Jahre erfolgt ist (§ 6 Abs. 1 Nr. 5 a EStG; Anschaffungskosten = 6.120 DM).

- Jedoch tritt in vorliegendem Fall gem. § 6 Abs. 1 Nr. 5 Satz 3 EStG an die Stelle der Anschaffungskosten der Entnahmewert und an die Stelle des Zeitpunkts der Anschaffung der Zeitpunkt der Entnahme.

- Es ist also der Teilwert vom 1.8.1997 i.H.v. 9.180 DM anzusetzen (Firma: 12.000 DM).

- Bewertung zum Bilanzstichtag 31.12.1998:

  Gemäß § 6 Abs. 1 Nr. 2 Satz 2 EStG kann der niedrigere Teilwert i.H.v. angesetzt werden. Da nach der Aufgabenstellung der niedrigst mögliche steuerliche Gewinn ausgewiesen werden soll, ist der niedrigere Teilwert anzusetzen.

6.000 DM x 120 % =	7.200 DM
zzgl. 2 % Nebenkosten	
(2 %: siehe Anschaffung)	144 DM
	7.344 DM

  Hinweis:

  Auch handelsrechtlich kann gem. § 253 Abs. 2 Satz 3 HGB eine außerplanmäßige Abschreibung vorgenommen werden. Es besteht kein Zwang zur Abschreibung, da keine dauernde Wertminderung vorliegt.

Es ergibt sich demnach eine Teilwertabschreibung i.H.v.	9.180 DM
	./. 7.344 DM
	1.836 DM

- Berichtigungsbuchung:

Wertpapiere	144 DM	an	
Privateinlage	2.820 DM	Teilwertabschreibung	2.964 DM

- Gewinnauswirkung:

Minderung Teilwertabschreibung	+ 2.964 DM

5. Vorratsvermögen

a) Handelsware

- Hinsichtlich der Handelsware besteht Aktivierungsgebot gem. § 5 Abs. 1 Satz 1 EStG i.V.m. §§ 240 Abs. 1, 246 Abs. 1 HGB.

- Es handelt sich bei der Handelsware um Gegenstände des Umlaufvermögens (Umkehrschluß aus § 247 Abs. 2 HGB bzw. R 32 Abs. 2 EStR).

- Die Handelsware ist grds. mit den Anschaffungskosten zu bewerten (§ 6 Abs. 1 Nr. 2 EStG bzw. § 253 Abs. 1 HGB). Nach dem strengen Niederstwertprinzip ist ein niedrigerer Wertansatz zwingend geboten (§ 5 Abs. 1 Satz 1 EStG i.V.m. § 253 Abs. 3 Satz 2 HGB). Da die Verhältnisse am Bilanzstichtag maßgebend sind, ergeben sich keine Bewertungswahlrechte. Nicht realisierte Verluste müssen ausgewiesen werden. Der Teilwert entspricht beim Umlaufvermögen grds. den Wiederbeschaffungskosten (vgl. H 35a EStH „Teilwertvermutungen" Nr. 4 Satz 1).

Teilwertermittlung:

Anschaffungskosten	25.000 DM
Preisminderung zum 31.12.1998 zu 20 %	./. 5.000 DM
Teilwert 31.12.1998	20.000 DM
übriger Bestand zu AK	+ 70.000 DM
Bilanzansatz 31.12.1998	90.000 DM

- Berichtigungsbuchung:

  Teilwertabschreibung 5.000 DM   an Warenbestand   5.000 DM

Die Wertminderung kann auch dem Konto "außerplanmäßige Abschreibung" belastet werden.

- Gewinnauswirkung:

  Erhöhung Teilwertabschreibung   ./. 5.000 DM

b) **Fertigerzeugnisse**

- Die Fertigerzeugnisse sind ebenfalls zwingend zu aktivieren und gehören zum Umlaufvermögen (Umkehrschluß § 247 Abs. 2 HGB bzw. R 32 Abs. 2 EStR).

- Die Fertigerzeugnisse sind grds. mit den Herstellungskosten zu bewerten (vgl. § 6 Abs. 1 Nr. 2 EStG oder § 253 Abs. 1 HGB).

Herstellungskosten:

Zu den HK gehören gem. § 255 Abs. 2 S. 1 HGB nur tatsächliche Aufwendungen, kalkulatorische Kosten scheiden deshalb aus. Ferner gehören die Vertriebskosten gem. § 255 Abs. 2 S. 6 HGB nicht zu den HK, vgl. R 33 Abs. 5 Satz 4 EStR. Hinsichtlich der Verwaltungskosten besteht ein Wahlrecht, vgl. hierzu R 33 Abs. 4 Satz 1 EStR. Nach der Aufgabenstellung (niedrigst möglicher Gewinn) bleiben sie jedoch außer Ansatz. Auch der Unternehmerlohn gehört nicht zu den Herstellungskosten (vgl. H 33 EStH „Kalkulatorische Kosten").

Unterster Wertansatz in der Handelsbilanz sind gem. § 255 Abs. 2 HGB die Materialeinzelkosten und die Fertigungseinzelkosten i.H.v. 240.000 DM. Jedoch ist dies für die Steuerbilanz unmaßgeblich, denn § 6 Abs. 1 Nr. 2 EStG i.V.m. R 33 Abs. 1 EStR sind gem. § 5 Abs. 6 EStG vorrangig gegenüber den Vorschriften des HGB. Die EStR schreiben zwingend höhere Herstellungskosten vor, denn die Materialgemeinkosten und die Fertigungsgemeinkosten müssen in die Ermittlung der HK einbezogen werden.

Ermittlung der HK:

Materialeinzelkosten	80.000 DM
Materialgemeinkosten 20 %	+ 16.000 DM
Fertigungseinzelkosten	+ 160.000 DM
Fertigungsgemeinkosten 80 %	+ 128.000 DM
Verwaltungskosten	0 DM
HK und Bilanzansatz zum 31.12.1998	__384.000 DM__

- Berichtigungsbuchung:

Bestandsveränderungskonto   an Fertiger-
(Aufwand)   121.000 DM   zeugnisse   121.000 DM

- Gewinnauswirkung:

Erhöhung Bestandsveränderungskonto   ./. 121.000 DM

Lösung Nr. 1; Rechnungswesen

6. Forderungen aus Lieferungen und Leistungen

- Die Forderungen aus Lieferungen und Leistungen sind zwingend zu aktivieren und gehören zum Umlaufvermögen (R 32 Abs. 2 EStR bzw. Umkehrschluß aus § 247 Abs. 2 HGB). Sie sind grds. mit den Anschaffungskosten (= Nennwert) zu bewerten (vgl. § 6 Abs. 1 Nr. 2 EStG bzw. § 253 Abs. 1 HGB).

- Bei der Ermittlung des niedrigeren Teilwerts (bzw. des beizulegenden Wertes) ist ein gemischtes Verfahren, nämlich die Einzel- und die Pauschalwertberichtigung zulässig.

- Zunächst ist die Einzelbewertung vorzunehmen. Gegenüber dem Kunden H. Lunke besteht am Bilanzstichtag eine zweifelhafte Forderung. Der Bilanzwert (= Teilwert) dieser Forderung beträgt zum 31.12.1998 nur noch 9.280 DM (20 % von 46.400 DM). Die Abschreibung auf den niedrigeren Teilwert erfolgt nach dem strengen Niederstwertprinzip gem. § 5 Abs. 1 Satz 1 EStG i.V.m. § 253 Abs. 3 Satz 2 HGB. Die Ursache für den Forderungsausfall muß aufgrund der Konkursanmeldung bereits im Jahre 1998 begründet worden sein. Nach dem Grundsatz der besseren Erkenntnis (Wertaufhellung gem. § 252 Abs. 1 Nr. 4 HGB) ist dieser Vorgang bei der Bilanzerstellung zu berücksichtigen, auch wenn K. Linka hiervon erst im Februar 1999 Kenntnis erlangte.

- Außerdem ist die USt-Schuld zum 31.12.1998 gem. § 17 Abs. 2 UStG zu kürzen (bei Konkurs vgl. Abschn. 224 UStR).

- Buchung:

zweifelhafte Forderungen	46.400 DM an	Forderungen	46.400 DM
Abschreibungen auf Forderungen	32.000 DM		
und USt-Schuld	5.120 DM an	zweifelhafte Forderungen	37.120 DM

- Gewinn

   Erhöhung Abschreibungen auf Forderungen   ./. 32.000 DM

Pauschalwertberichtigung

- Die Bewertung, und damit die Abschreibung der Kundenforderungen, kann auch pauschal nach einem betrieblichen Erfahrungssatz berechnet werden. Nach dem Grundsatz der Bewertungstätigkeit gem. § 252 Abs. 1 Nr. 6 HGB ist dieser Erfahrungssatz beizubehalten.

- Die einzeln wertberichtigten Forderungen sind dabei vorher auszuscheiden. Auch die Umsatzsteuer ist zu kürzen, da bei einem etwaigen Ausfall insofern ein Erstattungsanspruch gegenüber dem Finanzamt besteht, vgl. Abschn. 223 Abs. 5 UStR zu § 17 UStG.

Berechnung:

Kundenforderungen lt. Saldenliste/Nennwert	232.000 DM
einzeln wertberichtigte Forderungen	./. 46.400 DM
Summe der vollwertigen Forderungen	185.600 DM
: 1,16 = Nettobetrag 160.000 x 16 % USt:	./. 25.600 DM
Bemessungsgrundlage ohne Umsatzsteuer	160.000 DM
x Erfahrungssatz 3 % =	
Endbestand Delkredere 31.12.1998	4.800 DM

- Gemäß § 247 Abs. 1 HGB sind die Forderungen direkt um den oben berechneten Betrag zu kürzen (d.h. es ist aktivisch abzuschreiben):

Forderungen aus Lief. u. Leistungen	185.600 DM
pauschale Wertberichtigung	./. 4.800 DM
Bilanzansatz 31.12.1998	180.800 DM

- Berichtigungsbuchung:

Forderungen aus　　　　　　　　Abschreibungen
Lief. u. Leistungen　　2.160 DM　an　auf Forderungen　　2.160 DM

- Gewinnauswirkung:

Abschreibungen auf Forderungen lt. Firma	6.960 DM
Abschreibungen richtig	4.800 DM
weniger Aufwand	2.160 DM
Gewinnerhöhung	2.160 DM

7. Gewinnansprüche aus der Beteiligung

- Der Anspruch auf Dividende entsteht grds. mit der Beschlußfassung (12.8.1998). Zu diesem Zeitpunkt gehörte die Beteiligung bereits zum Betriebsvermögen K. Linkas, so daß ein betrieblicher Ertrag vorliegt (vgl. § 20 Abs. 3 EStG).

- Die Kapitalertragsteuer, der SolZ und die Körperschaftsteuer (§ 20 Abs. 1 Nr. 3 EStG) erhöhen den betrieblichen Ertrag in 1998 und sind gleichzeitig gem. § 12 Nr. 3 EStG als Privatentnahmen zu erfassen (Anrechnung auf die Einkommensteuer, § 36 Abs. 2 Nr. 2 und Nr. 3 EStG).

Ermittlung der Privatentnahme:

```
   883,50 DM   Geldentnahme i.S.d. § 4 Abs. 1 Satz 2 EStG
+   16,50 DM   SolZ
+  300,00 DM   Kapitalertragsteuer
 1.200,00 DM   Dividende (12 % von 10.000 Nennwert)
+  514,00 DM   Körperschaftsteuer (30/70)
 1.714,00 DM   Privatentnahme u. gleichzeitig Dividendenertrag
```

- Buchung:

    Privatentnahmen   1.714 DM   an Erträge aus Beteiligungen   1.714 DM

- Gewinn:

    Erhöhung Erträge aus Beteiligungen   + 1.714 DM

8. Rückstellungen

a) Instandhaltung

- Unterlassene Aufwendungen für Instandhaltung müssen handelsrechtlich nur passiviert werden, wenn sie innerhalb von drei Monaten nachgeholt werden. Wenn sie innerhalb eines Jahres, wie hier im Juni 1999 nachgeholt werden, besteht handelsrechtlich gemäß § 249 Abs. 1 Satz 3 HGB ein Passivierungswahlrecht.

- Steuerrechtlich besteht in solchen Fällen ein Passivierungsverbot gemäß § 5 Abs. 6 EStG i.V.m. H 31c Abs. 1 EStH und R 31c Abs. 11 Satz 4 EStR.

- Eine Buchung ist nicht erforderlich, weil der Vorgang bisher noch nicht in der Buchführung erfaßt worden war. Es ergibt sich somit auch keine Auswirkung auf den Gewinn.

b) **Garantierückstellung**

- Die Garantieverpflichtung aus den Verträgen stellt für K. Linka eine ungewisse Verbindlichkeit dar, für die ein Passivierungsgebot gem. § 5 Abs. 1 Satz 1 EStG i.V.m. § 249 Abs. 1 HGB und H 31c Abs. 4 EStH besteht.

- Die Rückstellung ist mit den Anschaffungskosten oder dem höheren Teilwert zu bewerten (vgl. § 6 Abs. 1 Nr. 3 EStG, H 38 Abs. 1 EStH „Bewertungsgrundsätze"). Die Berechnung erfolgt nach vernünftiger kaufmännischer Beurteilung (§ 253 Abs. 1 Satz 2 HGB):

    1.200.000 DM x 3 % = <u>36.000 DM</u> 31.12.1998

- Buchung:

    sonstige Aufw. 36.000 DM   an sonst. Rückstellungen 36.000 DM

- Gewinn:

    Erhöhung sonstige Aufwendungen   <u>./. 36.000 DM</u>

c) **Drohende Verluste**

- In vorliegendem Fall liegt ein schwebendes Geschäft vor, denn keine der beiden Parteien hat mit der Erfüllung aus dem Kaufvertrag begonnen. Insbesondere die Auslieferung der Ware (= wirtschaftliche Teil der Leistung) erfolgte erst im Februar 1999. Ansprüche und Verpflichtungen werden in diesem Fall mit Rücksicht auf die Ausgewogenheit von Leistung und Gegenleistung nicht bilanziert.

- Da die eigene Verbindlichkeit aus dem Kaufvertrag den Wert der Gegenleistung jedoch übersteigt, ist handelsrechtlich gem. § 249 Abs. 1 HGB eine Rückstellung für drohende Verluste aus schwebenden Geschäften zu bilden. Steuerrechtlich besteht jedoch gem. § 5 Abs. 4a i.V.m. § 52 Abs. 6a EStG ein Passivierungsverbot.

- Die Bewertung erfolgt gemäß § 253 Abs. 1 Satz 2 HGB nach vernünftiger kaufmännischer Beurteilung. Wegen der Berechnung vgl. auch R 38 Abs. 3 EStR.

- Ermittlung Bilanzansatz in der Handelsbilanz:

Wert der Verbindlichkeit	100.000 DM
Wert der Waren	./. 85.000 DM
Verpflichtungsüberschuß 31.12.1998	15.000 DM

- Buchung:

  Sonstige Aufwen-   an sonstige Rück-
  dungen   15.000 DM   stellungen   15.000 DM

- Gewinn:

Erhöhung sonstige Aufwendungen	./. 15.000 DM
steuerl. Korrektur außerhalb der Bilanz	+ 15.000 DM

d) Rückstellung Prozeßkosten

- Die Rückstellung ist bereits im Wirtschaftsjahr 1998 (Bilanz 31.12.1998) aufzulösen. Die bessere Erkenntnis (Wertaufhellung) aufgrund der Klärung durch das Urteil bis zur Bilanzerstellung muß zwingend berücksichtigt werden (vgl. § 5 Abs. 1 Satz 1 EStG i.V.m. § 252 Abs. 1 Nr. 4 HGB und § 249 Abs. 3 Satz 2 HGB. Vgl. hierzu auch R 31c Abs. 13 EStR und H 31c Abs. 13 EStH.

  Bilanzansatz 31.12.1998 = 0 DM.

- Buchung:

  sonstige Rückstel-   an sonstige Er-
  lungen   24.000 DM   träge   24.000 DM

- Gewinn:

  Erhöhung sonstige Erträge   + 24.000 DM

9. Geschenke

- Es handelt sich um einen unentgeltlichen Erwerb i.S. des § 7 Abs. 2 EStDV (§ 6 Abs. 4 EStG 1999), der betrieblich veranlaßt ist. K. Linka hat das Geschenk in seiner Eigenschaft als bedeutender Abnehmer des Lieferanten bekommen.

Sein Geburtstag war lediglich der äußere Anlaß dazu. Es liegt somit eine Betriebseinnahme (geldwerter Vorteil) und keine Privateinlage i.S. des § 4 Abs. 1 Satz 5 EStG vor.

- Der betriebliche Ertrag ist in Höhe der fiktiven Anschaffungskosten von 800 DM (928 DM Verkaufspreis abzüglich 128 DM Umsatzsteuer) anzusetzen. Damit erfüllt der Zugang die Voraussetzungen des § 6 Abs. 2 EStG, d.h. es kann die Bewertungsfreiheit in Anspruch genommen werden.

- Buchungen:

Privateinlage	928 DM	an sonstige Erträge	800 DM
		Betriebs- u. Geschäftsausst.	128 DM
Sofortabschreibung GWG	800 DM	an Betriebs- und Geschäftsausstattung	800 DM

- Gewinn:

Erhöhung sonstige Erträge	+ 800 DM
Erhöhung Sofortabschreibung GWG	./. 800 DM

Klausursatz Nr. 2

Aufgabenteil Nr. 1: Einkommensteuer

I. Allgemeiner Sachverhalt

Werner Wüst (geb. 1944) und Petra Wüst (geb. 1946) wurden im November 1998 rechtskräftig geschieden. Seit ihrer Hochzeit 1971 galten sie im Bekanntenkreis als glückliches Ehepaar. Werner Wüst war bereits Aschermittwoch 1997 aus der gemeinsamen Mietwohnung in Düsseldorf ausgezogen und hatte mit seiner am Donnerstag zuvor kennengelernten Bekanntschaft Nora Nahtlos (geb. 1974) eine Wohnung in Ratingen angemietet und bezogen. Nora arbeitet seit einigen Jahren erfolgreich als Fotomodell.

Trotz der Trennung beantragen Werner und Petra Wüst für 1998 noch einmal die Zusammenveranlagung, aus rein steuerlichen Gründen, wie zu vernehmen war.

Aus der Ehe sind die Kinder Vera (geb. 1974) und Ingo (geb. im Juni 1982) hervorgegangen. Ingo besucht seit August 1998 ein Internat im westfälischen Büren. Vera studiert in Bochum Rechtswissenschaften. Im Herbst 1998 hatte Werner Wüst ihr in Bochum eine Eigentumswohnung (Anschaffungskosten 180.000 DM, davon Grund- und Bodenanteil 10 %, Baujahr 1970) gekauft, die Vera ab 15.11.1998 zu eigenen Wohnzwecken nutzt. Vera muß ihrem Vater keine Miete zahlen. Vorher wohnte Vera bei ihrer Mutter in Düsseldorf und legte die Strecke zur Universität mit öffentlichen Verkehrsmitteln zurück.

Seit März 1997 leistet Werner Wüst seiner Ex-Ehefrau Petra einen freiwilligen und erst im November 1998 gerichtlich bestätigten Barunterhalt i.H.v. mtl. 2.500 DM, der sich wie folgt zusammensetzt:

Unterhalt Petra	1.600 DM
Unterhalt Vera	500 DM
Unterhalt Ingo	400 DM

Eine von Petra unterschriebene Anlage U über 30.000 DM für 1998 liegt vor. Die Kinder haben jeweils nur bei Petra Wüst einen Wohnsitz.

II. Einkünfte

1. Grundstück in Düsseldorf

Werner Wüst hat mit Bauantrag in November 1994 im Oktober 1997 mit der Herstellung eines Einfamilienhauses in Düsseldorf begonnen. Es war zunächst geplant, daß dieses Einfamilienhaus nach seiner Fertigstellung von Werner und Petra Wüst zu eigenen Wohnzwecken genutzt wird. Aufgrund der bereits geschilderten privaten Entwicklung vermietete Werner Wüst das im August 1998 fertiggestellte Gebäude ab 1.9.1998 für monatlich vorschüssig 3.000 DM (fällig zum 1. eines jeden Monats) zzgl. gesetzlicher Umsatzsteuer an einen Steuerberater, der hier seine Praxis einrichtete. Sonstige umsatzsteuerliche Schlüsse hat er aus dem Objekt bisher noch nicht gezogen.

Wegen einiger Baumängel hat sich der Steuerberater zunächst geweigert, die Miete zu bezahlen. Nach Beseitigung der Baumängel war der Steuerberater jedoch mit dem Objekt so zufrieden, daß er auf Mietkürzungen verzichtete und am 29.12.1998 einen Scheck über 17.250 DM bei Werner Wüst abgab mit der Bemerkung, es handele sich um die Miete für September 1998 bis Januar 1999. Werner Wüst ließ den Scheck am 4.1.1999 seinem Konto gutschreiben.

Werner Wüst stellte folgende Aufwendungen zusammen:

Aufwandsart	netto	Umsatzsteuer
Grund und Boden (in 1994 gezahlt)	120.000 DM	
Grunderwerbsteuer (in 1994 gezahlt)	2.400 DM	
notariell. Kaufvertrag (in 1994 gezahlt)	4.200 DM	630 DM
Notar- u. Gerichtskosten wegen der Eigentumsumschreibung (in 1994 gezahlt)	2.200 DM	165 DM
Architektenhonorar	25.000 DM	4.000 DM
Kosten der Baugenehmigung	700 DM	
Summe aller Baurechnungen	440.000 DM	70.400 DM
fest verklebte Teppichböden	18.000 DM	2.880 DM
Gebäudeanschlußkosten	6.400 DM	320 DM
Beseitigung der o.g. Baumängel	8.600 DM	1.376 DM
kommunale Erschließungsbeiträge	3.500 DM	

Sämtliche Arbeiten waren in 1998 beendet und von Werner Wüst im gleichen Jahr bezahlt worden.

Werner Wüst finanzierte das Objekt teilweise durch vorhandenes Barvermögen sowie durch den Verkauf einer 30%igen Beteiligung an der Schmacht-GmbH im März 1998 für 260.000 DM, die er im November 1997 für 233.500 DM erworben hatte. Mit dem Käufer vereinbarte er Zahlung des Kaufpreises in 10 gleichen vorschüssigen Monatsraten zu je 26.000 DM, beginnend am 1.4.1998.

Eine Liquiditätslücke i.H.v. 130.000 DM finanzierte er über ein Grundschulddarlehen ab 1.7.1998. Dabei entstanden ihm in 1998 folgende Kosten:

Damnum	3.900 DM
Notar- und Gerichtskosten wg. Eintragung der Grundschuld inkl. 60 DM USt	800 DM
Schuldzinsen	4.550 DM

Laufende Grundstückskosten fielen i.H.v. 2.000 DM (inkl. 70 DM USt) an.

2. Untertassenhandel

Werner Wüst handelt nebenberuflich mit antiken Untertassen. Er gilt hier europaweit als ausgewiesener Experte mit ausgezeichnetem Ruf. Werner Wüst ermittelt seinen Gewinn 1998 durch Gegenüberstellung der Betriebseinnahmen (190.000 DM) und Betriebsausgaben (80.000 DM).

Hinweis

Umsatzsteuerliche Auswirkungen sind zu vernachlässigen.

Seinen Aufzeichnungen ist folgendes zu entnehmen:

a) Werner Wüst erwarb in 1998 insgesamt für 40.000 DM antike Untertassen. Hierin ist ein Betrag von 5.000 DM für eine Lieferung in 1997 enthalten, die er erst in 1998 bezahlen konnte. Deshalb hat er 35.000 DM Betriebsausgaben für Wareneinkäufe erfaßt.

b) Bei einer 1998 für 2.600 DM erworbenen Untertasse ist auch ein ausgewiesener Experte wie Werner Wüst einem Kunstfälscher aufgesessen. Das zum 31.12.1998 noch nicht verkaufte Plagiat hat einen unstrittigen Wert von höchstens 1.000 DM.

c) Bei einem Einbruch in 1998 sind ihm zwei Untertassen im Wert von 6.000 DM sowie unstritig betriebliches Bargeld i.H.v. 1.000 DM gestohlen worden. Die Versicherung erstattete ihm in 1998 vereinbarungsgem. den Einkaufspreis der Untertassen i.H.v. 3.500 DM.

d) Der immer umfangreicher werdende Handel machte bereits im Januar 1997 die Anschaffung eines Kombi mit speziellen stoßsicheren Untertassenhaltern erforderlich (Anschaffungskosten 60.000 DM zzgl. USt, betriebsgewöhnliche Nutzungsdauer fünf Jahre, Privatnutzung geschätzt 35 %). Auf der Rückfahrt nach einem Besuch der "French Open" in Paris, die er sich als begeisterter Tennisspieler fast nie entgehen läßt, verschuldete Werner Wüst im Mai 1998 einen Unfall in der Nähe von Aachen, wobei der Pkw völlig zerstört wurde.

Wüst hält folgende Entwicklung der Anschaffungskosten des Pkw für zutreffend:

Anschaffungskosten	60.000 DM
AfA 1997 20 %	./. 12.000 DM
AfA 1998 20 % x 5/12	./. 5.000 DM
Restwertabschreibung bei Zerstörung 1998	./. 43.000 DM
Wert nach Zerstörung	0 DM

Er hat deshalb 1998 48.000 DM sowie ein Bußgeld wegen zu schnellen Fahrens im Zeitpunkt des Unfalls i.H.v. 400 DM als Betriebsausgabe erfaßt.

Einen neuen Wagen (Privatnutzung wie vor) schaffte Werner Wüst bereits im Juni 1998 für AK i.H.v. 62.000 DM zzgl. USt an; den Kaufpreis zahlte er erst im Juli 1998.

Die laufenden Kosten der beiden Pkw i.H.v. 10.000 DM sind als Betriebsausgabe abgesetzt worden; ansonsten ist der Pkw bisher nicht berücksichtigt worden.

3. Mietwohngrundstück in Dortmund

Werner Wüst erbte von seiner am 2.1.1998 verstorbenen Tante Emma ein unbelastetes Mietwohngrundstück in Dortmund, welches Emma selbst erst mit Vertrag vom 20.11.1996 für 1.200.000 DM (Grund- und Bodenanteil 20 %, Baujahr 1982) angeschafft hatte.

Im Zeitpunkt des Erbfalls hat das Mietwohngrundstück einen Wert von 1.500.000 DM. Werner Wüst trat in alle laufenden Verträge ein (Mieteinnahmen monatlich 10.000 DM, lfd. Hauskosten monatlich 2.500 DM).

Um diversen finanziellen Verpflichtungen nachkommen zu können, veräußerte Werner Wüst das Objekt mit Vertrag vom 25.11.1998 mit Wirkung vom 30.11.1998 zu einem Kaufpreis von 1.605.000 DM.

Im Kaufpreis enthalten sind 5.000 DM säumige Mieten aus November 1998, deren Einziehung Werner Wüst dem Käufer überließ.
Im Zusammenhang mit der Veräußerung mußte Werner Wüst für Inserate etc. 2.000 DM aufwenden.

4. Kaltfuß GmbH

a) Geschäftsführung

Werner Wüst ist alleiniger Geschäftsführer der Kaltfuß GmbH in Düsseldorf. Seine Lohnsteuerkarte weist für 1998 einen Bruttoarbeitslohn i.H.v. 250.000 DM aus. Ausweislich seines Lohnkontos setzt sich der Arbeitslohn wie folgt zusammen:

Gehalt (exakt angemessen)	180.000 DM
zzgl. zivilrechtlich wirksam im voraus vereinbarte Umsatzantieme für 1997, ausgezahlt in 1998: Umsatz 3.500.000 DM x 2 %	+ 70.000 DM
Bruttoarbeitslohn	250.000 DM

In der von ihm und Nora angemieteten Wohnung (150 qm, Miete 1.500 DM inkl. sämtlicher Nebenkosten) nutzt Werner Wüst eine Ecke (10 qm) des sehr geräumigen Wohnzimmers als häusliches Arbeitszimmer, um hier noch für die GmbH einige Arbeiten zu erledigen. Den dort aufgestellten Schreibtisch mit Bürostuhl (Nutzungsdauer 5 Jahre) hatte er in 1997 für 3.000 DM erworben.
Seinem PC, den er zu ca. 30 % für private Zwecke nutzt, sind 1998 Kosten inkl. AfA i.H.v. 1.000 DM zuzurechnen.
Über ein ausschließlich beruflich genutztes Diktiergerät mit Abspieleinrichtung hatte er vom Bürohändler Träge bei Lieferung im Februar 1998 eine Rechnung über brutto 999 DM erhalten; wegen der verzögerten Lieferung zahlte Werner Wüst aber nur 900 DM. Träge hat sich seitdem nicht mehr gemeldet.

b) Veräußerung

Werner Wüst ist seit Gründung zu 40 % an der Kaltfuß GmbH (Stammkapital 50.000 DM, gegründet 1980) beteiligt. Im November 1998 veräußerte er 10 % des Stammkapitals an Nora Nahtlos für angemessene 14.500 DM. Den Betrag überwies Nora erst am 16.1.1999.

c) Angestellte Vera Wüst

Werner's Tochter Vera hat in den Semesterferien sowie sonstigen vorlesungsfreien Zeiten für die Kaltfuß-GmbH Bürotätigkeiten erledigt, wofür sie brutto (auf Lohnsteuerkarte) 18.600 DM erhielt. Vergleichbare Tätigkeiten werden von der GmbH normalerweise mit 16.000 DM vergütet.

5. Mogli KG

Werner Wüst hat sich 1998 mit 300.000 DM an dem geschlossenen Immobilienfonds Mogli KG beteiligt, der ein größeres VuV-Objekt in Leipzig verwaltet. Laut Mitteilung des zuständigen Finanzamtes sind Werner Wüst für 1998 Verluste i.H.v. 105 % seiner Einlage zuzuweisen.

III. Aufgabe:

1. Ermitteln Sie das möglichst niedrige Einkommen des Werner Wüst für 1998 in der für ihn zulässigerweise günstigsten Veranlagungs- und Tarifart.

2. Weisen Sie bei der Bearbeitung bitte auf Einkommensteuerermäßigungen hin.

Bearbeitungshinweise:

– Erforderliche Anträge zugunsten des Werner Wüst gelten als gestellt. Ausführungen zur persönlichen Steuerpflicht sind entbehrlich.
– Die Vorsorgeaufwendungen sind i.H.v. 9.915 DM abzugsfähig.
– Der Gesamtbetrag der Einkünfte betrug 1997 100.000 DM.
– Das zu versteuernde Einkommen ist nicht zu ermitteln.
– Erläuterungen zur Berücksichtigung von Kindern müssen gegeben werden.

Aufgabenteil Nr. 2: Körperschaftsteuer

Sachverhalt

Die Baumann GmbH, mit Sitz und Geschäftsleitung in Düsseldorf, hat Ihnen für 1998 die folgende vorläufige Bilanz und Gewinn- und Verlustrechnung vorgelegt:

Vorläufige Handels- und Steuerbilanz zum 31.12.1998

Aktiva			Passiva
verschiedene Aktiva	1.066.905 DM	Stammkapital	200.000 DM
		Rücklagen	180.000 DM
		Gewinnvortrag	106.429 DM
		Jahresüberschuß 1998	240.392 DM
		verschiedene Passiva	340.084 DM
	1.066.905 DM		1.066.905 DM

Es ist davon auszugehen, daß die Gewerbesteuer-Rückstellung zutreffend in der Position "verschiedene Passiva" enthalten ist. Für die Körperschaftsteuer und den Solidaritätszuschlag 1998 sind bisher weder ein Erstattungsanspruch, noch eine Rückstellung in der Bilanz ausgewiesen.

Die Gewinn- und Verlustrechnung hat folgendes Bild:

Aufwand			Ertrag
verschiedene Aufwendungen	450.000 DM	Erlöse	700.000 DM
Vermögensteuer 1996	6.800 DM	Dividendenerträge	51.538 DM
KSt-Vorausz. 1998	57.200 DM	Investitionszulage	6.000 DM
Solidaritätszuschlag	3.146 DM		
Jahresüberschuß	240.392 DM		
	757.538 DM		757.538 DM

Bei dem Dividendenertrag handelt es sich um eine Ausschüttung einer inländischen Aktiengesellschaft für 1997. Die Aktiengesellschaft hat die Ausschüttung im Mai 1998 beschlossen. Im Juni 1998 wurden nach Abzug der Kapitalertragsteuer 51.537,50 DM auf das Konto der GmbH überwiesen.

Die der GmbH erteilte Steuerbescheinigung enthält folgende Angaben:

Höhe der Leistung	70.000 DM
anrechenbare Körperschaftsteuer	30.000 DM
zu versteuernde Einnahmen	100.000 DM

anrechenbare Kapitalertragsteuer 17.500 DM
Solidaritätszuschlag 962,50 DM

Die Baumann GmbH hält 12 % der Anteile der Aktiengesellschaft.

Daneben sind folgende Sachverhalte bisher nicht berücksichtigt worden:

1. Am 20.4.1998 veräußerte die Baumann GmbH an ihren Gesellschafter-Geschäftsführer Bodo Baumann, der zu 80 % an der GmbH beteiligt ist, ein unbebautes Grundstück. Als Kaufpreis wurden 80.000 DM vereinbart. Der Buchwert dieses Grundstücks betrug 60.000 DM, der gemeine Wert 120.000 DM (ortsüblicher Bodenwert).

2. Bodo Baumann ist zugleich Geschäftsführer der GmbH. Die GmbH schloß mit Bodo Baumann am 31.10.1998 rückwirkend auf den 1.7.1998 einen schriftlichen Anstellungsvertrag. Darin wurde eine monatliche Vergütung i.H.v. 9.000 DM vereinbart. Die GmbH hätte auch einem fremden Geschäftsführer ein entsprechendes Gehalt gezahlt.

Die Zahlung der GmbH i.H.v. 54.000 DM (6 x 9.000 DM) sind in den "verschiedenen Aufwendungen" enthalten.

3. Folgende Gewinnausschüttungen wurden von der GmbH an ihre Gesellschafter vorgenommen:

Für 1997 30.000 DM laut Beschluß der Gesellschafterversammlung vom 11.5.1998, die am 16.6.1998 ausgezahlt wurde.

Für 1998 60.000 DM laut Beschluß vom 13.4.1997, die im Mai 1999 ausgezahlt wurde.

Das verwendbare Eigenkapital der GmbH zum 31.12.1997 beträgt laut Feststellungsbescheid gem. § 47 KStG:

EK 45   30.000 DM
EK 03   280.000 DM

Aufgabe

I. Ermitteln Sie das zu versteuernde Einkommen, die tarifliche Körperschaftsteuer und den Solidaritätszuschlag für 1998.

II. Ermitteln und gliedern Sie das verwendbare Eigenkapital zum 31.12.1998.

III. Berechnen Sie die Rückstellungen für die Körperschaftsteuer und den Solidaritätszuschlag 1998 und erstellen Sie danach die endgültige Bilanz zum 31.12.1998.

IV. Erstellen Sie den Abgleich zwischen dem verwendbaren Eigenkapital laut Gliederung und dem verwendbaren Eigenkapital laut Steuerbilanz.

Aufgabenteil Nr. 3: Gewerbesteuer

I. Allgemeiner Sachverhalt

Der Unternehmer Stefan Stoff betreibt in Duisburg und in Oberhausen jeweils ein Optikfachgeschäft. Der Gewinn für das Kalenderjahr 1998 wurde zutreffend gem. § 4 Abs. 1, § 5 EStG mit 300.000 DM ermittelt.

II. Einzelsachverhalte

Folgende Sachverhalte sind zu beurteilen:

1. Vom früheren Eigentümer der beiden Geschäfte wurden vor Jahren Spezialgeräte auf Mietbasis übernommen. Der Eigentümer, der inzwischen im Ruhestand lebt, erhielt hierfür 1998 Mieten i.H.v. 3.600 DM.

2. Stoffel Stoff, eine Schwester von Stefan Stoff, ist leitende Angestellte in Düsseldorf. Sie hat in das Unternehmen ihres Bruders bereits 1992 als stille Gesellschafterin 200.000 DM eingelegt. Der Gewinnanteil der am Geschäftserfolg und an den stillen Reserven anteilig beteiligten Stoffel Stoff betrug 1998 20.000 DM. Er wurde allerdings erst am 8.3.1999 ausbezahlt.

3. Für die einem schweizerischen Fachgeschäft in Zürich gehörende Telefonanlage mußten 1998 Mieten i.H.v. 6.000 DM gezahlt werden.

4. Am 3.1.1998 wurde Stefan Stoff von der Volksbank Duisburg ein grundbuchrechtlich gesichertes Darlehen i.H.v. 300.000 DM mit einem Zinssatz von 7 % und einer Auszahlung von 95 % zugesagt. Das Darlehen soll bis zum 31.12.2001 zurückgezahlt werden. Die erste Auszahlung erfolgte Mitte Januar 1998. Dabei ist das Damnum bereits in voller Höhe einbehalten worden. Im Jahre 1998 wurden 500 DM Bereitstellungszinsen und 15.000 DM Darlehenzinsen gezahlt.

5. Ein am 1.12.1993 ausgezahltes betriebliches Darlehen der Sparkasse Duisburg über ursprünglich 100.000 DM bestand in unveränderter Höhe bis Januar 1998 und wurde seit 1998 jährlich mit 25.000 DM getilgt. Ende 1998 bestand noch eine Restschuld von 75.000 DM. Die 1998 gezahlten Zinsen beliefen sich auf 8.000 DM.

Klausursatz Nr. 2; Gewerbesteuer 91

6. Das Unternehmen unterhält bei der Deutschen Bank Oberhausen ein Kontokorrentkonto. Die jeweiligen Schuldenstände waren im 1. Halbjahr 1998 mit 10 % und ab 1.7.1998 mit 10,5 % zu verzinsen. Die tatsächliche Zinsbelastung belief sich für 1998 auf insgesamt 7.000 DM und wurde über Zinsaufwand verbucht.
Das Konto wies im Jahre 1998 folgende Schuldenstände auf:

5.1. 1998	./. 10.500 DM
9.2. 1998	./. 24.000 DM
3.3. 1998	./. 30.300 DM
13.4. 1998	./. 1.500 DM
19.5. 1998	./. 31.500 DM
22.6. 1998	./. 27.000 DM
26.8. 1998	./. 33.300 DM
20.9. 1998	./. 4.500 DM

An drei Tagen des Jahren 1998 wurde ein Guthaben ausgewiesen. An den anderen Tagen des Jahres lag der Schuldstand zwischen 35.000 DM und 100.000 DM.

7. Für ein der Oberhausener Betriebsstätte als Parkplatz dienendes Grundstück war 1998 1.200 DM Miete zu zahlen. Der Vermieter ist Steuerberater in Oberhausen. Der Einheitswert des Grundstücks beträgt 4.000 DM.

8. Das seit 1990 als Betriebsgrundstück bilanzierte Gebäude mit Büroräumen und Ladenlokal sowie Werkstätten in Duisburg gehört Stefan Stoff. Der auf den 1.1.1964 festgestellte Einheitswert des Grundstücks beträgt 110.000 DM. Die Buchwerte zum 31.12.1998 betragen für

– den Grund und Boden	250.000 DM
– das Gebäude	400.000 DM

9. Am 4.3.1998 wurde in Duisburg zur Betriebserweiterung zusätzlicher Grund und Boden erworben und zum 31.12.1998 mit 60.000 DM bilanziert. Der Einheitswert beträgt 6.000 DM.

10. Das Büro der Betriebsstätte Oberhausen befindet sich seit 1990 in einem Gebäude von Stefan Stoff. Die betriebliche Nutzung bezogen auf die Jahresrohmiete beträgt 16 %. Im übrigen dient das Grundstück mit einem Einheitswert von 60.000 DM eigenen Wohnzwecken.
Eine Bilanzierung ist nicht erfolgt, weil der betrieblich genutzte Teil des Gebäudes gem. R 13 Abs. 8 EStR zutreffenderweise als Grundstücksteil von untergeordnetem Wert behandelt worden war.

11. Der Grund und Boden, auf dem sich die Betriebsstätte Oberhausen befindet, steht zu 55 % im Eigentum von Stefan Stoff und zu 45 % im Eigentum seiner Frau Paula Stoff.
Die betrieblichen Gebäude wurde im Einvernehmen mit Frau Stoff aus Mitteln des Betriebes 1990 auf dem gemeinsamen Grund und Boden errichtet. Der Einheitswert des Grundstücks beläuft sich seither auf 180.000 DM.

12. Folgende Arbeitslöhne wurden 1998 gezahlt:

   – Oberhausen   250.200 DM
   – Duisburg   400.300 DM

In den Arbeitslöhnen der Betriebsstätte Duisburg sind 16.000 DM Ausbildungsvergütungen enthalten. In den Löhnen der Betriebsstätte Oberhausen ist eine Tantieme i.H.v. 20.000 DM für den dortigen Geschäftsführer enthalten. Stefan Stoff leitet maßgeblich die Betriebsstätte Duisburg. Er verbringt 80 % seiner Arbeitszeit in Duisburg sowie 20 % seiner Arbeitszeit in Oberhausen.

III. Aufgabe

Ermitteln Sie die Gewerbesteuerschuld für 1998. Folgende als zutreffend zu unterstellende Hebesätze sind zu berücksichtigen:

– Duisburg   450 %
– Oberhausen   420 %

Eine Gewerbesteuer-Rückstellung ist aus Vereinfachungsgründen nicht zu berechnen.

Aufgabenteil Nr. 4: Umsatzsteuer

I. Allgemeiner Sachverhalt

Der Unternehmer Raffi Rastlos mit Sitz in Schermbeck/Westfalen betreibt ein Einzelunternehmen ohne näher eingegrenzten Geschäftsbereich. Er schließt stets Geschäfte ab, die ihm lukrativ erscheinen. Auf eine bestimmte Branche hat er sich dabei nicht festgelegt. Seine Umsätze betragen jährlich rd. 2.000.000 DM, die er nach vereinbarten Entgelten versteuert.

II. Aufgabe

Sämtliche Sachverhalte sind unter Nennung der gesetzlichen Vorschriften sowie Verwaltungsanweisungen umsatzsteuerlich für den Veranlagungszeitraum 1998 zu bearbeiten. Im Zweifel gelten alle erforderlichen Anträge als gestellt sowie Buch- und Belegnachweise als geführt. Die Erhöhung des allgemeinen USt-Satzes auf 16% zum 1.4.1998 ist nicht zu problematisieren; es ist in allen Sachverhalten von einem Regelsteuersatz von 16% auszugehen.

III. Einzelsachverhalte

1. Herr Rastlos hat in Wesel auf eigenem Grundstück ein Gebäude errichten lassen (Baubeginn September 1997, Fertigstellung November 1998). Es sind folgende Kosten entstanden und entrichtet worden:

Kaufpreis Grund und Boden (Anschaffung 1995)	360.000 DM
Grunderwerbsteuer	7.200 DM
Baukosten (Rechnung des Generalunternehmers vom 17.12.1998)	1.800.000 DM
zzgl. Umsatzsteuer	288.000 DM

   Bei der Herstellung des Objekts wurden Gerüst- und Schalungsteile verwendet, die zum Unternehmen des Rastlos gehören. Einem fremden Dritten hätte er für die Nutzungsüberlassung 10.000 DM zzgl. Umsatzsteuer berechnet.

   Anzahlungen waren an den Generalunternehmer entsprechend einer mündlichen Vereinbarung ab Baubeginn in 10 Raten je 180.000 DM zu leisten. Über den Restbetrag ist im Dezember 1998 schriftlich abgerechnet worden.

   Das Gebäude ist ab 1.12.1998 wie folgt vermietet:

- Erdgeschoß: Büroräume einer Versicherungsgesellschaft
  monatliche Miete: 5.000 DM zzgl. Umsatzsteuer
- 1. OG: Tierarztpraxis
  monatliche Miete 4.000 DM zzgl. Umsatzsteuer
- 2. OG: Steuerberaterpraxis:
  monatliche Miete 4.000 DM zzgl. Umsatzsteuer
- 3. OG: Betriebsprüfungsstelle des Finanzamts Wesel:
  monatliche Miete 4.000 DM zzgl. Umsatzsteuer

Sämtliche Etagen sind gleich groß und gleichwertig.

Sonderfrage:

Zu Einzelsachverhalt 1 ist zusätzlich folgende Überlegung des Herrn Rastlos umsatzsteuerlich zu beurteilen:
Rastlos hat mit dem Steuerberater, der das 2. Obergeschoß gemietet hat, einen auf fünf Jahre befristeten Mietvertrag abgeschlossen. Nach Ablauf der Mietzeit plant rastlos eine Vermietung zu Wohnzwecken an seine Tochter Rosi, die dann von einem längeren Auslandsaufenthalt zurückkehren wird.

2. Herr Rastlos hat am 6.4.1998 an einem betrieblich veranlaßten Fortbildungsseminar mit dem Thema *"Wie komme ich möglichst schnell an das Geld anderer Leute"* in Hamburg teilgenommen. Dabei sind folgende Kosten entstanden:

a) Teilnahmegebühr	1.200 DM
zzgl. 16 % Umsatzsteuer	192 DM
	1.392 DM
b) Fahrtkosten	
Bundesbahnfahrkarte/Tarifentfernung 420 km	400 DM
c) Eine Gesamttaxirechnung i.H.v.	300 DM

Diese Rechnung hat ihm der Taxiunternehmer Fritz Flink für verschiedene Fahrten innerhalb von Hamburg erteilt. Rastlos hatte für Taxifahrten stets den gleichen Taxiunternehmer beauftragt. Die Rechnung des Fritz Flink enthält den Vermerk: "7 % Umsatzsteuer enthalten". Rastlos hat das Taxi für die Fahrten vom Bahnhof zum Seminarort und umgekehrt sowie diversen betrieblich veranlaßten Fahrten genutzt.

3. Im August 1998 hat Rastlos eine 15-stündige Geschäftsreise zu einem Kunden nach Frankfurt a.M. unternommen. Da er ein Fahrzeug seines Unternehmens

verwendete, sind ihm keine zusätzlichen Fahrtkosten entstanden. Ordnungsgemäße Verpflegungsbelege kann er über 55 DM vorlegen.

Hinweis:

- Herr Rastlos hat im Kalenderjahr 1998 die Vorsteuer aus Geschäftsreisen nicht im Rahmen der Gesamtpauschalierung geltend gemacht.
- Beachten Sie das BMF-Schreiben v. 22.5.1996, BStBl. 1996 I S. 636.

4. Mit Vertrag vom 20.4.1998 verkaufte Rastlos einem Unternehmer in Litauen einen Reisebus. Der Bus wurde noch im April 1998 von dem litauischen Busunternehmer in Schermbeck abgeholt. Rastlos stellte 80.000 DM ohne Umsatzsteuer in Rechnung, da er in Anbetracht der sich schnell ändernden politischen Lage davon ausgeht, daß die baltischen Staaten in Zukunft ohnehin Mitglieder der Europäischen Union sein werden. Den Bus hatte Rastlos im gleichen Monat für 50.000 DM zzgl. Umsatzsteuer von einem Busunternehmer in Magdeburg erworben.

5. Rastlos schenkte einem befreundeten Busunternehmer zu dessen Geschäftsjubiläum ein silbernes Bus-Lenkrad, das er für 3.000 DM zzgl. 16 % Umsatzsteuer im Juni 1998 erworben hat. Rastlos überreichte das Lenkrad anläßlich eines Empfanges im Oktober 1998. Im Zeitpunkt der Schenkung beträgt der Wert des Lenkrades aufgrund der gefallenen Silberpreise nur noch 2.800 DM.

6. Wie in Tz. 1 bereits angedeutet vermietet Rastlos u.a. auch Baugerüste. Im Dezember 1998 vereinnahmte er insgesamt 8.000 DM Entschädigungen von einem mit ihm konkurrierenden Gerüstunternehmen mit Sitz in Amsterdam. Er verpflichtete sich, an einer Ausschreibung der Bundesbauverwaltung nicht teilzunehmen. Da es sich seiner Meinung nach bei der Entschädigung um Schadenersatz handelt, möchte Rastlos eine umsatzsteuerliche Behandlung des Sachverhaltes nicht vornehmen.

7. Im Dezember 1998 beauftragte Rastlos den Versicherungsvertreter Gerd Gierig, die für sein Unternehmen notwendigen Haftpflichtversicherungen zu vermitteln. Gierig rechnete im Januar 1999 wie folgt ab:

Vermittlung diverser Haftpflichtversicherungen	1500,00 DM
zzgl. 16% USt	+ 240,00 DM
	1.740,00 DM

Aufgabenteil Nr. 5: Abgabenordnung

Sachverhalt 1

Die Eheleute Max und Erna Müller haben ihre Einkommensteuererklärung für das Jahr 01 im September 02 beim zuständigen Finanzamt eingereicht. Im Rahmen der Einkommensteuer-Veranlagung hat das Finanzamt einen Körperbehindertenpauschbetrag i.H.v. 2.070 DM nicht berücksichtigt, weil kein entsprechender Bescheid des Versorgungsamts vorgelegt werden konnte. Der Einkommensteuerbescheid erging am 20.1.03 unter Vorbehalt der Nachprüfung. Aufgrund erfolgreicher Klage vor dem Sozialgericht hat das Versorgungsamt mit Bescheid vom 20.6.07 den Grad der Behinderung rückwirkend zum 1.7.01 auf 80 v.H. festgesetzt.
Daraufhin beantragten die Eheleute Müller im August 07 die Änderung des Einkommensteuerbescheides für 01.

Aufgabe

Wie wird das Finanzamt über diesen Antrag entscheiden?

Sachverhalt 2

Erna Meier hatte ihre Einkommensteuererklärung 02 erst im Dezember 04 dem zuständigen Finanzamt eingereicht. Mit Bescheid vom 19.1.05 wurde die Einkommensteuer 02 auf 52.055 DM, die Kirchensteuer auf 4.684,95 DM und ein Verspätungszuschlag auf 200 DM festgesetzt.
Die Einkommensteuer-Vorauszahlungen 02 i.H.v. vierteljährlich 12.500 DM zzgl. 1.125 DM Kirchensteuer wurden jeweils zum Fälligkeitstermin gezahlt. Der noch zu zahlende Betrag wurde am 22.2.05 fällig und pünktlich entrichtet.

Mit Bescheid vom 9.12.05 wurde der Einkommensteuerbescheid 02 gem. § 175 Abs. 1 Nr. 1 AO geändert und die Einkommensteuer auf 65.123 DM heraufgesetzt. Die Kirchensteuer wurde entsprechend geändert, der Verspätungszuschlag blieb unverändert.

Aufgabe

In welcher Höhe sind Zinsen für Steuernachforderungen zu entrichten?

Aufgabenteil Nr. 6: Rechnungswesen

Sachverhalt I

A. Allgemeines

K. Ramba betreibt seit dem 1.10.1991 in Ratingen ein Bauunternehmen. Auf seinen Antrag hin wurde er am 15.12.1991 als Kaufmann in das Handelsregister eingetragen. K. Ramba tätigt ausschließlich umsatzsteuerpflichtige Umsätze.

Herr K. Ramba übergibt Ihnen die von seinem Buchhalter am 21.6.1999 erstellte Handelsbilanz zum 31.12.1998, die einen vorläufigen Jahresüberschuß i.H.v. 67.800 DM ausweist. Das steuerliche Betriebsvermögen zum 31.12.1997 beträgt 386.000 DM.

B. Aufgabe

1. Nehmen Sie anschließend zu den nachstehenden neun Sachverhalten in folgender Reihenfolge Stellung:

a) Beurteilen Sie die nachstehenden Sachverhalte aus handels- und aus steuerrechtlicher Sicht und begründen Sie Ihre Entscheidungen kurz unter Hinweis auf die gesetzlichen Bestimmungen und Verwaltungsanweisungen (HGB, EStG, EStR und EStH). Soweit in den einzelnen Sachverhalten besonders darauf hingewiesen wird, daß Bilanzposten bereits korrekt erfaßt sind, brauchen diese nicht mehr angesprochen zu werden.

b) Entwickeln Sie die einzelnen Bilanzansätze zum 31.12.1998. Dabei ist das abnutzbare Anlagevermögen in Staffelform darzustellen. Mögliche Änderungen bei der Vorsteuer bzw. Umsatzsteuer sind bei den betreffenden Sachverhalten betragsmäßig anzugeben (die Ermittlung des Endbestandes ist nicht erforderlich). Gehen Sie bitte aus Vereinfachung für das ganze Wirtschaftsjahr 1998 von einem Umsatzsteuersatz von 16 % aus.

c) Erstellen Sie die erforderlichen Korrektur- bzw. Ergänzungsbuchungen.

d) Geben Sie die jeweilige Gewinnauswirkung, bezogen auf die Erfolgskonten, an.

2. Ermitteln Sie für 1998 den steuerrechtlich niedrigst möglichen Gewinn. Eine Zusammenstellung der einzelnen Ergebnisse ist nicht erforderlich.

3. Auf die Gewerbesteuer-Rückstellung bzw. einen evtl. Gewerbesteuer-Erstattungsanspruch ist nicht einzugehen.

C. Sachverhalte

1. Geschäftsgrundstück

Am 1.3.1998 erwarb K. Ramba das Erbbaurecht an dem unbebauten 1.800 qm großen Grundstück Am Markt 7 gegen Zahlung eines monatlichen Erbbauzinses i.H.v. 800 DM. K. Ramba ließ auf diesem Grundstück sofort eine Lagerhalle mit anschließendem Bürogebäude erstellen. Die Fertigstellung und Abnahme des fertigen Bauwerks erfolgte am 1.12.1998.

Das Erbbaurecht erstreckt sich über 50 Jahre. Im Zusammenhang mit der Erbbaurechtsbestellung fielen Notar- und Gerichtskosten sowie Maklergebühren i.H.v. insgesamt 10.000 DM (netto) an. Die Vorsteuer wurde zutreffend gebucht.

Am 1.6.1998 zahlte K. Ramba die Erschließungskosten i.H.v. 30.000 DM an die Stadt Ratingen.

Bisher wurde gebucht:

a) Notar- und Gerichtskosten:
   Sonstige Aufwendungen an Bank   10.000 DM

b) Erbbauzinsen:
   Sonstige Aufwendungen an Postscheckkonto   8.000 DM

c) Erschließungskosten:
   außerord. u. periodenfremde Aufwendungen an Bank   30.000 DM

d) Kosten der mit der Herstellung des Gebäudes beauftragten Bauunternehmer:

   Gebäude   400.000 DM an Bank   60.000 DM
   Vorsteuer   60.000 DM   Hyp.-Darlehen   400.000 DM

Die Hypothek valutiert am 31.12.1998 noch mit 400.000 DM. Die mit dieser Hypothek im Zusammenhang stehenden Zinsen für 1998 i.H.v. 6.000 DM wurden bisher nicht gebucht, weil sie erst am 3.1.1999 überwiesen worden sind.

2. Betriebs- und Geschäftsausstattung

Der Baumaschinenhändler G. Lungen berechnete K. Ramba am 20.9.1998 einen Anfang September 1998 gelieferten fabrikneuen - mobilen - Lastenaufzug für Arbeiten an mehrstöckigen Gebäuden wie folgt:

Neuer Lastenaufzug "Hebeschnell"	30.000 DM
+ Fracht	1.000 DM
	31.000 DM
+ 16 % USt	4.960 DM
Endpreis	35.960 DM

Die betriebsgewöhnliche Nutzungsdauer des Lastenaufzugs beträgt acht Jahre.

Bisherige Buchung:

Betriebs- u. Geschäfts-ausstattung	30.000 DM	
sonstige Aufwendungen	1.000 DM	
Vorsteuer	4.960 DM	an Bank 35.960 DM

3. Fuhrpark (Pkw)

a) Bilanzansatz

K. Ramba hat am 1.3.1998 einen neuen Pkw erworben, der durch ein ordnungsgemäßes Fahrtenbuch nachweislich zu 88 % betrieblichen Zwecken genutzt wird. K. Ramba hält eine betriebsgewöhnliche Nutzungsdauer von 4 Jahren für gerechtfertigt. Die Fahrleistung 1998 betrug 10.000 km (durchschnittlich jährlich ca. 12.000 km).

Hiervon entfielen noch 4.000 km (200 Tage) auf Fahrten zwischen Wohnung und dem Betrieb (Entfernung = 10 km).

Die Rechnung für den neuen Pkw lautete wie folgt:

Pkw	33.100 DM	
Schiebedach	+ 600 DM	
Überführung	+ 300 DM	
	34.000 DM	
USt 16 %.	+ 5.440 DM	
	39.440 DM	

Davon wurden 1998 vom privaten Sparkonto 10.340 DM gezahlt, 29.100 DM vom betrieblichen Bankkonto überwiesen.

Kontenentwicklung Pkw bisher:

Zugang März 1998	29.100 DM
./. AfA linear	7.275 DM
vorläufiger Bilanzansatz 31.12.1998	21.825 DM

b) Übrige Pkw-Kosten

Die Pkw-Kosten betrugen einschließlich gesondert in Rechnung gestellter Umsatzsteuer 3.480 DM. Die Kfz-Steuer von 360 DM und die Versicherungsbeiträge von 600 DM wurden im April 1998 jeweils für ein Jahr im voraus bezahlt (1.3.1998 - 29.2.1999).

Buchungen:

Pkw-Kosten	3.000 DM	
u. Vorsteuer	480 DM	an Bank 3.480 DM
Pkw-Kosten	960 DM	an Bank 960 DM

Weitere Buchungen sind nicht erfolgt.

4. Unfertige Arbeiten

a) Außenfassade

Ende Oktober 1998 erhielt K. Ramba von der Sparkasse Ratingen den Auftrag, die Außenfassade der Hauptstelle bis zum 31.12.1998 zu plattieren. Aufgrund der schlechten Wetterlage im Winter 1998/99 konnte K. Ramba die Außenfassade erst am 31.1.1999 fertigstellen.

Bis zum 31.12.1998 waren folgende Kosten angefallen:

Material	30.000 DM
Materialgemeinkosten 15 %	+ 4.500 DM
Löhne	70.000 DM
Lohngemeinkosten 20 %	+ 14.000 DM
	118.500 DM
Verwaltungskosten 10 %	+ 11.850 DM
	130.350 DM

b) Entschädigung

Nach den Vertragsunterlagen hat K. Ramba für jeden Tag der Terminüberschreitung des Fertigstellungstermins (31.12.1998) eine Entschädigung von 200 DM an die Sparkasse Ratingen zu entrichten. Bis zum 21.6.1999 hat die Sparkasse Ratingen jedoch noch keinerlei Ansprüche gegenüber K. Ramba geltend gemacht.

Bisher erfolgten zu a) und b) keine Buchungen.

5. Fertige, noch nicht berechnete Arbeiten

Die am Einfamilienhaus des Rechtsanwalts Dr. G. Nau übernommenen Fliesenarbeiten waren termingerecht am 22.12.1998 fertiggestellt und abgenommen worden.

Folgende Kosten waren in diesem Zusammenhang angefallen:

Material	5.000 DM
Materialgemeinkosten 15 %	+ 750 DM
Löhne	10.000 DM
Lohngemeinkosten 20 %	+ 2.000 DM
	17.750 DM
Verwaltungskosten 10 %	+ 1.775 DM
	19.525 DM

Da K. Ramba sein Büro in der Zeit vom 24.12.1998 bis 5.1.1999 geschlossen hatte, schrieb seine Angestellte die Rechnung an den Rechtsanwalt Dr. G. Nau erst am 20.1.1999 wie folgt:

Fliesenarbeiten Abrechnung gem. Auftrag vom 1.12.1998   25.000 DM
16 % USt   + 4.000 DM
Rechnungs-Endbetrag   29.000 DM

Die Ausgangsrechnung wurde bisher nicht gebucht.

6. Betriebsstoffe (Heizöl)

Die im Betrieb vorhandenen Heizöltanks umfassen am Bilanzstichtag noch 4.000 l Heizöl. Dieser Bestand stammt aus den folgenden Lieferungen:

		Preis pro Liter
Anfangsbestand 1.1.1998	4.500 l	0,48 DM
Zugang Februar 1998	4.000 l	0,75 DM
Zugang April 1998	5.000 l	0,55 DM
Zugang Juni 1998	6.000 l	0,45 DM

Für Heizöllieferungen zum 31.12.1998 wird ein Preis von 0,82 DM je Liter angeboten. Mangels genauerer Kenntnisse über die Wertermittlung des Bilanzansatzes hat K. Ramba die Betriebsstoffe in seiner vorläufigen Handelsbilanz zum 31.12.1998 schätzungsweise mit 3.280 DM angesetzt.

Gebucht wurde bisher:

Betriebsstoffe 3.280 DM an Bestandsveränderungskonto 3.280 DM.

7. Verbindlichkeiten aus Warenlieferungen

Ein Schweizer Hersteller lieferte und berechnete am 20.12.1998 eine Palette Fliesen mit 50.000 sfr. Der Tageskurs des sfr. betrug am 20.12.1998 115 DM für 100 sfr.

K. Ramba buchte entsprechend:

Wareneinkauf   57.500 DM   an Verbindlichkeiten
                                             aus Lieferungen   57.500 DM
                                             und Leistungen

Der Wechselkurs des sfr. zum 31.12.1998 betrug 118 DM für 100 sfr.

8. Rückstellungen

K. Rambas Steuerberater berechnete im Mai 1999 für die Erstellung der Steuererklärungen des Jahres 1998 folgende Nettohonorare:

für die Betriebssteuererklärungen 1998	2.400 DM
für die Einkommensteuererklärung 1998	800 DM

Gebucht wurde:

sonst. Aufwendungen 3.200 DM an sonst. Rückstellungen 3.200 DM

Darüber hinaus hatte K. Rambas eigener Mitarbeiter (Bilanzbuchhalter) bei der Erstellung des Jahresabschlusses wesentlich mitgewirkt. Für die Erstellung des Jahresabschlusses fielen die folgenden Kosten an:

Arbeitslohn des mit den Jahresabschlußarbeiten beschäftigten Arbeitnehmers	2.300 DM
Zugehörige Arbeitgeberanteile und sonstige Personalnebenkosten	+ 700 DM
Anteilige Raumkosten (AfA, Instandhaltung, etc.) sowie anteilige AfA für die Betriebs- und Geschäftsausstattung, jeweils nach Umlageschlüssel	+ 560 DM + 300 DM
Übrige Gemeinkosten, anteilig	+ 140 DM
Gesamtbetrag	4.000 DM

Schlußfolgerungen hieraus hat K. Ramba bisher nicht gezogen.

9. Geldbuße

Um den Auftrag der Sparkasse Ratingen (vgl. hierzu Tz. 4, Buchst. a) termingerecht ausführen zu können, ließ K. Ramba einige Fliesenleger teilweise auch nachts arbeiten. Aufgrund einer Anzeige wurde gegen K. Ramba eine Geldbuße i.H.v. 3.000 DM festgesetzt. K. Ramba überwies die Geldbuße am 10.12.1998.

Gebucht wurde:

Außerordentliche Aufwendungen 3.000 DM an Bank 3.000 DM

Sachverhalt II

G. Witter führt bereits seit Jahren ein Antiquitätengeschäft in Hilden. G. Witter hat bisher zutreffend den Gewinn gem. § 4 Abs. 3 EStG ermittelt. Wegen der nicht nur vorübergehenden Überschreitung der Grenzen des § 141 AO hat ihn das Finanzamt aufgefordert, ab 1.1.1999 eine Gewinnermittlung gem. § 5 EStG durchzuführen.

G. Witter stellte deshalb zu Beginn des Übergangsjahres folgende verkürzte, aber sachlich zutreffende Eröffnungsbilanz auf:

Aktiva	Eröffnungsbilanz 1.1.1999		Passiva
I. Anlagevermögen		I. Eigenkapital	24.000 DM
Betriebs- u. Geschäfts-ausstattung	24.200 DM	II. Fremdkapital	
II. Umlaufvermögen		Kreditoren	8.500 DM
Waren	72.000 DM	Bankschulden	66.200 DM
Debitoren	3.000 DM	USt-Zahllast Dezember 1998	1.300 DM
III. akt. RAP *	800 DM		
	100.000 DM		100.000 DM

*Anmerkung:

Der aktive Rechnungsabgrenzungsposten enthält die vorausbezahlte Kfz-Versicherung.

Aufgabe:

Der sich durch den Wechsel der Gewinnermittlungsart ergebende Übergangsgewinn (bzw. Verlust) ist festzustellen. Dabei sind die einzelnen Bilanzposten (außer Kapital) zu beurteilen und die jeweiligen Hinzurechnungen und Abrechnungen exakt zu begründen. Verweisen Sie kurz auf Besonderheiten hinsichtlich der zeitlichen Zuordnung des Übergangsgewinnes (bzw. Verlustes).

Lösungshinweise - Klausursatz Nr. 2

Aufgabenteil Nr. 1: Einkommensteuer

I. Veranlagungsart, Tarif

Auch wenn die Ehe erst 1998 rechtskräftig geschieden wird, so sind die Voraussetzungen für eine Ehegattenveranlagung seit dem Auszug des Werner Wüst aus der gemeinsamen Wohnung nicht mehr erfüllt, § 26 Abs. 1 Nr.1 EStG. Die Zusammenveranlagung für 1998 ist nicht mehr möglich, § 26 Abs. 1 Nr.1, § 26b EStG; der Antrag auf Zusammenveranlagung ist abzulehnen.
Die für Werner Wüst zwingende Einzelveranlagung (§ 25 Abs. 1 EStG) erfolgt unter Berücksichtigung des Grundtarifs, § 32a Abs. 1 EStG.

Hinweis:

Eine Ehegattenveranlagung (Zusammen- oder getrennte Veranlagung) ist letztmals für den VZ 1997 der Trennung (Auszug des Werner Wüst) möglich.

II. Ermittlung des Gesamtbetrages der Einkünfte

1. Untertassenhandel (Tz.2), Einkünfte aus Gewerbebetrieb, § 15 Abs. 1 Nr. 1

vorläufige Betriebseinnahmen	190.000 DM	
vorläufige Betriebsausgaben	./. 80.000 DM	
vorläufiger Gewinn gem. § 4 Abs. 3 EStG		**110.000 DM**

Lösung Einzelsachverhalte:

zu a) Der Wareneinkauf in 1997 ist erst bei Bezahlung als Betriebsausgabe zu erfassen, § 4 Abs. 4, § 11 Abs. 2 Satz 1 EStG, R 16 Abs. 2 EStR.

Zu erfassende Betriebsausgaben	40.000 DM	
bisher erfaßte Betriebsausgaben	./. 35.000 DM	
noch zu erfassende Betriebsausgaben	5.000 DM	
Gewinnauswirkung		**./. 5.000 DM**

zu b) Eine Abschreibung auf den niedrigeren Teilwert ist bei der Gewinnermittlung nach § 4 Abs. 3 EStG nicht möglich. Eine Gewinnauswirkung ergibt sich erst bei einem späteren Verkauf durch geringere Erlöse.

zu c) Das gestohlene betriebliche Bargeld stellt Betriebsausgaben dar, vgl. H 16 Abs. 2 EStH "Diebstahl": Gewinnauswirkung ./. **1.000 DM**

Der Verlust der Untertassen wirkt sich nicht als Betriebsausgabe aus, da bereits bei Anschaffung eine Erfassung als Betriebsausgaben vorgenommen wurde, § 11 Abs. 2 Satz 1 EStG.

Die Versicherungserstattung führt zu Betriebseinnahmen i.H.v. 3.500 DM: Gewinnauswirkung **+ 3.500 DM**

Der Verlust wirkt sich durch nicht mehr zu erfassende Betriebseinnahmen aus der beabsichtigten Weiterveräußerung der Untertassen aus.

zu d) Die AfA i.H.v. 5.000 DM bis zum Unfalltag wurde zutreffend ermittelt und berücksichtigt, § 7 Abs. 1 EStG, R 16 Abs. 3, R 44 Abs. 9 EStR.

Die gewinnmindernde Berücksichtigung der Abschreibung für außergewöhnliche Abnutzung des Restwerts ist nicht zulässig, da der Unfall anläßlich einer Privatfahrt passierte, § 12 Nr.1 EStG,

Gewinnauswirkung **+ 43.000 DM**

Eine Lösung analog R 35 EStR (Rücklage für Ersatzbeschaffung) ist nicht möglich, da Unfallkosten keine höhere Gewalt darstellen, R 35 Abs. 2 Satz 1 EStR.

Das Bußgeld ist nicht abzugsfähig, § 12 Nr. 1 EStG

Gewinnauswirkung **+ 400 DM**

Der neue Pkw ist mit 30 % degressiv abzuschreiben, § 7 Abs. 2 EStG, R 44 Abs. 2 EStR:

62.000 DM x 30 % (Anschaffung in der 1. Jahreshälfte)

Gewinnauswirkung ./. **18.600 DM**

Eine Abschreibung nach § 7g EStG ist nicht möglich, da wegen der 35 %igen Privatnutzung keine nahezu ausschließliche berufliche Nutzung vorliegt, R 83 Abs. 6 EStR.

Die laufenden Pkw-Kosten sind zutreffend als Betriebsausgaben berücksichtigt worden.

Da ein ordnungsgemäß geführtes Fahrtenbuch offensichtlich nicht vorliegt, muß die private Nutzung des Pkw anhand der 1%-Methode ermittelt werden, § 6 Abs. 1 Nr. 4 Satz 2 EStG.

Weil zwischenzeitlich aber der Pkw gewechselt wurde, muß die 1%-Methode zeitanteilig berechnet werden. Der Wert der privaten Nutzung wirkt sich als fiktive Betriebseinnahme aus:

Bruttolistenpreis Pkw alt   69.000 DM x 1 % x 5 Monate = 3.450 DM
Bruttolistenpreis Pkw neu   71.920 DM x 1 % x 7 Monate = 5.034 DM
Netto-Privatanteil (=einkommensteuerliche Privatentnahme) 8.484 DM

Gewinnauswirkung   + 8.484 DM

Einkünfte aus Gewerbebetrieb   140.784 DM

Der Gewinn kann, obwohl er 48.000 DM überschreitet, weiter nach § 4 Abs. 3 EStG ermittelt werden, weil eine Aufforderung des Finanzamtes zum Führen von Büchern nicht vorliegt, § 141 Abs. 2 AO.

2. Veräußerung der Kaltfuß GmbH- Anteile, § 17 EStG, (Tz.4b)

Bei einer 40 %igen Beteiligung an einer Kapitalgesellschaft ist Wüst wesentlich beteiligt, § 17 Abs. 1 Satz 4 EStG. Die Veräußerung von Anteilen führt zu Einkünften aus Gewerbebetrieb, § 17 Abs. 1 Satz 1 EStG. Ein Spekulationsgeschäft liegt eindeutig nicht vor.

Der Veräußerungsgewinn entsteht im Zeitpunkt der Veräußerung (Gewinnermittlung eigener Art analog Bilanzierungsgesichtspunkten). Auf den Zuflußzeitpunkt kommt es nicht an, H 140 Abs. 7 „Stichtagsbewertung" EStH:

Veräußerungspreis		14.500 DM
AK bei Gründung (50.000 DM Stammkapital x 10 %)		./. 5.000 DM
Veräußerungsgewinn		9.500 DM
Freibetrag, § 17 Abs. 3: 20.000 DM x 10 %	2.000 DM	
unschädlicher Veräußerungsgewinn:		
Veräußerungsgewinn, s.o.	9.500 DM	
unschädlich, 80.000 DM x 10%	./. 8.000 DM	
schädlich	./. 1.500 DM	
Freibetrag		./. 500 DM
Einkünfte aus Gewerbebetrieb		9.000 DM

Hinweis:

Nach § 34 Abs. 2 Nr. 1, Abs. 1 EStG werden diese Einkünfte lediglich mit dem halben durchschnittlichen Steuersatz versteuert.

3. Einkünfte aus nichtselbständiger Arbeit, § 19 EStG (Tz. 4a)

Umsatztantiemen neben einem angemessenen Gehalt führen körperschaftsteuerlich zu verdeckten Gewinnausschüttungen, § 8 Abs. 3 Satz 2 KStG, vgl. auch Abschn. 31 Abs. 3 Nr. 2 KStR.
Die einkommensteuerliche Erfassung erfolgt bei den Einkünften aus Kapitalvermögen, § 20 Abs. 1 Nr. 1 Satz 2 EStG.

Bruttoarbeitslohn § 19 Abs. 1 Nr.1 EStG	180.000 DM
Werbungskosten:	
– Kosten für die Arbeitsecke nicht abzugsfähig, da kein abgeschlossener Raum, § 12 Nr. 1 EStG, Abschn. 45 Abs. 1 LStR	
– Schreibtisch, Bürostuhl 3.000 DM x 20 % AfA, § 9 Abs. 1 Nr. 7 EStG, degressiv wg. Privatvermögen nicht möglich	600 DM
– PC nicht abzugsfähig, § 12 Nr. 1 EStG, weil leichte und einwandfreie Trennung zur privaten Nutzung nicht möglich, R 117 EStR	
– Diktiergerät, tatsächlicher gezahlter Aufwand inkl. USt: 900 DM, sofort abzugsfähig als GWG, § 6 Abs. 2 EStG analog	+ 900 DM
– Summe Werbungskosten	1.500 DM
– mindestens Ansatz des Arbeitnehmerpauschbetrages, § 9a Nr.1a EStG	./. 2.000 DM
Einkünfte aus nichtselbständiger Arbeit	**178.000 DM**

Hinweis:

Die einschränkende Gesetzeslage durch das JStG 1996 in Form des § 4 Abs. 5 Nr. 6b EStG (bei Arbeitnehmern über § 9 Abs. 5 EStG analog anwendbar) hinsichtlich der steuerlichen Berücksichtigung eines häuslichen Arbeitszimmers und seiner Ausstattung greift hier nicht, da bereits begrifflich kein Arbeitszimmer vorliegt.

Deshalb bleibt auch die Ausstattung, insbesondere der Schreibtisch, abzugsfähig, da die Abzugsbeschränkung m.E. begrifflich ein Arbeitszimmer voraussetzt und Arbeitsmittel abzugsfähig bleiben, vgl. BMF-Schreiben vom 16.6.1998 (BStBl. 1998 I 863).

4. Einkünfte aus Kapitalvermögen, (Tz. 4a+c)

Der an die Tochter Vera (nahestehende Person, Abschn. 31 Abs. 7 KStR) überhöht ausgezahlte und damit unangemessene Arbeitslohn sowie die Umsatztantieme stellen bei Werner Wüst als Gesellschafter der GmbH eine verdeckte Gewinnausschüttung dar, § 20 Abs. 1 Nr. 1 Satz 2 EStG.

Umsatztantieme	70.000 DM
Arbeitslohn Vera 18.600 DM ./. 16.000 DM	+ 2.600 DM
Summe der verdeckten Gewinnausschüttungen	72.600 DM
zzgl. 30/70 KSt, § 20 Abs. 1 Nr. 3 EStG	+ 31.114 DM
Einnahmen aus Kapitalvermögen	103.714 DM
Werbungskosten-Pauschbetrag, § 9 a Nr. 1b EStG	./. 100 DM
Sparerfreibetrag, § 20 Abs. 4 EStG	./. 6.000 DM
Einkünfte aus Kapitalvermögen	**97.614 DM**

5. Einkünfte aus Vermietung und Verpachtung

a) Einfamilienhaus Düsseldorf (Tz. 1)

Mieteinnahmen 9/98-12/98 inkl. USt 3.480 DM x 4   13.920 DM
(§ 11 Abs. 1 Satz 1 EStG, Zufluß 29.12.1996), H 116 EStH

Die Miete für Januar 1999 ist erst im Jahr der wirtschaftlichen Zugehörigkeit zu erfassen, § 11 Abs. 1 Satz 2 EStG, da zwischen Zahlung (29.12.1998) und Fälligkeit (1.1.1997) weniger als 10 Tage vergangen sind.

AfA Ermittlung

Herstellungskosten Gebäude, vgl. H 33a EStH	
Architektenhonorar, H 33a EStH	25.000 DM
Baugenehmigung	+ 700 DM

Baurechnungen	+ 440.000 DM
Teppichböden, fest verklebt	+ 18.000 DM
Anschlußkosten Gebäude, H 33a 1 EStH	+ 6.400 DM
Beseitigung Baumängel, H 33a EStH	+ 8.600 DM
Summe Herstellungskosten Gebäude	498.700 DM
AfA 5 % von 498.700 DM, § 7 Abs. 5 Nr. 2 EStG, keine Wohnzwecke, kein Betriebsvermögen, Bauantrag vor 1.1.95 Jahres-AfA, H 44 EStH	./. 24.935 DM

Die bei den Einkünften aus Vermietung und Verpachtung nicht relevanten Anschaffungskosten des Grund und Boden betragen (die Darstellung erfolgt nur zur Verdeutlichung, erforderlich ist sie nicht):

Grund und Boden	120.000 DM
Grunderwerbsteuer (keine Aufteilung, da unbebautes Grundstück)	+ 2.400 DM
notarieller Kaufvertrag	+ 4.200 DM
Notar- und Gerichtskosten wegen Eigentumsumschreibung	+ 2.200 DM
kommunale Erschließungsbeiträge, H 33a EStH	+ 3.500 DM
Anschaffungskosten des Grund und Bodens	132.300 DM

Da Werner Wüst umsatzsteuerliche Schlüsse aus dem Objekt bisher noch nicht gezogen hat, kommt es zu folgenden Auswirkungen:

Die in 1998 gezahlte Umsatzsteuer auf Anschaffungs-/Herstellungskosten ist im Jahr der Bezahlung als Werbungskosten abzugsfähig. Im Jahr der Auszahlung des Vorsteuerüberhangs durch das Finanzamt führt sie zu Einnahmen, was aber lt. Sachverhalt frühestens in 1999 der Fall sein kann.

Wegen des bestehenden Vorsteuerabzugs teilt die Umsatzsteuer nicht das Schicksal der Herstellungs-/Anschaffungskosten, § 9b EStG:

Summe der Umsatzsteuerbeträge

Architektenhonorar	4.000 DM
Baurechnungen	+ 70.400 DM
Teppichböden	+ 2.880 DM
Gebäudeanschlußkosten	+ 320 DM

Baumängel		+ 1.376 DM	
Notarkosten wegen Eintragung der Grundschuld		+ 60 DM	
lfd. Hauskosten		+ 70 DM	
Summe der Umsatzsteuer als Werbungskosten			./. 79.106 DM

Finanzierungskosten, § 9 Abs. 1 Nr.1, § 11 Abs. 2 EStG

Damnum		3.900 DM	
Notar- und Gerichtskosten wegen Eintragung der Grundschuld (800 DM ./. 60 DM, s.o.)		+ 740 DM	
Schuldzinsen		+ 4.550 DM	
Summe Finanzierungskosten			./. 9.190 DM

lfd. Hauskosten	2.000 DM		
Umsatzsteuer, s.o.	./. 70 DM		
			./. 1.930 DM
Einkünfte aus Vermietung u. Verpachtung, § 21 EStG			./. 101.241 DM

b) Grundstück in Dortmund (Tz.3)

Mieteinnahmen ohne säumige Mieten, s. unten 10.000 DM x 11 Monate ./. 5.000 DM		105.000 DM	
Veräußerung Mietforderung an den Grundstückserwerber, § 21 Abs. 1 Nr. 4 EStG		+ 5.000 DM	
Summe der Mieteinnahmen			110.000 DM
lfd. Kosten 2.500 DM x 11 Monate			./. 27.500 DM

AfA-Fortführung (wie Rechtsvorgängerin, § 11d Abs. 1 EStDV):

AK der Tante	1.200.000 DM		
20 % Grund und Boden	./. 240.000 DM		
AfA-BMG	960.000 DM		
x 2 % x 11/12			./. 17.600 DM

Einkünfte Vermietung und Verpachtung, § 21 EStG	**64.900 DM**

Die Aufwendungen für die Inserate stellen keine Werbungskosten bei den Einkünften aus Vermietung und Verpachtung dar, da sie im Zusammenhang mit der Veräußerung und nicht mit der Vermietung stehen.

c) Mogli KG

Aus der Beteiligung an dem geschlossenen Immobilienfonds Mogli KG erzielt Werner Wüst Einkünfte aus Vermietung und Verpachtung, § 21 Abs. 1 Nr. 1 EStG. Es handelt sich um eine lediglich vermögensverwaltend tätige KG, die sich weder gewerblich betätigt (§ 15 Abs. 3 Nr.1, Abs. 2 EStG) noch gewerblich geprägt (§ 15 Abs. 3 Nr. 2 EStG) ist.

Der Verlust i.H.v. 300.000 DM x 105 % = 315.000 DM kann nur bis 300.000 DM berücksichtigt werden, da § 15a Abs. 1 EStG bei den Einkünften aus Vermietung und Verpachtung analog anzuwenden ist, § 21 Abs. 1 Satz 2 EStG.

Die noch nicht ausgeglichenen Verluste i.H.v. 15.000 DM werden in der späteren Überschußphase mit positiven Einkünften aus diesem Fonds verrechnet.

6. Einkünfte aus Spekulationsgeschäften:

a) Schmacht-GmbH (Tz.1)

Der Verkauf der wesentlichen Beteiligung an der Schmacht-GmbH führt tatbestandsmäßig zwar zu Einkünften aus Gewerbebetrieb i.S.d. § 17 EStG.

Durch Kauf (November 1997) und Verkauf (März 1998) innerhalb von sechs Monaten liegt gleichzeitig ein Spekulationsobjekt vor, § 23 Abs. 1 Nr. 1a EStG. Kraft ausdrücklicher gesetzlicher Erwähnung in § 23 Abs. 2 Satz 2 EStG ist der Vorgang als sonstige Einkünfte aus Spekulationsgeschäften zu versteuern, § 22 Nr. 2 EStG (Vorrang der Besteuerung als Spekulationsgeschäft in Konkurrenzfällen zu § 17 EStG).

Berechnung, § 23 Abs. 3 EStG

Veräußerungspreis (in 1998 zugeflossen)	
26.000 DM x 9 zugeflossene Raten	234.000 DM
abzgl. Kaufpreis	./. 233.500 DM
Veräußerungsgewinn	500 DM

Der Veräußerungsgewinn ist steuerfrei, da er unter der Freigrenze von 1.000 DM bleibt, § 23 Abs. 3 Satz 3 EStG.
Die letzte Rate über 26.000 DM ist erst bei Zufluß in 1999 anzusetzen.

b) Grundstück in Dortmund (Tz.3)

Für die Berechnung der Spekulationsfrist von zwei Jahren ist das Kaufvertragsdatum bei Anschaffung durch die Tante (20.11.1996) sowie das Kaufvertragsdatum bei Veräußerung durch Werner Wüst (25.11.1998) maßgebend. Wegen der Überschreitung der Zwei-Jahres-Frist liegt kein Spekulationsgeschäft i.S.d. § 23 Abs. 1 Nr. 1a EStG vor.

Das Datum des Erbfalls am 2.1.1998 ist für die Berechnung der Spekulationsfrist nicht maßgebend, da der Erbfall begrifflich keine entgeltliche Anschaffung darstellt, H 169 Anschaffung EStH.

Zusammenstellung der Einkünfte

Untertassenhandel	140.784 DM
Kaltfuß GmbH	9.000 DM
Einkünfte aus nichtselbständiger Arbeit	178.000 DM
Einkünfte aus Kapitalvermögen	97.614 DM
Einkünfte aus Vermietung und Verpachtung	
a) Einfamilienhaus Düsseldorf	./.101.241 DM
b) Grundstück Dortmund	64.900 DM
c) Mogli KG	./.300.000 DM
Summe/Gesamtbetrag der Einkünfte, § 2 Abs. 3 EStG	**99.057 DM**

III. Ermittlung des Einkommens

1. Sonderausgaben

Realsplitting, § 10 Abs. 1 Nr.1 EStG

Die Unterhaltsleistungen an Petra Wüst sind bereits während der Zeit der dauernden Trennung nach § 10 Abs. 1 Nr. 1 EStG abzugsfähig. Dabei kommt es nicht darauf an, daß der Unterhalt zunächst freiwillig geleistet wird. Abzugsfähig ist allerdings nur der Ehegattenunterhalt, nicht der Kindesunterhalt. Die erforderliche Zustimmung der Petra Wüst ist erteilt.

1.600 DM x 12 Monate ./. 19.200 DM

Hinweis:

Petra Wüst hat Sonstige Einkünfte nach § 22 Nr. 1a EStG i.H.v. 19.000 DM (19.200 DM ./. 200 DM WK-PB, § 9a Nr. 1c EStG)

2. Außergewöhnliche Belastungen, §§ 33-33c EStG

a) Ausbildungsfreibetrag Ingo

Ingo hat das 18. Lebensjahr noch nicht vollendet, ist aber seit 8/98 (5/12) auswärts untergebracht, § 33a Abs. 2 Nr.1 EStG. Werner Wüst erhält grundsätzlich den hälftigen Ausbildungsfreibetrag, § 33a Abs. 2 Satz 5 EStG, auf den zu stellenden Antrag hin aber in voller Höhe, § 33a Abs. 2 Satz 8 EStG

Höchstbetrag: 1.800 DM 5/12 ./. 750 DM

b) Ausbildungsfreibetrag Vera

Ein Ausbildungsfreibetrag kann für Vera nicht gewährt werden, weil für sie die Voraussetzungen für einen Kinderfreibetrag oder für das Kindergeld nicht erfüllt sind. Ein Ausbildungsfreibetrag kann deshalb für Vera nicht berücksichtigt werden. Angesichts der offensichtlich schädlichen Höhe der eigenen Einkünfte und Bezüge der Vera kommt ein Unterhaltsfreibetrag nicht in betracht, § 33a Abs. 1 EStG.

3. Förderung des selbstgenutzten Wohneigentums

Die Eigentumswohnung in Bochum wird von einer angehörigen Person (Tochter) i.S.v. § 15 AO zu eigenen Wohnzwecken genutzt, weshalb eine Eigenheimzulage zu gewähren ist, § 4 Satz 2 EigZulG.
Nach § 10i Abs. 1 Nr. 1 EStG wird im Jahr der Anschaffung (1998) eine Vorkostenpauschale i.H.v. 3.500 DM wie Sonderausgaben abgezogen.

Hinweis:

Die Lösung zur EigZul erfolgt aus systematischen Gesichtspunkten am Ende der Bearbeitung.

4. Zusammenstellung

Gesamtbetrag der Einkünfte	90.657 DM
Vorsorgeaufwendungen	./. 9.915 DM
Unterhaltsleistungen	./. 19.200 DM
Ausbildungsfreibetrag Ingo	./. 750 DM
Vorkostenpauschale, § 10i EStG	./. 3.500 DM
Einkommen, § 2 Abs. 4 EStG	**55.692 DM**

Die Günstigerprüfung nach § 31 EStG soll lt. Aufgabenstellung unterbleiben. Es sollte nur das Einkommen ermittelt werden.

Für Ingo könnten Kinderfreibeträge wie folgt gewährt werden, § 32 Abs. 1, Abs. 3 EStG: 288 DM x 12 Monate = 3.456 DM (freiwillige Übertragung ab 1998 nicht mehr möglich).
Da die eigenen Einkünfte und Bezüge (Tz. 4c) der Vera 12.000 DM übersteigen, können für sie weder Kinderfreibeträge noch Kindergeld gewährt werden, vgl. § 32 Abs. 4 Satz 2 i.V.m. Abs. 4 Nr. 2a EStG.
Ein Haushaltsfreibetrag kann nicht gewährt werden, da Ingo nicht bei Werner Wüst gemeldet ist, § 32 Abs. 7 Satz 2 EStG.

Ermittlung der Eigenheimzulage

Die Eigentumswohnung ist ein begünstigtes Objekt, § 2 Abs. 1 EigZulG. Die Förderung erfolgt aufgrund der Nutzung durch eine Angehörige i.S.v. § 15 AO, § 4 Satz 2 EigZulG.
Die Einkünftegrenze des § 5 EigZulG (Erstjahr 90.657 DM + Vorjahr lt. Sachverhalt 100.000 DM < 240.000 DM) ist nicht überschritten.
Der Förderzeitraum beginnt mit Anschaffung 1998 und läuft insgesamt acht Jahre, § 3 EigZulG.
Die Bemessungsgrundlage (§ 8 EigZulG) beträgt 180.000 DM, weil der Grund und Boden im Unterschied zu § 10e EStG zu 100% einbezogen wird.
Der Fördergrundbetrag beträgt: 180.000 x 2,5 %
(Baujahr 1970), § 9 Abs. 2 Satz 2 EigZulG, max. 2.500 DM

Die Kinderzulage nach § 9 Abs. 5 EigZulG kann Werner Wüst in diesem Fall nicht gewährt werden, da keine Haushaltszugehörigkeit eines Kindes besteht, vgl. in analoger Anwendung BFH v. 25.1.1995, BStBl. II S. 378, H 213a EStH "Begünstigte Objekte...sind nicht...". Auch während des Zeitraums zwischen Anschaffung und Einzug bestand keine Haushaltsgemeinschaft, da die Tochter Vera bei ihrer Mutter wohnte.

Aufgabenteil Nr. 2: Körperschaftsteuer

I. Ermittlung des zu versteuernden Einkommens und der Tarifsteuer für 1998

Die Baumann GmbH ist unbeschränkt körperschaftsteuerpflichtig gem. § 1 Abs. 1 Nr. 1 KStG, weil sie ihre Geschäftsleitung und ihren Sitz im Inland hat.

Die Körperschaftsteuer bemißt sich nach dem zu versteuernden Einkommen (§ 7 Abs. 1 KStG). Zu versteuerndes Einkommen ist das Einkommen i. S. d. § 8 Abs. 1 KStG (§ 7 Abs. 2 KStG). Danach ist das Einkommen nach den Vorschriften des EStG und des KStG zu ermitteln (§ 8 Abs. 1 KStG). Die GmbH gilt als Handelsgesellschaft (§ 13 Abs. 3 GmbHG). Sie ist damit zur Führung von Büchern verpflichtet (§ 6 Abs. 1, §§ 238 ff HGB, §§ 41 ff GmbHG). Aus diesem Grund gelten ihre gesamten Einkünfte als Einkünfte aus Gewerbebetrieb (§ 8 Abs. 2 KStG).

Ausgangspunkt für die Einkommensermittlung ist der Jahresüberschuß lt. Handelsbilanz (§ 266 Abs. 3 HGB A. V.) i.H.v..   **240.392 DM**

Dieser ist wie folgt zu korrigieren:

1. Die **Investitionszulage** gehört nicht zu den Einkünften i. S. d. EStG und ist damit im Rahmen der Einkommensermittlung zu kürzen (§ 10 InvZulG).   ./. **6.000 DM**

2. Die **Dividendenerträge** gehören zu den steuerpflichtigen Einnahmen aus Gewerbebetrieb (§ 8 Abs. 2 KStG bzw. § 20 Abs. 3 EStG). Die Höhe der steuerpflichtigen Einnahmen sind entsprechend den sich aus § 20 EStG ergebenden Grundsätzen zu ermitteln (§ 8 Abs. 1 KStG). Danach setzen sich die steuerpflichtigen Einnahmen wie folgt zusammen:
Es ist zunächst die Dividende einschließlich der von der ausschüttenden Gesellschaft einbehaltenen Kapitalertragsteuer und Solidaritätszuschlag i.H.v. 70.000 DM zu erfassen (§ 20 Abs. 1 Nr. 1 EStG).
Die Kapitalertragsteuer und der Solidaritätszuschlag sind als Steuern vom Einkommen bzw. Personensteuer nicht abzugsfähig (§ 10 Nr. 2 KStG).
Gemäß § 20 Abs. 1 Nr. 3 EStG gehört auch die nach § 36 Abs. 2 Nr. 3 EStG anzurechnende Körperschaftsteuer zu den Einnahmen. Das sind im vorliegenden Fall 3/7 der Dividende = 30.000 DM.

Voraussetzung für die Anrechnung der Körperschaftsteuer ist insbesondere die Vorlage einer entsprechenden Steuerbescheinigung (§ 36 Abs. 2 Nr. 3 b EStG).

Somit betragen die anzusetzenden Einnahmen insgesamt 100.000 DM. Die Gesellschaft hat bislang lediglich den zugeflossenen Betrag i.H.v. 51.187 DM erfaßt. Der Differenzbetrag, der sich aus der anrechenbaren Kapitalertragsteuer und der anrechenbaren Körperschaftsteuer zusammensetzt, ist im Rahmen der Einkommensermittlung hinzuzurechnen.

+ 17.500 DM

+ 30.000 DM

+ 962 DM

3. Die Körperschaftsteuervorauszahlungen sowie der Solidaritätszuschlag darauf sind gem. § 10 Nr. 2 KStG hinzuzurechnen   + 57.200 DM

+ 3.146 DM

4. Die Vermögensteuer ist als nicht abziehbare Personensteuer ebenfalls gem. § 10 Nr. 2 KStG hinzuzurechnen   **+ 6.800 DM**
Zwischensumme   **350.000 DM**

5. Der Verkauf des Grundstücks unter dem gemeinen Wert stellt eine verdeckte Gewinnausschüttung i. S. v. § 8 Abs. 3 Satz 2 KStG dar, die das Einkommen nicht mindern darf.
Eine verdeckte Gewinnausschüttung ist eine Vermögensminderung oder verhinderte Vermögensmehrung, die durch das Gesellschaftsverhältnis veranlaßt ist, sich auf die Höhe des Einkommens auswirkt und nicht auf einem den gesellschaftsrechtlichen Vorschriften entsprechenden Gewinnverteilungsbeschluß beruht (Abschn. 31 Abs. 3 Satz 1 KStR). Eine Veranlassung durch das Gesellschaftsverhältnis liegt dann vor, wenn ein ordentlicher und gewissenhafter Geschäftsleiter die Vermögensminderung oder verhinderte Vermögensmehrung gegenüber einer Person, die nicht Gesellschafter ist, unter sonst gleichen Umständen nicht hingenommen hätte (Abschn. 31 Abs. 3 Satz 3 KStR); d.h. es ist ein Fremdvergleich durchzuführen. Im vorliegenden Fall zahlt der Gesellschafter einen Kaufpreis i.H.v. 80.000 DM, obwohl 120.000 DM angemessen wären. Der Unterschiedsbetrag i.H.v. 40.000 DM ist bei der Einkommensermittlung wieder hinzuzurechnen: + 40.000 DM

6. Die rückwirkende Gehaltsvereinbarung für die Monate Juli bis einschließlich Oktober stellt ebenfalls eine verdeckte Gewinnausschüttung dar, die das Einkommen nicht mindern darf (§ 8 Abs. 3 Satz 2 KStG).

Im Verhältnis zwischen Gesellschaft und beherrschendem Gesellschafter ist eine Veranlassung durch das Gesellschaftsverhältnis auch dann anzunehmen, wenn es an einer klaren und im voraus abgeschlossenen Vereinbarung darüber fehlt, ob und in welcher Höhe ein Entgelt für eine Leistung des Gesellschafters zu zahlen ist (sog. Rückwirkungsverbot, Abschn. 31 Abs. 5 Satz 1 KStR). Die Angemessenheit ist in diesem Fall ohne Bedeutung.

Bodo Baumann ist zu 80 % an der GmbH beteiligt und damit beherrschender Gesellschafter. Der Anstellungsvertrag wurde am 31.10.1998 rückwirkend zum 1.7.1998 geschlossen. Die auf diesen Zeitraum entfallenden Gehaltsnachzahlungen i.H.v.

36.000 DM

(4 Monate á 9.000 DM) sind im Rahmen der Einkommensermittlung wieder hinzuzurechnen.

Zu versteuerndes Einkommen somit **426.000 DM**

Die Tarifsteuer beträgt gem.
§ 23 Abs. 1 KStG 45 % **191.700 DM**

Der **Solidaritätszuschlag** kann an dieser Stelle noch nicht ermittelt werden, weil die Bemessungsgrundlage in Abhängigkeit von der festgesetzten Körperschaftsteuer zu ermitteln ist (§ 3 Abs. 1 Nr. 1 SolZG).

II. Eigenkapitalgliederung

1. Behandlung der Gewinnausschüttungen

a) Allgemeines

Vor der eigentlichen Eigenkapitalgliederung ist es sinnvoll, zur steuerlichen Behandlung der Gewinnausschüttungen Stellung zu nehmen.

Schüttet eine unbeschränkt steuerpflichtige Kapitalgesellschaft Gewinn aus, so ist die sog. Ausschüttungsbelastung herzustellen (§ 27 Abs. 1 KStG).

Das bedeutet, die Körperschaftsteuer der Gesellschaft mindert oder erhöht sich um den Unterschiedsbetrag zwischen der bei ihr eingetretenen Belastung des Eigenkapitals (Tarifbelastung) und der Belastung, die sich hierfür bei Anwendung eines Steuersatzes von 30 % des Gewinns vor Abzug der Körperschaftsteuer ergibt (Ausschüttungsbelastung).

b) Offene Gewinnausschüttungen

Unter einer offenen Gewinnausschüttung versteht man eine Ausschüttung, die auf einem den gesellschaftsrechtlichen Vorschriften entsprechenden Gewinnverteilungsbeschluß für ein abgelaufenes Wirtschaftsjahr beruht. In diesem Fall tritt die Körperschaftsteueränderung für das Jahr ein, für das die Gewinnausschüttung erfolgt (§ 27 Abs. 3 Satz 1 KStG).

Maßgebend ist das verwendbare Eigenkapital zum Schluß des Wirtschaftsjahres vor dem der Gewinnverteilungsbeschluß gefaßt wird (§ 28 Abs. 2 Satz 1 KStG).
Im einzelnen bedeutet dies:

aa) Offene Gewinnausschüttung für 1997

Die Körperschaftsteueränderung ist für den Veranlagungszeitraum 1997 zu berücksichtigen. Maßgebend ist das verwendbare Eigenkapital zum 31.12.1997.
Damit ist die Ausschüttung im Rahmen der Eigenkapitalgliederung auf den 31.12.1998 als "erster Geschäftsvorfall" von den Beständen zum 31.12.1997 abzuziehen.

bb) Offene Gewinnausschüttung für 1998

Für die im April beschlossene und im Mai 1999 durchgeführte Gewinnausschüttung für 1998 ist die Körperschaftsteueränderung für den Veranlagungszeitraum 1998 zu berücksichtigen (§ 27 Abs. 3 Satz 1 KStG). Maßgebend ist das verwendbare Eigenkapital zum 31.12.1998 (§ 28 Abs. 2 Satz 1 KStG).

c) Andere Ausschüttungen

Alle Gewinnausschüttungen, die nicht auf einen den handelsrechtlichen Vorschriften entsprechenden Gewinnverteilungsbeschluss zurückzuführen sind, werden im KStG als andere Ausschüttungen bezeichnet.

Bei anderen Ausschüttungen ändert sich die Körperschaftsteuer für den Veranlagungszeitraum, in dem das Wirtschaftsjahr endet, in dem die Ausschüttung erfolgt. Sie sind mit dem verwendbaren Eigenkapital zu verrechnen, das sich zum Schluß des Wirtschaftsjahres ergibt, in dem die Ausschüttung erfolgt (§ 28 Abs. 2 Satz 2 KStG).

Im vorliegenden Fall sind die im Rahmen der Einkommensermittlung dargestellten verdeckten Gewinnausschüttungen als andere Ausschüttungen zu behandeln. Voraussetzung ist in diesem Zusammenhang, daß die der Vermögensminderung entsprechenden Mittel abgeflossen sind (Abschn. 80 Abs. 1 KStR). Die Körperschaftsteueränderung tritt in beiden Fällen für den Veranlagungszeitraum 1998 ein. Maßgebend ist das verwendbare Eigenkapital zum 31.12.1998.

d) Verrechnung der Gewinnausschüttungen

Sowohl die offene Gewinnausschüttung für 1998 als auch die anderen Ausschüttungen in 1998 sind mit dem verwendbaren Eigenkapital zum 31.12.1998 zu verrechnen. Nach Abschnitt 78 Abs. 3 KStR erfolgt die Verrechnung in einer Summe.

2. Eigenkapitalgliederung

a) Allgemeines

Die Baumann-GmbH muß ihr verwendbares Eigenkapital zum Schluß eines jeden Wirtschaftsjahres gliedern (§ 30 Abs. 1 Satz 1 KStG).

Die einzelnen Teilbeträge des verwendbaren Eigenkapitals werden gem. § 47 Abs. 1 Nr. 1 KStG gesondert festgestellt. Die einzelnen Teilbeträge sind jeweils aus der Gliederung für das vorangegangene Wirtschaftsjahr abzuleiten (sog. Gliederungszusammenhang, § 30 Abs. 1 Satz 2 KStG i.V.m. § 47 Abs. 1 S. 2 KStG).

Unter verwendbarem Eigenkapital versteht man das Eigenkapital der Gesellschaft, das für Ausschüttungen zur Verfügung steht.

Die Gliederungsrechnung ist eine Sonderrechnung, die neben der Bilanz der Gesellschaft nur für steuerliche Zwecke durchgeführt wird.

Lösung Nr. 2; Körperschaftsteuer

Das verwendbare Eigenkapital gliedert sich wie folgt:

- Einkommensteile, die nach dem 31.12.1993 ungemildert der Körperschaftsteuer unterliegen (sog. EK 45, § 30 Abs. 1 Nr. 1 KStG). In den Jahren vor 1994 betrug der Tarifsteuersatz 50 %. Das daraus resultierende Eigenkapital wurde in dem sog. EK 50 erfaßt. Gemäß § 54 Abs. 11 a KStG ist dieses EK 50 grds. zusätzlich auszuweisen;

- Einkommensteile, die nach dem 31.12.1993 einer Körperschaftsteuer von 30 % unterliegen (§ 30 Abs. 1 Nr. 1 KStG);

- sowie Vermögensmehrungen, die der Körperschaftsteuer nicht unterliegen oder die das Eigenkapital der Kapitalgesellschaft in vor dem 1.1.1977 abgelaufenen Wirtschaftsjahren erhöht haben (sog. EK 0, § 30 Abs. 1 Nr. 3 KStG)

Das EK 0 wird je nach Herkunft der Vermögensmehrung 4-fach untergliedert:

Steuerfreie ausländische Einkünfte (EK 01, § 30 Abs. 2 Nr. 1 KStG); das Altkapital (EK 03, § 30 Abs. 2 Nr. 3 KStG); Einlagen der Anteilseigner (EK 04, § 30 Abs. 2 Nr. 4 KStG) und sonstige Vermögensmehrung, die nicht der Körperschaftsteuer unterliegen und die nicht dem EK 03 oder EK 04 zuzuordnen sind (EK 02, § 30 Abs. 2 Nr. 2 KStG).

b) Für den vorliegenden Fall ergibt sich folgendes

- EK 45:

  Das zu versteuernde Einkommen des Jahres 1998 ist nach Abzug der Tarifbelastung (§ 31 Abs. 1 Nr. 2 KStG) dem EK 45 hinzuzurechnen.

- EK 02:

  Die Investitionszulage ist als sonstige Vermögensmehrung, die nicht der Körperschaftsteuer unterliegt, als Zugang beim EK 02 zu erfassen.

Darüber hinaus sind die im Rahmen der Einkommensermittlung sonstigen nicht abziehbaren Ausgaben nach Maßgabe des § 31 Abs. 1 Nr. 4, Abs. 2 KStG vom EK 45 abzuziehen. Dazu gehört auch der Solidaritätszuschlag. Allerdings besteht insoweit das Problem, daß der Solidaritätszuschlag ausgehend von der festgesetzten Körperschaftsteuer zu ermitteln ist (§ 3 Abs. 1 Nr. 1 SolZG). Festgesetzte KSt ist der nach Minderung oder Erhöhung verbleibende Steuerbetrag (Abschn. 77 Abs. 5 KStR).

Die Ermittlung der Steueränderungen setzt jedoch die Verrechnung der Ausschüttungen mit dem verwendbaren Eigenkapital zum 31.12.1998 voraus. In der Gliederung zum 31.12.1998 ist jedoch der Solidaritätszuschlag im Rahmen von § 31 Abs. 1 Nr. 4 KStG vom EK 45 abzuziehen.

c) Verwendungsreihenfolge

Wie unter II.1. dargestellt, sind die Gewinnausschüttungen mit dem verwendbaren Eigenkapital zu verrechnen. Die Verrechnung erfolgt grds. in der Reihenfolge, die sich aus § 30 KStG ergibt (§ 28 Abs. 3 KStG).
Sofern sich dabei eine Körperschaftsteuerminderung ergibt, gilt diese als mit für die Ausschüttung verwendet (§ 28 Abs. 6 S. 1 KStG).

d) Danach stellt sich die Gliederung des verwendbaren Eigenkapitals wie folgt dar:

	Vorspalte	Summe	EK 45	EK 02	EK 03
31.12.1997		310.000	30.000		280.000
Ausschüttung für 1997	30.000 x 55/70	- 23.571	- 23.571		
Einkommen 1998		426.000			
Tarifbelastung		191.700	234.300	234.300	
InvZul			6.000		6.000
§ 31 Abs.1 Nr.4					
VSt		6.800			
Solz (s. u.)		7.290	- 14.090	- 14.090	
31.12.1998		512.639	226.639	6.000	280.000
Ausschüttungsverrechnung					
oGA für 1998		60.000			
vGA 1998		76.000			
		136.000			
EK 45 (55/70)		- 106.857	- 106.857	- 106.857	
KSt-Minderung (15/70)		- 29.143			

III. Berechnung der Körperschaftsteuer-Rückstellung und der endgültigen Steuerbilanz

1. Ermittlung der Körperschaftsteuer-Rückstellung:

Tarifbelastung	191.700 DM
KSt-Minderung (§§ 23 Abs. 5, 27 Abs. 3 KStG)	./. 29.143 DM
festgesetzte KSt	162.557 DM
anzurechnende KapSt (§§ 49 KStG, 36 Abs. 2 Nr. 2 EStG)	./. 17.500 DM
anzurechnende KSt (§§ 49 KStG, 36 Abs. 2 Nr. 3 EStG)	./. 30.000 DM
laufende KSt-Vorauszahlungen 1998	./. 57.200 DM
KSt-Rückstellung	57.857 DM

2. Ermittlung der Solz-Rückstellung

festgesetzte KSt	162.557 DM
anrechenbare KSt	./. 30.000 DM
Bemessungsgrundlage (§ 3 Abs. 1 Nr. 1 SolZG)	132.557 DM
Höhe: 5,5 %	7.290 DM
anrechenbarer Solz	962 DM
	6.328 DM
Vorauszahlungen	3.146 DM
Solz-Rückstellung	3.182 DM

Der Solidaritätszuschlag i.H.v. ist vom EK 45 abzuziehen (s.o. II. 2.d).

3. Ermittlung des endgültigen Jahresüberschusses

vorläufig	240.392 DM
KSt-Rückstellung	57.857 DM
Solidaritätszuschlag	3.182 DM
endgültig	179.353 DM

4. Endgültige Steuerbilanz

Zur Ermittlung der endgültigen Steuerbilanz ist die Körperschaftsteuer-Rückstellung zu Lasten des Jahresüberschusses in die Bilanz einzustellen. Danach ergibt sich folgende endgültige Steuerbilanz:

Aktiva		Passiva	
verschiedene Aktiva	1.066.905	Stammkapital	200.000
		Rücklagen	180.000
		Gewinnvortrag	106.429
		Jahresüberschuß	179.353
		KSt-Rückstellung	57.857
		Solidaritätszuschlag	3.182
		verschiedene Passiva	340.084
	1.066.905		1.066.905

IV. Abgleich des verwendbaren Eigenkapitals lt. Gliederung mit dem Eigenkapital lt. Steuerbilanz

Unter dem Abgleich des verwendbaren Eigenkapitals mit dem Eigenkapital lt. Steuerbilanz versteht man die Überprüfung, ob das verwendbare Eigenkapital lt. Gliederung mit dem verwendbaren Eigenkapital lt. Steuerbilanz übereinstimmt. Nähere Einzelheiten ergeben sich aus § 29 Abs. 1 KStG. Danach ist das verwendbare Eigenkapital lt. Gliederung das in der Steuerbilanz ausgewiesene Betriebsvermögen, das sich ohne Änderung der Körperschaftsteuer nach § 27 und ohne Verringerung um die im Wirtschaftsjahr erfolgten Ausschüttungen ergeben würde, die nicht auf einem den gesellschaftsrechtlichen Vorschriften entsprechenden Gewinnverteilungsbeschluß für ein abgelaufenes Wirtschaftsjahr beruhen. Dabei bleibt das Stammkapital unberücksichtigt (§ 29 Abs. 2 Satz 2 KStG).

Somit stellt sich die Verprobung wie folgt dar:

Rücklagen	180.000 DM
Gewinnvortrag 1997	106.429 DM
Jahresüberschuß	179.353 DM
= Betriebsvermögen lt. Steuerbilanz	465.782 DM
./. KSt-Minderung	29.143 DM
	436.639 DM
+ andere Ausschüttungen	76.000 DM
	512.639 DM

Dies entspricht der Summe des verwendbaren Eigenkapitals lt. Gliederung zum 31.12.1998.

Aufgabenteil Nr. 3: Gewerbesteuer

I. Gewerbeertrag, § 7 GewStG

1. Steuerbilanzgewinn, § 15 Abs. 1 Nr. 1 EStG   **300.000 DM**

2. **Hinzurechnungen, § 8 GewStG**

a) **Dauerschuldentgelte, § 8 Nr.1 GewStG**

aa) Darlehen der Volksbank Duisburg (Tz. 4)
Schuldzinsen	15.000 DM
Damnum 300.000 DM x 5 % x 1/4	+ 3.750 DM
Bereitstellungszinsen, Abschn. 48 Abs. 1 GewStR	0 DM
Summe Volksbank Duisburg	18.750 DM

bb) Darlehen der Sparkasse Duisburg (Tz. 5)   + 8.000 DM

cc) Kontokorrent (Tz. 6), Abschn. 47 Abs. 8 GewStR
Mindestschuld am achtgünstigsten Tag (=22.6.1998:
3 Tage Guthaben u. 13.4., 20.9., 5.1., 9.2., 22.6.

	27.000 DM	
x 10 % x 6/12	1.350 DM	
x 10,5 % x 6/12	+ 1.412 DM	
tatsächlich geleistete Zinsen sind unerheblich	2.762 DM	
	29.512 DM	

Hinzurechnung zu 50 %   **+ 14.756 DM**

b) **Gewinnanteile stiller Gesellschafter, § 8 Nr. 3 GewStG**

Es handelt sich um eine atypische stille Gesellschafterin, da eine Beteiligung an den stillen Reserven vorliegt. Bei Mitunternehmerschaften erfolgt keine Hinzurechnung, da vorab bei Annahme des zutreffend ermittelten Steuerbilanzgewinns auch keine Gewinnminderung eingetreten ist.

c) **Miet- und Pachtzinsen, § 8 Nr. 7 GewStG**

aa) Miet- und Pachtzinsen der Telefonanlage, Tz. 3
Keine Erfassung beim Gewerbeertrag des Empfängers, da die Firma nicht im Inland ansässig ist, Abschn. 57 Abs. 7 GewStR: 6.000 DM

bb) Mieten für Spezialgeräte (Tz. 1) unterliegen beim Empfänger (Privatperson) nicht dem Gewerbeertrag: 3.600 DM

cc) Die Miet- und Pachtzinsen hinsichtlich des Grundstücks in Oberhausen sind nicht zu erfassen, da es sich um Grundbesitz handelt.

Zusammenfassung:

6.000 DM + 3.600 DM = 9.600 DM	
Hinzurechnung zu 50 %	**+ 4.800 DM**
Zwischensumme	**319.556 DM**

3. Kürzungen, § 9 GewStG

a) **Grundbesitz, § 9 Nr. 1 GewStG:**

1,2 % des betrieblich genutzten Grundbesitzes:

aa) Betriebsgrundstück in Duisburg (Tz. 8)
Einheitswert 110.000 DM x 140 %   154.000 DM

bb) Grund und Boden in Duisburg (Tz. 9)
kein Ansatz, Stand zu Beginn des Kalenderjahres
ist maßgebend, § 20 Abs. 1 Satz 2 GewStDV   0 DM

cc) Grundstück in Oberhausen (Tz. 10)
Einheitswert 60.000 DM x 140 % x 16 %   + 13.440 DM
vgl. § 20 Abs. 1 Satz 1 GewStDV,

dd) Betriebsgrundstück (Tz. 11)
Einheitswert 180.000 DM x 140 % x 55 % + 138.600 DM
Abschn. 61 Abs. 1 Satz 11 GewStR
§ 20 Abs. 1 Satz 1 GewStDV

Summe Einheitswerte	306.040 DM
Kürzung mit 1,2 %	**./. 3.673 DM**
Gewerbeertrag	315.883 DM
abgerundet auf volle 100 DM, § 11 Abs. 1 GewStG	315.800 DM
abzüglich Freibetrag, § 11 Abs. 1 Nr.1 GewStG	**./. 48.000 DM**
	267.800 DM
x 5 % Steuermeßzahl	13.390 DM
Kürzung wegen Staffeltarif	**./. 2.400 DM**
Steuermeßbetrag nach dem Gewerbeertrag	**10.990 DM**

II. Zerlegung des Steuermeßbetrages, § 28 - 34 GewStG

Der einheitliche Steuermeßbetrag i.H.v. 10.990 DM ist auf die beiden Betriebsstätten-Gemeinden Duisburg und Oberhausen im Wege des Zerlegungsverfahrens zu verteilen. Zerlegungsmaßstab ist das Verhältnis der Arbeitslöhne, die an der jeweiligen Betriebsstätte gezahlt werden:

Arbeitslöhne Betriebsstätte Duisburg	400.300 DM	
Ausbildungsvergütungen	./. 16.000 DM	
Anteil des Unternehmers: 50.000 DM x 80 %	+ 40.000 DM	
maßgebl. Arbeitslöhne DU, gerundet, § 29 Abs. 3		424.000 DM
Arbeitslöhne Betriebsstätte Oberhausen	+ 250.200 DM	
Tantieme	./. 20.000 DM	
Anteil des Unternehmers: 50.000 DM x 20 %	+ 10.000 DM	
maßgebl. Arbeitslöhne OB, gerundet, § 29 Abs. 3		240.200 DM
Summe aller Arbeitslöhne		664.000 DM

Die Tantieme sowie die Ausbildungsvergütung bleiben außer Betracht, § 31 Abs. 2 und 4 GewStG. Der Unternehmerlohn i.H.v. 50.000 DM ist im Verhältnis der aufgewendeten Arbeitszeiten in den jeweiligen Betriebsstätten aufzuteilen, § 31 Abs. 5 GewStG.

Anteil Duisburg	424.000/664.000 x 100	63,85 %
Anteil Oberhausen	240.000/664.000 x 100	36,15 %
		100,00 %

Gewerbesteuer Duisburg:
Einheitlicher Steuermeßbetrag 10.990 DM x 63,85 %
= 7.017 DM x Hebesatz 450 %   31.576 DM

Gewerbesteuer Oberhausen:
Einheitlicher Steuermeßbetrag 10.990 DM x 36,15 %
= 3.972 DM x Hebesatz 420 %   16.682 DM
Summe Gewerbesteueraufwand   48.258 DM

Aufgabenteil Nr. 4: Umsatzsteuer

1. Rastlos erbringt gegenüber allen Mietern sonstige Vermietungsleistungen gegen Entgelt im vereinbarten Leistungsaustausch, § 3 Abs. 9 UStG. Ort der sonstigen Vermietungsleistungen ist der Belegenheitsort des Grundstücks in Wesel, § 3a Abs. 2 Nr. 1a UStG.

Die im Rahmen seines Unternehmens gegen Entgelt erbrachten sonstigen Leistungen sind steuerbar (§ 1 Abs. 1 Nr.1 UStG) und grds. nach § 4 Nr. 12a UStG steuerfrei. Zu prüfen ist allerdings, ob rastlos in zulässiger Art und Weise eine Option zur Umsatzsteuerpflicht ausüben kann, vgl. § 9 UStG. Dieses Verfahren hätte für ihn den Vorteil, den Vorsteuerabzug geltend machen zu können bei Abwälzung der anfallenden Umsatzsteuer auf die Mieter.

a) Erdgeschoß

Eine Option kommt für das Erdgeschoß nicht in Betracht, da er gegenüber einem anderen Unternehmer (Versicherungsgesellschaft) vermietet, der das Grundstück ganz offensichtlich nicht ausschließlich zu Zwecken (§ 4 Nr. 10 UStG) verwendet, die den Vorsteuerabzug nicht ausschließen, § 9 Abs. 2 i.V.m. § 27 Abs. 2 Nr. 3 UStG.

3. Obergeschoß

Gegenüber dem Finanzamt Wesel ist eine Option ebenfalls nicht möglich, da die Behörde das 3. OG nicht für unternehmerische, sondern für hoheitliche Zwecke nutzt, § 9 Abs. 1 UStG.

Daher sind die Vermietungsleistungen im EG und 3. OG endgültig steuerfrei, § 4 Nr. 12a UStG. Da er somit steuerfreie Umsätze bezogen auf zwei Etagen ausführt, ist ein Vorsteuerabzug insoweit nicht möglich, § 15 Abs. 2 Nr.1 UStG.

Die trotz der USt-Freiheit ausgewiesene Umsatzsteuer i.H.v. 1.440 DM (5.000 DM + 4.000 DM zu je 16%) für Dezember 1997 schuldet Rastlos nach § 14 Abs. 2 UStG. Diese Umsatzsteuer entsteht nach § 13 Abs. 1 Nr. 3 UStG mit Ablauf des Voranmeldungszeitraums Dezember 1998. Diese USt ist nach § 14 Abs. 2 S.2 UStG zu berichtigen, wenn der USt-Ausweis im Mietvertrag entfernt wird.

b) 1. und 2. Obergeschoß

Sowohl der Steuerberater als auch der Tierarzt (vgl. insbesondere § 4 Nr. 14 Satz 4 UStG) erbringen ihren Mandanten/Patienten gegenüber steuerpflichtige Umsätze.

Sofern diese Tatsache von Rastlos nachgewiesen wird (vgl. § 9 Abs. 2 S. 2 UStG), was zu unterstellen ist, hat er die Möglichkeit, zur Umsatzsteuerpflicht zu optieren, § 9 Abs. 2 UStG.

Damit erbringt er gegenüber dem Steuerberater und dem Tierarzt steuerpflichtige Vermietungsumsätze zu einem Steuersatz von 16 %, § 12 Abs. 1 UStG.

Die Bemessungsgrundlage beträgt je Etage 4.000 DM (insgesamt 8.000 DM), § 10 Abs. 1 UStG. Die Umsatzsteuer beträgt je Etage 640 DM (insgesamt 1.280 DM) und entsteht mit Ablauf des Voranmeldungszeitraums Dezember 1998, § 13 Abs. 1 Nr. 1a UStG.

Dem Rastlos steht aus allen, allgemein das Grundstück betreffenden Eingangsleistungen der Vorsteuerabzug zu (§ 15 Abs. 1 Nr.1 UStG), soweit steuerpflichtige Ausgangsumsätze von diesem Grundstücksteil ausgehen (somit 50 %, nämlich zwei von vier Etagen): abziehbare Vorsteuer: 288.000 DM x 50 % = 144.000 DM

Der Vorsteuerabzug ist erst im Dezember 1998 mit Erhalt der Rechnung möglich.

Die monatlichen Anzahlungen an den Generalunternehmer ändern nichts am Zeitpunkt des Vorsteuerabzugs, da Rastlos nicht aufgrund einer Anzahlungsrechnung mit gesondert ausgewiesener Umsatzsteuer zahlte (nur mündliche Anzahlungsvereinbarung), § 15 Abs. 1 Nr. 1 S. 2 UStG.

Bei der Überlassung der Gerüst- und Schalungsteile handelt es sich um einen Vorgang innerhalb seines unternehmerischen Bereiches, der als nicht steuerbarer Innenumsatz ohne umsatzsteuerliche Konsequenzen bleibt.

Sonderfrage:

Die in fünf Jahren beabsichtigte Nutzungsänderung des 2. OG (von bisher steuerpflichtigen, fremdberuflichen Zwecken des Steuerberaters zu Wohnzwecken der Tochter) wird zu steuerfreien Vermietungsleistungen führen, § 4 Nr. 12a UStG. Bei einer Nutzung zu Wohnzwecken ist eine Option zur Umsatzsteuerpflicht nach § 9 UStG unzulässig. Damit ändern sich die Verhältnisse i.S.d. § 15a Abs. 1 UStG. Der zunächst anteilig geltend gemachte Vorsteuerabzug ist zu berichtigen, § 15a Abs. 1, Abs. 2 UStG:

Vorsteuer 1998: 144.000 DM x 50 % (anteiliges 2. OG) = 72.000 DM

Unter Annahme eines zehnjährigen Berichtigungszeitraums ist folgende Berichtigung durchzuführen:

72.000 DM betroffene Vorsteuern x 1/10 jährlich = 7.200 DM

Für die betroffenen Jahre der steuerfreien Nutzung (6. - 10. Jahr der Verwendung) ergibt sich ein jährlicher Berichtigungsbetrag i.H.v. 7.200 DM x 5 Jahre, insgesamt somit 36.000 DM.

2. Aus den Aufwendungen für die betrieblich veranlaßte Fortbildungsreise nach Hamburg können gem. § 15 Abs. 1 Nr.1 UStG folgende Vorsteuerbeträge errechnet und abgezogen werden:

Teilnahmegebühr	192,00 DM
Fahrtkosten Bundesbahn, §§ 34, 35 UStDV mit 16 %	55,17 DM

Ein Vorsteuerabzug aus der Taxirechnung ist nicht möglich, weil keine Rechnung mit gesondertem Umsatzsteuerausweis vorliegt. Es handelt sich nicht um eine Kleinbetragsrechnung, da der Gesamtrechnungsbetrag höchstens 200 DM betragen darf, § 33 UStDV.

3. Aus den Verpflegungsaufwendungen anläßlich der Geschäftsreise nach Frankfurt a.M. kann Rastlos Vorsteuer i.H.v. 7,59 DM nach den allgemeinen Grundsätzen des § 15 Abs. 1 Nr. 1 UStG i.V.m. § 33 UStDV geltend machen.
Nach § 4 Abs. 5 Nr. 5b EStG sind bei einer 15-stündigen Geschäftsreise höchstens 20 DM als Betriebsausgabe abzugsfähig, somit 35 DM von 55 DM nachgewiesener Verpflegungsaufwendungen nicht als Betriebsausgabe abzugsfähig. Einen Einfluß auf den Vorsteuerabzug hat diese Regelung nicht, Abschn. 196 Abs. 5 UStR.
In Höhe der nicht abziehbaren Betriebsausgaben handelt es sich allerdings um einen Aufwendungseigenverbrauch nach § 1 Abs. 1 Nr. 2c UStG, der eindeutig steuerbar und zu 16 % steuerpflichtig ist.
Bemessungsgrundlage sind nach § 10 Abs. 4 Nr. 3 UStG die entstandenen Aufwendungen (da er zum Vorsteuerabzug berechtigt war in Nettohöhe):

Verpflegungsaufwand (brutto)	55,00 DM
abzgl. abziehbare Betriebsausgabe (brutto)	./. 20,00 DM
nicht abziehbare Betriebsausgabe (brutto)	35,00 DM
abzüglich USt gem. § 1 Abs. 1 Nr.2c UStG	./. 4,83 DM
Bemessungsgrundlage	30,17 DM

Lösung Nr. 2; Umsatzsteuer

Hinweise zur Rechtslage ab 1.4.1999

Der Abzug von Vorsteuern für Reisekosten ist ab 1.4.1999 sowohl im Einzelnachweis als auch nach Pauschalen nicht mehr zulässig, vgl. § 15 Abs. 1a Nr. 2 UStG 1999. Gleichzeitig ist die Besteuerung als Aufwendungseigenverbrauch entfallen.

4. Der Verkauf des Busses stellt eine Lieferung gegen Entgelt im vereinbarten Leistungsaustausch dar, § 3 Abs. 1 UStG. Der Ort der bewegten Lieferung ist Schermbeck bei Abholung (= Beförderung) durch den Leistungsempfänger, § 3 Abs. 6 S. 1 UStG. Die Lieferung ist steuerbar, § 1 Abs. 1 Nr.1 UStG.

   Eine steuerfreie innergemeinschaftliche Lieferung liegt nicht vor, da Litauen im Zeitpunkt des Umsatzes nicht zur Europäischen Union gehörte, § 6a Abs. 1 Nr. 1 UStG.

   Es liegt aber - Ausfuhrnachweise gem. Sachverhalt vorausgesetzt - eine steuerfreie Ausfuhrlieferung vor (§ 4 Nr. 1a UStG), da der Leistungsempfänger den Liefergegenstand in ein Drittland befördert (§ 6 Abs. 1 Nr. 2 UStG) und ein ausländischer Abnehmer ist, § 6 Abs. 2 Nr. 1 UStG.

   Die Bemessungsgrundlage des steuerfreien Umsatzes beträgt 80.000 DM, § 10 Abs. 1 UStG.

   Die bei Erwerb des Busses ausgewiesene Umsatzsteuer des Magdeburger Unternehmers ist trotz der Umsatzsteuerfreiheit des Ausgangsumsatzes bei Herrn Rastlos i.H.v. 8.000 DM im April 1998 abzugsfähig, § 15 Abs. 3 Nr.1 i.V.m. Abs. 1 Nr.1 UStG. Der Vorsteuerausschluß gem. § 15 Abs. 2 Nr. 1 UStG wird über Abs. 3 Nr. 1 UStG aufgehoben.

5. Bei dem Lenkrad handelt es sich um ein Geschenk über 75 DM und somit um eine nicht abziehbare Betriebsausgabe gem. § 4 Abs. 5 Nr. 1 EStG. Derartige nicht abzugsfähige Betriebsausgaben lösen einen Aufwendungseigenverbrauch nach § 1 Abs. 1 Nr. 2c UStG aus, der steuerbar und mangels Steuerbefreiung (§ 4 UStG) steuerpflichtig ist. Die Bemessungsgrundlage ergibt sich nach § 10 Abs. 4 Nr. 3 UStG nach den bei der Anschaffung angefallenen Aufwendungen; der niedrigere Teilwert ist unbeachtlich:
   3.000 DM x 16 % 480 DM Umsatzsteuer, die im Oktober 1998 entsteht, § 13 Abs. 1 Nr. 2 UStG.

   Die Vorsteuer aus der Anschaffung des Lenkrades ist im Juni 1998 i.H.v. 480 DM abzugsfähig, § 15 Abs. 1 Nr.1 UStG.

Hinweise zur Rechtslage ab 1.4.1999

Der Abzug von Vorsteuern für einkommensteuerlich gem. § 4 Abs. 5 Nr. 1 EStG nicht abziehbare Betriebsausgaben ist ab 1.4.1999 nicht mehr zulässig, vgl. § 15 Abs. 1a Nr. 1 UStG 1999. Gleichzeitig ist die Besteuerung als Aufwendungseigenverbrauch entfallen.

6. Rastlos erbringt eine sonstige Leistung gegen Entgelt im vereinbarten Leistungsaustausch gegenüber dem Mitbewerber, in dem er es unterläßt, sich an einer Ausschreibung zu beteiligen, § 3 Abs. 9 UStG. Ort der sonstigen Leistung ist nach § 3a Abs. 4 Nr. 9 i.V.m. § 3a Abs. 3 UStG dort, wo der Leistungsempfänger, also der Mitbewerber, sein Unternehmen betreibt = Amsterdam. Die Unterlassung ist nach § 1 Abs. 1 Nr.1 UStG im Inland somit nicht steuerbar.

7. Es ist zu prüfen, ob Rastlos ein Vorsteuerabzug i.H.v. 240 DM zusteht. Zwar hat er eine Leistung für sein Unternehmen bezogen und eine Rechnung mit gesondertem Ausweis der Umsatzsteuer liegt vor. Allerdings schuldet der leistende Unternehmer Gerd Gierig die ausgewiesene Umsatzsteuer nicht aufgrund eines steuerbaren und steuerpflichtigen Umsatz (die Leistungen der Versicherungsvertreter sind gem. § 4 Nr. 11 UStG steuerfrei). Bei Gerd Gierig entsteht die Umsatzsteuer nur aufgrund des unzulässigerweise zu hohen Auseises der Steuer.
Mit Urteil vom 2.4.1998 (BStBl. 1998 II 695) hat der BFH entschieden, daß eine beim Rechnungsaussteller nach § 14 Abs. 2 UStG entstandene Umsatzsteuer beim Leistungsempfänger den Vorsteuerabzug ausschließt. Rastlos kann deshalb die in Rede stehenden Beträge nicht als Vorsteuer berücksichtigen.

Aufgabenteil Nr. 5: Abgabenordnung

Sachverhalt 1

Eine Änderung des Einkommensteuerbescheides 01 ist nur zulässig, solange die Festsetzungsfrist noch nicht abgelaufen ist (§ 169 Abs. 1 Satz 1 AO) und eine Berichtigungsmöglichkeit nach der Abgabenordnung besteht.

Festsetzungsfrist

Im vorliegenden Fall ist zunächst zu prüfen, ob die Festsetzungsfrist bereits abgelaufen ist.

Die Festsetzungsfrist beginnt mit Ablauf des Kalenderjahres, in dem die Steuererklärung eingereicht worden ist (§ 170 Abs. 2 Nr. 1 AO). Die Festsetzungsfrist beginnt somit hier mit Ablauf des 31.12.02.
Sie beträgt 4 Jahre (§ 169 Abs. 2 Nr. 2 AO) und endet somit grds. mit Ablauf des 31.12.06. In diesem Zeitpunkt entfällt auch der Vorbehalt der Nachprüfung (§ 164 Abs. 4 Satz 1 AO).

Es bleibt jedoch zu prüfen, ob eine Ablaufhemmung i.S. von § 171 AO anzuwenden ist. Nach § 171 Abs. 10 AO endet die Festsetzungsfrist, soweit für die Festsetzung einer Steuer ein Feststellungsbescheid, ein Steuermeßbescheid oder ein anderer Verwaltungsakt bindend ist (Grundlagenbescheid), nicht vor Ablauf von zwei Jahren nach Bekanntgabe des Grundlagenbescheides (20.6.07). Der Bescheid des Versorgungsamtes ist ein solcher Grundlagenbescheid (H 194 "Allgemeines und Nachweise" EStH).

Berichtigungsmöglichkeit

Der Einkommensteuerbescheid 01 kann somit im August 07 noch geändert werden. Berichtigungsvorschrift ist insoweit (punktuell) § 175 Abs. 1 Nr. 1 AO. Danach ist ein Steuerbescheid zu ändern, soweit ein Grundlagenbescheid (§ 171 Abs. 10), dem Bindungswirkung für diesen Steuerbescheid zukommt, erlassen, aufgehoben oder geändert wird.

Sachverhalt 2

Berechnung der Zinsen aufgrund des Steuerbescheids v. 19.1.05

Die Grundlagen für die Festsetzung von Nachforderungszinsen ergeben sich aus § 233a AO. Danach sind unter den dort genannten Voraussetzungen für die Festsetzung der Einkommen-, Körperschaft-, Vermögen-, Umsatz- oder Gewerbesteuer Steuernachforderungs- bzw. Steuererstattungszinsen festzusetzen. Dagegen ist die Vorschrift nicht auf die Kirchensteuer und steuerliche Nebenleistungen anzuwenden.

Für den vorliegenden Fall bedeutet dies, daß Nachforderungszinsen nur für die Einkommensteuer 02 in Betracht kommen.

Bemessungsgrundlage ist die festgesetzte Steuer, vermindert um die anzurechnenden Steuerabzugsbeträge, um die anzurechnende Körperschaftsteuer und um die festgesetzten Vorauszahlungen (§ 233a Abs. 3 Satz 1 AO):

Das bedeutet

	festgesetzte Steuer	52.055 DM
	Vorauszahlungen	./. 50.000 DM
	maßgebender Betrag	2.055 DM

Für die Berechnung der Zinsen wird der zu verzinsende Betrag auf volle 100 DM nach unten abgerundet (§ 238 Abs. 2 AO).

Der Zinslauf beginnt 15 Monate nach Ablauf des Kalenderjahres, in dem die Steuer entstanden ist (§ 233 a Abs. 2 Satz 1 AO); somit am 1.4.04.

Er endet mit Ablauf des Tages, an dem die Steuerfestsetzung wirksam wird (§ 233a Abs. 2 Satz 3 AO). Ein Einkommensteuerbescheid wird mit seiner Bekanntgabe wirksam (§ 124 Abs. 1 Satz 1 AO). Der Bescheid gilt am dritten Tagen nach der Aufgabe zur Post als bekanntgegeben (§ 122 Abs. 2 Nr. 1 AO); das ist der 22.1.05.

Die Zinsen betragen für jeden Monat 0,5 %. Sie sind von dem Tag an, an dem der Zinslauf beginnt, nur für volle Monate zu zahlen; angefangene Monate bleiben außer Ansatz (§ 238 Abs. 1 AO).

Im vorliegenden Fall läuft der Zinszeitraum somit vom 1.4.04 bis 22.1.05. Das sind insgesamt neun volle Monate, so daß 4,5 % der Bemessungsgrundlage als Steuernachforderungszinsen festzusetzen sind.

Berechnung:

Bemessungsgrundlage	2.055 DM
Abrundung	2.000 DM
Höhe	4,5 %
Zinsbetrag	90 DM

Berechnung aufgrund des geänderten Steuerbescheids v. 9.11.05

Wird die Steuerfestsetzung geändert, ist auch die bisherige Zinsfestsetzung zu ändern (§ 233 a Abs. 5 Satz 1 AO). Maßgebend für die Zinsberechnung ist der Unterschiedsbetrag zwischen der festgesetzten Steuer und der vorher festgesetzten Steuer (§ 233 a Abs. 5 Satz 2 AO). Dem sich hiernach ergebenden Zinsbetrag sind bisher festzusetzende Zinsen hinzuzurechnen (§ 233 a Abs. 5 Satz 3 AO). Hinsichtlich der Bestimmung des Zinszeitraums bzw. der Berechnung gelten die oben dargestellten Grundsätze.

Somit berechnen sich die festzusetzenden Zinsen wie folgt:

festgesetzte Steuer lt. Berichtigungsbescheid	65.123 DM
bisher festgesetzt	52.055 DM
Unterschiedsbetrag	13.068 DM
Abrundung	13.000 DM
Zinszeitraum 1.4.04 - 12.12.05 = 20 Monate	
Zinsen 10 %	
Zinsbetrag (noch zu zahlen)	1.300 DM
zzgl. bisher festgesetzt (und bereits gezahlt)	90 DM
festzusetzende Zinsen	1.390 DM

Hinweis:

Die besonderen Regelungen des § 233a Abs. 2a AO finden keine Anwendung, da die Berichtigung gem. § 175 Abs. 1 Nr. 1 AO und nicht gem. § 175 I Abs. 1 Nr. 2 AO vorgenommen wurde.

Aufgabenteil Nr. 6: Rechnungswesen

Sachverhalt I

Tz. 1 Geschäftsgrundstück

a) Erbbaurecht

- Bei dem Erbbaurecht handelt es sich gem. H 31a EStH um ein grundstücksgleiches Recht.

- Es besteht Aktivierungsgebot gem. § 5 Abs. 1 Satz 1 EStG i.V.m. § 240 Abs. 1, § 246 Abs. 1 HGB.

  Zu den Anschaffungskosten für das Erbbaurecht gehören die Notar- und Gerichtskosten, nämlich alles, was der Erbbauberechtigte aufwendet, um dieses selbständige WG zu erhalten (§ 255 Abs. 1 HGB), nicht jedoch die verrechenbare Vorsteuer (§ 9b Abs. 1 EStG).

- Das Erbbaurecht gehört zum unbeweglichen abnutzbaren Sachanlagevermögen (R 32 Abs. 1 Satz 4 EStR) und ist gem. § 6 Abs. 1 Nr. 1 EStG mit den fortgeführten Anschaffungskosten (AK ./. AfA) zu bewerten.

  Kontenentwicklung:

AK 1.3.1998	10.000 DM
AfA (1/1 = 200 DM) 10/12 linear und zeitanteilig 50 Jahre, § 7 Abs. 1 EStG, R 42 Abs. 1 Nr. 3 EStR	./. 167 DM
Bilanzansatz zum 31.12.1998	9.833 DM

b) Erbbauzinsen

Die Erbbauzinsen gehören nicht zu den Anschaffungskosten des Erbbaurechts, sondern stellen Entgelt für die Nutzung des Grundstücks dar. Die Erbbauzinsen stellen daher gem. § 4 Abs. 4 EStG laufende Betriebsausgaben dar und sind zutreffend gebucht.

c) Erschließungskosten

Die Erschließungskosten sind grds. vom Eigentümer des Grund und Bodens zu entrichten. Die Übernahme durch den Erbbauberechtigten stellt zusätzliches Entgelt für die Nutzung des Grundstücks und damit erbbauzinsähnlichen Aufwand dar.

Die für eine bestimmte Zeit im voraus übernommenen Kosten sind als aktiver Rechnungsabgrenzungsposten zu aktivieren und auf die Restlaufzeit des Erbbaurechts zu verteilen (§ 5 Abs. 5 Satz 1 Nr. 1 EStG und H 31b EStH).

Hinweis:

Beim Eigentümer würden die Erschließungskosten zu den Anschaffungskosten des Grund und Bodens gehören (vgl. H 33a EStH).

Entwicklung Bilanzwert:

Zugang 1.6.1998:	30.000 DM
Restnutzungsdauer = 597 Monate;	
mtl. = 50,25 x 7 Monate	
Bilanzwert aktiver Rechnungs-	./. 352 DM
abgrenzungsposten 31.12.1998	29.648 DM

d) Lagerhalle/Bürogebäude

- K. Ramba ist als Erbbauberechtigter juristischer Eigentümer des Bauwerks (§ 39 Abs. 1 AO), da das Bauwerk Bestandteil des Erbbaurechts (besonderes Grundbuch) ist.

- Das Gebäude dient ausschließlich betrieblichen Zwecken und ist deshalb zwingend zu aktivieren (§ 5 Abs. 1 Satz 1 EStG i.V.m. § 240 Abs. 1, § 246 Abs. 1 HGB).

- Das Gebäude gehört zum unbeweglichen abnutzbaren Anlagevermögen (§ 247 Abs. 2 HGB, R 32 Abs. 1 Satz 5 und R 42 Abs. 1 Nr. 4 EStR) und ist gem. § 6 Abs. 1 Nr. 1 EStG mit den fortgeführten Herstellungskosten (HK ./. AfA) zu bewerten.

Aufgrund des einheitlichen Funktionszusammenhangs stellen die Lagerhalle und das Bürogebäude ein Wirtschaftsgut dar (R 13 Abs. 4 EStR). Die AfA beginnt mit der Fertigstellung am 1.12.1998, vgl. § 11 c Abs. 1 Satz 2 Nr. 2 EStDV und R 44 Abs. 1 EStR.

Kontenentwicklung:

Zugang am 1.12.1998 (§ 9 a EStDV) zu Netto-HK:	400.000 DM
Ohne die verrechenbare Vorsteuer (§ 9 b Abs. 1 EStG)	
AfA linear (§ 7 Abs. 4 Satz 1 Nr. 1 EStG): 4 % (Wirtschaftsgebäude) = 16.000 DM p.a.,	
1/12 zeitanteilig (R 44 Abs. 2 Satz 1 EStR)	./. 1.334 DM
Bilanzwert 31.12.1998	398.666 DM

- Für Wirtschaftsgebäude ist die degressive Gebäude-AfA gem. § 7 Abs. 5 Satz 1 Nr. 1 EStG nicht mehr zulässig, weil der maßgebliche Bauantrag nicht vor dem 1.1.1994 gestellt worden ist (R 42a Abs. 5 EStR).

- **Hinweis:**

Die rechtliche Nutzungsdauer (Erbbaurecht läuft noch fast 50 Jahre) ist nicht kürzer als die vom Gesetzgeber typisierte Nutzungsdauer.

e) Zinsen

Die Hypothekenschuld steht im wirtschaftlichen Zusammenhang mit dem Wirtschaftsgebäude und ist daher notwendiges passives Betriebsvermögen (R 13 Abs. 15 EStR). Die damit im Zusammenhang stehenden Zinsaufwendungen sind lfd. Betriebsausgaben und gem. § 252 Abs. 1 Nr. 5 HGB abzugrenzen.

I.H.v. 6.000 DM liegt eine sonstige Verbindlichkeit vor, die zwingend zu passivieren ist (Passivierungsgebot, vgl. R 31b Abs. 3 Satz 2 EStR). Der Ansatz erfolgt gem. § 6 Abs. 1 Nr. 3 EStG mit den Anschaffungskosten = Nennwert (bzw. dem Rückzahlungsbetrag).

Bilanzwert sonstige Verbindlichkeit 31.12.1998   6.000 DM

Lösung Nr. 2; Rechnungswesen

Buchungen:

Erbbaurecht	10.000 DM	an sonstige Aufw.	10.000 DM
AfA	167 DM	Erbbaurecht	167 DM

Aktiver RAP	29.648 DM	an außerord. und periodenfremde Aufw.	
Sonstige Aufwendungen	352 DM		30.000 DM
AfA	1.334 DM	an Gebäude	1.334 DM
Sonst. Aufwendungen (Zinsaufwendungen)	6.000 DM	an sonst. Verbindlichkeiten	6.000 DM

Gewinn:

Sonstige Aufwendungen	./.	=	+	10.000 DM
Außerord. und periodenfremde Aufw.	./.	=	+	30.000 DM
Sonstige Aufwendungen	+	=	./.	352 DM
Sonstige Aufwendungen	+	=	./.	6.000 DM
AfA Erbbaurecht	+	=	./.	167 DM
AfA Gebäude	+	=	./.	1.334 DM
			+	32.147 DM

Kontrolle Bilanzposten-Methode: **Änderung Betriebsvermögen**

Erbbaurecht	richtig	9.833 DM		
	bisher	0 DM	+	9.833 DM
akt. RAP	richtig	29.648 DM		
	bisher	0 DM	+	29.648 DM
Gebäude	richtig	398.666 DM		
	bisher	400.000 DM	./.	1.334 DM
Sonst. Verb.	richtig	6.000 DM		
	bisher	0 DM	./.	6.000 DM
BV-Änderung = Gewinn			+	32.147 DM

2. Betriebs- und Geschäftsausstattung

- Der mobile Lastenaufzug ist ein WG der Betriebs- und Geschäftsausstattung (§ 266 Abs. 2 A II. 3. HGB). Es besteht Aktivierungsgebot gem. § 5 Abs. 1 S. 1 EStG i.V.m. § 240 Abs. 1, § 246 Abs. 1 HGB. Der mobile Lastenaufzug ist dem beweglichen abnutzbaren Anlagevermögen zuzuordnen (§ 247 Abs. 2 HGB, R 32 Abs. 1 Satz 5 EStR und R 42 Abs. 2 EStR).

   Die Bewertung erfolgt gem. § 6 Abs. 1 Nr. 1 EStG (bzw. § 253 Abs. 2 HGB) mit den fortgeführten Anschaffungskosten (AK ./. AfA).

   Zu den Anschaffungskosten gehören sämtliche Einzelkosten, d.h. auch die Transportkosten. Wegen des Begriffs der Anschaffungskosten vgl. § 255 Abs. 1 HGB bzw. H 32a EStH. Nicht zu den Anschaffungskosten gehört die verrechenbare Vorsteuer (§ 9b Abs. 1 EStG).

- **Kontenentwicklung:**

   Zugang September 1998 AK komplett   31.000 DM

   AfA:

   - grds. Linear (§ 7 Abs. 1 EStG) 12,5 % p.a.,
   - jedoch lt. Aufgabe degressiv (niedrigster Gewinn verlangt) 3fache, höchstens 30 %
     (§ 7 Abs. 2 EStG)

   - Vereinfachungsregelung (R 44 Abs. 2 Satz 3 EStR), 2. Jahreshälfte = ½, somit 15 %   ./. 4.650 DM

   - Sonder-AfA gem. § 7g EStG, 20 % im Jahr der Anschaffung möglich: ./. 6.200 DM

   fortgeführte Anschaffungskosten 31.12.1998   20.150 DM

Die Sonder-AfA nach § 7g EStG ist zulässig, da das maßgebliche Betriebsvermögen 400.000 DM nicht übersteigt. Handelsrechtlich ist die Sonder-AfA gem. § 254 HGB zulässig.

Lösung Nr. 2; Rechnungswesen 141

- **Buchung:**

Betriebs- und Geschäftsausstattung	1.000 DM	an	sonst. Aufw.	1.000 DM
AfA und Sonder-AfA	10.850 DM	an	Betriebs- und Geschäftsausst	10.850 DM

- **Gewinn:**

Minderung sonst. Aufwendungen	+ 1.000 DM
Erhöhung AfA/Sonder-AfA	./. 10.850 DM

3. Fuhrpark (Pkw)

a) Bilanzansätze

- Der Pkw gehört zum notw. Betriebsvermögen, da er zu mehr als 50 % (= 70 %) betrieblichen Zwecken dient (vgl. § 4 Abs. 1 EStG i.V.m. R 13 Abs. 1 Satz 4 EStR).

- Der Pkw ist dem beweglichen abnutzbaren Anlagevermögen zuzuordnen (§ 247 Abs. 2 HGB, R 32 Abs. 1 Satz 5 EStR, R 44 Abs. 2 EStR) und grds. mit den fortgeführten Anschaffungskosten (AK ./. AfA) zu bewerten (§ 6 Abs. 1 Nr. 1 Satz 1 EStG oder § 253 Abs. 2 HGB).

- Die Bezahlung des Kaufpreises aus privaten Mitteln stellt in 1998 gem. § 4 Abs. 1 S. 5 EStG eine Geldeinlage i.H.v. 10.340 DM dar (Firma bisher = 0 DM).

- Die gem. § 15 Abs. 1 Nr. 1 UStG abziehbare Vorsteuer gehört gem. § 9b Abs. 1 EStG nicht zu den Anschaffungskosten des Pkw und ist deshalb um 5.440 DM zu erhöhen.

Hinweis: AfA ab 1999: 30 % vom Restwert = 7.140 DM. Ein späterer Wechsel zur linearen AfA (Restwert auf Restnutzungsdauer) ist möglich (vgl. § 7 Abs. 3 EStG).

Kontenentwicklung Pkw:

- Zugang 1.3.1998   33.100 DM

  Nebenkosten, soweit Einzelkosten,
  (vgl. § 255 Abs. 1 HGB, H 32a EStH)   + 900 DM

- Netto-Anschaffungskosten   34.000 DM

- AfA grds. 20 % linear
  (§ 7 Abs. 1 EStG), lt. AfA-Tabelle:
  für Zugänge ab 1.1.1993 = fünf Jahre lt. BdF
  vom 3.12.1992, BStBl 1992 I Satz 734

- oder wahlweise das 3-fache, höchstens 30 % degressiv gem. § 7 Abs. 2 EStG (lt. Aufgabe erforderlich, da niedrigst möglicher Gewinn)   ./. 10.200 DM

- 1/1 nach der Vereinfachungsregelung gem.
  R 44 Abs. 2 Satz 3 EStR, da Erwerb in der
  1.Jahreshälfte

- Keine Sonder-AfA nach § 7g EStG, da private
  Nutzung über 10 % (vgl. R 83 Abs. 7 EStR)   0 DM

  fortgeführte Anschaffungskosten 31.12.1998   23.800 DM

- **Buchung:**

AfA	2.925 DM			
Pkw	1.975 DM			
Vorsteuer	5.440 DM	an	Privateinlage	10.340 DM

- **Gewinn:**

  AfA - Erhöhung   ./. 2.925 DM

  (Vergleich 10.200 DM ./. 7.275 DM)

Lösung Nr. 2; Rechnungswesen 143

- **Kontrolle Bilanzposten-Methode:**   **Änderung Betriebsvermögen**

Pkw	Firma	21.825 DM	
	richtig	23.800 DM	+ 1.975 DM
Vorsteuer	Firma	0 DM	
	richtig	5.440 DM	+ 5.440 DM
	Änderung Betriebsvermögen		+ 7.415 DM
	Privatentnahme keine Änderung		
	Privateinlage (+ 10.340 DM)		./. 10.340 DM
	Gewinn 1998		./. 2.925 DM

b) Kostenaufteilung

- Die private Pkw-Nutzung i.H.v. 12 % stellt ertragsteuerlich eine Nutzungsentnahme i.S.d. § 4 Abs. 1 Satz 2 EStG i.V.m. R 14 Abs. 4 Satz 1 EStR dar.

 Da das Verhältnis der privaten zu den übrigen Fahrten durch ein ordnungsgemäßes Fahrtenbuch nachgewiesen wurde, sind die Kosten sind gem. § 6 Abs. 1 Nr. 4 Satz 3 EStG aufzuteilen.

- Die Bewertung erfolgt gem. H 39 EStH mit den tatsächlichen Selbstkosten (= anteilige variable und fixe Kosten). Vgl. auch H 14 Abs. 2 bis 4 EStH.

- Umsatzsteuerrechtlich ist ein steuerbarer Eigenverbrauch gem. § 1 Abs. 1 Nr. 2b UStG gegeben. Bemessungsgrundlage sind gem. § 10 Abs. 4 Nr. 2 UStG die anteiligen Kosten. Hierbei ist das BMF-Schreiben vom 11.3.1997 (BStBl I Satz 324) zu beachten, wonach die nicht mit Vorsteuer belasteten Kosten in der belegmäßig nachgewiesenen Höhe (hier: Kfz-Steuer sowie die Kfz-Versicherung) zu eliminieren sind.

- Die Umsatzsteuer auf den Eigenverbrauch erhöht gem. § 12 Nr. 3 EStG die Privatentnahmen.

- Gem. § 5 Abs. 5 Satz 1 Nr. 1 EStG sind folgende Beträge aktiv abzugrenzen, da sie für eine bestimmte Zeit nach dem Stichtag gezahlt worden sind (vgl. R 31 b Abs. 2 EStR):

Kfz-Steuer	360 DM
Kfz-Versicherung	+ 600 DM
davon entfallen 2/12	960 DM
auf 1999 (1.3.98 - 28.2.99)	./. 160 DM
Aufwand 1998	800 DM
aktiver RAP 31.12.1998	160 DM (Fa. bisher 0 DM)

Hinweis: Obwohl eine private Nutzung vorliegt, sind 100 % abzugrenzen, denn in 1999 ist eine Änderung der Nutzung (z.B. 100 % betrieblich) möglich.

Berechnung der Nutzungsentnahme und der Umsatzsteuer:

	100 %	12 % privat
AfA	10.200 DM	1.224 DM
lfd. Kosten 3.000 DM		
lfd. Kosten + 800 DM	3.800 DM	456 DM
Gesamtkosten 1998	14.000 DM	1.680 DM

Bemessungsgrundlage USt:
13.200 x 12 % = 1.584 DM,
ohne Kfz-Steuer/-Vers.

1584 DM x 16 % USt		+ 253 DM
	Privatentnahme insgesamt	1.933 DM

- **Buchung:**

aktiver RAP	160 DM	an	USt-Schuld	253 DM
Privatentnahmen	1.933 DM		Eigenverbrauch	1.680 DM
			Kfz-Kosten	160 DM
		oder:		
		an	AfA	1.224 DM
			Kfz-Kosten	616 DM

- **Gewinn:**

Erhöhung Kto. Eigenverbrauch	+ 1.680 DM
Minderung Kfz-Kosten	+ 160 DM
	+ 1.840 DM

- **Kontrolle Bilanzmethode:**   **Änderung BV**

Erhöhung aktiver RAP	+ 160 DM
Erhöhung USt-Schuld	./. 253 DM
Änderung Betriebsvermögen	./. 93 DM
Privatentnahmen	+ 1.933 DM
Privateinlagen	0 DM
Gewinn:	+ 1.840 DM

c) Fahrten zwischen Wohnung und Arbeitsstätte

- Handelsrechtlich handelt es sich bei den hierauf entfallenden Pkw-Kosten um Aufwand. Steuerrechtlich ist jedoch gem. § 5 Abs. 6 EStG die Vorschrift des § 4 Abs. 5 EStG (= nicht abziehbare Betriebsausgaben) zu beachten.

- Die Kfz-Kosten für den betrieblichen Pkw stellen insoweit steuerrechtlich keine abzugsfähigen Betriebsausgaben dar, als sie den, einem Arbeitnehmer zustehenden Pauschbetrag für Fahrten zwischen Wohnung und Arbeitsstätte übersteigen (§ 4 Abs. 5 Satz 1 Nr. 6 EStG, R 23 EStR und H 23 EStH).

- Umsatzsteuerrechtlich liegt ein steuerbarer Eigenverbrauch gem. § 1 Abs. 1 Nr. 2c UStG vor, der mangels Steuerbefreiung auch steuerpflichtig ist. Bemessungsgrundlage sind gem. § 10 Abs. 4 Nr. 3 UStG die Aufwendungen. Eine Kürzung der Aufwendungen um nicht mit Vorsteuern belastete Kosten ist gem. BdF-Erlaß vom 16.2.1999 (BStBl I S. 224) zulässig.

- <u>Berechnung:</u> (14.000 DM Gesamtkosten bei 10.000 km in 1998)

200 Tage x 20 km x 1,40 DM tatsächliche Kosten	= 5.600 DM
200 Tage x 20 km x 0,35 DM (Pauschale 1998: 0,70)	= 1.400 DM
steuerlich nicht abzugsfähig	= 4.200 DM
Pauschalabschlag 20 % von 4.200 DM = 840 DM	
USt auf Eigenverbrauch, 16 % von 3.360 DM	= 537 DM

- **Hinweis:** Die nicht abzugsfähigen Betriebsausgaben gem. des § 4 Abs. 5 EStG sind keine Entnahmen i.S.d. § 4 Abs. 1 Satz 2 EStG.

- **Buchung:**

nicht abzugsfähige		an	Eigenverbrauch	
Betriebsausgaben	4.737 DM		(oder Kfz-Kosten)	4.200 DM
			Umsatzsteuer	537 DM

- **Gewinn:**

  Hinzurechnung außerhalb der Bilanz   + 4.200 DM

  Gegebenenfalls sind auch 4.737 DM außerhalb der Bilanz dem steuerrechtlichen Gewinn wieder zuzurechnen, falls der Gesamtbetrag über die Gewinn- und Verlustrechnung abgeschlossen worden ist. Sind die nicht abzugsfähigen Betriebsausgaben i.H.v. 4.737 DM beim Jahresabschluß jedoch dem Konto Privatentnahmen belastet worden (zusätzliche Buchung: Privatentnahmen 4.737 DM an Kto. nicht abzugsfähige Betriebsausgaben 4.737 DM), beträgt die Gewinnauswirkung automatisch 4.200 DM (Erhöhung der Privatentnahmen um 4.737 DM abzüglich der USt-Schuld von 537 DM!).

4. Unfertige Erzeugnisse

a) Außenfassade

- Hinsichtlich der halbfertigen Arbeiten besteht Aktivierungsgebot gem. § 5 Abs. 1 Satz 1 EStG und §§ 240 Abs. 1, 246 Abs. 1 HGB, sowie R 33 Abs. 7 EStR.

- Die halbfertigen Arbeiten sind dem Umlaufvermögen zuzuordnen (vgl. Umkehrschluß aus § 247 Abs. 2 HGB bzw. R 32 Abs. 2 EStR).

- Die halbfertigen Erzeugnisse sind grds. mit den Herstellungskosten zu bewerten (vgl. § 6 Abs. 1 Nr. 2 EStG oder § 253 Abs. 1 HGB).

  Zu den HK gehören nur die tatsächliche Aufwendungen, d.h., die kalkulatorischen Kosten scheiden aus (vgl. H 33 EStH).

  Hinsichtlich der Verwaltungskosten besteht ein Wahlrecht (vgl. R 33 Abs. 4 EStR). Nach der Aufgabenstellung (niedrigst möglicher Gewinn) bleiben sie jedoch außer Ansatz.

Unterster Wertansatz nach § 255 Abs. 2 HGB sind die Materialeinzelkosten und die Fertigungseinzelkosten i.H.v. 100.000 DM. Jedoch ist dies für die Steuerbilanz gem. § 5 Abs. 6 EStG unmaßgeblich, da § 6 Abs. 1 Nr. 2 EStG (i.V.m. R 33 Abs. 1 EStR) vorrangig ist. Die EStR schreiben zwingend den Ansatz höherer Herstellungskosten vor.

Ermittlung der HK:

Materialeinzelkosten		30.000 DM
Materialgemeinkosten 15 %	+	4.500 DM
Fertigungseinzelkosten	+	70.000 DM
Fertigungsgemeinkosten 20 %	+	14.000 DM
Verwaltungskosten	+	0 DM
Herstellungskosten (HK I) und Endbestand 31.12.1998		118.500 DM

- **Buchung:**

Halbfertige Erzeugnisse	118.500 DM	an Bestandsveränderungskonto	118.500 DM

- **Gewinn:**

Minderung Bestandsveränderungskonto (Aufwand) + 118.500 DM

b) Vertragsstrafe

- K. Ramba muß für die voraussichtlich zu zahlende Entschädigung eine Rückstellung für ungewisse Verbindlichkeiten bilden (Passivierungsgebot, § 5 Abs. 1 Satz 1 EStG i.V.m. § 249 Abs. 1 HGB, vgl. auch R 31 c Abs. 1 Nr. 1 und R 31 c Abs. 2 EStR). Da auch bei Bilanzerstellung noch ungewiß ist, ob die Entschädigung geltend gemacht wird, scheidet ein Ausweis als konkrete Verbindlichkeit aus.

- Die Rückstellung ist gem. § 253 Abs. 1 letzter Halbsatz HGB nach vernünftiger kaufmännischer Beurteilung zu bilden (vgl. auch H 38 EStH „Bewertungsgrundsätze für ungewisse Verbindlichkeiten"). Eine Abzinsung i.S. des R 38 Abs. 2 EStR kommt nicht in Betracht, weil die Laufzeit weniger als 12 Monate beträgt.

- K. Ramba muß immer noch mit einer Inanspruchnahme seitens des Auftraggebers i.H.v. 31 Tagessätzen von 200 DM = 6.200 DM rechnen.

Bilanzwert sonstige Rückstellung 31.12.1998   6.200 DM

Buchung:

| sonstige Aufwendungen | 6.200 DM | an sonstige Rückstellungen | 6.200 DM |

Gewinn:

Erhöhung sonstige Aufwendungen   ./. 6.200 DM

5. Fertige Arbeiten

- Mit der Fertigstellung und der Abnahme der Fliesenarbeiten am 22.12.1998 hat K. Ramba zivilrechtlich eine Forderung (§§ 640, 641 BGB) gegenüber Herrn Dr. G. Nau in Höhe des vereinbarten Auftragspreises von 29.000 DM.
  - Insofern besteht eindeutig Aktivierungsgebot gem. § 5 Abs. 1 Satz 1 EStG i.V.m. § 240 Abs. 1, § 246 Abs. 1 HGB.
  - Realisationsprinzip bezüglich des entstandenen Gewinns gem. § 252 Abs. 1 Nr. 4 HGB.
- Die zum Umlaufvermögen gehörende Forderung (Umkehrschluß aus § 247 Abs. 2 HGB, R 32 Abs. 2 EStR) ist gem. § 6 Abs. 1 Nr. 2 EStG mit den Anschaffungskosten = Nennwert zu bewerten.

  Bilanzwert Forderungen aus Lief.u Leist. 31.12.1998   = 29.000 DM

- Außerdem ist die Umsatzsteuer gem. § 13 Abs. 1 Nr. 1a UStG mit Fertigstellung des Werkes im Dezember 1998 entstanden.

- **Buchung:**

  | Ford. aus. Lief. und Leist. | 29.000 DM | an Erlöse | 25.000 DM |
  | | | USt-Schuld | 4.000 DM |

- **Gewinn:**

  Erhöhung Erlöse   + 25.000 DM

6. Betriebsstoffe (Heizöl)

- Die ebenfalls zum notwendigen Betriebsvermögen und zum Umlaufvermögen gehörenden Betriebsstoffe sind gem. § 6 Abs. 1 Nr. 2 EStG grds. mit den Anschaffungskosten zu bewerten.

- Handelsrechtlich kann aus Vereinfachungsgründen bei der Ermittlung der durchschnittlichen Anschaffungskosten für vertretbare Wirtschaftsgüter eine bestimmte Verbrauchsfolge unterstellt werden, vgl. § 240 Abs. 4 i.V.m. § 256 HGB (z.B. Fifo, Lifo, Hifo, Lofo).

    Steuerrechtlich darf gem. § 5 Abs. 6 EStG i.V.m. § 6 Abs. 1 Nr. 2a EStG nur die Lifo-Methode in die Steuerbilanz übernommen werden. Voraussetzung ist jedoch, daß die Lifo-Methode auch in der Handelsbilanz angewendet wird.

- In der Steuerbilanz können die durchschnittlichen Anschaffungskosten gem. R 36 Abs. 3 Satz 3 EStR auch nach dem gewogenen Mittel wie folgt berechnet werden:

4.500 Liter	x 0,48 DM	=	2.160 DM
4.000 Liter	x 0,75 DM	=	3.000 DM
5.000 Liter	x 0,55 DM	=	2.750 DM
6.000 Liter	x 0,45 DM	=	2.700 DM
19.500 Liter		=	10.610 DM

- Die durchschnittlichen AK nach dem gewogenen Mittel betragen 0,54 DM je Liter (10.610 DM : 19.500 Liter).

    Der Endbestand betrüge danach 4.000 l x 0,54 DM = 2.160 DM.

- Die Anschaffungskosten nach der Lifo-Methode (R 36 a Abs. 4 EStR) betragen:
    4.000 Liter x 0,48 DM =   1.920 DM

    Nach der Aufgabenstellung (niedrigst möglicher Gewinn) ist dieser Wertansatz auch gleichzeitig der Bilanzwert zum 31.12.1998. Der Grundsatz der Bewertungsstetigkeit ist zu beachten (§ 252 Abs. 1 Nr. 6 HGB).

- Der Teilwert zum 31.12.1998 beträgt 3.280 DM (Tagespreis 0,82 DM x 4.000 Liter) und übersteigt die (durchschnittlichen) Anschaffungskosten und damit die Bewertungsobergrenze. Nicht realisierte Gewinne dürfen nicht ausgewiesen werden.

- **Buchung:**

  Bestandsveränderungskonto 1.360 DM an Betriebsstoffe 1.360 DM

- **Gewinn:**

  Erhöhung Bestandsveränderungskonto ./. 1.360 DM

7. Verbindlichkeiten aus Lieferungen und Leistungen

- Die Verbindlichkeit aus der Warenlieferung gehört zum notwendigen passiven Betriebsvermögen (R 13 Abs. 15 EStR). Passivierungsgebot gem. § 5 Abs. 1 Satz 1 EStG i.V.m. § 240 Abs. 1 und § 246 Abs. 1 HGB.

- Die Verbindlichkeit ist grds. mit den Anschaffungskosten = Nennwert zu bewerten (§ 6 Abs. 1 Nr. 3 EStG, H 37 EStH). Die Anschaffungskosten i.H.v. 57.500 DM stellen die Bewertungsuntergrenze dar.

  Ist der Teilwert (= Kurswert) einer Verbindlichkeit in ausländischer Währung am Bilanzstichtag höher, ist er zwingend anzusetzen (Höchstwertprinzip, da nach § 6 Abs. 1 Nr. 3 EStG sinngemäße Bewertung wie § 6 Abs. 1 Nr. 2 EStG, also wie Umlaufvermögen!); vgl. insofern auch H 37 EStH *Fremdwährungsverbindlichkeiten.*

  Bilanzansatz 31.12.1998 (50.000 sfr. x 1,18): 59.000 DM

- **Buchung:**

  Sonstige Auf-   an Verbindlichkeiten
  wendungen   1.500 DM   aus Lief. und Leist.   1.500 DM

- **Gewinn:**

  Erhöhung sonstige Aufwendungen   ./. 1.500 DM

8. Rückstellungen

- Die Kosten für den Jahresabschluß und die Erstellung der Betriebssteuererklärungen entstehen aufgrund gesetzlicher Verpflichtungen (u.a. § 140 AO, § 238 HGB), so daß K. Ramba hierfür eine Rückstellung für ungewisse Verbindlichkeiten bilden muß (Passivierungsgebot gem. § 5 Abs. 1 Satz 1 EStG i.V.m. § 249 Abs. 1 Satz 1 HGB).

  Die sich hierauf beziehenden gesetzlichen Verpflichtungen sind wirtschaftlich in 1998 verursacht.

- Rückstellungen sind grds. mit den Anschaffungskosten oder dem höheren Teilwert zu bewerten (§ 6 Abs. 1 Nr. 3 EStG i.V.m. H 38 EStH). Für die Betriebssteuererklärungen bemißt sich die Rückstellung nach dem vereinbarten Honorar (H 38 EStH). Nicht passivierungsfähig sind die Kosten für die Einkommensteuererklärung gem. § 12 Nr. 3 EStG (H 31c Abs. 3 EStH). Soweit bei der Erstellung des Jahresabschlusses eigene Arbeitskräfte mitgewirkt haben, sind nach H 38 EStH nur die hierauf entfallenden Einzelkosten i.H.v. 3.000 DM (Löhne einschließlich Personalnebenkosten) rückstellungsfähig. Die Gemeinkosten i.H.v. insgesamt 1.000 DM dürfen deshalb nicht berücksichtigt werden.

- Der Bilanzansatz beträgt zum 31.12.1998 somit insgesamt 5.400 DM. (2.400 DM Honorar für Betriebssteuererklärung zzgl. 3.000 DM Einzelkosten für die Jahresabschlußarbeiten).

- **Buchung:**

  Sonstige Aufwendungen   2.200 DM   an   sonstige Rückstellungen   2.200 DM

- **Gewinn:**

  Erhöhung sonstige Aufwendungen   ./. 2.200 DM

9. Geldbuße

- Bei der Geldbuße handelt es sich steuerrechtlich gem. § 4 Abs. 5 Nr. 8 EStG (R 24 Abs. 1 EStR) um eine nicht abzugsfähige Betriebsausgabe.

- Sie ist dem Handelsbilanzgewinn 1998 außerhalb der Buchführung und der Bilanz wieder hinzuzurechnen. Eine Buchung ist deshalb beim Jahresabschluß nicht erforderlich.

- **Gewinn:**

    Minderung der außerord. Aufwendungen + 3.000 DM

Sachverhalt II (G. Witter)

Abnutzbares Anlagevermögen: Gewinnkorrektur:

Die AfA nach § 7 EStG ist bei beiden Gewinnermittlungs-
arten anzuwenden; deshalb ist keine Gewinnkorrektur erforderlich. Der Ansatz in der Eröffnungsbilanz erfolgt mit den
fortgeführten AK
(H 17 EStH „Bewertung von Wirtschaftsgütern").   0 DM

Warenbestand:

Die Warenbestände wurden bereits im Rahmen der Gewinnermittlung gem. § 4 Abs. 3 EStG als Betriebsausgaben
geltend gemacht (Unterstellung: die gekaufte Ware ist bereits vollständig bezahlt!).
Durch den BV-Vergleich gem. § 5 EStG wirkt sich die verkaufte Ware nochmals über den Wareneinsatz als Aufwand
aus (doppelte Gewinnminderung!)   + 72.000 DM

Debitoren:

Die ausstehenden Forderungen haben mangels Zahlung noch
nicht zu Betriebseinnahmen geführt. Auch im Rahmen des
BV-Vergleichs würden die Forderungseingänge nicht mehr
zu Betriebseinnahmen führen, da sich die Begleichung der
Forderungen buchtechnisch als erfolgsneutraler Vorgang
darstellt.   + 3.000 DM

Aktiver Rechnungsabgrenzungsposten:

Die Kfz-Versicherung stellte im Rahmen der Einnahme-
Überschußrechnung im Zeitpunkt der Zahlung in 1998 bereits eine Betriebsausgabe dar. Durch die Auflösung der
Rechnungsabgrenzung im Jahre 1999 ergibt sich nochmals
eine Gewinnminderung.   + 800 DM

Kreditoren:

Die Kreditoren haben bei der Gewinnermittlung nach § 4 Abs. 3 EStG mangels Zahlung bisher noch nicht zu Betriebsausgaben geführt. Die Begleichung der Rechnung stellt sich beim BV-Vergleich buchtechnisch (Kreditoren an Bank) ebenfalls als erfolgsneutraler Vorgang dar. Wenn man unterstellt, daß die noch nicht bezahlte Ware bereits vollständig veräußert ist, kann sich der Verkauf nicht mehr über den Wareneinsatz auswirken. Ohne Berichtigung würde der Vorgang nicht ergebniswirksam.

./. 8.500 DM

Bankschulden:

Keine Auswirkung auf den Übergangsgewinn (vgl. H 16 EStH „Darlehen"). Zugeflossene Beträge bei Darlehensaufnahme sind keine Betriebseinnahmen, Tilgung keine Betriebsausgaben.

0 DM

USt-Schuld:

Bei der Überschußrechnung hätte die Bezahlung in 1999 zu Betriebsausgaben geführt (die Betriebseinnahmen wurden brutto erfaßt bzw. die Debitoren brutto zugerechnet, vgl. H 86 EStH).
Beim BV-Vergleich gem. § 5 EStG ist die USt-Zahlung in 1999 erfolgsneutral zu buchen. Deshalb muß eine Gewinnkorrektur erfolgen, sonst würde der Totalgewinn nicht stimmen.

./. 1.300 DM

Übergangsgewinn   66.000 DM

Zur Vermeidung von Härten kann der Übergangsgewinn auf Antrag des Stpfl. nach R 17 Abs. 1 Satz 4 EStR gleichmäßig auf das Jahr des Übergangs (1999) und das Folgejahr oder das Jahr des Übergangs und die beiden folgenden Jahre verteilt werden.

Die Hinzurechnung erfolgt außerhalb der Bilanz.

Klausursatz Nr. 3

Aufgabenteil Nr. 1: Einkommensteuer

A. Persönliche Verhältnisse

Die Eheleute Paul (geb. am 1.7.1934) und Bärbel (geb. am 28.8.1943) Pille wohnen gemeinsam in Duisburg und beantragen die Zusammenveranlagung.

Zu ihrem Haushalt gehören ihre leiblichen Kinder Peter (geb. am 1.5.1980) und Paulchen (geb. am 1.1.1970).

Peter lebt bei seinen Eltern und besucht in Duisburg eine weiterführende Schule. In den Monaten Juni bis Dezember des Jahres 1998 hat Peter aushilfsweise als Kellner auf Lohnsteuerkarte (Bruttoarbeitslohn 4.500 DM, darin nicht enthalten sind Trinkgelder i.H.v. 1.000 DM) gearbeitet.

Paulchen hat sein Studium in München im August 1998 abgeschlossen. Bis dahin ist er von seinen Eltern mit monatlich 500 DM unterstützt worden. Er arbeitete regelmäßig als Aushilfe in einer Wirtschaftsprüfungsgesellschaft. Aus dieser Tätigkeit hat er monatlich 500 DM bis August 1998 bezogen, die von seinem Arbeitgeber pauschal versteuert worden sind. Seit 1.9.1998 arbeitet er als Prüfungsassistent in dieser Wirtschaftsprüfungsgesellschaft mit einem Bruttoarbeitslohn von monatlich 5.000 DM. Paulchen hatte seinen Wehrdienst vor seinem Studium in 15 Monaten abgeleistet.

Aufgrund eines schweren Verkehrsunfalles ist Frau Pille seit dem 15.5.1998 zu 80 % schwerbehindert. Der Grad der Behinderung wurde ihr aber erst mit Bescheid vom 1.2.1999 vom Versorgungsamt Duisburg mitgeteilt, obwohl der Antrag auf Feststellung der Behinderung bereits im Oktober 1998 gestellt worden war. Aufgrund des Unfalles ist sie auch in erheblichem Maße in ihrer Erwerbsfähigkeit beeinträchtigt. Sie erhält deshalb von der Berufsgenossenschaft seit Juni 1998 eine Rente i.H.v. monatlich 500 DM.

B. Einkünfte

I. Selbständiger Apotheker

Herr Pille führt seit vielen Jahren eine Apotheke. Seinen Gewinn ermittelt er anhand einer nicht zu beanstandenden Buchführung. Er erstellt jährlich auf den 31.12. Bilanzen. Für 1998 hat er einen vorläufigen Gewinn i.H.v. 100.800 DM ermittelt.
Bei der Vorbereitung der Steuererklärungen wurden die folgenden, bisher nicht bzw. wie angegeben berücksichtigten Sachverhalte festgestellt. Die Beteiligten sind sich unsicher, inwieweit sich Auswirkungen auf den o.g. vorläufigen Gewinn ergeben. Losgelöst von allen Gestaltungsüberlegungen wünscht Herr Pille für 1998 einen möglichst niedrigen Gewinn:

Tz. 1

Zur Finanzierung einer neuen, speziell für Apotheker entwickelten Ladeneinrichtung hat Herr Pille ein betriebliches Darlehen i.H.v. 100.000 DM aufgenommen. Die Laufzeit des Fälligkeitsdarlehens beträgt 10 Jahre bei einem Zinssatz von 8 %. Der Zinssatz wurde auf fünf Jahre festgeschrieben. Nach Ablauf der fünfjährigen Zinsbindungsfrist wird über die Höhe des Zinssatzes neu verhandelt. Die Bank hat hierfür ein Damnum i.H.v. 5.000 DM einbehalten, welches über Aufwand verbucht worden ist.
Die neue Ladeneinrichtung war bereits am 22.4.1998 für Herrn Pille in vollem Umfang nutzbar. Dementsprechend rechnete die Lieferfirma zum 25.4.1998 die vereinbarten 100.000 DM zzgl. 16.000 DM Umsatzsteuer ab. Bereits am 1.5.1998 bezahlte Herr Pille unter Abzug von Skonto 113.680 DM und unter gleichzeitigem Abruf des o.g. Darlehens.
Aufgrund einer zutreffend ermittelten Nutzungsdauer der Ladeneinrichtung von 15 Jahren ist eine Abschreibung i.H.v. 5.800 DM als Aufwand verbucht worden.
Die Darlehenszinsen berücksichtigte Herr Pille nicht, weil er den Erläuterungstexten seines letzten Einkommensteuerbescheids entnommen hatte, daß private Zinsen seit einigen Jahren keine abziehbaren Sonderausgaben mehr darstellen.

Tz. 2

Bei einem Einbruch in seine Apotheke ist am 5.4.1998 das betriebliche Faxgerät des Herrn Pille (Buchwert am 1.1.1998: 1.200 DM), welches ohnehin zum 31.12.1998 voll abgeschrieben wäre, entwendet worden.

Die Versicherung des Herrn Pille erstattete den Zeitwert des Faxgerätes i.H.v. 3.000 DM. Bereits am 11.4.1998 erwarb Herr Pille ein neues Faxgerät für 2.750 DM zzgl. 440 DM Umsatzsteuer.

Bisher hat Herr Pille aus diesem Vorgang nur insoweit Schlußfolgerungen gezogen, als daß er für das neue Faxgerät 825 DM degressive Abschreibung geltend gemacht hat. Die Nutzungsdauer des Faxgerätes beträgt drei Jahre.

Tz. 3

Am 23.12.1998 hat Herr Pille einen betrieblichen Pkw entnommen und seiner Schwester Inge (geb. 1937) zu Weihnachten geschenkt. Der Buchwert des Pkw im Zeitpunkt der Schenkung beträgt 5.000 DM. Aufgrund mehrerer, durch Angestellte der Apotheke selbst verursachte Unfälle ist der Teilwert mit nur noch 2.000 DM anzunehmen.

Der Vorgang wurde wie folgt verbucht:

Privat	5.800 DM	an Pkw	5.000 DM
		an Umsatzsteuer	800 DM

Inge hat keine eigenen Einkünfte und kein eigenes Vermögen. Sie erhält ferner aus privaten Mitteln einen mtl. Barunterhalt von ihrem Bruder Paul i.H.v. 1.000 DM.

Tz. 4

Bei der Inventur auf den 31.12.1998 wurden bestimmte Arzneimittel (AK 16.000 DM) mit 20.000 DM bewertet. Der unbestrittene Teilwert beträgt 12.000 DM.

II. Duisburger Stahlhandel OHG

Frau Pille ist an der Duisburger Stahlhandel OHG seit einigen Jahren mit einem 20%igen Anteil am Betriebsvermögen beteiligt. Die OHG erstellt ihre Jahresabschlüsse auf den 30.9. eines Jahres. Für das Wirtschaftsjahr 1997/1998 erzielte die OHG einen Gewinn von 280.000 DM; für das Wirtschaftsjahr 1998/1999 erzielte die OHG einen Gewinn von 250.000 DM.

Auf den 30.9.1998 hat Frau Pille ihren Anteil fristgerecht und in Abstimmung mit den übrigen Gesellschaftern gekündigt.

Das Kapitalkonto der Frau Pille bei der OHG betrug zu diesem Zeitpunkt 200.000 DM. Frau Pille ist mit einer einmaligen Zahlung i.H.v. 280.000 DM abgefunden worden.

Ebenfalls zum 30.9.1998 wurde das von Frau Pille der oHG zu marktüblichen Konditionen (Zinssatz 8%) gegebene Darlehen i.H.v. 50.000 DM zzgl. der Zinsen für die Zeit vom 1.10.1997-30.9.1998 zurückgezahlt.

III. Stadtverwaltung Duisburg

Bis zu ihrem Unfall ist Frau Pille als Angestellte der Duisburger Stadtverwaltung tätig gewesen. Ihre Lohnsteuerkarte 1998 weist folgende Eintragungen aus:

Bruttoarbeitslohn	50.000 DM
Lohnsteuer	5.000 DM
Solidaritätszuschlag	275 DM
Kirchensteuer	450 DM
Arbeitnehmeranteil Sozialversicherung	10.000 DM

Aufgrund ihres Unfalls war Frau Pille zunächst mehrere Monate arbeitsunfähig. Von der Krankenkasse erhielt sie deshalb ein Krankengeld i.H.v. insgesamt 10.000 DM.

Frau Pille ist an 150 Arbeitstagen 8 km mit dem Pkw von ihrer Wohnung zur Arbeitsstätte gefahren. Davon entfallen 62 Tage auf die Monate September bis Dezember 1998.

Darüber hinaus erklärt sie noch folgende Kosten:

ÖTV-Beitrag	500 DM
Rechnungen über den Kauf von 3 repräsentativen Kleidern, die sie aufgrund ihrer beruflichen Stellung benötigte	2.000 DM
Fortbildungslehrgang "Kommunales Baurecht"	1.000 DM
Pkw-Kosten inkl. Versicherungen bei einer Gesamtfahrleistung von 16.000 km	10.000 DM

IV. Wertpapierkonto

Aus einem gemeinsamen Wertpapierkonto werden den Steuerpflichtigen 1998 7.000 DM Zinsen auf ihrem privaten Girokonto gutgeschrieben. Freistellungsaufträge sind von den Steuerpflichtigen bei der Bank nicht eingereicht worden.

V. Lustig-GmbH

Aus ihrer Beteiligung an der Lustig-GmbH (Stammkapital 50.000 DM), die sie am 30.12.1996 für 80.000 DM (für eine Beteiligung am Stammkapital i.H.v. 13.000 DM) erworben hatte, erzielte Frau Pille eine Dividendengutschrift für das Geschäftsjahr 1995 auf ihrem privaten Girokonto i.H.v. 15.000 DM (Wertstellung 7.2.1997). Die einschlägigen Steuerbescheinigungen liegen vor.

Zum Besuch der Gesellschafterversammlung am 26.9.1998, auf der der Gewinnverteilungsbeschluß gefaßt worden ist, sind Frau Pille unstreitig Aufwendungen i.H.v. 160 DM entstanden.

Ferner hat Frau Pille der GmbH am 20.7.1998 den beschädigten Pkw (Restwert 20.000 DM), mit dem sie ihren schweren Unfall hatte, rechtswirksam geschenkt. Frau Pille ist sehr abergläubisch und möchte das Unfallfahrzeug nicht länger nutzen.

Da die Gewinnaussichten der GmbH nachhaltig positiv eingeschätzt werden, nahm sie das unwiderstehliche Angebot eines französischen Geschäftsmanns an und veräußerte ihm ihre Anteile für 140.000 DM zum 1.10.1998.

VI. Grundstück in Dinslaken

Herr Pille erwarb mit Notarvertrag vom 9.3.1998 (Umschreibung im Grundbuch am 22.4.1998, Übergang von Nutzen und Lasten am 1.4.1998) das Mietwohngrundstück in Dinslaken, Friedrich-Ebert-Str., für 800.000 DM. Im Kaufpreis ist ein Grund- und Bodenanteil i.H.v. 25 % enthalten.

Das Haus enthält sechs gleich große Einheiten. Zwei Einheiten zu je 200 qm sind jeweils an einen Steuerberater und an einen Rechtsanwalt für deren freiberuflichen Praxen zu monatlich 3.450 DM vermietet worden. Der Steuerberater hat zusätzlich am 28.12.1998 Herrn Pille einen Scheck über 37.950 DM übergeben als "Mietvorauszahlung für Januar bis November 1999".

Drei Einheiten (je 100 qm) sind an private Mieter für deren Wohnzwecke zu monatlich 1.000 DM zzgl. 200 DM Nebenkosten vermietet. Eine Einheit hat Herr Pille seinem verwitweten Vater ab April 1998 für eine monatliche Miete von 400 DM zur Verfügung gestellt. Alle Mieten sind monatlich vorschüssig fällig.

Es sind noch folgende Kosten angefallen:

Damnum, gezahlt am 1.4.1998	20.000 DM
Darlehenszinsen	30.000 DM
Grundbesitzabgaben sowie Heizkosten	5.000 DM
Fenstermodernisierung in den Wohnungen	15.000 DM

Grunderwerbsteuer	28.000 DM
Notar- u. Gerichtskosten (Eintragungen der Hypothek ins Grundbuch)	1.000 DM
Notar- u. Gerichtskosten (Eigentumsumschreibung im Grundbuch)	2.000 DM
Notarkosten für die Beurkundung des Grundstückskaufvertrages	5.000 DM

Das Gebäude hat noch eine nachgewiesene Nutzungsdauer von 30 Jahren, da es bereits 1910 errichtet worden ist.

Evt. Umsatzsteuer/Vorsteuer ist zu vernachlässigen.

C. Sonstige Angaben

Im Haushalt der Eheleute arbeitet halbtags die Hauswirtschaftsmeisterin Bettina Blank. Sie erhielt 1998 einen Bruttoarbeitslohn i.H.v. 20.000 DM. Die Beiträge zur Rentenversicherung sind stets pünktlich entrichtet worden.

Die Steuerpflichtigen geben ihnen noch Belege über folgende Aufwendungen und bitten um günstigste steuerliche Berücksichtigung:

Lebensversicherungsbeiträge	9.000 DM
Unfallversicherungsbeiträge	1.000 DM
Krankenversicherungsbeiträge	5.000 DM
zusätzliche freiwillige Pflegeversicherung	360 DM
Hausratversicherungsbeiträge	800 DM
Pferdehaftpflichtversicherung	500 DM
Kfz-Haftpflicht Frau Pille	800 DM
Kfz-Kasko Frau Pille	1.500 DM
Bausparkassenbeiträge Herr Pille	5.000 DM
gutgeschriebene Bausparzinsen (Freistellungsauftrag lag vor)	1.400 DM
private Steuerberatungskosten	1.600 DM
Stundungszinsen Einkommensteuer 1996	500 DM
Spende an eine politische Partei	15.000 DM
Spenden für wissenschaftliche Zwecke	10.000 DM

Die Eheleute haben am 1.2.1999 ein Einfamilienhaus im Duisburger Süden fertiggestellt und sogleich bezogen. Der Bauantrag für dieses Objekt ist am 24.11.1996 gestellt worden.

Es sind folgende Kosten entstanden:

Anschaffungskosten Grund und Boden	200.000 DM
Baukosten (davon 60% in 1998 gezahlt)	500.000 DM
Schuldzinsen in der Zeit vom 1.7.-31.12.1998	12.000 DM
Damnum, gezahlt am 1.7.1998	10.000 DM
Grundbesitzabgaben 1998	1.000 DM

In einem Raum (15% der Nutzfläche) des Hauses erledigt Herr Pille in wöchentlich zehn Stunden diverse Büroarbeiten im Zusammenhang mit seiner Apotheke. Weitere vier Stunden wöchentlich kümmert er sich in diesem Raum um seine über die Landesgrenzen hinweg bekannte Schrumpfkopfsammlung.

D. Aufgabe

Es ist das zu versteuernde Einkommen der Eheleute Pille für 1998 zu ermitteln. Dabei sind zur Begründung die einschlägigen Gesetzes- oder Richtlinienzitate notwendig. Sowohl Ansätze als auch Nichtansätze sind zu begründen. Eine Vorsorgepauschale ist nicht zu ermitteln.

Dabei ist folgende Reihenfolge einzuhalten:

I. Persönliche Einkommensteuerpflicht
II. Veranlagungsart
III. Ermittlung des Gesamtbetrages der Einkünfte
IV. Ermittlung des Einkommens
V. Ermittlung des zu versteuernden Einkommens

Sollten sich aus dem Sachverhalt Anhaltspunkte für die Gewährung von Steuerermäßigungen ergeben, so sind diese - wenn einfach ermittelbar - betragsmäßig unter Angabe der gesetzlichen Vorschriften zu nennen.

Aufgabenteil Nr. 2: Körperschaftsteuer

A. Sachverhalt

Die EX-GmbH hat ihren Sitz in Düsseldorf. In ihrem nach handelsrechtlichen Grundsätzen erstellten Jahresabschluß zum 31.12.1998 weist sie einen Bilanzgewinn i.H.v. 1.772.518 DM aus. Der Bilanzgewinn entwickelt sich wie folgt:

Bilanzgewinn 1997	800.000 DM
Vorabausschüttung (vgl. unter 8.)	./. 500.000 DM
Jahresüberschuß 1998	+ 1.472.518 DM
Bilanzgewinn 1998	1.772.518 DM

Ausschüttungen an die Gesellschafter sind in den letzten Jahren nicht erfolgt. Die EX-GmbH tätigt keine vom Vorsteuerabzug ausschließende Umsätze.

Folgende Geschäftsvorfälle sind bei der Erstellung des Jahresabschlusses 1998 berücksichtigt worden:

1. Die EX-GmbH ist mit einem Anteil von 60 % an der IN-GmbH mit Sitz in Köln beteiligt. Diese GmbH hat in ihrer Gesellschafterversammlung vom 10.5.1998 die Ausschüttung des Bilanzgewinns 1997 zum 30.9.1998 beschlossen. An die EX-GmbH wurde entsprechend ihrem Anteil am Ergebnis am 30.9.1998 die Nettodividende i.H.v. 65.968 DM durch Gutschrift auf das Bankkonto ausbezahlt. Die nach § 44 KStG erforderlichen Bescheinigungen wurden zum selben Termin an die GmbH durch eingeschriebenen Brief übermittelt.

    In der Buchführung EX-GmbH wurde diese Ausschüttung durch folgende Buchung am 30.9.1998 berücksichtigt:

Bank	65.968 DM		
Kapitalertragsteueraufw.	22.400 DM		
Körperschaftsteueraufw.	38.400 DM		
Solidaritätszuschlagaufw.	1.232 DM	an Ertrag	128.000 DM

2. Im Rechnungswesen 1998 wurden die Kosten für Werbemaßnahmen i.H.v. 380.000 DM zusammen mit Aufwendungen für Werbegeschenke an Geschäftsfreunde i.H.v. 23.000 DM dem Buchführungskonto "Werbekosten" belastet.

Eine Empfängerliste, aus der sich ergibt, daß Werbegeschenke nur bis zur Höhe von 75 DM pro Person ausgehändigt wurden, liegt im Unternehmen vor.

3. Nach Erteilung ordnungsgemäßer Honorarabrechnungen wurden an den Aufsichtsrat der GmbH für die Überwachungstätigkeit 230.000 DM vergütet. An ein Mitglied des Aufsichtsrats war 1998 daneben eine Sondervergütung von 34.500 DM gezahlt worden, weil es die GmbH in Finanzierungsfragen sehr erfolgreich beraten hatte. Die genannten Beträge beinhalten die gesetzliche - gesondert ausgewiesene - Umsatzsteuer.

4. In den Steueraufwendungen lt. Gewinn- und Verlustrechnung 1998 sind folgende Beträge ausgewiesen:

Körperschaftsteuer-Vorauszahlungen	1.750.000 DM
Solidaritätszuschlag KSt-VZ	96.250 DM
Säumniszuschlag zur Umsatzsteuer	500 DM
Gewerbesteuer	701.300 DM
Vermögensteuer 1996	80.000 DM
Aussetzungszinsen für eine strittige Körperschaftsteuernachzahlung	3.500 DM

Daneben wurde der GmbH Vermögensteuer für 1995 (von der GmbH auch in 1995 gezahlt und als Aufwand behandelt) i.H.v. 100.000 DM erstattet.

5. 1998 hatte die EX-GmbH von der IN-GmbH (vgl. Tz. 1) Verpackungsmaterial zu einem Preis i.H.v. 52.000 DM (netto) bezogen. Der reguläre Verkaufspreis (netto) dieses Verpackungsmaterials bei der IN-GmbH beträgt 80.000 DM. Betriebliche Gründe für die Einräumung der Sonderkonditionen liegen nicht vor. (Hinweis: Umsatzsteuerliche Auswirkungen sind außer Betracht zu lassen)

6. Die GmbH hat 1998 folgende Spenden geleistet:

Für wissenschaftliche Zwecke	50.000 DM
für kirchliche Zwecke	20.000 DM
an verschiedene politische Parteien	30.000 DM

Ordnungsgemäße Spendenbestätigungen liegen vor. Die GmbH hat die geleisteten Aufwendungen als Aufwand behandelt.

7. Der Feststellungsbescheid über die Gliederung des verwendbaren Eigenkapitals zum 31.12.1997 weist folgenden Bestand aus:

EK 45   800.000 DM

8. Aufgrund der guten Geschäftsentwicklung hatte die GmbH bereits während des Jahres 1998 vorab einen Gewinn i.H.v. 500.000 DM ausgeschüttet. Diese wurde zu Lasten des Bilanzgewinns verbucht. Darüber hinaus hat die GmbH im Mai 1999, nach Beschlußfassung im April 1999, 700.000 DM an ihre Gesellschafter ausgeschüttet.

B. Aufgabe

I. Ermitteln Sie das zu versteuernde Einkommen, die tarifliche Körperschaftsteuer und den Solidaritätszuschlag für 1998.

II. Ermitteln und gliedern Sie das verwendbare Eigenkapital zum 31.12.1998.

III. Ermitteln Sie den endgültigen Jahresüberschuß für 1998.

IV. Erstellen Sie den Abgleich zwischen dem verwendbaren Eigenkapital lt. Gliederung und dem verwendbaren Eigenkapital lt. Steuerbilanz.

Aufgabenteil Nr. 3: Gewerbesteuer

Aufgabe

Ermitteln Sie die Gewerbesteuer-Rückstellung für das Wirtschaftsjahr 1998 unter Anwendung der 5/6 Methode. Der Hebesatz der Gemeinde beträgt 430 %.

Sachverhalt

Die Müller KG betreibt in Düsseldorf eine Getränkegroßhandlung. Das Wirtschaftsjahr entspricht dem Kalenderjahr. Der Buchhalter übergibt Ihnen den nachstehenden abgedruckten vorläufigen Jahresabschluß für das Jahr 1998.

Bilanz per 31.12.1998

Aktiva		Passiva	
Anlagevermögen		Eigenkapital	430.000
Bebautes Grundstück	450.000	**Rückstellungen**	
Fuhrpark	620.000	Sonstige Rückstellungen	150.000
Sonst. Betriebs- und Geschäftsausstattung	80.000	**Verbindlichkeiten**	
Finanzanlagen	50.000	gegenüber Kreditinstituten	830.000
Umlaufvermögen		aus Lieferungen und Leistungen	180.000
Warenvorräte	120.000	Sonstige Verbindlichkeiten	62.000
Forderungen aus Lieferungen u. Leistungen	230.000		
Kassenbestand	10.000		
Bankguthaben	80.000		
Rechnungsabgrenzungsposten	12.000		
	__1.652.000__		__1.652.000__

Gewinn und Verlustrechnung 1.1 - 31.12.1998

Aufwendungen		Erträge	
Wareneinsatz	16.200.000	Umsatzerlöse	18.000.000
Personalaufwand	800.000	Sonstige Erträge	4.000
Abschreibungen auf Sachanlagen	200.000	Erträge aus Fi-	
Raumkosten	80.000	nanzanlagen	18.000
Gewerbesteuer-VZ	40.000	Zinserträge	1.000
Kosten des Fuhrparks	300.000		
Tätigkeitsvergütung Komplementär	90.000		
Zinsen für Dauerschulden	70.000		
Spenden für kirchliche Zwecke	40.000		
Nicht abziehbare Betriebsausgaben	8.000		
Sonstige Kosten	80.000		
Gewinn 1998	115.000		
	18.023.000		18.023.000

1. Der Einheitswert des seit 1980 zum Betriebsvermögen gehörenden bebauten Grundstückes beträgt 350.000 DM. Das bebaute Grundstück wird ausschließlich eigenbetrieblich genutzt.

2. Bei den Finanzanlagen handelt es sich um die Anschaffungskosten einer in 1997 erworbenen Beteiligung an der "Lightbrau" GmbH. Der Nennwert der Beteiligung beträgt 40.000 DM, das Stammkapital der GmbH 400.000 DM.

Aufgabenteil Nr. 4: Umsatzsteuer - 1. Klausur

I. Allgemeiner Sachverhalt

Die Metall-GmbH mit Sitz in Hünxe produziert Metallteile, die sie selbst international vermarktet. Daneben handelt sie mit Metallteilen sowie Stahl aus fremder Produktion. Ihre Umsätze betragen jährlich rund 20 Mio. DM. Sie versteuert ihre Umsätze nach vereinbarten Entgelten. Umsatzsteuervoranmeldungen gibt die GmbH monatlich ab.

II. Aufgabe

Die vorliegenden Einzelsachverhalte sind unter Nennung der einschlägigen gesetzlichen Bestimmungen umsatzsteuerlich für 1998 zu bearbeiten.
Dabei gelten erforderliche Anträge stets als gestellt, Buch- und Belegnachweise als vorgelegt, Rechnungen als vollständig. Soweit nichts anderes erwähnt wird, treten die im Sachverhalt genannten Unternehmer mit der USt-Identifikations-Nummer ihres Heimatlandes auf.

III. Einzelsachverhalte

1. Stahlimport

Die GmbH hat am 10.10.1998 Stahl bei einer polnischen Firma mit Sitz in Stettin bestellt, der von der polnischen Firma am 20.10.1998 mit eigenem Lkw von Stettin nach Hünxe transportiert wurde. Die polnische Firma zahlte an der deutsch-polnischen Grenze Einfuhrumsatzsteuer i.H.v. zutreffend 10.000 DM, die sie der GmbH unter Übergabe der Einfuhrpapiere weiterbelastete.

2. Metallrohlinge

Am 5.4.1998 erhält die GmbH von ihrem französischen Lieferanten eine Tonne Metallrohlinge für umgerechnet 60.000 DM. 10 Tage später kann die GmbH 300 Kilogramm dieser Metallrohlinge an die Fiat-AG in Turin für umgerechnet 30.000 DM sowie 600 Kilogramm an das Produktionswerk der Firma Skoda in Tschechien für 58.000 DM zzgl. USt weiterliefern.
In beiden Fällen lieferte die GmbH die Rohlinge über eine Transportgesellschaft aus.

Die verbleibenden 100 Kilogramm Metallrohlinge lieferte sie ebenfalls im April 1998 an einen Baumarkt in Dinslaken für 10.000 DM zzgl. USt. Diese Lieferung nahm sie mit einem eigenen Lkw vor.

3. Metallzylinder

In einer finsteren Herbstnacht im Oktober 1998 drangen Diebe in die Lagerhalle der GmbH ein und erbeuteten hochwertige Metallzylinder der Marke „Korodent" im Wert von 20.000 DM. Im November 1998 ging ein Briefumschlag mit zehn 1.000-DM-Scheinen bei der GmbH ein mit folgendem, aus Zeitungsschnipseln gefertigten Anschreiben:

"Eure Zylinder haben wir nicht mehr. Hier habt ihr Geld. Wir machen reinen Tisch. Hoffentlich reicht die Knete aus. Die Diebe!"

Das polizeiliche Ermittlungsverfahren wurde drei Monate später erfolglos eingestellt.

4. Metallzaun und Anbau

Im Juni 1998 installierte die GmbH mit eigenen Mitarbeitern um das private Einfamilienhaus des Bauunternehmers Mike Mörtel in Oberhausen einen Metallzaun. Diese Zäune werden von der GmbH selbst hergestellt und haben sich zu einem echten Verkaufserfolg entwickelt. Einen Monat später errichtet Mike Mörtel einen Anbau an die bisherige Lagerhalle der GmbH. Mörtel erstellte im September 1998 folgende Endabrechnung (Anzahlungen waren vereinbarungsgemäß nicht zu leisten), deren Vorgehensweise im vorhinein vereinbart war:

Erstellung Anbau wie vereinbart	60.000 DM
abzüglich von Ihnen gelieferter Metallzaun	./. 19.000 DM
Zwischensumme	41.000 DM
zzgl. 16 % USt	+ 6.560 DM
von Ihnen zu zahlen	47.560 DM

Die GmbH bezahlte die Rechnung noch im September 1998.

5. Metallgitter

Der Geschäftsführer der GmbH, Herr Erwin Ernst, arbeitet aktiv im Vorstand des Tennisclubs STV Hünxe mit. Auf Anfrage seiner Vorstandskollegen lieferte die GmbH im März 1998 Metallgitter zur Abwehr von Einbrüchen in das Clubhaus.

Die Gitter wurden von Vereinsmitgliedern unentgeltlich angebracht. Auf Initiative des Erwin Ernst verlangte die GmbH lediglich eine Abgeltung der eigenen Selbstkosten i.H.v. 1.000 DM.

6. Lkw

Im Februar 1998 erwarb die GmbH direkt von der Firma Renault in Paris einen fabrikneuen Lkw (Tachostand bei Auslieferung: 10 km) für umgerechnet 160.000 DM. Bei Anmeldung des Lkw verlangte das Straßenverkehrsamt Wesel eine Kopie des Kaufvertrages. Im März 1998 gelang es der GmbH zufällig, diesen Lkw für 200.000 DM an den russischen Lieferanten Igor weiterzuverkaufen, der den Lkw vor lauter Begeisterung sofort mitnahm.
Im Zusammenhang mit der Veräußerung fielen 450 DM Vorsteuer an.

7. Pkw

Zum 30.6.1998 ist dem leitenden Verkäufer der GmbH Uwe Untreu fristgerecht gekündigt worden. Der ihm zu beruflichen Zwecken überlassene Pkw, den er vereinbarungsgemäß am 28.6.1998 auf dem Hof der GmbH abstellte, war am 15.3.1998 für 35.000 DM zzgl. 16% USt fabrikneu erworben und ist 4.000 km gefahren worden. Zum 2.7.1998 konnte das Fahrzeug, für das die GmbH keine Verwendung mehr hatte, an einen holländischen Privatmann für 30.000 DM zzgl. 16 % USt verkauft werden. Der Holländer holte den Pkw am gleichen Tage ab.

Aufgabenteil Nr. 4: Umsatzsteuer - 2. Klausur

I. Allgemeiner Sachverhalt

Der selbständige Schreinermeister Stefan Span (S.) betreibt in der sehr waldreichen Gemeinde Hünxe eine gutgehende Schreinerei (Wirtschaftsjahr vom 1.1. - 31.12. eines jeden Jahres). Die Schreinerei stellt Möbel und sonstige Holzteile her, erstellt komplette Innenausbauten und handelt mit Hölzern aller Art. Er ermittelt seinen Gewinn nach § 5 EStG und versteuert seine Umsätze nach vereinbarten Entgelten.

Seine Umsätze betrugen in der Vergangenheit jährlich rd. 3 Mio. DM.

Daneben gilt S. als ausgewiesener Experte für umweltbewußte und schadstoffarme Produktion von Holzprodukten. In 1998 hat er deshalb folgende Vorträge gehalten:

1. Vor der Handwerkskammer in Düsseldorf sprach er im Juli 1998 zum Thema "Dachisolation aus Kokosflocken". S. erhielt von dem begeisterten Veranstalter als Honorar einen Scheck über 5.000 DM. Er ließ den Scheck seinem betrieblichen Festgeldkonto gutschreiben und zog ansonsten keine steuerlichen Konsequenzen.

2. Im schweizerischen Davos referierte S. im Dezember 1998 zum Thema "Sessellifte aus Tropenholz". Der Vortrag wurde in bar in Höhe von 3.000 sfr. (1 sfr. = 1,20 DM) honoriert.

Seine Vortrags- und Praxiserfahrung hatte er bereits 1990 in seinem Buch "Der Holzbock" niedergelegt. In 1998 überwies ihm der französische Verlag mit Sitz in Paris, der die europaweite Veröffentlichung übernommen hatte, Autorenhonorare in Höhe von 15.000 DM. Da er das Buch während seines damaligen Urlaubs in Kanada geschrieben hatte, können seiner Meinung nach umsatzsteuerliche Konsequenzen mangels Unternehmereigenschaft eingetreten sein.

II. Aufgabe

Bearbeiten Sie den allgemeinen Sachverhalt sowie die Einzelsachverhalte nach umsatzsteuerlichen Gesichtspunkten für 1998. Halten Sie dabei folgende Gliederung ein:

- Steuerbarkeit (insbesondere Ort der Leistung)
- Steuerpflicht, Steuerfreiheit
- Steuersatz
- Bemessungsgrundlage
- Höhe und Entstehung der Umsatzsteuer
- Vorsteuer

Sollten Ihnen bei der Bearbeitung der Einzelsachverhalte Nachweise fehlen, gelten diese als vorgelegt, sofern der Sachverhalt nichts anders aussagt. Im Zweifel treten alle im Sachverhalt genannten Unternehmer unter der Verwendung ihrer im Heimatland erteilten USt-Identifikations-Nummer auf.

III. Einzelsachverhalte

1. Prämie

Die Fachmesse Ökobau hatte den Wettbewerb "Ideen im Naturholzbau" öffentlich ausgeschrieben, an dem sich auch S. beteiligte. Anläßlich der alljährlichen in Essen stattfindenden Messeausstellung wurde S. Entwurf mit dem zweiten Platz prämiert. S erhielt einen Scheck über 10.000 DM.

2. Transportkosten

S. verkauft einmal jährlich im November die in seinem Betrieb anfallenden Sägespäne, Holzabfälle etc. an die Firma Presswerk in Paderborn. S. beauftragte den Duisburger Spediteur Raffael Rasant mit dem Transport nach Paderborn. Rasant holte die Container am 6.11.1998 mit eigenen Lkw in Hünxe ab und transportierte sie unmittelbar nach Paderborn.

S. rechnete wie folgt ab:

2 Container zu je 3.000 DM	6.000 DM
16 % Umsatzsteuer	+ 960 DM
	6.960 DM
zzgl. Transportkosten	+ 1.100 DM
Gesamtsumme	8.060 DM

3. Vortragsunterlagen

Im August 1998 hat er seinen drei leitenden Mitarbeitern die Arbeitsunterlagen seines vor der Handwerkskammer Düsseldorf (s.o.) gehaltenen Vortrag kopiert und unentgeltlich übergeben. Die sorgfältig ausgearbeiteten Unterlagen wären einem fremden Dritten mit 200 DM netto berechnet worden. Es sind anteilige Kosten (ohne Unternehmerlohn) in Höhe von 60 DM entstanden.

4. Treppengeländer

Am 16.12.1998 lieferte er seiner Ehefrau, der in Wesel ein Mietwohngrundstück gehört, ein hölzernes Treppengeländer, welches in seiner Werkstatt hergestellt und von seinen Mitarbeitern vor Ort installiert worden ist. Dieser Auftrag belastete seine Firma nicht sonderlich, da er in eine auftragsarme Zeit fiel. Von daher berechnete er seiner Ehefrau nur die Materialkosten in Höhe von 20.000 DM zu seinem Einkaufspreis. Von seiner Ehefrau erhielt er den Scheck über 20.000 DM erst im Februar 1999. Einem fremden Dritten hätte S. insgesamt 60.000 DM berechnet. An Kosten sind S. 40.000 DM inkl. Material entstanden.

5. Klettergerüst

Mit dem Kindergarten St. Albertus Magnus in Hünxe-Bruckhausen wurde im April 1998 ein Vertrag über die Erstellung eines Klettergerüstes "Der hölzerne Dino" geschlossen. Vereinbarter Liefertermin war der 30.9.1998 zu einem Festpreis von 60.000 DM zzgl. Umsatzsteuer. Für jeden Tag des Liefervollzugs ist der Betreiber des Kindergartens berechtigt, 800 DM Nachlaß abzuziehen.
Tatsächlich wurde das Gerüst erst mit 10 Tagen Verzug am 10.10.1998 unter geselliger Mitwirkung des Bürgermeisters seiner Bestimmung übergeben.

S. stellte am 28.11.1998 folgende Rechnung:

"Der hölzerne Dino" - Festpreis	60.000 DM
Nachlaß wegen Verzug: 10 Tage á 800 DM	./. 8.000 DM
	52.000 DM
zzgl. Umsatzsteuer 16 %	+ 8.320 DM
zu zahlen	60.320 DM

Der Betreiber des Kindergartens zahlte am 2.12.1998 unter Abzug von vereinbarten 2 % Skonto 59.113,60 DM.

6. Holzlieferung

Im Februar 1998 erhielt S. von seinem italienischen Holzlieferanten Wurmi eine größere Menge bereits entrindetes Rohholz. Wurmi lieferte das Holz mit eigenem Lkw nach Hünxe und berechnete umgerechnet 30.000 DM netto.

7. Dachstuhl

Mit dem kaufmännischen Angestellten Rudi Rübe kam S. überein, den Dachstuhl seines (des Rudi Rübe) in Bau befindlichen privaten Einfamilienhauses zu liefern. Den Vereinbarungen zufolge wollte Rübe das nötige Holz selbst beschaffen und von Mitarbeitern des S. montieren lassen. Da das von Rübe aufgelesene Material unter massiven Holzbockbefall litt, kamen Rübe und S. überein, daß S. den Auftrag im Juli 1998 unter Verwendung eigenen Holzes zu Ende führte. Das von Rübe beschaffte Holz nahm S. ab und rechnete es auf den Rechnungsbetrag wie folgt an:

Dachstuhl	30.000 DM
abzüglich Materialbeistellung durch Rübe	./. 5.000 DM
	25.000 DM
x 7 % Umsatzsteuer	+ 1.750 DM
	26.750 DM

Aufgabenteil Nr. 5: Abgabenordnung

Sachverhalt 1

Martin Max hat seine Einkommensteuererklärung für 02 im Mai 03 beim zuständigen Finanzamt eingereicht. Im Rahmen der Erklärung hat er u.a. Aufwendungen für ein häusliches Arbeitszimmer als Werbungskosten bei den Einkünften aus nichtselbständiger Arbeit geltend gemacht.

Das Finanzamt ließ diese Aufwendungen jedoch wegen - seiner Ansicht nach - nicht ausschließlicher beruflicher Nutzung unberücksichtigt. Der Einkommensteuerbescheid für 02 erging am 10.7.03, ohne daß eine entsprechende Erläuterung über die Nichtberücksichtigung der Aufwendungen gegeben wurde. Martin Max heftete den Bescheid zunächst in seinen Unterlagen ab.

Im Rahmen der Vorbereitung seiner Steuererklärung für 03 im September 04 erkannte Max, daß in 02 nicht alle beantragten Aufwendungen berücksichtigt worden waren. Im Rahmen einer telefonischen Rückfrage beim Finanzamt am 20.9.04 erläuterte der zuständige Bearbeiter die Abweichung von der eingereichten Steuererklärung.

Aufgabe

Prüfen Sie, welche Möglichkeiten für Martin Max im September 04 bestehen, gegen den Einkommensteuerbescheid 02 vorzugehen.

Sachverhalt 2

Der ledige Max Müller erhielt am Freitag, dem 28.1.04, den am 27.1.04 mit einfachem Brief zur Post gegebenen Einkommensteuerbescheid für 02. Da das Finanzamt in verschiedenen Punkten, die zuvor ausführlich mit dem Steuerpflichtigen erörtert wurden, von der Steuererklärung abgewichen war, erhob M. am 26.2.04 Widerspruch gegen den Steuerbescheid. Um seinem Begehren Nachdruck zu verleihen, sandte er sein Schreiben nicht an das örtlich zuständige Finanzamt, sondern direkt an die zuständige Oberfinanzdirektion, wo es am 28.2.04 einging. Diese leitete das Schreiben am 5.3.04 an das zuständige Finanzamt weiter.

Aufgabe

Wie wird das Finanzamt über den Einspruch entscheiden?

Aufgabenteil Nr. 6: Rechnungswesen

A. Aufgabe

1. Beurteilen Sie hinsichtlich des Gewerbetreibenden K. Lauer zunächst kurz
   a) die Kaufmannseigenschaft,
   b) die Buchführungspflicht und den Umfang des Jahresabschlusses,
   c) die Gewinnermittlungsart.

2. Nehmen Sie anschließend zu den einzelnen Sachverhalten unter Hinweis auf die gesetzlichen Bestimmungen (HGB, EStG) und den EStR/EStH aus handels- und steuerrechtlicher Sicht kurz Stellung. Gehen Sie bitte davon aus, daß der Unternehmer K. Lauer den steuerlich niedrigst möglichen Gewinn für das Wirtschaftsjahr vom 1.1. - 31.12.1998 ausweisen möchte.

3. Bestimmen Sie den jeweils richtigen Bilanzansatz (beim abnutzbaren Anlagevermögen ist eine Kontenentwicklung in Staffelform vorzunehmen) zum 31.12.1998. Eventuelle Änderungen bei der Vorsteuer und bei der Umsatzsteuer sind bei den betreffenden Sachverhalten betragsmäßig anzugeben (die Ermittlung des Endbestandes ist nicht erforderlich). Gehen Sie bitte aus Vereinfachung für das ganze Wirtschaftsjahr 1998 von einem Umsatzsteuersatz von 16 % aus. Soweit in den einzelnen Sachverhalten besonders darauf hingewiesen wird, daß Bilanzposten bereits korrekt erfaßt sind, brauchen diese nicht mehr angesprochen zu werden.

4. Erstellen Sie ferner die erforderlichen Korrektur- bzw. Ergänzungsbuchungen.

5. Soweit sich eine Gewinnänderung ergibt, ist diese unter Benennung der einzelnen Gewinn- und Verlustposten anzugeben.

6. Auf die Gewerbesteuer-Rückstellung für 1998 ist nicht einzugehen.

B. Sachverhalt

Allgemeines

K. Lauer betreibt seit Jahren in Düsseldorf, Kölner Str. 1, ein Dachdeckergeschäft sowie einen Handel mit Dachbaustoffen in gemieteten Räumen. Die Firma ist im Handelsregister eingetragen.

K. Lauer versteuert seine Umsätze nach vereinbarten Entgelten und tätigt ausschließlich Umsätze, die den Vorsteuerabzug zulassen. Der Vorjahresumsatz betrug 3,5 Mio. DM.

K. Lauer übergibt Ihnen die von seinem Buchhalter am 10.6.1999 erstellte vorläufige Handelsbilanz per 31.12.1998, die einen Gewinn (Jahresüberschuß) von 220.500 DM ausweist. Das steuerliche Betriebsvermögen zum 31.12.1997 beträgt 480.000 DM.

1. Grundstück Krefelder Str. 2

Am 1.10.1998 erwarb K. Lauer zwecks Betriebserweiterung ein Grundstück mit aufstehendem Gebäude, das ausschließlich eigenbetrieblichen Zwecken dienen soll.

Die Fertigstellung des Gebäudes erfolgte bereits im März 1998 (Antrag auf Baugenehmigung: 10.6.1997). Der wirtschaftliche Übergang wurde vertraglich zum 1.11.1998 vereinbart, die Umschreibung im Grundbuch erfolgte jedoch erst am 10.1.1999.

Die Begleichung des Kaufpreises i.H.v. 600.000 DM erfolgte, wie im Kaufvertrag vereinbart, am

- 15.11.1998 i.H.v. 200.000 DM vom betrieblichen Bankkonto
- 15.1.1999 i.H.v. 200.000 DM aus privaten Mitteln und
- 15.2.1999 i.H.v. 200.000 DM durch Hypothekenkreditbank

Der Antrag auf Gewährung einer Hypothek i.H.v. 200.000 DM wurde bereits im Oktober 1998 gestellt. Zinsen hierfür sind erst ab 15.2.1999 zu zahlen.

Um den im Erdgeschoß noch vorhandenen Mieter, die A & K-GmbH, zum vorzeitigen Auszug am 30.10.1998 zu bewegen, mußte K. Lauer eine Abfindungszahlung i.H.v. 24.000 DM zzgl. 16 % Umsatzsteuer an die A & K-GmbH leisten. Der Mietvertrag der A & K-GmbH hatte, vom 1.11.1998 an gerechnet, noch eine Restlaufzeit von vier Jahren.

Buchung im Zeitpunkt der Zahlung am 1.11.1998:

Sonstige Aufwendungen	24.000 DM	an Bank 27.840 DM
Vorsteuer	3.840 DM	

Vom Kaufpreis entfielen unstreitig 150.000 DM auf den Grund und Boden. Neben dem Kaufpreis mußte K. Lauer 1998 noch folgende Nebenkosten aufwenden:

- Grunderwerbsteuer 21.000 DM
- Gerichtskosten 1.800 DM
- Notarkosten (Kaufvertrag) 6.200 DM
- USt auf Notarkosten 992 DM

Der Erwerbsvorgang wurde wie folgt gebucht:

a) Geschäftsgebäude 450.000 DM an Privateinlagen 200.000 DM
    Grund und Boden 150.000 DM an Bank 200.000 DM
    an Sonstige Verbindlich-
    keiten 200.000 DM

b) Sonst. Aufwendungen 29.000 DM
    Vorsteuer 992 DM an Bank 29.992 DM

Weitere Buchungen sind bisher nicht erfolgt.

2. Einfriedung

Noch im November 1998 ließ K. Lauer einen Teil des neu erworbenen Grundstücks Krefelder Str. 2 durch eine Mauer einfrieden. Die dafür entstandenen Herstellungskosten wurden K. Lauer nach Fertigstellung und Abnahme am 15.12.1998 von der Baufirma Fix-GmbH wie folgt in Rechnung gestellt:

Auftragspreis wie vereinbart, 30.000 DM
Umsatzsteuer 16 % 4.800 DM
zahlbar bis 14.1.1999, ohne Abzug 34.800 DM

Gebucht wurde:

Sonstige Aufwendungen 30.000 DM an sonstige Verbindlichkeiten 34.800 DM
Vorsteuer 4.800 DM

Die nicht zu beanstandende voraussichtliche Nutzungsdauer der Mauer (Einfriedung) beträgt 20 Jahre.

3. Baustoffhandlung

Zur Erweiterung des Handelsgeschäftes konnte K. Lauer am 2.4.1998 die Baustoffhandlung von Herrn Peter Stein erwerben, die in gemieteten Räumen mit Lagerplatz betrieben wird.

Der Kaufpreis überstieg die Summe der Vermögensgegenstände abzüglich der Schulden um insgesamt 63.000 DM. Der Betrag von 63.000 DM ist dem Konto "außerordentliche Aufwendungen" belastet worden, obwohl K. Lauer die Auffassung vertrat, daß die betriebsgewöhnliche Nutzungsdauer 10 Jahre betrüge.

4. Betriebs- und Geschäftsausstattung

Am 1.6.1998 erwarb K. Lauer einen neuen Gabelstapler (betriebsgewöhnliche Nutzungsdauer 8 Jahre) für 48.000 DM zzgl. 16 % Umsatzsteuer. Gebucht wurde:

Betriebs- u. Geschäftsausstattung	48.000 DM	an Bank	55.680 DM
Vorsteuer	7.680 DM		

Die in der Bilanz zum 31.12.1997 ausgewiesene Rücklage für Ersatzbeschaffung (Sonderposten mit Rücklageanteil) i.H.v. 8.000 DM löste K. Lauer in 1998 wie folgt auf:

"Rücklage für Ersatzbeschaffung an Privateinlage 8.000 DM".

Die Bildung der Rücklage für Ersatzbeschaffung erfolgte im Kalenderjahr 1997 zulässigerweise nach R 35 EStR und wurde zutreffend berechnet.

Die vorgesehene Ersatzbeschaffung war mit der Anschaffung des neuen Gabelstaplers beendet. Die ausbezahlte Entschädigungssumme der Versicherung betrug im Kalenderjahr 1997 64.000 DM. Weitere Buchungen sind bisher nicht erfolgt.

5. Stahlgerüstteile

Für die technisch aufeinander abgestimmten und genormten Stahlgerüstteile des Sachanlagevermögens hat K. Lauer seit Jahren einen Festwert gebildet. Die Bestandsaufnahme vom 31.12.1993 ergab einen Wert von 24.000 DM (40 % der Anschaffungskosten), der zutreffend noch in der Bilanz zum 31.12.1997 ausgewiesen ist. Der Wert beträgt seit Jahren durchschnittlich etwa 3 % der Bilanzsumme.

Lauer achtet darauf, daß immer etwa eine gleiche Menge vorhanden ist und füllt bei Verlust oder Verbrauch der Teile die Mindestmenge stets wieder auf. Die zum 31.12.1998 durchgeführte Bestandsaufnahme führte unter Beachtung der handels- und steuerrechtlichen Bewertungsvorschriften zu einem nicht zu beanstandenden Wert von 28.000 DM (= 40 % der Anschaffungskosten).
Im Geschäftsjahr 1998 wurden verbrauchte Teile i.H.v. netto 3.000 DM ersetzt und dem Konto "Sonstige betriebliche Aufwendungen" belastet.

6. Halbfertige und fertige Arbeiten

a) Firma Wurm & Co KG

K. Lauer hat den Auftrag, den Neubau des Verwaltungsgebäudes und der Ausstellungshalle der Möbel Wurm & Co. KG einzudecken. Die Arbeiten waren bis zum 31.12.1998 noch nicht fertiggestellt. Die Abnahme des fertigen Werkes erfolgte am 20.1.1999.

Bis zum Abschlußstichtag sind folgende Kosten angefallen:

- Material   50.000 DM
- Löhne   90.000 DM

Aus dem Betriebsabrechnungsbogen (BAB) ergeben sich ferner die folgenden Gemeinkostenzuschläge:

- Materialgemeinkosten   20 %
- Lohngemeinkosten   120 %

Außerdem entfallen auf den Auftrag die nachstehenden Kosten:

- anteilige Kosten der Geschäftsleitung   4.000 DM
- anteilige Kosten des Personalbüros und des Rechnungswesens   8.000 DM
- anteiliger kalkulatorischer Unternehmerlohn   30.000 DM

Für die Vermittlung dieses Auftrages wurde dem Vertreter Schnell eine Provision von 4.000 DM zzgl. USt gezahlt. Die Provision i.H.v. 4.000 DM wurde in 1998 als Aufwand (Konto "Verkaufsprovisionen") gebucht, die Umsatzsteuer zutreffend dem Vorsteuerkonto belastet. Auf den Wertverzehr des Anlagevermögens und die Gewerbesteuer ist nicht einzugehen.
Weitere Buchungen sind beim Jahresabschluß noch nicht erfolgt.

b) Firma Stark & Co. KG

Auf dem Konto "Teilfertige Arbeiten" befindet sich noch ein Betrag i.H.v. 80.000 DM, der bereits im Dezember 1998 im Zuge der vorläufigen Abschlußarbeiten der Höhe nach zutreffend aktiviert worden ist.

Es handelt sich hierbei um einen Auftrag der Firma Stark & Co. KG, bei der das Dach ihres Lagergebäudes neu eingedeckt worden ist. Die Fertigstellung und Abnahme des fertigen Werkes ist am 29.12.1998 erfolgt. Abschlagzahlungen wurden hierauf nicht geleistet.

Die Rechnungserteilung über den vereinbarten Auftragspreis i.H.v. 100.000 DM zzgl. 16.000 DM Umsatzsteuer erfolgte am 12.1.1999, so daß K. Lauer eine Buchung dieses Vorgangs bisher nicht vornahm, zumal die Zahlung in ungekürzter Höhe erst am 2.2.1999 einging.

c) Sonstige Leistungen

Im Juni 1998 haben zwei Arbeitnehmer K. Lauers am Dach des Hauses seiner Tochter Reparaturarbeiten durchgeführt. Hierbei sind die folgenden Kosten entstanden:

-	Löhne einschl. Gemeinkosten	5.200 DM
-	Material einschl. Gemeinkosten	+ 800 DM
	Selbstkosten	6.000 DM
-	Üblicher Gewinnaufschlag	1.500 DM

Auf Anweisung K. Lauers soll eine Weiterbelastung dieser Kosten nicht erfolgen, eine Rechnung wurde deshalb auch nicht erteilt. Eine Buchung dieses Vorgangs ist unterblieben.

7. Forderungen aus Lieferungen und Leistungen

Der vorläufige Bilanzansatz i.H.v. 185.600 DM enthält eine Forderung i.H.v. 11.600 DM gegenüber der Merkur-GmbH, deren Geschäftsführer im Februar 1999 Konkurs anmelden mußte.

Die Lager- und Fabrikräume der GmbH waren Ende November 1998 abgebrannt, ohne daß eine Versicherungsentschädigung zu erwarten war, weil die Versicherungsprämie versehentlich nicht gezahlt worden war. Das Konkursverfahren wurde mangels Masse eingestellt.

Obwohl K. Lauer dies erst vor Bilanzerstellung erfuhr und er auch mit weiteren Forderungsausfällen von nachweislich 3 % rechnete, ist eine buch- und bilanzmäßige Schlußfolgerung hieraus bisher nicht gezogen worden. Im Zeitpunkt der Bilanzerstellung sind bis auf 3.480 DM (einschließlich 16 % Umsatzsteuer) sämtliche Forderungen, mit Ausnahme der Forderung gegenüber der Merkur-GmbH, bezahlt worden.

8. Vorräte

Im Warenbestand der vorläufigen Handelsbilanz sind u.a. zwei verschiedene Warengruppen enthalten, die K. Lauer mit 45.000 DM bewertet hat.

Gruppe A:	Netto-Anschaffungskosten in 1998	25.000 DM
	Netto-Wiederbeschaffungskosten 31.12.1998	28.000 DM
Gruppe B:	Netto-Anschaffungskosten in 1998	20.000 DM
	Netto-Wiederbeschaffungskosten 31.12.1998	20.000 DM
	Netto-Verkaufspreis, ursprünglich kalkuliert	30.000 DM
	Netto-Verkaufspreis, voraussichtlich erzielbar	24.000 DM

K. Lauer mußte die bittere Erfahrung machen, daß sich die Warengruppe B Ende 1998 nur noch sehr zögernd verkaufen ließ. Gegenüber dem ursprünglichen Verkaufspreis haben sich die Verkaufspreise in den ersten beiden Monaten des Jahres 1999 nachweisbar um 20 % verringert.

Für die Warengruppe B rechnet K. Lauer ab dem Bilanzstichtag bis zur Veräußerung noch mit anfallenden Verwaltungs- und Vertriebskosten i.H.v. 2.400 DM. Der durchschnittlich zu erzielende Reingewinn beträgt 15 % des tatsächlichen Netto-Verkaufspreises.

Weil K. Lauer sich nicht sicher ist, ob der Wertansatz der Vorräte in seiner vorläufigen Handelsbilanz zutreffend erfaßt wurde, sind weitere Buchungen zu diesem Vorgang nicht erfolgt.

9. Darlehen

Dieses Darlehen hatte K. Lauer 1996 bei einem niederländischen Geschäftsfreund für betriebliche Zwecke aufgenommen. Die Darlehenshöhe beträgt 6.000 Gulden, rückzahlbar 1999. Der Wert der Schuld valutiert nach dem jeweiligen Wechselkurs:

am Tag der Darlehensaufnahme (1996)	5.400 DM
am 31.12.1997	5.300 DM
am 31.12.1998	5.200 DM

In der Bilanz zum 31.12.1997 hat K. Lauer diese Schuld mit 5.400 DM ausgewiesen. Die für dieses Darlehen zu zahlenden Zinsen sind buchmäßig zutreffend erfaßt worden.

Gebucht wurde:

Darlehensschuld   200 DM an sonstige Erträge   200 DM

10. Sonstige Rückstellungen

Am Bilanzstichtag hatte K. Lauer Kundenwechsel i.H.v. insgesamt 200.000 DM weitergegeben. Wegen des am Bilanzstichtag vorhandenen Risikos aus den weitergegebenen, aber noch nicht eingelösten Kundenwechseln wurde - entsprechend den Erfahrungen der Vergangenheit - eine Pauschalrückstellung von 3 % = 6.000 DM gebildet. Im Zeitpunkt der Aufstellung der Bilanz waren bereits Kundenwechsel i.H.v. 196.000 DM eingelöst.

Gebucht wurde:

Sonstige Aufwendungen   6.000 DM an sonstige Rückstellungen   6.000 DM

Lösungshinweise - Klausursatz Nr. 3

Aufgabenteil Nr. 1: Einkommensteuer

I. Persönliche Einkommensteuerpflicht

Die Eheleute Pille sind unstreitig unbeschränkt persönlich einkommensteuerpflichtig, § 1 Abs. 1 Satz 1 EStG. Sie haben als natürliche Personen ihren Wohnsitz im Inland (Duisburg).

II. Veranlagungsart/Tarif

Die Eheleute Pille erfüllen die einzelnen Voraussetzungen des § 26 Abs. 1 S.1 EStG. Sie sind rechtsgültig verheiratet, leben nicht dauernd getrennt voneinander und sind beide unbeschränkt einkommensteuerpflichtig.
Ganz offensichtlich führt die Zusammenveranlagung zum günstigsten Ergebnis, § 26b EStG.
Für die Ehegatten findet der Splittingtarif nach § 32a Abs. 5 EStG Anwendung.

III. Ermittlung des Gesamtbetrages der Einkünfte

Einkünfte Paul Pille

1. Apotheke, Einkünfte aus Gewerbebetrieb, § 15 Abs. 1 Nr. 1 EStG

vorläufiger Gewinn 1998		**100.800 DM**
Bei dem beruflich genutzten Raum im EFH der Ehegatten handelt es sich wg. der hohen privaten Mitnutzung schon begrifflich um kein Arbeitszimmer = keine Betriebsausgaben		

- **Ladeneinrichtung**

AK nach Abzug von Skonto	113.680 DM	
abzüglich Umsatzsteuer, § 9b EStG als Vorsteuer abzugsfähig	./. 15.680 DM	
Anschaffungskosten netto	98.000 DM	
AfA degressiv, § 7 Abs. 2 EStG mit 20 % Nd. 15 Jahre, Jahres-AfA, R 44 Abs. 2 S. 3 EStR		**./. 19.600 DM**
zzgl. bisher berücksichtigter AfA		**+ 5.800 DM**

- **Darlehenszinsen**:
  (als Betriebsausgaben, nicht Sonderausgaben, § 4 Abs. 4 EStG)
  100.000 DM x 8 % Jahreszins x 10/12 (ab März 1998)   ./. **6.667 DM**
  Damnum = aktiver Rechnungsabgrenzungsposten,
  Verteilung über die Zinsbindungsfrist von 5 Jahren: vgl.
  H 37 *Zinsfestschreibung* EStH: 5.000 DM x 1/5 x 10/12   ./. **834 DM**
  Rückgängigmachung der bisherigen Behandlung   + **5.000 DM**

- **Faxgerät** Buchwert 1.1.1998   1.200 DM
  AfA (§ 7 Abs. 1 EStG) bis zum Diebstahl   ./. 400 DM   ./. **400 DM**
  über Aufwand abzusetzender Restwert   800 DM   ./. **800 DM**

  Versicherungserstattung: + **3.000 DM**
  Übertragung nach R 35 EStR: Diebstahl=höhere Gewalt
  Berechnung: neues Faxgerät AK: 2.750 DM
  nur anteilige Übertragbarkeit nach H 35 Abs. 3 EStH
  2.750 DM AK x 2.200 Stille Reserven
  Versicherungserstattung 3.000 DM   ./. **2.016 DM**
  AK neues Faxgerät   2.750 DM
  Übertragung nach R 35 EStR   ./. 2.016 DM
  endgültige AK   734 DM
  Die Anschaffungskosten sind als GWG sofort abziehbar,
  § 6 Abs. 2 EStG; die Vorsteuer ist abzugsfähig   ./. **734 DM**
  Die bisher vorgenommenen Abschreibungen sind
  rückgängig zu machen   + **825 DM**

- Pkw-Entnahme: Erlöse i.H.d. Teilwerts   + **2.000 DM**
  Restbuchwert   ./. **5.000 DM**

  (Hinweis: Es ist der relativ seltene Fall der Gewinnminderung durch Entnahme entstanden; da Bücher geführt werden ist die EV-USt erfolgsneutral)

- Inventur, Niederstwertprinzip = Bilanzansatz   12.000 DM
  bisheriger, unzutreffender Bilanzansatz   ./. 20.000 DM
  § 6 Abs. 1 Nr. 2 EStG   ./. **8.000 DM**

  Einkünfte aus Gewerbebetrieb   **73.374 DM**

2. Grundstück in Dinslaken, Einkünfte aus Vermietung und Verpachtung, § 21 Abs. 1 Nr. 1 EStG

Monatliche Mieteinnahmen ab 1.4.1998

Steuerberater, Rechtsanwalt: je 3.450 DM x 2 x 9 Monate		62.100 DM
Mietvorauszahlung mit Scheckübergabe	37.950 DM	
Miete für Januar 1999 ist in 1999 zu erfassen, Zufluß weniger als 10 Tage vor Fälligkeit vor dem Jahr der wirtschaftl. Zugehörigkeit, § 11 Abs. 1 S. 2 EStG:	./. 3.450 DM	
restl. Miet-Vz, Zuflußprinzip, § 11 Abs. 1 S. 1 EStG		+ 34.500 DM
drei Wohnungen zu je 1.200 DM x 3 x 9 Monate		+ 32.400 DM
Wohnung "Vater" 400 DM x 9 Monate		+ 3.600 DM
Summe der Mieteinnahmen		132.600 DM

Werbungskosten §§ 9, 11 Abs. 2 EStG

Damnum, keine Aufteilung	20.000 DM	
Darlehenszinsen	30.000 DM	
Grundbesitzabgaben, Heizkosten	5.000 DM	
Fenstermodernisierung	15.000 DM	
Notar- und Gerichtskosten, Hypothek	1.000 DM	
Summe	71.000 DM	
davon voll abzugsfähig 5/6 (vollentgeltlich vermietet)		./. 59.167 DM
Die anteiligen Werbungskosten, die auf die Wohnung des Vaters entfallen, sind nach § 21 Abs. 2 Satz 2 EStG nur in Höhe der entgeltlichen Vermietung abzugsfähig: 400/1200=33,33 % von 1/6 von 71.000 DM		./. 3.945 DM

Abschreibung: Kaufpreis	800.000 DM
Grunderwerbsteuer	+ 28.000 DM
Notar- und Gerichtskosten (Eigentum)	+ 2.000 DM
Notarkosten, Kaufvertrag	+ 5.000 DM
Anschaffungskosten	835.000 DM
Gebäudeanteil zu 75 %	626.250 DM

Der AfA-Satz ergibt sich aus der tatsächlichen Nutzungsdauer, nicht nach § 7 Abs. 4 Nr. 2b EStG:

1/30, § 7 Abs. 4 Satz 2 EStG	20.875 DM
zeitanteilig 9/12: AfA-Betrag 1998	15.657 DM
voll abzugsfähig zu 5/6	./. 13.048 DM
anteilig abzugsfähig (s.o.) zu 1/6 x 33,33 %	./. 870 DM
Einkünfte aus Vermietung und Verpachtung	**55.570 DM**

Hinweis:

Der Werbungskostenpauschbetrag nach § 9a Nr. 2 EStG ist ungünstiger, da die Erhaltungsaufwendungen vollständig auf die Wohnflächen entfallen.

3. Einkünfte aus Kapitalvermögen, § 20 Abs. 1 Nr. 7 EStG

Bausparzinsen (Konto Herr Pille)	1.400 DM	
Wertpapierkonto, Anteil Herr Pille zu 1/2	3.500 DM	
31,65/68,35 Zinsabschlag/SolZ v. 3.500 DM	1.620 DM	
Summe Zinseinnahmen		6.520 DM
Werbungskostenpauschbetrag, § 9a Nr. 1b EStG		./. 100 DM
Sparerfreibetrag Herr Pille, § 20 Abs. 4 EStG		./. 6.000 DM
Sparerfreibetrag § 20 Abs. 4 EStG: von Frau Pille, nicht ausgeschöpft		./. 420 DM
Einkünfte aus Kapitalvermögen		**0 DM**

Einkünfte Frau Pille

1. Einkünfte aus Kapitalvermögen, § 20 Abs. 1 Nr. 7 EStG

Einnahmen Wertpapierkontoanteil Frau Pille	3.500 DM	
zzgl. 31,65/68,35 Zinsabschlag/SolZ	1.620 DM	
Zinseinnahmen		5.120 DM
Werbungskostenpauschbetrag		./. 100 DM
Sparerfreibetrag		./. 5.020 DM
Einkünfte aus Kapitalvermögen		0 DM

2. Duisburger Stahlhandel OHG, § 15 Abs. 1 Nr. 2 EStG

Als Mitunternehmerin einer gewerblich tätigen oHG erzielt Frau Pille Einkünfte aus Gewerbebetrieb nach § 15 Abs. 1 Nr. 2 EStG. Ihr Gewinnanteil ergibt sich mit 20 % aus dem Wirtschaftsjahr, welches im Kalenderjahr 1998 geendet hat, § 4a Abs. 2 Nr. 2 EStG:

1997/1998: oHG-Gewinn 280.000 DM x 20 %	56.000 DM

Zinsen aus der Darlehensgewährung an die oHG gehören als Sonderbetriebseinnahmen zu den Einkünften aus Gewerbebetrieb, § 15 Abs. 1 Nr. 2 EStG:

50.000 DM x 8 %	+ 4.000 DM
laufende Einkünfte aus Gewerbebetrieb	60.000 DM

Hinsichtlich der Rückzahlung des Darlehns handelt es sich um einen Vorgang auf der einkommensteuerlich nicht relevanten Vermögensebene.

Mit Kündigung und Abfindung ihres Gesellschaftsanteils (Mitunternehmeranteil) erzielt Frau Pille Einkünfte aus gewerblichen Veräußerungsgeschäften nach § 16 Abs. 1 Nr. 2 EStG:

Veräußerungspreis	280.000 DM
Kapitalkonto	./. 200.000 DM
Veräußerungsgewinn	80.000 DM

Aufgrund ihres Alters (Vollendung des 55. Lebensjahres am 27.8.1998) erhält Frau Pille den Freibetrag gem. § 16 Abs. 4 EStG. Seit VZ 1996 wird der Freibetrag sowie der unschädliche Veräußerungsgewinn personenbezogen und nicht mehr betriebsbezogen berücksichtigt. Eine Aufteilung im Verhältnis der Beteiligungshöhe wird nicht mehr vorgenommen. Ein Veräußerungsgewinn i.H.v. 300.000 DM ist unschädlich. Somit wird auf Antrag ein Freibetrag i.H.v. 60.000 DM gewährt.

Veräußerungsgewinn	80.000 DM
Freibetrag, § 16 Abs. 4 EStG	./. 60.000 DM
Einkünfte aus Veräußerung der Mitunternehmerschaft	**20.000 DM**

Der außerordentliche Gewinn i.H.v. 20.000 DM wird gem. § 34 EStG mit dem halben durchschnittlichen ESt-Satz besteuert.

3. Angestelltentätigkeit bei der Stadtverwaltung Duisburg, Einkünfte aus nichtselbständiger Arbeit, § 19 Abs. 1 Nr. 1 EStG

Bruttoarbeitslohn	50.000 DM
Fahrten Wohnung/Arbeitsstätte vor Behinderung 15.5.1998, kein Einzelnachweis möglich, § 9 Abs. 1 Nr. 4 EStG:	
88 Tage x 8 km x 0,70 DM (Januar-Mai 1998)	./. 493 DM
ab Behinderung, § 9 Abs. 2 EStG, Einzelnachweis günstiger als 1,04 DM pro gefahrenen km, Abschn. 42 Abs. 6 LStR:	
62 Tage x 8 km x 1,25 DM (10/16, hin und zurück)	./. 620 DM
ÖTV-Beitrag, § 9 Abs. 1 Nr. 3 EStG	./. 500 DM
Fortbildungslehrgang, § 9 Abs. 1 EStG	./. 1.000 DM
Einkünfte aus nichtselbständiger Arbeit	47.387 DM

Das Krankengeld ist als Lohnersatzleistung steuerfrei, § 3 Nr. 1a EStG. Es löst aber den (den Steuersatz erhöhenden) Progressionsvorbehalt aus, § 32b Abs. 1 Nr. 1b EStG.

Die Rente aus der gesetzlichen Unfallversicherung (Berufsgenossenschaft) ist steuerfrei, § 3 Nr. 1a EStG.

Bürgerliche Bekleidung ist nicht als Berufsbekleidung den Werbungskosten zuzuordnen, § 12 Nr. 1 EStG.

4. Lustig GmbH

Frau Pille ist wesentlich an der Lustig GmbH beteiligt (13.000/50.000 DM = 26 %), § 17 Abs. 1 Satz 4 EStG. Somit sind Veräußerungsgewinne nach § 17 Abs. 1 EStG als Einkünfte aus Gewerbebetrieb zu versteuern. Eine Gewerbesteuerpflicht entsteht dabei nicht. Ein Spekulationsgeschäft liegt wg. Überschreitung der Sechs-Monats-Frist nicht vor, § 23 Abs. 1 Nr. 1b, Abs. 2 S. 2 EStG.

Die Pkw-Schenkung stellt körperschaftsteuerlich eine verdeckte Einlage dar, da Frau Pille der Gesellschaft aus Gründen, die durch das Gesellschaftsverhältnis veranlaßt sind, einen Vermögensvorteil zuwendet, Abschn. 36a Abs. 1 KStR.

Im Zusammenhang mit § 17 EStG wirkt sich die verdeckte Einlage als nachträgliche Anschaffungskosten auf die Beteiligung an der Lustig GmbH aus und mindert den Veräußerungsgewinn, H 140 Abs. 5 *Verdeckte Einlage* EStH.

Berechnung, § 17 Abs. 2 EStG:

Veräußerungspreis	140.000 DM
Anschaffungskosten	./. 80.000 DM
verdeckte Einlage Pkw	./. 20.000 DM
Veräußerungsgewinn	40.000 DM

Die unschädliche Freigrenze von 20.800 DM (80.000 DM Veräußerungsgewinn x 26 %) wird durch die Höhe des Veräußerungsgewinns deutlich überschritten, so daß der Freibetrag von 5.200 DM (20.000 DM x 26 %) nicht zu gewähren ist, § 17 Abs. 3 EStG.

Nachtrag zu den Einkünften aus Kapitalvermögen

Die Gewinnausschüttung der Lustig-GmbH ist erst mit Zufluß in 1998 als Einkünfte aus Kapitalvermögen zu erfassen, § 20 Abs. 1 Nr. 1 und Abs. 1 Nr. 3 EStG, § 11 Abs. 1 S. 1 EStG.
Die Werbungskosten i.H.v. 160 DM, veranlaßt durch den Besuch der Gesellschafterversammlung, sind nicht abzugsfähig, da der Werbungskostenpauschbetrag (200 DM) in der Summe für die Eheleute günstiger ist, § 9a Nr. 1b EStG. Der Einzelnachweis und der Ansatz des Pauschbetrages schließen sich bei der Zusammenveranlagung aus, R 85 Abs. 1 Sätze 2-4 EStR.

Zusammenstellung der Einkünfte:

	Ehemann	Ehefrau
Einkünfte aus Gewerbebetrieb (Apotheke)	73.374 DM	
Einkünfte gem. § 21 (Grundstück Dinslaken)	55.570 DM	
Einkünfte aus Gewerbebetrieb (lfd.)		60.000 DM
Einkünfte gem. § 16 EStG (begünstigt)		20.000 DM
Einkünfte aus nichtselbständiger Arbeit		47.387 DM
Einkünfte § 17 EStG		40.000 DM

Summe der Einkünfte/Gesamtbetrag der Einkünfte   **296.331 DM**

Ein Altersentlastungsbetrag ist für Herrn Pille nicht zu gewähren, weil er sein 64. Lebensjahr erst am 30.6.1998 vollendet und damit nicht vor Beginn des VZ 1998, § 24a Satz 3 EStG.

IV. Ermittlung des Einkommens

Sonderausgaben:

Lohnkirchensteuer, § 10 Abs. 1 Nr. 4 EStG	./.	**450 DM**
Stundungszinsen ESt, § 10 Abs. 1 Nr. 5 EStG	./.	**500 DM**
Private Steuerberatungskosten, § 10 Abs. 1 Nr. 6 EStG	./.	**1.600 DM**

Hinweis auf Rechtslage 1999:

Ab 1.1.1999 sind Stundungszinsen aufgrund der Streichung des § 10 Abs. 1 Nr. 5 EStG nicht mehr als Sonderausgaben zu berücksichtigen.

Versicherungsbeiträge:

Sozialversicherungsbeiträge	10.000 DM
Lebensversicherungsbeiträge	9.000 DM
Unfallversicherungsbeiträge	1.000 DM
Krankenversicherungsbeiträge	5.000 DM
zusätzliche freiwillige Pflegevers.	360 DM
Pferdehaftpflichtversicherung	500 DM
Kfz-Haftpflicht zu 96,9 % (s. unten)	776 DM
Summe Versicherungsbeiträge	26.636 DM

Vorwegabzug	12.000 DM	
Arbeitslohn 50.000 DM x 16%	./. 8.000 DM	
verbleiben	4.000 DM	
abzugsfähig		4.000 DM
verbleibende Versicherungsbeiträge	22.636 DM	
abzgl. Grundhöchstbetrag	./. 5.220 DM	
abzugsfähig		5.220 DM
verbleibende Vorsorgeaufwendungen	17.416 DM	
abzugsfähig zu 50%, max. hälftiger Höchstbetrag		2.610 DM
abzugsfähige Vorsorgeaufwendungen		**./. 11.830 DM**

Die Beiträge für die zusätzliche freiwillige Pflegeversicherung sind nicht als zusätzlicher Höchstbetrag berücksichtigungsfähig, weil keiner der Ehegatten nach dem 31.12.1957 geboren ist, § 10 Abs. 3 Nr. 3 i.V.m. Abs. 1 Nr. 2c EStG.
Bausparbeiträge sind ab VZ 1996 nicht mehr abzugsfähig.

Die Beiträge für die Hausratversicherung und für die Kfz-Kasko sind als Sachversicherung nicht abzugsfähig.

Die Haftpflichtversicherungsbeiträge sind aufzuteilen, da sie sich über den Einzelnachweis bei den Fahrten zwischen Wohnung und Arbeitsstätte ab Behinderung steuerlich bereits ausgewirkt haben, R 88 Abs. 2 EStR. Die Berechnung ist wie folgt vorzunehmen:
Auswirkung bei den Werbungskosten aus nichtselbständiger Arbeit bei 62 Fahrten mit 8 km = 496 km/16.000 Gesamt-km = 3,1 %

Die Spende an eine politische Partei wird nach § 10b Abs. 2 EStG wie folgt berücksichtigt:

Spendenbeiträge	15.000 DM	
	./. 6.000 DM	x 50 % = 3.000 DM Steuerermäßigung gem. § 34g EStG
verbleiben	9.000 DM	
davon max. Sonderausgaben, § 10b Abs. 2 EStG		./. 6.000 DM

Angesichts der Höhe des Gesamtbetrages der Einkünfte sind die Spenden für wissenschaftliche Zwecke nach § 10b Abs. 1 EStG ganz offensichtlich in voller Höhe abzugsfähig: ./. 10.000 DM

Außergewöhnliche Belastungen:

Behinderten-Pauschbetrag Frau Pille, 80 %, § 33b Abs. 3 EStG ./. 2.070 DM

Für das Jahr der erstmaligen Berücksichtigung kommt es nicht auf das Jahr der Bescheiderteilung durch das Versorgungsamt an, sondern auf das Jahr, ab dem die Behinderung amtlich (wenn auch nachträglich mit Rückwirkung) festgestellt wird, vgl. auch § 175 Abs. 1 Nr. 1 AO.

Nach H 186-189 *Fahrtkosten Behinderter* EStH sind ab einem Grad der Behinderung von 80 auch private Fahrten in angemessener Höhe als zwangsläufig anzusehen. Angemessen sind 3.000 km zu 0,52 DM (Einzelnachweis nicht möglich):
./. 1.560 DM

Ausbildungsfreibetrag für Peter Pille möglich ab Vollendung des 18. Lebensjahres am 30.04.1998, § 108 Abs. 1 AO, § 33a Abs. 2 Nr. 2, Abs. 4 EStG:

Höchstbetrag 2.400 DM x 9/12		1.800 DM
eigene Einkünfte Bruttoarbeitslohn	4.500 DM	
(Trinkgeld steuerfrei, § 3 Nr. 51 EStG)		
abzgl. Pauschbetrag, § 9a Nr. 1a EStG	./. 2.000 DM	
eigene Einkünfte	2.500 DM	
Bezüge: Steuerfreies Trinkgeld, H 190 EStH	1.000 DM	
Kostenpauschale, R 190 Abs. 5 EStR	./. 360 DM	
eigene Bezüge		+640 DM
Summe der eigenen Einkünfte und Bezüge		3.140 DM
unschädlich: 3.600 DM x 9/12 =		./. 2.700 DM
schädlich		./. 440 DM
Ausbildungsfreibetrag Peter Pille		./. 1.360 DM

Für Paulchen Pille werden Kinderfreibeträge für drei Monate gewährt, vgl. Ausführungen zu den Kinderfreibeträgen. Bis März 1998 wird somit ein Ausbildungsfreibetrag (§ 33a Abs. 2 EStG) bei seinen Eltern gewährt. Er ist auswärtig untergebracht, so daß sich der Höchstbetrag wie folgt ermittelt:

4.200 DM x 3/12		= 1.050 DM
eigene Bezüge: 500 DM x 3 =	1.500 DM	
Kostenpauschale: 360 DM x 3/8 (s.u.)	./. 135 DM	
verbleiben	1.365 DM	
unschädlich sind: 3.600 x 3/12	./. 900 DM	
schädliche Bezüge		./. 465 DM
abzugsfähiger Ausbildungsfreibetrag		./. 435 DM

In den Monaten April bis August, in denen keine Kinderfreibeträge zu gewähren sind, ist allerdings ein Unterhaltsfreibetrag anzusetzen, da eine gesetzliche Unterhaltspflicht besteht, § 33a Abs. 1 EStG:

Höchstbetrag 12.000 DM x 5/12		5.000 DM
eigene Bezüge: 500 DM x 5 Monate	2.500 DM	
Kosten-Pauschbetrag: 360 DM x 5/8	./. 225 DM	
Summe eigene Bezüge	2.275 DM	
unschädlich 1.200 DM x 5/12	./. 500 DM	
schädlich		./. 1.775 DM
Möglicher Unterhaltsfreibetrag		3.225 DM

abzf. ist max. der von den Eltern gezahlte Unterhalt:
500 DM x 5 Monate ./. **2.500 DM**

Ein Unterhaltsfreibetrag kommt hinsichtlich der Unterhaltsleistungen an Herrn Pilles Schwester Inge nicht in betracht, weil keine gesetzliche Unterhaltspflicht besteht, § 33a Abs. 1 S. 1 EStG, R 190 Abs. 1 EStR.

Hauswirtschaftliche Hilfe:

Da für die Hauswirtschaftsmeisterin Beiträge in eine inländische Rentenversicherung entrichtet worden sind, kann ein Abzug gem. § 10 Abs. 1 Nr. 8 EStG erfolgen. Die bisherigen Voraussetzungen, nämlich zwei Kinder, die zu Beginn des Kalenderjahres das 10. Lebensjahr noch nicht vollendet haben oder eine zum Haushalt gehörende hilflose Person i.S. des § 33b Abs. 6 EStG, werden ab VZ 1997 nicht mehr verlangt:

Aufwand 1998: 20.000 DM, max. abzugsfähig ./. **18.000 DM**

Die Berücksichtigung der Haushaltshilfe ist hinsichtlich der nicht als Sonderausgaben abzugsfähigen Beträge möglich, § 33 Abs. 2 S. 2 2. HS EStG.

Da der Ehemann das 60. Lebensjahr vollendet hat, sind die Voraussetzungen für den Abzug einer Haushaltshilfe nach § 33a Abs. 3 Satz 1 Nr. 1a EStG bis April 1998 erfüllt:

1.200 DM x 4/12 (zeitanteilig, § 33a Abs. 4 EStG) ./. **400 DM**

Ab Mai 1998 sind allerdings die Voraussetzungen für den Abzug einer Haushaltshilfe nach § 33a Abs. 3 Satz 1 Nr. 2 EStG erfüllt. Der Höchstbetrag von 1.800 DM ist lediglich zeitanteilig ab Behinderung im Mai 1998 zu gewähren, § 33a Abs. 4 EStG:
1.800 DM x 8/12 ./. **1.200 DM**

Der geleistete Gesamtaufwand i.H.v. 20.000 DM wurde nicht überschritten (18.000 DM + 4.000 DM + 1.200 DM).

Förderung des selbstgenutzten Wohneigentums nach dem EigZulG:

Der Fördergrundbetrag gem. § 9 Abs. 2 EigZulG ist 1998 nicht zu gewähren, da die Fertigstellung des Objektes erst im Februar 1999 erfolgt. Die Vorkostenpauschale i.H.v. 3.500 DM ist gem. § 10 Abs. 1 Nr. 1 EStG erst im Jahr der Fertigstellung 1999 zu berücksichtigen.

Vorkosten sind im Einzelnachweis nur zu berücksichtigen, wenn es sich um Erhaltungsaufwand handelt.

Einkommen   **238.426 DM**

V. Ermittlung des zu versteuernden Einkommens

Kinderfreibetrag Peter, § 32 EStG

- 576 DM x 4 Monate, solange das 18. Lj. noch nicht vollendet worden ist, § 32 Abs. 3 EStG   2.304 DM
- 576 DM x 8 Monate, ab Vollendung des 18. Lj. und Berufsausbildung, § 32 Abs. 4 Nr. 2a EStG   <u>4.608 DM</u>

                                                ./. 6.912 DM

Die eigenen Einkünfte und Bezüge ab Mai 1998 überschreiten nicht 12.000 DM x 8/12 = 8.000 DM, § 32 Abs. 4 S. 2 EStG

Kinderfreibetrag Paulchen, § 32 EStG:

Paulchen hat das 27. Lebensjahr am 31.12.1996 vollendet, § 108 Abs. 1 AO. Grundsätzlich wird bei in Ausbildung befindlichen Kindern der Kinderfreibetrag/das Kindergeld bis zur Vollendung des 27. Lj. gewährt, vgl. § 32 Abs. 4 Nr. 2a EStG. Allerdings verlängert sich der Begünstigungszeitraum um den 15-monatigen Wehrdienst, § 32 Abs. 5 Nr. 1 EStG, somit bis zum 31.3.1998:
576 DM x 3 Monate   **./. 1.728 DM**

Die Höhe der eigenen Einkünfte und Bezüge ist ebenfalls unschädlich.

Hinweis auf „Günstigerprüfung":

Die Darstellung der Günstigerprüfung unterbleibt hier aus Vereinfachungsgründen, da der Kinderfreibetrag angesichts der Höhe des Einkommens offensichtlich günstiger als das Kindergeld ist, § 31 EStG.

zu versteuerndes Einkommen   **229.786 DM**

Hinweise auf Steuerermäßigungen

Die Veräußerungsgewinne nach §§ 16 und 17 EStG sind tarifbegünstigt, § 34 Abs. 2 EStG.

Die laufenden Einkünfte aus Gewerbebetrieb unterliegen der Tarifbegrenzung des § 32c EStG.

Das bezogene Kindergeld ist der festzusetzenden Einkommensteuer hinzuzurechnen, § 2 Abs. 6 Satz 2 EStG.

Aufgabenteil Nr. 2: Körperschaftsteuer

I. Ermittlung des zu versteuernden Einkommens und der Tarifsteuer

Die EX-GmbH ist unbeschränkt körperschaftsteuerpflichtig, weil sie ihre Geschäftsleitung und ihren Sitz im Inland hat (§ 1 Abs. 1 Nr. 1 KStG).

Die Körperschaftsteuer bemißt sich nach dem zu versteuernden Einkommen (§ 7 Abs. 1 KStG). Das zu versteuernde Einkommen ermittelt sich nach den Vorschriften des EStG und des KStG (§ 7 Abs. 2, § 8 Abs. 1 KStG). Die GmbH ist als Kaufmann kraft Rechtsform nach handelsrechtlichen Vorschriften zur Führung von Büchern verpflichtet (§§ 6 Abs. 1, 238 ff. HGB). Aus diesem Grund gelten ihre gesamten Einkünfte als Einkünfte aus Gewerbebetrieb (§ 8 Abs. 2 KStG).

Ausgangsgröße für die Ermittlung des zu versteuernden Einkommens ist der Jahresüberschuß i.H.v. 1.472.518 DM.

Aufgrund der im Sachverhalt geschilderten Geschäftsvorfälle ergeben sich folgende Änderungen:

1. Die Ausschüttung der IN-GmbH gehört zu den Betriebseinnahmen. Sie setzt sich der Höhe nach wie folgt zusammen:

Nettodividende	65.968 DM
zzgl. Kapitalertragsteuer	22.400 DM
zzgl. Solidaritätszuschlag	
§ 8 Abs. 1 KStG i.V.m. § 20 Abs. 1 Nr. 1 EStG, § 10 Nr. 2 KStG	1.232 DM
Zwischensumme	89.600 DM
zzgl. 30/70 anrechenbarer KSt gem. § 8 Abs. 1 KStG i.V.m.	
§§ 20 Abs. 1 Nr. 3, 36 Abs. 2 Nr. 3 EStG	38.400 DM
Summe	128.000 DM

Diesen Beteiligungsertrag hat die GmbH zutreffend erfaßt.

Daneben wurden die anrechenbare Kapitalertragsteuer, der Solidaritätszuschlag auf die Kapitalertragsteuer sowie die anrechenbare Körperschaftsteuer als Aufwand verbucht. Diese sind im Rahmen der Einkommensermittlung gem. § 10 Nr. 2 KStG wieder hinzuzurechnen.

Die Kapitalertragsteuer und Körperschaftsteuer werden auf die Körperschaftsteuerschuld der Solidaritätszuschlag auf den Solidaritätszuschlag der GmbH angerechnet (§ 49 KStG i.V.m. § 36 Abs. 2 Nr. 2 und 3 EStG; vgl. unter III.).

2. Die Kosten für Werbegeschenke sind nicht als Betriebsausgaben zu berücksichtigen, da sie trotz Beachtung der Begrenzung auf 75 DM pro Empfänger nicht getrennt und gesondert von den übrigen Aufwendungen aufgezeichnet wurden (§ 8 Abs. 1 KStG i.V.m. § 4 Abs. 5 Nr. 1, Abs. 7 EStG). Somit sind 23.000 DM im Rahmen der Einkommensermittlung hinzuzurechnen.

Die nicht abziehbare Betriebsausgabe für die Geschenke stellt umsatzsteuerlich einen Eigenverbrauch dar (§ 1 Abs. 1 Nr. 2 c UStG). Die sich ergebende Umsatzsteuer mindert zunächst den handelsrechtlichen Jahresüberschuß:

23.000 DM x 16 % (§§ 12 Abs. 1 i.V.m. 10 Abs. 4 Nr. 3 UStG) = 3.680 DM.

Dieser Betrag ist jedoch im Rahmen der Einkommensermittlung als Umsatzsteuer auf den Eigenverbrauch gem. § 10 Nr. 2 KStG wieder hinzuzurechnen.

3. Die Aufwendungen für den Aufsichtsrat sind zur Hälfte nicht abziehbar (§ 10 Nr. 4 KStG). Sondervergütungen für eine Finanzierungsberatung stellen dabei keine Vergütung für eine Sondertätigkeit dar und sind deshalb in die Hinzurechnung mit der Hälfte einzubeziehen (Abschn. 45 Abs. 3 Sätze 3 u. 4 KStR).
Anzusetzen sind nur die Aufwendungen; die in den Vergütungen enthaltene Vorsteuer ist bei Berechtigung zum Vorsteuerabzug kein Bestandteil der Aufwendungen (Abschn. 45 Abs. 2 KStR).
Somit sind im Rahmen der Einkommensermittlung hinzuzurechnen 50 v.H. von 200.000 DM = 100.000 DM, sowie 50 v.H. von 30.000 DM = 15.000 DM.

4. Steuern vom Einkommen, sonstige Personensteuern und steuerliche Nebenleistungen auf diese Steuern - mit Ausnahme der Zinsen i.S. der §§ 233 a, 234 und 237 AO - dürfen das steuerpflichtige Einkommen nicht mindern (§ 10 Nr. 2 KStG).

Daher ergeben sich folgende Korrekturen:

Die Körperschaftsteuer-Vorauszahlungen 1998 i.H.v. 1.750.000 DM sowie der Solidaritätszuschlag darauf i.H.v. 96.250 DM sind hinzuzurechnen.

Der Säumniszuschlag auf die Umsatzsteuervorauszahlung fällt nicht unter die Hinzurechnungsregelung und ist deshalb als Aufwand berücksichtigungsfähig.

Die Gewerbesteuer ist ebenfalls abziehbar.

Die Vermögensteuer i.H.v. 80.000 DM ist als Personensteuer nicht abziehbar.

Die Aussetzungszinsen (§ 237 AO) auf die Körperschaftsteuernachzahlung fallen ebenfalls nicht unter die Hinzurechnungsvorschrift (§ 10 Nr. 2, 2. Halbsatz KStG, Ausnahmeregelung).

Die Vermögensteuererstattung für 1995 i.H.v. 100.000 DM, die die GmbH bislang als Ertrag behandelt hat, ist im Rahmen der Einkommensermittlung in entsprechender Anwendung von § 10 Nr. 2 KStG wieder abzuziehen.

5. Die Lieferung des Verpackungsmaterials unter Preis durch die IN-GmbH an die EX-GmbH stellt eine verdeckte Gewinnausschüttung dar, die bei der **IN-GmbH** das Einkommen nicht mindern darf (§ 8 Abs. 3 Satz 2 KStG). Eine verdeckte Gewinnausschüttung ist eine Vermögensminderung oder verhinderte Vermögensmehrung, die durch das Gesellschaftsverhältnis veranlaßt ist, sich auf die Höhe des Einkommens auswirkt und nicht auf einem den gesellschaftsrechtlichen Vorschriften entsprechenden Gewinnverteilungsbeschluß beruht. Eine Veranlassung durch das Gesellschaftsverhältnis liegt dann vor, wenn ein ordentlicher und gewissenhafter Geschäftsleiter die Vermögensminderung gegenüber einer Person, die nicht Gesellschafter ist, unter sonst gleichen Umständen nicht hingenommen hätte (Abschn. 31 Abs. 3 KStR). Im vorliegenden Fall hätte ein ordentlicher und gewissenhafter Geschäftsleiter für den Verkauf des Verpackungsmaterials den üblichen Kaufpreis i.H.v. 80.000 DM verlangt. Die verdeckte Gewinnausschüttung ist in Höhe der Differenz zum tatsächlich gezahlten Kaufpreis anzusetzen:

$$80.000 \text{ DM } ./. 52.000 \text{ DM } = 28.000 \text{ DM}.$$

Sie stellt bei der EX-GmbH einen Beteiligungsbetrag i.S. von § 20 Abs. 1 Nr. 1 EStG dar. Ebenso gehört die anrechenbare Körperschaftsteuer i.H.v. 30/70 von 28.000 DM = 12.000 DM zu den steuerpflichtigen Einnahmen (§ 20 Abs. 1 Nr. 3 EStG i.V.m. § 36 Abs. 2 Nr. 3 EStG).

Dieser ist bei der GmbH als Einkünfte aus Gewerbebetrieb zu behandeln (§ 8 Abs. 2 KStG). Die Körperschaftsteuer wird auf die Steuerschuld der GmbH angerechnet (§ 49 KStG i.V.m. § 36 Abs. 2 Nr. 3 EStG; vgl. unter III.).

Diese steuerliche Behandlung führt dazu, daß das Liefergeschäft im Ergebnis wie unter fremden Dritten abgewickelt gilt. Die verdeckte Gewinnausschüttung i.H.v. 28.000 DM verbraucht sich somit in gleicher Höhe wieder als Betriebsausgabe.

6. Die Höhe der im Rahmen der körperschaftsteuerlichen Einkommensermittlung abziehbaren Spenden ergibt sich aus § 9 KStG. Nach § 9 Abs. 1 Nr. 2 KStG sind Aufwendungen für bestimmte förderungswürdige Zwecke grds. bis zur Höhe von 5 v.H. des Einkommens abziehbar. Für wissenschaftliche, mildtätige und als besonders förderungswürdig anerkannte kulturelle Zwecke erhöht sich der Vomhundertsatz von 5 um weitere 5.
Als Einkommen i.S. dieser Vorschrift gilt das Einkommen vor Spendenabzug (§ 9 Abs. 2 KStG). Aus diesem Grund sind im Rahmen der Einkommensermittlung zunächst sämtliche geleisteten Spendenzahlungen wieder hinzuzurechnen. Der sich danach ergebende Betrag ist die Bemessungsgrundlage zur Anwendung der 5%-Regelung.

Bei Zusammentreffen von Spenden, für die der zusätzliche Höchstbetrag von 5 % gilt, mit anderen Spenden, ist zur Ermittlung der abziehbaren Spenden zunächst der erhöht abziehbare Betrag zu ermitteln. Der danach verbleibende Restbetrag ist zusammen mit den übrigen Spenden noch i.H.v. 5 % abzugsfähig.

Spenden an politische Parteien sind bei der Körperschaftsteuer ab 1994 nicht mehr abziehbar. Deshalb sind die 30.000 DM im Rahmen der Einkommensermittlung endgültig erhöhend zu berücksichtigen.

Die Einkommensermittlung stellt sich somit wie folgt dar:

Jahresüberschuß		1.472.518 DM
- Beteiligungsertrag (Tz. 1)		
-- anrechenbare Kapitalertragsteuer	+	22.400 DM
-- Solidaritätszuschlag	+	1.232 DM
-- anrechenbare Körperschaftsteuer	+	38.400 DM

- Geschenke (Tz. 2)
  -- Geschenkaufwendungen   +   23.000 DM

  -- Gewinnminderung durch die Umsatzsteuer ./.   3.680 DM
  -- Umsatzsteuer auf den Eigenverbrauch,
     § 10 Nr. 2 KStG   +   3.680 DM
- 1/2 Aufsichtsratsvergütung (Tz. 3)   +   115.000 DM
- Körperschaftsteuer-Vorauszahlung (Tz. 4)   +   1.750.000 DM
- Solidaritätszuschlag   +   96.250 DM
- Vermögensteuer 1995 (Tz. 4)   ./.   100.000 DM
- Vermögensteuer (Tz. 4)   +   80.000 DM
- verdeckte Gewinnausschüttung (Tz. 5)
  -- § 20 Abs. 1 Nr. 1 EStG   +   28.000 DM
  -- § 20 Abs. 1 Nr. 3 EStG   +   12.000 DM
  -- Verbrauch als Betriebsausgabe   ./.   28.000 DM
- Spenden (Tz. 6)   +   100.000 DM
                                                            3.610.800 DM

Spendenabzug (Tz. 6):
Wissenschaftliche Zwecke   50.000 DM
5 % v. 3.610.800 DM max.   50.000 DM   ./.   50.000 DM
Rest   0 DM

Kirchliche Zwecke   20.000 DM
5 % v. 3.610.800 DM max.   20.000 DM   ./.   20.000 DM
zu versteuerndes Einkommen   3.540.800 DM

Tarifsteuer 45 v.H. (§ 23 Abs. 1 KStG)   1.593.360 DM

Der Solidaritätszuschlag kann an dieser Stelle noch nicht ermittelt werden, weil die Bemessungsgrundlage in Abhängigkeit von der festgesetzten Körperschaftsteuer zu ermitteln ist (§ 3 Abs. 1 Nr. 1 SolZG).

II. Eigenkapitalgliederung

1. Behandlung der Gewinnausschüttungen

Sowohl für die während des Wirtschaftsjahres 1998 durchgeführte Vorabausschüttung als auch für die in 1999 für 1998 vorgenommene offene Gewinnausschüttung ist die Ausschüttungsbelastung herzustellen (§ 27 Abs. 1 KStG).

Vorabausschüttung:

Unter einer Vorabausschüttung versteht man eine Ausschüttung auf das noch nicht endgültig festgestellte Jahresergebnis. Der Beschluß über eine Vorabausschüttung ist ein ordnungsgemäßer Gewinnverteilungsbeschluß (Abschn. 78 a Abs. 1 Satz 1 KStR). Erfolgt eine solche Vorabausschüttung vor Ablauf des Wirtschaftsjahres, so bezieht sich der Gewinnverteilungsbeschluß nicht auf ein abgelaufenes Wirtschaftsjahr. Aus diesem Grund handelt es sich nicht um eine offene Gewinnausschüttung i.S.v. §§ 27 Abs. 3 Satz 1, 28 Abs. 2 Satz 1 KStG. Folglich sind solche Vorabausschüttungen im Rahmen des körperschaftsteuerlichen Anrechnungsverfahrens als andere Ausschüttungen i.S. von §§ 27 Abs. 3 Satz 2, 28 Abs. 2 Satz 2 KStG zu behandeln. Die Körperschaftsteueränderung tritt somit für das Jahr ein, in dem die Ausschüttung erfolgt (§ 27 Abs. 3 Satz 2 KStG). Maßgebend ist das verwendbare Eigenkapital zum Schluß dieses Jahres (§ 28 Abs. 2 Satz 2). Im vorliegenden Fall tritt somit die Körperschaftsteueränderung für 1998 ein. Maßgebend ist das verwendbare Eigenkapital zum 31.12.1998.

Offene Gewinnausschüttung:

Für die in 1999 vorgenommene offene Gewinnausschüttung für 1998 tritt die Körperschaftsteueränderung für das Jahr 1998 ein (§ 27 Abs. 3 Satz 1 KStG). Maßgebend ist das verwendbare Eigenkapital zum 31.12.1998 (§ 28 Abs. 2 Satz 1 KStG).

Da beide Gewinnausschüttungen mit dem verwendbaren Eigenkapital zum 31.12.1998 zu verrechnen sind, erfolgt die Verrechnung in einer Summe (Abschn. 78 Abs. 3 KStR).

2. Eigenkapitalgliederung

a) Die EX-GmbH muß ihr verwendbares Eigenkapital zum Schluß eines jeden Wirtschaftsjahres gliedern (§ 30 Abs. 1 Satz 1 KStG). Die einzelnen Teilbeträge des verwendbaren Eigenkapitals sind gesondert festzustellen (§ 47 Abs. 1 Nr. 1 KStG). Die einzelnen Teilbeträge sind jeweils aus der Gliederung für das vorangegangene Wirtschaftsjahr abzuleiten (§ 30 Abs. 1 Satz 2 KStG i.V.m. § 47 Abs. 1 Satz 2 KStG). (Wegen weiterer Einzelheiten vgl. Lösung zu Aufgabenteil 2 Körperschaftsteuerklausur Nr. 2)

b) Für den vorliegenden Fall ergibt sich folgendes:

aa) **EK 45**:
Der zum 31.12.1997 festgestellte Teilbetrag ist zu übernehmen.
Das zu versteuernde Einkommen des Jahres 1998 ist nach Abzug der Tarifbelastung dem EK 45 hinzuzurechnen (§§ 30 Abs. 1 Nr. 1, 31 Abs. 1 Nr. 2 KStG).
Die Vermögensteuererstattung für 1995 ist als Zugang im EK 45 zu erfassen. Werden einer Körperschaft sonstige nicht abziehbare Ausgaben erstattet, ist der Erstattungsbetrag in der Eigenkapitalgliederung zum Schluß des Jahres der wirtschaftlichen Zugehörigkeit entsprechend der Behandlung in der Steuerbilanz nach dem Grundgedanken des § 31 KStG dem Teilbetrag des verwendbaren Eigenkapitals hinzuzurechnen, der durch diese Ausgaben verringert worden war (Abschn. 84 Abs. 4 Satz 1 KStR).

bb) Die im Rahmen der Einkommensermittlung sonstigen nicht abziehbaren Ausgaben sind nach Maßgabe des § 31 Abs. 1 Nr. 4, Abs. 2 KStG vom EK 45 abzuziehen.
Das sind im einzelnen:

Geschenke	23.000 DM
Umsatzsteuer auf den Eigenverbrauch	3.680 DM
Hälfte der Aufsichtsratvergütungen	115.000 DM
Vermögensteuer	80.000 DM
nicht abziehbarer Teil der Spenden	30.000 DM

Dazu gehört auch der Solidaritätszuschlag. Allerdings besteht insoweit das Problem, daß der Solidaritätszuschlag ausgehend von der festgesetzten Körperschaftsteuer zu ermitteln ist (§ 3 Abs. 1 Nr. 1 SolZG).

Festgesetzte KSt ist der nach Minderung oder Erhöhung verbleibende Steuerbetrag (Abschn. 77 Abs. 5 KStR). Die Ermittlung der Steueränderungen setzt jedoch die Verrechnung der Ausschüttungen mit dem verwendbaren Eigenkapital zum 31.12.1998 voraus. In der Gliederung zum 31.12.1998 ist jedoch der Solidaritätszuschlag im Rahmen von § 31 Abs. 1 Nr. 4 KStG vom EK 45 abzuziehen.

c) Verwendungsreihenfolge:

Die Verrechnung der Gewinnausschüttungen erfolgt grds. in der Reihenfolge, die sich aus § 30 KStG ergibt (§ 28 Abs. 3 KStG). Sofern sich dabei eine Körperschaftsteuerminderung ergibt, gilt diese als mit für die Ausschüttung verwendet (§ 28 Abs. 6 Satz 1 KStG).

d) Gliederung des verwendbaren Eigenkapitals:

		EK 45
31.12.1997		800.000 DM
zu versteuerndes Einkommen	3.540.800 DM	
Tarifsteuer	./. 1.593.360 DM	1.947.440 DM
Vermögensteuererstattung		100.000 DM
sonstige nicht abziehbare Aufwendungen		
Geschenke	23.000 DM	
USt auf Eigenverbrauch	3.680 DM	
1/2 Aufsichtsratsvergütung	115.000 DM	
Vermögensteuer	80.000 DM	
nicht abziehbare Spenden	30.000 DM	
Solidaritätszuschlag (s.u.)	70.720 DM	
	322.400 DM	322.400 DM
31.12.1998		2.525.040 DM
Ausschüttungen	1.200.000 DM	
aus EK 45 (55/70)	942.857 DM	942.857 DM
KSt-Minderung (15/70)	257.143 DM	
	0 DM	

III. Ermittlung des endgültigen Jahresüberschusses

1. Ermittlung der KSt-Rückstellung/-forderung

Tarifsteuer	1.593.360 DM
./. KSt-Minderung	257.143 DM
festgesetzte KSt	1.336.217 DM
./. anrechenbare Kapitalertragsteuer	22.400 DM
(§ 49 KStG i.V.m. § 36 Abs. 2 Nr. 2 EStG)	
./. anrechenbare KSt (§ 49 KStG i.V.m. § 36 Abs. 2 Nr. 3 EStG)	
a) aus offener Gewinnausschüttung	38.400 DM
b) aus verdeckter Gewinnausschüttung	12.000 DM
verbleibende KSt	1.263.417 DM
./. Vorauszahlungen	1.750.000 DM
Körperschaftsteuerforderung	486.583 DM

2. Ermittlung des Solidaritätszuschlags

Festgesetzte KSt	1.336.217 DM
./. anrechenbare KSt	50.400 DM
Bemessungsgrundlage (§ 3 Abs. 1 Nr. 1 SolZG)	1.285.817 DM
Höhe 5,5 v.H. (§ 4 SolZG)	70.720 DM
./. SolZ auf Kapitalertragsteuer	1.232 DM
	69.488 DM
./. Vorauszahlungen	96.250 DM
Forderung	26.762 DM

3. Ermittlung des Jahresüberschusses

Jahresüberschuß (bisher)	1.472.518 DM
./. Umsatzsteuer auf Geschenke	./. 3.680 DM
KSt-Forderung	486.583 DM
SolZ-Forderung	26.762 DM
Jahresüberschuß	1.982.183 DM

IV. Abgleich des verwendbaren Eigenkapitals lt. Gliederung mit dem verwendbaren Eigenkapital lt. Steuerbilanz

Unter dem Abgleich des verwendbaren Eigenkapitals mit dem verwendbaren Eigenkapital lt. Steuerbilanz versteht man die Überprüfung, ob das verwendbare Eigenkapital lt. Gliederung mit dem verwendbaren Eigenkapital lt. Steuerbilanz übereinstimmt. Nach § 29 Abs. 1 KStG ist das verwendbare Eigenkapital lt. Gliederung das in der Steuerbilanz ausgewiesene Betriebsvermögen, das sich ohne Änderung der Körperschaftsteuern nach § 27 KStG und ohne Verringerung um die im Wirtschaftsjahr erfolgten Ausschüttungen ergeben würde, die nicht auf einem dem gesellschaftsrechtlichen Vorschriften entsprechenden Gewinnverteilungsbeschluß für ein abgelaufenes Wirtschaftsjahr beruhen. Dabei bleibt das Stammkapital unberücksichtigt (§ 29 Abs. 2 Satz 2 KStG).

Somit stellt sich die Verprobung wie folgt dar:

Gewinnvortrag	800.000 DM
./. Vorabausschüttung 1998	500.000 DM
	300.000 DM
+ Jahresüberschuß	1.982.183 DM
Betriebsvermögen lt. Steuerbilanz	2.282.183 DM
./. Körperschaftsteuerminderung	./. 257.143 DM
+ andere Ausschüttung (Vorabausschüttung)	+ 500.000 DM
	2.525.040 DM

Dieser Betrag entspricht der Summe des verwendbaren Eigenkapitals zum 31.12.1998.

Aufgabenteil Nr. 3: Gewerbesteuer

I. Gewerbeertrag

Gewerbeertrag ist der nach den Vorschriften des EStG zu ermittelnde Gewinn aus Gewerbebetrieb, der bei der Ermittlung des Einkommens für den dem Erhebungszeitraum entsprechenden Veranlagungszeitraum zu berücksichtigen ist, vermehrt und vermindert um die in den §§ 8 und 9 GewStG bezeichneten Beträge (§ 7 GewStG).
Ausgangspunkt für den Gewerbeertrag ist der Gewinn nach den Vorschriften des EStG (§§ 4 bis 7); verfahrensrechtlich ist der Gewerbeertrag jedoch selbständig zu ermitteln, vgl. Abschn. 39 Abs. 1 GewStR.

Vorläufiger Gewinn	115.000 DM
Vergütung Komplementär, § 15 Abs. 1 Nr. 2 EStG	+ 90.000 DM
Spenden (als Aufwand behandelt)	+ 40.000 DM
nicht abziehbare Betriebsausgaben, § 4 Abs. 5 EStG	+ 8.000 DM
GewSt-Vorauszahlungen	+ 40.000 DM
Gewinn vor GewSt	293.000 DM

Hinzurechnungen, § 8 GewStG

Entgelte für Dauerschulden:

Nach § 8 Nr. 1 GewStG ist die Hälfte der Entgelte für Schulden, die wirtschaftlich mit der Gründung oder dem Erwerb des Betriebs zusammenhängen oder der nicht nur vorübergehenden Verstärkung des Betriebskapital dienen, dem Gewinn aus Gewebebetrieb hinzuzurechnen
1/2 von 70.000 DM =   + 35.000 DM

Kürzungen, § 9 GewStG

a) Zu kürzen sind 1,2 v.H. des Einheitswerts des zum Betriebsvermögen des Unternehmers gehörenden Grundbesitzes (§ 9 Nr. 1 GewStG). Maßgebend ist dabei der nach § 121a BewG um 40 v.H. erhöhte Einheitswert (Abschn. 61 Abs. 4 GewStR).

350.000 DM x 1,4 = 490.000 DM x 1,2%   ./. 5.880 DM

b) Kürzung um Gewinne aus Anteilen an einer nicht steuerbefreiten inländischen Kapitalgesellschaft ("Lightbrau GmbH"); eine Beteiligung i.H.v. 10% ist ausreichend

§ 9 Nr. 2a GewStG ./. 18.000 DM

c) Gem. § 9 Nr. 5 GewStG sind Spenden, die aus Mitteln des Gewerbebetriebs geleistet werden, bis zur Höhe von insgesamt 5 v.H. des Gewinns aus Gewerbebetrieb oder 2 v. Tausend der Summe der gesamten Umsätze und der im Wirtschaftsjahr aufgewendeten Löhne und Gehälter zu kürzen.

Im vorliegenden Fall ist die zweite Regelung günstiger für die Gesellschaft. Danach sind abzugsfähig:

2 v.T. von 18.800.000 DM (Spendenhöhe: 40.000 DM)	./. 37.600 DM
(5 v.H. von 293.000 DM ./. GewSt niedriger!)	
vorläufiger Gewerbeertrag	266.520 DM
abgerundet auf volle 100 DM, § 11 Abs. 1 S. 3 GewStG	266.500 DM
Freibetrag gem. § 11 Abs. 1 Satz 3 Nr. 1 GewStG	./. 48.000 DM
Gewerbeertrag	218.500 DM
x 5% = 10.925 DM ./. 2.400 DM Staffelermäßigung	8.525 DM

Ausführliche Berechnung zur Probe:

24.000 DM x 1 %	=	240 DM	
24.000 DM x 2 %	=	480 DM	
24.000 DM x 3 %	=	720 DM	
24.000 DM x 4 %	=	960 DM	
122.500 DM x 5 %	=	6.125 DM	
		8.525 DM	

Steuermeßbetrag nach dem Gewerbeertrag	+ 8.525 DM
x Hebesatz der Gemeinde 430 %	
= vorläufige GewSt nach dem Gewerbeertrag	36.658 DM
davon 5/6 nach R 20 Abs. 2 EStR	30.549 DM
abzüglich Vorauszahlungen 1998	./. 40.000 DM
GewSt-Erstattung 1998 (keine Rückstellung, sondern Forderung)	9.451 DM

Aufgabenteil Nr. 4: Umsatzsteuer - 1. Klausur

1. Stahlimport

Da die Warenbewegung nicht von einem Mitgliedstaat der EU in die BR Deutschland durchgeführt wird, kann kein innergemeinschaftlicher Erwerb nach § 1a Abs. 1 Nr. 1 UStG vorliegen.
Vielmehr liegt zutreffend eine steuerbare Einfuhr gem. § 1 Abs. 1 Nr. 4 UStG vor. Da es sich um deutsche Einfuhrumsatzsteuer handelt und diese Einfuhrumsatzsteuer für die GmbH entrichtet worden ist, hat die GmbH nach § 15 Abs. 1 Nr. 2 UStG die Einfuhrumsatzsteuer als Vorsteuer abzuziehen. Der Vorsteuerabzug erfolgt in der Voranmeldung Oktober 1998.

2. Metallrohlinge

Die GmbH führt in allen drei Fällen steuerbare Lieferungen (§ 3 Abs. 1 UStG). Ort der bewegten Lieferungen ist mit Übergabe an den Versender (betr. Lieferung an Fiat und Skoda) sowie mit Beginn der Beförderung (Baumarkt in Dinslaken), somit jeweils in Hünxe, § 3 Abs. 6 S.1 UStG. Alle drei Lieferungen sind nach § 1 Abs. 1 Nr. 1 UStG steuerbar, da sich der Lieferungsort im Inland befindet und die Lieferungen ansonsten im Rahmen des Unternehmens gegen Entgelt im vereinbarten Leistungsaustausch ausgeführt werden.

a) Lieferung an Fiat

Die Lieferung an die Firma Fiat ist nach § 4 Nr. 1b UStG als innergemeinschaftliche Lieferung steuerfrei:
Die GmbH versendet als Unternehmer den Gegenstand an einen unternehmerischen Abnehmer im Gemeinschaftsgebiet, der selbst der Erwerbsbesteuerung unterliegt, § 6a Abs. 1 UStG. Die Bemessungsgrundlage des steuerfreien Umsatzes beträgt 30.000 DM. Die an die Rechnungen anknüpfenden Voraussetzungen gelten als nachgewiesen.

b) Lieferung an die Firma Skoda

Es handelt sich um eine steuerfreie Ausfuhrlieferung gem. § 4 Nr. 1a UStG. Der Liefergegenstand wird von der GmbH in das Drittlandsgebiet versendet, § 6 Abs. 1 UStG. Die Bemessungsgrundlage des steuerfreien Umsatzes beträgt 58.000 DM.

Die in der Rechnung gesondert ausgewiesene USt schuldet die GmbH (allerdings mit Berichtigungsmöglichkeit) nach § 14 Abs. 2 UStG. Diese USt i.H.v. 9.280 DM entsteht mit Ablauf des VAZ 4/1998, § 13 Abs. 1 Nr. 3 UStG.

c) Lieferung an den Baumarkt in Dinslaken

Die Lieferung ist mangels Steuerbefreiung (§ 4 UStG) steuerpflichtig zu 16 %, § 12 Abs. 1 UStG. Bemessungsgrundlage ist das Entgelt, § 10 Abs. 1 UStG:
10.000 DM x 16 % Umsatzsteuer = 1.600 DM
Die Umsatzsteuer entsteht mit Ablauf des Voranmeldungszeitraums April 1998, § 13 Abs. 1 Nr. 1a UStG.

Mit dem Erhalt der Lieferung der Metallrohlinge liegt ein innergemeinschaftlicher Erwerb vor, da die Metallrohlinge von Frankreich nach Deutschland gelangen, § 1a Abs. 1 UStG. Der Ort des innergemeinschaftlichen Erwerbs ist nach § 3d Satz 1 UStG dort, wo sich der Liefergegenstand am Ende der Beförderung befindet: Deutschland. Es handelt sich somit um einen steuerbaren innergemeinschaftlichen Erwerb, § 1 Abs. 1 Nr. 5 UStG.

Die nach Italien und Tschechien weiter gelieferten Rohlinge führen auf der Ebene des Eingangsumsatzes trotz ihrer Steuerfreiheit (s.o.) dazu, daß der Ausschluß vom Vorsteuerabzug nicht eintritt, vgl. § 15 Abs. 3 UStG. Nach § 4b Nr. 4 UStG ist der innergemeinschaftliche Erwerb insoweit steuerfrei:
60.000 DM x 900/1000 = 54.000 DM
Lediglich der Erwerb der 100 kg Rohlinge, die nach Dinslaken veräußert werden, sind mangels Steuerbefreiung zu 16 % (§ 12 Abs. 1 UStG) steuerpflichtig. Die Bemessungsgrundlage für den innergemeinschaftlichen Erwerb ergibt sich nach § 10 Abs. 1 UStG aus dem Entgelt: 6.000 DM x 16% = 960 DM USt
Die Umsatzsteuer entsteht mit Ablauf des Voranmeldungszeitraums April 1998, § 13 Abs. 1 Nr. 6 UStG.

Im gleichen Voranmeldungszeitraum hat die GmbH aus dem innergemeinschaftlichen Umsatz einen Vorsteueranspruch i.H.v. 960 DM, § 15 Abs. 1 Nr. 3 UStG.

3. Metallzylinder

Für die Annahme eines steuerbaren Umsatzes nach § 1 Abs. 1 Nr. 1 UStG ist Voraussetzung, daß der Unternehmer willentlich eine Leistung erbringt.

Der Diebstahl der Metallzylinder erfolgte gegen den Willen der GmbH, so daß mangels Leistungswillen der GmbH kein steuerbarer Vorgang vorliegen kann.

4. Metallzaun und Anbau

Mit Erstellung des Metallzaunes erbringt die GmbH eine Werklieferung (§ 3 Abs. 1 und Abs. 4 UStG), da die GmbH eigene Hauptstoffe verwendet. Es handelt sich um eine unbewegte Lieferung, § 3 Abs. 7 S. 1 UStG. Der Leistungsort bestimmt sich gem. § 3 Abs. 7 S. 1 UStG danach, wo sich der Gegenstand im Zeitpunkt der Verschaffung der Verfügungsmacht befindet: Oberhausen. Durch Anrechnung der Werklieferung auf die Anbauarbeiten des Mike Mörtel ist die Werklieferung entgeltlich erbracht (Tausch mit Baraufgabe, § 3 Abs. 12 UStG) und somit steuerbar, § 1 Abs. 1 Nr. 1 UStG. Mangels Umsatzsteuerbefreiung (§ 4 UStG) ist die Werklieferung umsatzsteuerpflichtig zu 16 %, § 12 Abs. 1 UStG.

Bemessungsgrundlage ist nach § 10 Abs. 1 UStG das Entgelt:

Anrechnungsbetrag, s. Abrechnung des M	19.000,00 DM
abzüglich Umsatzsteuer 16 %	./. 2.620,69 DM
BMG	16.379,31 DM

Die Umsatzsteuer entsteht mit Ablauf des VAZ Juni 1998, § 13 Abs. 1 Nr. 1a UStG.

Der Anbau durch die Firma Mörtel ist durch das Unternehmen der GmbH veranlaßt. Der GmbH steht im September 1998 (Leistung ist erbracht und Rechnung liegt vor) ein Vorsteueranspruch i.H.v. 6.560 DM zu, § 15 Abs. 1 Nr. 1 UStG. Die Rechnung der Firma Mörtel ist insoweit nicht zutreffend, als daß er seine USt auf seine Leistung ohne vorherige Verrechnung mit der Leistung der GmbH hätte beziehen müssen.

Solange die Rechnung von Mörtel aber nicht wirksam berichtigt ist, kann die GmbH höchstens die ausgewiesene USt als Vorsteuer abziehen.

5. Metallgitter

Die GmbH erbringt gegenüber dem STV Hünxe eine Lieferung, § 3 Abs. 1 UStG. Ort der Lieferung ist Hünxe im März 1998, § 3 Abs. 6 S. 1 UStG. Die Lieferung erfolgt gegen Entgelt im vereinbarten Leistungsaustausch und ist damit steuerbar, § 1 Abs. 1 Nr. 1 UStG. Auf ein angemessenes Verhältnis zwischen Leistung und Gegenleistung kommt es nicht an. Auch ist ein Gewinn des Unternehmers für das Merkmal der Steuerbarkeit nicht maßgebend.

Mangels Umsatzsteuerbefreiung (§ 4 UStG) ist der Umsatz steuerpflichtig zu 16 %, § 12 Abs. 1 UStG. Bemessungsgrundlage ist zunächst nach § 10 Abs. 1 UStG das Entgelt:

	1.000,00 DM
abzüglich 16 % Umsatzsteuer	./. 137,93 DM
Bemessungsgrundlage	862,07 DM

Da die Lieferung der GmbH durch die Privatsphäre des Geschäftsführers Ernst veranlaßt ist, ist nach § 10 Abs. 5 Nr. 1 UStG die Mindestbemessungsgrundlage über § 10 Abs. 4 Nr. 1 UStG zu prüfen. Diese Bemessungsgrundlage beträgt 1.000 DM (offensichtlich entsprechen die Selbstkosten den Wiederbeschaffungskosten) x 16 % = 160 DM USt.
Die Umsatzsteuer i.H.v. 160 DM entsteht mit Ablauf März 1998, § 13 Abs. 1 Nr. 1a UStG.

6. Lkw

Da der Liefergegenstand von Frankreich in das Inland gelangt, liegt ein innergemeinschaftlicher Erwerb vor, § 1a Abs. 1 UStG. Ort des innergemeinschaftlichen Erwerbs ist Hünxe, § 3d Satz 1 UStG im Februar 1998. Der Erwerb ist steuerbar, § 1 Abs. 1 Nr. 5 UStG.
Der Weiterverkauf des Lkw ist unstreitig im Rahmen eines Hilfsgeschäfts steuerbar nach § 1 Abs. 1 Nr. 1 UStG und als Ausfuhrlieferung (§ 6 Abs. 1 und Abs. 2 Nr. 1 UStG) steuerfrei. Aufgrund dieser Steuerfreiheit ist der o.g. innergemeinschaftliche Erwerb ebenfalls steuerfrei, § 4b Nr. 4 UStG.
Die Bemessungsgrundlage des steuerfreien innergemeinschaftlichen Erwerbs beträgt 160.000 DM. Die Bemessungsgrundlage der steuerfreien Ausfuhrlieferung beträgt 200.000 DM.

Die im Zusammenhang mit der Veräußerung entstandene Vorsteuer i.H.v. 450 DM bleibt trotz der Steuerfreiheit des Ausgangsumsatzes (Ausfuhr) abzugsfähig, § 15 Abs. 3 Nr. 1a UStG.

7. Pkw

Die Rückgabe des Pkw durch Untreu an die GmbH ist kein umsatzsteuerlich relevanter Vorgang.
Bei Anschaffung des Pkw im März 1998 hat die GmbH einen Vorsteueranspruch i.H.v. 5.600 DM, § 15 Abs. 1 Nr. 1 UStG.

Die Lieferung (§ 3 Abs. 1 UStG) an den Holländer ist unstreitig steuerbar, § 1 Abs. 1 Nr. 1 UStG.
Der Pkw erfüllt die tatbestandsmäßigen Voraussetzungen der § 1b Abs. 3 UStG entsprechenden Vorschrift des holländischen UStG, so daß der holländische Privatmann den Erwerb des Pkw in Holland zu versteuern hat (Neufahrzeug: weniger als 6.000 km, erste Inbetriebnahme vor weniger als 6 Monaten).
Aus diesem Grund ist die Lieferung des Pkw eine steuerfreie (§ 4 Nr. 1b UStG) innergemeinschaftliche Lieferung, § 6a Abs. 1 UStG.
Die ausgewiesene Umsatzsteuer i.H.v. 4.800 DM schuldet die GmbH nach § 14 Abs. 2 im Juli 1998, § 13 Abs. 1 Nr. 3 UStG. Durch Berichtigung der Rechnung kann diese USt i.H.v. 4.800 DM berichtigt werden, § 14 Abs. 2 S. 2 UStG.

Aufgabenteil Nr. 4: Umsatzsteuer - 2. Klausur

I. Allgemeines

Stefan Spans Rahmen des Unternehmen besteht nicht nur aus seiner Schreinerei, sondern auch aus seinen unternehmerischen Tätigkeiten als Dozent (Vorträge) sowie Buchautor, § 2 Abs. 1 UStG.

Vortrag Handwerkskammer Düsseldorf

In Gestalt des Vortrages erbringt S. gegenüber der Handwerkskammer Düsseldorf eine sonstige Leistung gegen Entgelt im vereinbarten Leistungsaustausch, § 3 Abs. 9 UStG. Ort der sonstigen Leistung ist nach § 3a Abs. 2 Nr. 3a UStG dort, wo S. wesentlich tätig wird, in Düsseldorf. Somit ist die Vortragstätigkeit nach § 1 Abs. 1 Nr. 1 UStG steuerbar und mangels Steuerbefreiung (§ 4 UStG) auch steuerpflichtig. Eine Steuerbefreiung ergibt sich insbesondere nicht nach § 4 Nr. 21 oder 22 UStG. Der Steuersatz beträgt nach § 12 Abs. 1 UStG 16 %. Bemessungsgrundlage ist nach § 10 Abs. 1 UStG das Entgelt:

Scheck	5.000,00 DM
abzüglich 16 % Umsatzsteuer	./. 689,66 DM
Bemessungsgrundlage	4.310,34 DM

Die Umsatzsteuer in Höhe von 689,66 DM entsteht mit Ablauf des Voranmeldungszeitraums, in dem die Vortragsleistung erbracht worden ist (§ 13 Abs. 1 Nr. 1a UStG), somit Juli 1998.

Vortrag im schweizerischen Davos

Dieser ebenfalls als sonstige Leistung nach § 3 Abs. 9 UStG einzuordnende Vortrag wird dort erbracht, wo der Unternehmer wesentlich tätig wird: Davos, § 3a Abs. 2 Nr. 3a UStG.
Mangels Leistungsort im Inland ist der Umsatz in Deutschland nicht steuerbar.

Autorentätigkeit

Der Ort der Autorentätigkeit befindet sich nach § 3a Abs. 4 Nr. 1 i.V.m. Abs. 3 UStG dort, wo der Leistungsempfänger seinen Sitz hat: in Frankreich. Mangels Leistungsort im Inland sind die Autorenhonorare nicht steuerbar.

II. Einzelsachverhalte

1. Prämie

Durch Beteiligung an dem Wettbewerb hat S. gegenüber dem Veranstalter eine sonstige Leistung erbracht, § 3 Abs. 9 UStG. Diese sonstige Leistung wird durch die Prämie in Höhe von 10.000 DM steuerbar, da nunmehr ein Entgelt feststeht. Der Ort befindet sich nach § 3a Abs. 4 Nr. 1 i.V.m. Abs. 3 UStG dort, wo der Messeveranstalter seinen Sitz hat, Essen. Somit ist der Umsatz steuerbar nach § 1 Abs. 1 Nr. 1 UStG und mangels Steuerbefreiung (§4 UStG) steuerpflichtig. Der Steuersatz beträgt nach § 12 Abs. 1 UStG 16 %. Die Bemessungsgrundlage ist nach § 10 Abs. 1 UStG das Entgelt:

Scheck	10.000,00 DM
abzüglich 16 % Umsatzsteuer	./.1.379,31 DM
Bemessungsgrundlage	8.620,69 DM

Die Umsatzsteuer in Höhe von 1.379,31 DM entsteht mit Ablauf des Voranmeldungszeitraums, in dem der S. seine Leistung erbracht hat, § 13 Abs. 1 Nr. 1a UStG.

2. Transportkosten

Durch den Verkauf der Sägespäne, Holzabfälle etc. erbringt S. eine Lieferung gegen Entgelt im vereinbarten Leistungsaustausch gem. § 3 Abs. 1 UStG. Ort der bewegten Lieferung durch Versenden ist nach § 3 Abs. 6 S.1 UStG dort, wo die Container dem Spediteur übergeben werden, offensichtlich in Hünxe. Der Umsatz ist somit im Inland steuerbar (§ 1 Abs. 1 Nr. 1 UStG) und mangels Steuerbefreiung (§ 4 UStG) steuerpflichtig.
Der Steuersatz beträgt nach § 12 Abs. 2 Nr. 1 UStG i.V.m. der Anlage zum UStG lfd. Nr. 48 b 7 %. Die Bemessungsgrundlage ist nach § 10 Abs. 1 UStG das Entgelt. Die Transportleistung des S. teilt umsatzsteuerrechtlich das Schicksal der Hauptleistung (Lieferung von Holzabfällen). Es gilt der Grundsatz der Einheitlichkeit der Leistung, Abschn. 29 Abs. 3 UStR.

Erhaltener Bruttobetrag incl. Transportkosten	8.060,00 DM
abzüglich 7 % Umsatzsteuer	./. 527,29 DM
Bemessungsgrundlage	7.532,71 DM

Nach § 14 Abs. 2 UStG (mit der Möglichkeit der Rechnungsberichtigung) entsteht aber mindestens die Steuer, die der Unternehmer in Rechnungen ausgewiesen hat, in diesem Fall also 960 DM. Die Umsatzsteuer in Höhe von 960 DM entsteht nach § 13 Abs. 1 Nr. 1a und 3 UStG im Voranmeldungszeitraum November 1998.

Hinweis:

Die Firma Presswerk kann nur die USt als Vorsteuer abziehen, die aufgrund der Lieferung geschuldet wird, mithin 527,29 DM, vgl. BFH a.a.O.

3. Vortragsunterlagen

Ein steuerbarer Umsatz nach § 1 Abs. 1 Nr. 1 UStG liegt mangels Entgelt offensichtlich nicht vor. Es ist zu prüfen, ob eine Lieferung des Unternehmers an seine Arbeitnehmer i.S. des § 1 Abs. 1 Nr. 1b UStG vorliegt. Da die Überlassung der Vortragsunterlagen aber im ausschließlich betrieblichen Interesse (Fortbildung) erfolgt, kann hiernach keine Besteuerung durchgeführt werden. Aus dem gleichen Grunde liegt auch kein Eigenverbrauch nach § 1 Abs. 1 Nr. 2 UStG vor, vgl. auch Abschn. 12 Abs. 2 Satz 6 UStR.

4. Treppengeländer

Seine Ehefrau gilt nach § 2 Abs. 1 UStG selbst als Unternehmerin. Somit kann begrifflich ein nicht steuerbarer Innenumsatz nicht vorliegen. Vielmehr handelt es sich um einen steuerbaren Umsatz nach § 1 Abs. 1 Nr. 1 UStG, da S. eine Werklieferung (§ 3 Abs. 4 UStG) gegen Entgelt im Leistungsaustausch erbringt. Daß die Ehefrau ein gemindertes Entgelt zu zahlen hat, ist hier zunächst unerheblich. Der steuerbare Umsatz ist mangels Steuerbefreiung (§ 4 UStG) steuerpflichtig. Der Steuersatz beträgt nach § 12 Abs. 1 UStG 16 %.

Die Bemessungsgrundlage ist zunächst einmal das Entgelt, § 10 Abs. 1 UStG:

Scheck	20.000,00 DM
abzüglich 16 % Umsatzsteuer	./. 2.758,62 DM
Bemessungsgrundlage	17.241,38 DM

Zu prüfen ist allerdings die Mindestbemessungsgrundlage nach § 10 Abs. 5 Nr. 1 UStG, da der Unternehmer eine Lieferung an eine ihm nahestehende Person ausgeführt hat. Bei der Mindestbemessungsgrundlage gilt § 10 Abs. 4 Nr. 1 UStG analog: Anzusetzen sind die Wiederherstellungskosten im Zeitpunkt des Umsatzes, also 40.000 DM:

Wiederherstellungskosten 40.000 DM x 16 % = 6.400 DM USt

Die Umsatzsteuer in Höhe von 6.400 DM entsteht nach § 13 Abs. 1 Nr. 1 a UStG mit Ablauf des Voranmeldungszeitraumes der Werklieferung, Dezember 1998.
Der Zeitpunkt der Vereinnahmung ist bei Versteuerung nach vereinbarten Entgelten unbedeutend.

5. Klettergerüst

Gegenüber dem Kindergarten erbringt S. eine Werklieferung (§ 3 Abs. 4 UStG), da er das Gerüst aus selbstbeschafften Hauptstoffen hergestellt und montiert hat. Ort ist bei dieser unbewegten Lieferung nach § 3 Abs. 7 S. 1 UStG dort, wo die Verfügungsmacht verschafft wird, Hünxe. Der Umsatz ist nach § 1 Abs. 1 Nr. 1 UStG steuerbar und mangels Steuerbefreiung (§ 4 UStG) steuerpflichtig. Der Steuersatz beträgt nach § 12 Abs. 1 UStG 16 %. Die Bemessungsgrundlage ist nach § 10 Abs. 1 UStG das Entgelt; das Entgelt wird nicht gemindert durch die Verzugszinsen in Höhe von 8.000 DM, Abschn. 151 Abs. 3 Satz 7 UStR:

60.000 DM x 16 % = 9.600 DM Umsatzsteuer

Die Umsatzsteuer in Höhe von 9.600 DM entsteht mit Ablauf des Voranmeldungszeitraumes der Lieferung, Oktober 1998, § 13 Abs. 1 Nr. 1a UStG. Auf den VAZ der Rechnungserteilung kommt es nicht an.
Die Zahlung unter Abzug von 2 % Skonto führt zu einer Minderung der Bemessungsgrundlage nach § 17 Abs. 1 Nr. 1 UStG in 12/98, § 13 Abs. 1 Nr. 5 UStG:

60.000 DM ./. 2 % Skonto = Bemessungsgrundlage ./. 1.200 DM
x 16 % Umsatzsteuer ./. 192 DM

6. Holzlieferung

Als Lieferungsempfänger der Holzsendung verwirklicht S. einen innergemeinschaftlichen Erwerb nach § 1a Abs. 1 UStG, unter der Voraussetzung, daß der leistende Unternehmer Wurmi eine nach § 6a UStG (nach italienischem Recht) steuerfreie innergemeinschaftliche Lieferung ausführt.
Ort des innergemeinschaftlichen Erwerbs ist nach § 3d Satz 1 UStG dort, wo die Beförderung endet, in Hünxe. Der Umsatz ist somit nach § 1 Abs. 1 Nr. 5 UStG im Inland steuerbar. Mangels Steuerfreiheit ist der innergemeinschaftliche Erwerb steuerpflichtig.

Der Steuersatz beträgt nach § 12 Abs. 2 Nr. 1 i.V.m. der Anlage zum UStG lfd. Nr. 48c 7 %.

Bemessungsgrundlage ist nach § 10 Abs. 1 UStG das Entgelt:

30.000 DM x 7 % = 2.100 DM Umsatzsteuer

Die Umsatzsteuer in Höhe von 2.100 DM entsteht mit Ablauf des Voranmeldungszeitraums der Ausstellung der Rechnung, offensichtlich Februar 1998, § 13 Abs. 1 Nr. 6 UStG.

Im gleichen Voranmeldungszeitraum hat Span einen Vorsteueranspruch i.H.v. 2.100 DM, § 15 Abs. 1 Nr. 3 UStG.

7. Dachstuhl

S. erbringt gegenüber Rudi Rübe im Ergebnis eine Werklieferung nach § 3 Abs. 4 UStG, da er eigene Hauptstoffe beschafft und dem R. liefert. Das von R. gelieferte Holz, welches tatsächlich aber zur Leistungserfüllung durch S. nicht verwendet worden ist, führt zu einer sog. unechten Materialbeistellung. Dadurch bewirkt S. gegenüber R. insgesamt einen Tausch mit Baraufgabe (§ 3 Abs. 12 Satz 1 UStG), da das Entgelt für seine Werklieferung in Geld (Baraufgabe) und der Holzlieferung des R. (Tausch) besteht.

Ort der Lieferung ist nach § 3 Abs. 7 S. 1 UStG dort, wo das fertige Werk übergeben wird: Grundstück des Rudi Rübe.

Der Umsatz ist nach § 1 Abs. 1 Nr. 1 UStG steuerbar und mangels Steuerbefreiung (§ 4 UStG) steuerpflichtig. Entgegen der Annahme des S. beträgt der Steuersatz 16 %, § 12 Abs. 1 UStG.

Die Bemessungsgrundlage ist das Entgelt (alles, was S. erhält, abzgl. Umsatzsteuer):

Gemeiner Wert des beigestellten Materials	5.000,00 DM
zzgl. Baraufzahlung brutto	+ 26.750,00 DM
Summe	31.750,00 DM
abzgl. Umsatzsteuer 16 %	./. 4.379,31 DM
Bemessungsgrundlage	27.370,69 DM

Die Umsatzsteuer in Höhe von 4.379,31 DM entsteht mit Ablauf des Voranmeldungszeitraumes der Lieferung (§ 13 Abs. 1 Nr. 1a UStG): Juli 1998.

Lösung Nr. 3; Abgabenordnung 217

Aufgabenteil Nr. 5: Abgabenordnung

Sachverhalt 1:

Bevor ein Verwaltungsakt erlassen wird, der in die Rechte eines Beteiligten eingreift, soll diesem Gelegenheit gegeben werden, sich zu den für die Entscheidung erheblichen Tatsachen zu äußern. Dies gilt insbesondere, wenn von dem in der Steuererklärung erklärten Sachverhalt zuungunsten des Steuerpflichtigen wesentlich abgewichen werden soll (§ 91 Abs. 1 AO).

Danach hätte im vorliegenden Fall das Finanzamt Martin Max hinsichtlich der beabsichtigten Nichtberücksichtigung der Aufwendungen für das häusliche Arbeitszimmer vor Erlaß des Einkommensteuerbescheides rechtliches Gehör gewähren müssen.

Ein ohne rechtlichen Gehör erlassener Steuerbescheid ist jedoch nicht nichtig, sondern wird als fehlerhafter Verwaltungsakt mit seiner Bekanntgabe wirksam (§§ 125, 124 Abs. 2 AO). Es handelt sich um einen bis zum Abschluß eines außergerichtlichen Rechtsbehelfsverfahrens heilbaren Verfahrensfehler (§ 126 Abs. 1 Nrn. 2 u. 3, Abs. 2 AO).

Somit bleibt zunächst zu prüfen, ob der Einkommensteuerbescheid 02 noch angefochten werden kann. Als Rechtsbehelf käme der Einspruch in Betracht (§ 347 Nr. 1 AO). Ein Einspruch ist aber nur zulässig, wenn er innerhalb der Einspruchsfrist von einem Monat eingelegt wird (§§ 355 Abs. 1, 358 AO).

Der Einkommensteuerbescheid 02 erging am 10.7.03 und galt am 13.7.03 als bekanntgegeben (§ 122 Abs. 2 Nr. 1 AO). Die Einspruchsfrist ist eine Ereignisfrist. In diesem Fall zählt der Ereignistag (= Bekanntgabe des Steuerbescheides) bei der Fristberechnung nicht mit. Die Einspruchsfrist begann somit am 14.7.03 0.00 Uhr (§§ 108 Abs. 1 AO i.V.m. 187 Abs. 1 BGB). Sie endet mit Ablauf des Tages, der zahlenmäßig dem Ereignistag entspricht (§§ 108 Abs. 1 AO i.V.m. 188 Abs. 2 BGB), somit mit Ablauf des 13.8.03.

Die Einspruchsfrist ist somit im September 04 bereits abgelaufen. Es bleibt jedoch zu prüfen, ob Wiedereinsetzung in den vorigen Stand gem. § 110 AO in Betracht kommt.

War jemand ohne Verschulden verhindert, eine gesetzliche Frist einzuhalten, so ist ihm auf Antrag Wiedereinsetzung in den vorigen Stand zu gewähren (§ 110 Abs. 1 AO).

Der Antrag ist innerhalb eines Monats nach Wegfall des Hindernisses zu stellen; die versäumte Handlung ist nachzuholen (§ 110 Abs. 2 AO).

Fehlt einem Verwaltungsakt die erforderliche Begründung oder ist die erforderliche Anhörung eines Beteiligten vor Erlaß des Verwaltungsakts unterblieben und ist dadurch die rechtzeitige Anfechtung des Verwaltungsakts versäumt worden, so gilt die Versäumung der Einspruchsfrist als nicht verschuldet. Das für die Wiedereinsetzungsfrist maßgebende Ereignis tritt im Zeitpunkt der Nachholung der unterlassenen Verfahrenshandlung ein (§ 126 Abs. 3 AO).

Für den vorliegenden Fall bedeutet dies, daß grds. Wiedereinsetzung in den vorigen Stand gewährt werden kann. Das für die Antragsfrist von einem Monat maßgebende Ereignis ist die telefonische Rückfrage beim Finanzamt am 20.9.04. Jedoch findet die Wiedereinsetzung in den vorigen Stand eine zeitliche Beschränkung in § 110 Abs. 3 AO. Danach kann nach einem Jahr seit dem Ende der versäumten Frist die Wiedereinsetzung nicht mehr beantragt oder die versäumte Handlung nicht mehr nachgeholt werden.

Die Einspruchsfrist endete, wie bereits dargestellt, mit Ablauf des 13.8.03. Der Antrag auf Wiedereinsetzung in den vorigen Stand hätte somit bis spätestens zum 13.9.04 gestellt werden müssen. Somit kann im September 04 keine Wiedereinsetzung in den vorigen Stand mehr gewährt werden.

Eine Berichtigung käme nur noch in Betracht, wenn eine der Berichtigungsvorschriften der AO Anwendung finden würde. Dies ist jedoch nicht ersichtlich, denn es handelt sich weder um eine offenbare Unrichtigkeit i.S. von § 129 AO noch um eine neue Tatsache i.S. von § 173 AO.

Sachverhalt 2:

Ziel des Einspruchsverfahrens ist es, eine sachliche Überprüfung des angefochtenen Verwaltungsakts herbeizuführen. Nach einem für alle Verfahrensordnungen geltenden Grundsatz ist die Sachentscheidung über einen Einspruch ("Begründetheit") von dem Vorliegen bestimmter verfahrensrechtlicher Voraussetzungen abhängig, d.h. die Zulässigkeit des Einspruchs ist Voraussetzung für eine Sachentscheidung. Fehlt es an einer Zulässigkeitsvoraussetzung, so muß der Einspruch von Amts wegen als unzulässig verworfen werden (§ 358 AO). Er darf sachlich nicht behandelt werden, selbst wenn er nach materiellem Recht begründet wäre.

Gegen Steuerbescheide ist der Einspruch der statthafte Rechtsbehelf (§ 347 Nr. 1 AO). Dieser ist schriftlich einzulegen (§ 357 Abs. 1 Satz 1 AO). Im vorliegenden Fall hat M. sein Schreiben als "Widerspruch" gegen den Einkommensteuerbescheid 02 bezeichnet. Gemäß § 357 Abs. 1 Satz 4 AO ist dies jedoch unschädlich, weil die unrichtige Bezeichnung nicht schadet.

Darüber hinaus müssen Einsprüche innerhalb der Einspruchsfrist bei der zuständigen Anbringungsbehörde eingehen.

Einspruchsfrist

Die Einspruchsfrist ist eine Ereignisfrist. Dies hat zur Folge, daß bei ihrer Berechnung der Ereignistag nicht mitrechnet (§ 108 Abs. 1 AO i.V.m. § 187 Abs. 1 BGB). Das maßgebende Ereignis ist die Bekanntgabe des Steuerbescheides. Dieser gilt - unabhängig von der Tatsache, daß der Bescheid mit Zugang am 28.1.04 tatsächlich bekanntgegeben worden ist - für Zwecke der Berechnung der Einspruchsfrist am dritten Tag nach Aufgabe zur Post als bekanntgegeben (§ 122 Abs. 2 Nr. 1 AO). Dies ist Sonntag der 30.1.04. Bei dieser Drei-Tage-Regelung handelt es sich nicht um eine Frist i.S.d. § 108 AO. § 108 Abs. 3 AO, wonach für den Fall, daß das Ende einer Frist auf einen Sonntag, einen gesetzlichen Feiertag oder einen Sonnabend fällt, erst mit dem Ablauf des nächstfolgenden Werktages endet, ist daher nicht anzuwenden (Anwendungserlaß zur AO Anmerkung 2 zu § 108).

Die Einspruchsfrist beginnt somit am 31.1.04, 0.00 Uhr.
Sie beträgt einen Monat (§ 355 Abs. 1 AO). Sie endet grds. mit Ablauf des Tages, der zahlenmäßig dem Ereignistag entspricht (§ 108 Abs. 1 AO i.V.m. § 188 Abs. 2 BGB). Fehlt jedoch bei einer nach Monaten bestimmten Frist der für ihren Ablauf maßgebende Tag, so endet die Frist mit dem Ablauf des letzten Tages dieses Monats (§ 188 Abs. 3 BGB). Für den vorliegenden Fall bedeutet dies, daß die Frist mit Ablauf des 28.2.04 endet.

Das Einspruchsschreiben ist am 28.2.04 bei der Oberfinanzdirektion eingegangen. Es bleibt zu prüfen, ob die Oberfinanzdirektion auch die zuständige Anbringungsbehörde ist.

Der Einspruch ist grds. bei der Finanzbehörde anzubringen, deren Verwaltungsakt angefochten wird (§ 357 Abs. 2 Satz 1 AO). Das wäre im vorliegenden Fall das örtlich zuständige Finanzamt und nicht die Oberfinanzdirektion.

Die schriftliche Anbringung bei einer anderen Behörde (hier Oberfinanzdirektion) ist jedoch unschädlich, wenn der Einspruch **vor** Ablauf der Einspruchsfrist dem zuständigen Finanzamt übermittelt wird (§ 357 Abs. 2 Satz 4 AO).
Im vorliegenden Fall erfolgt die Übermittlung aber erst nach Ablauf der Einspruchsfrist, so daß die Einspruchsfrist versäumt worden ist.

Für den Fall, daß eine Frist versäumt worden ist, bleibt zu prüfen, ob Wiedereinsetzung in den vorigen Stand gem. § 110 AO in Betracht kommt.

Gemäß § 110 AO ist Wiedereinsetzung in den vorigen Stand zu gewähren, wenn jemand ohne Verschulden eine gesetzliche Frist versäumt. Im vorliegenden Fall wurde die Frist jedoch schuldhaft versäumt, denn aus der im Steuerbescheid enthaltenen Rechtsbehelfsbelehrung ist die zuständige Anbringungsbehörde für den Einspruch ersichtlich.

Lösung Nr. 3; Rechnungswesen

Aufgabenteil Nr. 6: Rechnungswesen

Vorspann:

a) K. Lauer ist Kaufmann gem. § 1 Abs. 1 HGB, da er ein Handelsgewerbe betreibt. Aufgrund der Umsatz- und Gewinnzahlen wird die Annahme eines Handelsgewerbes nicht widerlegt, vgl. § 1 Abs. 2 HGB.

b) Die Buchführungspflicht ergibt sich aus § 238 Abs. 1 HGB i.V.m. § 140 AO. Den Jahresabschluß bilden gem. § 242 Abs. 3 HGB die Bilanz und die Gewinn- und Verlustrechnung.

c) K. Lauer muß seinen Gewinn gem. § 5 Abs. 1 EStG (Betriebsvermögensvergleich nach § 4 Abs. 1 EStG) unter Beachtung der handelsrechtlichen Bilanzierungs- und Bewertungsvorschriften ermitteln.

Zu den einzelnen Sachverhalten

1. Krefelder Str. 2

- Ertragsteuerlich sind bei der Bilanzierung und Bewertung des bebauten Grundstücks zwei Wirtschaftsgüter getrennt zu beurteilen.

- K. Lauer ist bereits am 1.11.1998 wirtschaftlicher Eigentümer geworden. Ihm ist das Grundstück am Bilanzstichtag zuzurechnen, denn die spätere Eintragung (zivilrechtlicher Eigentumsübergang mit der Auflassung und Eintragung in das Grundbuch) ist gem. § 39 Abs. 2 Nr. 1 AO unmaßgeblich.

- Hinsichtlich des erworbenen Grundstücks besteht Aktivierungsgebot gem. § 5 Abs. 1 Satz 1 EStG i.V.m. §§ 240 Abs. 1, 242 Abs. 1 HGB sowie gem. § 246 Abs. 1 HGB (Alternativ: wegen seiner ausschließlich betrieblichen Nutzung gehört das Grundstück zum notwendigen Betriebsvermögen, § 4 Abs. 1 EStG i.V.m. R 13 Abs. 7 EStR).

Grund u. Boden

Der Grund und Boden gehört zum nicht abnutzbaren Anlagevermögen (§ 247 Abs. 2 HGB, R 32 Abs. 1 Satz 6 EStR) und ist gem. § 6 Abs. 1 Nr. 2 EStG (bzw. § 253 Abs. 1 HGB) grds. mit den Anschaffungskosten zu bewerten.

AK § 255 Abs. 1 HGB (bzw. H 32a EStH):

lt. Kaufvertrag	150.000 DM
Nebenkosten 1/4 von 29.000 DM	+ 7.250 DM
AK und Bilanzwert am 31.12.1998	157.250 DM

Die verrechenbare Vorsteuer gehört nicht zu den AK (§ 9b Abs. 1 EStG). Die Umsatzsteuer auf Notarkosten ist gem. § 15 Abs. 1 Nr. 1 UStG abziehbar, weil sie nicht mit steuerfreien Ausschlußumsätzen im Zusammenhang steht.

Gebäude

Das Gebäude gehört zum unbeweglichen abnutzbaren Anlagevermögen (R 32 Abs. 1 Satz 5 und R 42 Abs. 1 Nr. 4 EStR) und ist gem. § 6 Abs. 1 Nr. 1 EStG grds. mit den fortgeführten Anschaffungskosten (AK ./. AfA) zu bewerten (so auch § 253 Abs. 1 und 2 HGB).

Kontenentwicklung

Anschaffungskosten lt. Vertrag (75 %)	450.000 DM
anteilige Nebenkosten, netto 75 % von 29.000 DM (§ 255 Abs. 1 HGB)	+ 21.750 DM
Anschaffungskosten 1.11.1998	471.750 DM
AfA linear, 4 % = 18.870 DM p.a., 2/12 zeitanteilig (R 44 Abs. 2 Satz 1 EStR)	./. 3.145 DM
fortgeführte AK 31.12.1998	468.605 DM

Die gesetzliche lineare AfA beträgt gem. § 7 Abs. 4 Satz 1 Nr. 1 EStG 4 %, da es sich um ein Wirtschaftsgebäude handelt (R 42a EStR). In vorliegendem Fall kann K. Lauer keine degressive AfA gem. § 7 Abs. 5 Satz 1 Nr. 1 EStG mehr geltend machen, da die Voraussetzungen hierfür nicht erfüllt sind (R 42a Abs. 5 EStR). Die AfA ist mit Beginn des wirtschaftlichen Übergangs am 1.11.1998 vorzunehmen (vgl. § 11 c Abs. 1 EStDV und R 44 Abs. 1 EStR).

- **Begleichung Kaufpreis**

Da der Kaufpreis am Stichtag noch nicht vollständig bezahlt ist, liegt insofern eine sonstige Verbindlichkeit (bzw. Hypothekenschuld) vor, die zwingend gem. § 5 Abs. 1 Satz 1 EStG i.V.m. § 240 Abs. 1, § 246 Abs. 1 HGB zu passivieren ist.

Sie steht in wirtschaftlichem Zusammenhang mit dem Wirtschaftsgebäude (R 13 Abs. 15 EStR).

Der Ansatz zum 31.12.1998 erfolgt gem. § 6 Abs. 1 Nr. 3 EStG und H 37 EStH mit den Anschaffungskosten (= Nennwert). Dies entspricht dem Rückzahlungsbetrag (§ 5 Abs. 1 Satz 1 EStG i.V.m. § 253 Abs. 1 Satz 2 HGB).

Sonstige (kurzfr.) Verbindlichkeiten lt. Firma:	200.000 DM
Korrektur der Privateinlage	+ 200.000 DM
Bilanzansatz 31.12.1998	400.000 DM

Die Begleichung des Kaufpreises aus teilweise privaten Mitteln stellt im Zeitpunkt der Zahlung (1999) eine Geldeinlage i.S.d. § 4 Abs. 1 Satz 5 EStG dar.

Buchungen:

Geschäftsgebäude	21.750 DM	an sonst. Aufw.	29.000 DM
Grund und Boden	7.250 DM		
AfA	3.145 DM	an Geschäftsgeb.	3.145 DM
Privateinlagen	200.000 DM	an sonst. Verb.	200.000 DM

Gewinn:

Minderung sonst. Aufwendungen	+ 29.000 DM
Erhöhung AfA	./. 3.145 DM

- **Abfindungszahlung**

Es handelt sich hierbei um ein aktivierungspflichtiges immaterielles Wirtschaftsgut (vgl. § 5 Abs. 2 EStG i.V.m. R 31a Abs. 1 Satz 1 EStR). Die Möglichkeit der eigenbetrieblichen Nutzung vor Ablauf des gültigen Mietvertrages ist für K. Lauer ein sonstiger greifbarer Vorteil. Die Abfindungszahlung stellt keine Anschaffungskosten des Gebäudes dar, weil ein Fall des H 33a EStH, nämlich der Abbruch eines Gebäudes mit anschließendem Neubau, nicht vorliegt. Es ist auch kein aktiver Rechnungsabgrenzungsposten gegeben, da die Zahlung nicht für eine bestimmte Zeit nach dem Stichtag geleistet worden ist.

Dieser sonstige Vorteil gehört zum abnutzbaren Anlagevermögen und ist mit den fortgeführten AK (§ 6 Abs. 1 Nr. 1 EStG) zu bewerten. Die Aufwendungen sind auf die Restlaufzeit des Mietvertrages zu verteilen. Die AfA darf nur linear und zeitanteilig vorgenommen werden (vgl. R 42 Abs. 1 Nr. 2 EStR, R 44 Abs. 2 Satz 1 EStR).

Entwicklung Bilanzansatz:

Netto-AK am 1.11.1998	24.000 DM
ohne Vorsteuer (§ 9b Abs. 1 EStG)	
AfA 25 % (§ 7 Abs. 1 EStG), 2/12 zeitanteilig	./. 1.000 DM
fortgeführte Anschaffungskosten 31.12.1998	23.000 DM

Buchung:

Sonstiger Vorteil	23.000 DM		
AfA	1.000 DM	an sonst. Aufw.	24.000 DM

Gewinn:

Minderung sonst. Aufwendungen	+ 24.000 DM
Erhöhung AfA	./. 1.000 DM

2. Einfriedung

- Es handelt sich hierbei um ein selbständiges Wirtschaftsgut, welches zwingend zu bilanzieren ist. Die Außenanlage gehört weder zum Gebäude (keine Herstellungskosten des Gebäudes, vgl. H 33a EStH) noch zum Grund und Boden (vgl. H 41a EStH). Die Einfriedung ist auch nicht als Betriebsvorrichtung i.S.d. R 13 Abs. 3 Satz 3 Nr. 1 EStR und R 42 Abs. 3 EStR zu qualifizieren, weil ein unmittelbarer Zusammenhang mit dem Betrieb fehlt. Vgl. auch H 42 EStH (Ausführungen zu den unbeweglichen Wirtschaftsgütern, die keine Gebäude oder Gebäudeteile sind).

- Die Einfriedung ist also dem unbeweglichen abnutzbaren Anlagevermögen (§ 247 Abs. 2 HGB, H 42 EStH) zuzuordnen und gem. § 6 Abs. 1 Nr. 1 EStG grds. mit den fortgeführten Herstellungskosten (HK ./. AfA) zu bewerten:

Netto-HK 15.12.1998	30.000 DM
AfA nur linear und zeitanteilig,	
(§ 7 Abs. 1 EStG, R 42 Abs. 1 Nr. 3 EStR)	
ND: 20 Jahre = 5 %, 1.500 DM p.a., 1/12 =	./. 125 DM
Bilanzwert 31.12.1998	29.875 DM

- **Buchung:**

Außenanlagen	29.875 DM	an sonstige Aufw.	30.000 DM
AfA	125 DM		

  Gewinn:

Minderung der sonstigen Aufwendungen	+ 30.000 DM
AfA (Firma bisher 0 DM)	./. 125 DM

3. Baustoffhandlung

a) Handelsrechtlich besteht hinsichtlich des erworbenen Firmenwertes gem. § 255 Abs. 4 Satz 1 HGB ein Aktivierungswahlrecht. Die Anschaffungskosten können entweder sofort als Aufwand behandelt oder auch aktiviert werden. Im Falle einer Bilanzierung sind die Anschaffungskosten durch Abschreibungen in dem auf die Übernahme eines Unternehmens folgenden Geschäftsjahr zu mindestens einem Viertel zu tilgen oder aber planmäßig auf die voraussichtliche Nutzungsdauer zu verteilen (vgl. § 255 Abs. 4 Sätze 2 und 3 HGB).

b) Gem. § 5 Abs. 2 EStG besteht für das entgeltlich erworbene immaterielle Wirtschaftsgut steuerrechtlich Aktivierungsgebot. § 5 Abs. 2 EStG geht als Spezialvorschrift § 5 Abs. 1 Satz 1 EStG vor. Der Firmenwert gehört zum abnutzbaren Anlagevermögen (§ 247 Abs. 2 HGB, R 32 Abs. 1 Satz 4 EStR) und ist gem. § 6 Abs. 1 Nr. 1 EStG grds. mit den fortgeführten Anschaffungskosten zu bewerten.

Die AfA darf nur linear und zeitanteilig vorgenommen werden, da der Firmenwert kein bewegliches Wirtschaftsgut ist (vgl. R 42 Abs. 1 Nr. 2 EStR bzw. Umkehrschluß aus R 42 Abs. 2 EStR).

Gem. § 5 Abs. 6 EStG sind die steuerrechtlichen Vorschriften vorrangig, wenn sie zwingend etwas vorschreiben. Die betriebsgewöhnliche Nutzungsdauer wird gem. § 7 Abs. 1 Satz 3 EStG mit 15 Jahren fingiert.

- **Kontenentwicklung:**

Anschaffungskosten am 2.4.1998	63.000 DM
AfA linear (§ 7 Abs. 1 EStG) p.a. = 4.200 DM bei 15 Jahren,	
9/12 zeitanteilig nach R 44 Abs. 2 Satz 1 EStR	./. 3.150 DM
Bilanzwert 31.12.1998	59.850 DM

- **Buchung:**

Firmenwert	59.850 DM	an sonstige Aufwendungen	63.000 DM
AfA	3.150 DM		

Gewinn:

Erhöhung AfA	./. 3.150 DM
Minderung sonstige Aufwendungen	+ 63.000 DM

4. Betriebs- und Geschäftsausstattung

- Der Gabelstapler ist zwingend zu aktivieren (Aktivierungsgebot) und gehört zum beweglichen abnutzbaren Anlagevermögen (§ 247 Abs. 2 HGB, R 42 Abs. 2 EStR). Die Bewertung erfolgt grds. mit den fortgeführten Anschaffungskosten (§ 6 Abs. 1 Nr. 1 EStG).

- Der bereits am 31.12.1997 bestehende Sonderposten mit Rücklageanteil (Rücklage für Ersatzbeschaffung) kann auf das Ersatzwirtschaftsgut (R 35 Abs. 1 Satz 2 Nr. 2 EStR) übertragen werden. Eine Privateinlage i.S.d. § 4 Abs. 1 Satz 5 EStG liegt nicht vor.

Da jedoch lediglich 3/4 der Entschädigungssumme für den neuen Gabelstapler verwendet wurde, ist die Rücklage nur zu 3/4 des Betrages zu übertragen (vgl. H 35 Abs. 3 EStH).

- Der Sonderposten mit Rücklageanteil (§ 247 Abs. 3 HGB) ist gem. R 35 Abs. 4 Satz 6 EStR wie folgt aufzulösen:

Sonderposten mit Rücklageanteil 1.1.1998
(Rücklage für Ersatzbeschaffung)   8.000 DM

anteilige Übertragung auf Ersatzwirtschaftsgut

$$\frac{8.000 \times 48000}{64000} = 6.000 \text{ DM} \quad ./.\ 6.000 \text{ DM}$$

sonstige betriebliche Erträge zu 1/4   ./. 2.000 DM

Bilanzansatz 31.12.1998   0 DM

- **Kontenentwicklung Gabelstapler:**

Zugang am 1.6.1998 mit den Netto-AK	48.000 DM
Rücklage für Ersatzbeschaffung, anteilig	./. 6.000 DM
AfA-Bemessungsgrundlage (R 43 Abs. 4 EStR)	42.000 DM

AfA:
- grds. 12,5 % linear (§ 7 Abs. 1 EStG)
- jedoch 30 % degressiv (vgl. § 7 Abs. 2 EStG und die Aufgabenstellung: niedrigst möglicher Gewinn), 3fache, höchstens 30 %   ./. 12.600 DM
- Vereinfachungsregelung: Erwerb in der ersten Jahreshälfte = 1/1 AfA (R 44 Abs. 2 Satz 3 EStR)
- Keine Sonder-AfA nach § 7g EStG, da das Betriebsvermögen 400.000 DM übersteigt   0 DM

Bilanzwert 31.12.1998   29.400 DM

- **Buchungen:**

Privateinlagen	8.000 DM	an sonstige Erträge	2.000 DM
und AfA	12.600 DM	und Betriebs- und Geschäftsausstattung	18.600 DM

Gewinn:

Erhöhung sonstige Erträge   + 2.000 DM
Erhöhung AfA   ./. 12.600 DM

5. Stahlgerüstteile

- Die Stahlgerüstteile sind zu aktivieren (§ 5 Abs. 1 Satz 1 EStG i.V.m. § 240 Abs. 1, § 246 Abs. 1 HGB) und gehören zum abnutzbaren Anlagevermögen. Geringwertige Wirtschaftsgüter liegen nicht vor, da es an der selbständigen Nutzungsfähigkeit fehlt (vgl. H 40 EStH: "ABC der nicht selbständig nutzungsfähigen WG").

- Für diesen Bilanzposten kann handels- und steuerrechtlich ein Festwert gebildet werden (vgl. § 240 Abs. 3 HGB i.V.m. § 256 Satz 2 HGB, R 31 Abs. 4 EStR), zumal der Gesamtwert dieser Wirtschaftsgüter für das Unternehmen bei einer Bilanzsumme von ca. 3 % eindeutig von nachrangiger Bedeutung ist (vgl. H 36 EStH, BMF-Schreiben vom 8.3.1993, BStBl I S. 276). Die Höhe des Festwerts richtet sich grds. nach den Anschaffungskosten. Bei dem hier vorliegenden abnutzbaren Anlagevermögen sind jedoch wegen der altersmäßigen Schichtung der Gerüstteile nur 40 % der Anschaffungskosten anzusetzen.

- Grundsätzlich ist gem. R 31 Abs. 4 Satz 1 EStR an jedem 3. Bilanzstichtag, spätestens jedoch an jedem 5. Bilanzstichtag, eine körperliche Bestandsaufnahme erforderlich:

Festwert am 31.12.1993	24.000 DM
Inventurwert 31.12.1998	28.000 DM
Abweichung mehr als 10 %	4.000 DM

Nach R 31 Abs. 4 Sätze 2 und 3 EStR ist somit eine Aufstockung des Festwerts ab 1998 wie folgt vorzunehmen:

Festwert 31.12.1997	24.000 DM
Zukauf in 1998	+ 3.000 DM
Bilanzwert 31.12.1998	27.000 DM

- **Buchung:**

  Stahlgerüstteine (Festwert)   3.000 DM   an sonst. Aufwend.   3.000 DM

- **Gewinn:**

Minderung sonstige Aufwendungen + 3.000 DM

6. Halbfertige und fertige Arbeiten

a) Firma Wurm & Co. KG

- Hinsichtlich der teilfertigen Arbeiten besteht Aktivierungsgebot gem. § 5 Abs. 1 Satz 1 EStG i.V.m. § 240 Abs. 1, § 246 Abs. 1 HGB. Vgl. insofern auch R 33 Abs. 7 EStR.

- Die teilfertigen Arbeiten gehören zum Umlaufvermögen (Umkehrschluß aus § 247 Abs. 2 HGB, bzw. R 32 Abs. 2 EStR) und sind gem. § 6 Abs. 1 Nr. 2 EStG grds. mit den Herstellungskosten zu bewerten.

Unterster Wertansatz nach HGB sind in vorliegendem Fall die Material- und die Fertigungseinzelkosten in Höhe von 140.000 DM (§ 255 Abs. 2 Satz 2 HGB). Dieser Wertansatz ist für die Steuerbilanz jedoch unmaßgeblich, da § 6 Abs. 1 Nr. 2 EStG (i.V.m. R 33 Abs. 1 EStR) gem. § 5 Abs. 6 EStG gegenüber dem HGB vorrangig ist. Im übrigen stimmen die handels- und steuerrechtlichen HK im wesentlichen überein.

Zu den HK gehören gem. § 255 Abs. 2 S. 1 HGB nur tatsächliche Aufwendungen; kalkulatorische Kosten scheiden aus (Unternehmerlohn: H 33 EStH). Ferner gehören die Vertriebskosten (hier: Provision) gem. § 255 Abs. 2 S. 6 HGB nicht zu den HK (vgl. auch R 33 Abs. 5 Satz 4 EStR). Hinsichtlich der Verwaltungskosten (Kosten Geschäftsleitung und des Personalbüros sowie des Rechnungswesens) besteht ein Aktivierungswahlrecht (R 33 Abs. 4 EStR). Nach der Aufgabenstellung (niedrigst möglicher Gewinn) bleiben die Verwaltungskosten jedoch außer Ansatz.

Herstellungskosten der teilfertigen Arbeiten:

Materialeinzelkosten	50.000 DM
Materialgemeinkosten 20 %	+ 10.000 DM
Fertigungseinzelkosten (Löhne)	+ 90.000 DM
Fertigungsgemeinkosten 120 %	+ 108.000 DM
Herstellungskosten I und gleichzeitig Bilanzansatz zum 31.12.1998	258.000 DM

- **Buchung:**

Halbfertige Erzeugnisse	258.000 DM	an Bestandsveränderungskonto	258.000 DM

- **Gewinn:**

Minderung Bestandsveränderungskonto   + 258.000 DM

b) Firma Stark & Co. KG

- Mit der Fertigstellung und der Abnahme am 29.12.1998 hat K. Lauer eine Forderung in Höhe des vereinbarten Auftragspreises von 116.000 DM. Realisationsprinzip: § 252 Abs. 1 Nr. 4 HGB.

- Da die Forderung zivilrechtlich bereits entstanden ist, besteht zum Bilanzstichtag auch ein Aktivierungsgebot gem. § 5 Abs. 1 Satz 1 EStG i.V.m. § 240 Abs. 1, § 246 Abs. 1 HGB. Die Forderung gehört zum Umlaufvermögen (Umkehrschluß aus § 247 Abs. 2 HGB) und ist gem. § 6 Abs. 1 Nr. 2 EStG mit den Anschaffungskosten (= Nennwert) zu bewerten.

    Bilanzansatz 31.12.1998:   + 116.000 DM

    (Hinweis auf Tz. 7)

- Die Umsatzsteuer ist ebenfalls mit der Fertigstellung des Werkes im Dezember 1998 entstanden (§ 13 Abs. 1 Nr. 1a UStG).

Buchung:

Forderungen aus Lieferungen und Leistungen	116.000 DM	an Teilfertige Arbeiten	80.000 DM
		Erlöse	20.000 DM
		USt-Schuld	16.000 DM

alternativ:

Bestandsveränderungskonto	80.000 DM	an Teilfertige Arbeiten	80.000 DM
Forderungen aus Lieferungen und Leistungen	116.000 DM	an Erlöse	100.000 DM
		USt-Schuld	16.000 DM

Gewinn:

Erhöhung Erlöse	+ 20.000 DM

alternativ:

Erhöhung Bestandsveränderungskonto	./. 80.000 DM
Erhöhung Erlöse	+ 100.000 DM

c) **Sonstige Leistungen**

- Bei der im Juni 1998 für den außerbetrieblichen Bereich ausgeübten Tätigkeit handelt es sich um eine Leistungsentnahme i.S.d. § 4 Abs. 1 Satz 2 EStG.

- Die Leistungsentnahme ist gem. § 6 Abs. 1 Nr. 4 EStG und H 39 EStH „Nutzungen" mit den Selbstkosten in Höhe von 6.000 DM zu bewerten.

- Umsatzsteuerrechtlich ist ein steuerbarer Eigenverbrauch gem. § 1 Abs. 1 Nr. 2b UStG verwirklicht (fiktive sonstige Leistung), die mangels Befreiung gem. § 4 UStG auch steuerpflichtig ist. Die Umsatzsteuer auf den Eigenverbrauch erhöht gem. § 12 Nr. 3 EStG die Privatentnahmen.

Die Berechnung der Privatentnahmen entwickelt sich demnach wie folgt:

<u>Selbstkosten:</u>	6.000 DM
16 % USt	+ 960 DM
Privatentnahmen insgesamt:	6.960 DM

Buchung:

Privatentnahmen	6.960 DM	an	Eigenverbrauch	6.000 DM
			USt-Schuld	960 DM

Gewinn:

Erhöhung Eigenverbrauch	+ 6.000 DM

7. Forderungen aus Lieferungen und Leistungen

- Die aktivierungspflichtigen Forderungen gehören zum Umlaufvermögen - Umkehrschluß aus § 247 Abs. 2 HGB - und sind gem. § 6 Abs. 1 Nr. 2 EStG grds. mit den Anschaffungskosten (= Nennwert) zu bewerten.

a) Einzelwertberichtigung

Die Forderung in Höhe von 11.600 DM ist bereits zum 31.12.1998 uneinbringlich geworden. Unter Berücksichtigung der besseren Erkenntnis - Wertaufhellungstheorie gem. § 252 Abs. 1 Nr. 4 HGB (Ursache bzw. Ereignis = Brand im alten Jahr) - ist diese Forderung in voller Höhe abzuschreiben.

- Nach dem strengen Niederstwertprinzip gem. § 5 Abs. 1 Satz 1 EStG i.V.m. § 253 Abs. 3 Satz 2 HGB beträgt der Teilwert (bzw. beizulegende Wert) zum 31.12.1998 0 DM. Nicht realisierte Verluste müssen ausgewiesen werden.

- Die USt-Schuld ist gem. § 17 Abs. 2 UStG im Falle des Konkurses um 1.600 DM zu mindern (spätestens im Zeitpunkt der Eröffnung des Konkursverfahrens); vgl. Abschn. 224 UStR.

b) Pauschalwertberichtigung

Die Rechtsprechung und die GoB lassen ein gemischtes Verfahren zu (vorsichtige Bewertung; § 252 Abs. 1 Nr. 4 HGB).

Berechnung:

Forderungsbestand 31.12.1998	185.600 DM
Forderung aus Tz. 6 b	+ 116.000 DM
einzeln wertberichtigte Forderungen	./. 11.600 DM
verbleiben	290.000 DM
Umsatzsteuer (Kürzung erst bei tatsächlichem Ausfall, vgl. Abschn. 223 Abs. 5 Satz 4 UStR)	./. 40.000 DM
Bemessungsgrundlage	250.000 DM
hiervon nachweislich 3 %, Delkredere:	7.500 DM

Da jedoch im Zeitpunkt der Bilanzerstellung nur noch Außenstände in Höhe von netto 3.000 DM vorhanden sind, ist das Delkredere auf diesen Betrag zu begrenzen (Wertaufhellung gem. § 252 Abs. 1 Nr. 4 HGB).

§ 247 Abs. 1 HGB läßt eine indirekte Abschreibung nicht mehr zu, so daß sich der Bilanzansatz Forderungen zum 31.12.1998 wie folgt entwickelt:

verbleibende Forderungen	290.000 DM
Pauschalwertberichtigung	./. 3.000 DM
Bilanzwert Forderungen 31.12.1998	<u>287.000 DM</u>

- **Buchungen:**

Abschreibungen auf Forderungen und USt-Schuld	10.000 DM 1.600 DM an Forderungen		11.600 DM
Abschreibungen auf Forderungen	3.000 DM an Forderungen		3.000 DM

Gewinn:

Erhöhung Abschreibungen auf Forderungen	./. 10.000 DM
Erhöhung Abschreibungen auf Forderungen	./. 3.000 DM

8. Vorräte

- Die aktivierungspflichtigen Waren gehören zum Umlaufvermögen (Umkehrschluß aus § 247 Abs. 2 HGB bzw. R 32 Abs. 2 EStR) und sind wie folgt einzeln zu bewerten:

Gruppe A:

- Waren sind gem. § 6 Abs. 1 Nr. 2 EStG (bzw. § 253 Abs. 1 HGB) grds. mit den Anschaffungskosten zu bewerten. Der höhere Teilwert (= Netto-Wiederbeschaffungskosten; vgl. H 35a EStH „Teilwertvermutungen") von 28.000 DM darf nicht angesetzt werden. Die Anschaffungskosten stellen stets die Bewertungsobergrenze dar. Nicht realisierte Gewinne dürfen nicht ausgewiesen werden. Der Bilanzansatz entspricht den Anschaffungskosten von 25.000 DM.

Gruppe B:

- Eine Teilwertabschreibung kann auch bei fallenden Verkaufspreisen in Betracht kommen (vgl. H 35a EStH). Fallende Verkaufspreise rechtfertigen eine Teilwertabschreibung jedoch erst dann, wenn die voraussichtlich erzielbaren Verkaufserlöse die Selbstkosten zuzüglich des durchschnittlichen Unternehmergewinns nicht erreichen. Der Teilwert ist gem. R 36 Abs. 2 Satz 3 EStR wie folgt retrograd zu ermitteln:

voraussichtlich erzielbarer Verkaufspreis	24.000 DM
noch anfallende Verwaltungs- und Vertriebskosten	./. 2.400 DM
beizulegender Wert (§ 253 Abs. 3 Satz 2 HGB)	21.600 DM
durchschnittlich erzielbarer Unternehmergewinn, 15 % von 24.000 DM	./.3.600 DM
steuerrechtlicher Teilwert 31.12.1998	18.000 DM

Handelsrechtlich braucht der durchschnittliche Unternehmergewinn bei der Ermittlung des beizulegenden Wertes nicht abgezogen zu werden (sog. verlustfreie Bewertung). Der steuerrechtlich zwingend gebotene Abzug ist handelsrechtlich jedoch gem. § 254 HGB ebenfalls zulässig.

Aufgrund des strengen Niederstwertprinzips wäre gem. § 5 Abs. 1 Satz 1 EStG i.V.m. § 253 Abs. 3 Satz 2 HGB der niedrigere Teilwert in Höhe von 18.000 DM zwingend anzusetzen (vgl. auch R 36 Abs. 1 Satz 3 EStR). Da der beizulegende Wert jedoch nicht die ursprünglichen Anschaffungskosten von 20.000 DM unterschreitet, bleibt es im vorliegenden Fall bei einem Abwertungswahlrecht gem. § 6 Abs. 1 Nr. 2 Satz 2 EStG. In Höhe von 2.000 DM kann eine Teilwertabschreibung (bzw. außerplanmäßige Abschreibung) vorgenommen werden. Der endgültige Bilanzansatz beträgt:

Warengruppe A	25.000 DM
Warengruppe B	+ 18.000 DM
Bilanzwert 31.12.1998	43.000 DM

- **Buchung:**

Teilwertabschreibung   2.000 DM   an Warenbestand   2.000 DM

Gewinn:

Erhöhung Teilwertabschreibung   ./. 2.000 DM

9. Darlehen

- Dieses Darlehen gehört zum notwendigen passiven Betriebsvermögen (R 13 Abs. 15 EStR). Es besteht Passivierungsgebot gem. § 5 Abs. 1 Satz 1 EStG i.V.m. § 240 Abs. 1, § 246 Abs. 1 HGB.

Das Darlehen ist gem. § 6 Abs. 1 Nr. 3 EStG grds. mit den Anschaffungskosten = Nennwert zu bewerten. Die Anschaffungskosten in Höhe von 5.400 DM stellen die Bewertungsuntergrenze dar.

Da der Teilwert (= Kurswert) der Verbindlichkeit in ausländischen Währung am Stichtag niedriger ist, müssen die ursprünglichen Anschaffungskosten in der Bilanz zum 31.12.1998 weiter fortgeführt werden (vgl. H 37 EStH, „Fremdwährungsverbindlichkeiten"). Nicht realisierte Gewinne dürfen nicht ausgewiesen werden. Die Buchung der Firma ist deshalb zu stornieren.

Bilanzansatz 31.12.1998: <u>5.400 DM</u>

- **Buchung:**

sonstige Erträge   200 DM   an Darlehensschuld   200 DM

Gewinn:

Minderung sonstige Erträge   <u>./. 200 DM</u>

10. Sonstige Rückstellungen

- Für die ungewisse Verbindlichkeit aus dem Wechselobligo besteht ein Passivierungsgebot gem. § 5 Abs. 1 Satz 1 EStG i.V.m. § 249 Abs. 1 Satz 1 HGB.

- Die Bewertung erfolgt gem. § 5 Abs. 1 Satz 1 EStG i.V.m. § 253 Abs. 1 Satz 2 HGB nach vernünftiger kaufmännischer Beurteilung (vgl. auch H 38 EStH „Bewertungsgrundsätze für ungewisse Verbindlichkeiten").

- Maßgeblich für die Höhe der Rückstellung sind die Verhältnisse am Bilanzstichtag. Dabei sind alle bis zum Tage der Bilanzerstellung eingetretenen oder bekannt gewordenen Umstände zu berücksichtigen, die Rückschlüsse auf die Bonität der Kundenwechsel am Bilanzstichtag zulassen (Aufhellungstheorie, § 252 Abs. 1 Nr. 4 HGB). Eine wertaufhellende Tatsache liegt grds. auch dann vor, wenn ein Wechsel bis zum Tage der Bilanzaufstellung eingelöst worden ist. Sind alle weitergegebenen Wechsel, für die eine Pauschalrückstellung gebildet werden soll, im Zeitpunkt der Bilanzaufstellung eingelöst worden, so scheidet die Bildung einer Rückstellung aus.
Sind die weitergegebenen Kundenwechsel - wie im vorliegenden Fall - nur zum Teil eingelöst worden, so darf die Rückstellung die Gesamtsumme der bei der Bilanzaufstellung noch nicht eingelösten Kundenwechsel nicht übersteigen.

Berechnung:

Gesamtbetrag der Kundenwechsel	200.000 DM
Pauschalrückstellung 3 %	6.000 DM
Begrenzung auf noch nicht eingelöste Kundenwechsel in Höhe von 4.000 DM	./. 2.000 DM
Bilanzwert sonst. Rückstellung 31.12.1998	4.000 DM

Hinweis:

Nach dem Grundsatz der Bewertungsstetigkeit sind die Erfahrungssätze grds. beizubehalten (§ 252 Abs. 1 Nr. 6 HGB).

- Buchung:

Sonstige Rückstellungen 2.000 DM an sonstige Aufwendungen 2.000 DM

Gewinn:

Minderung sonst. Aufwendungen + 2.000 DM

Klausursatz Nr. 4

Aufgabenteil Nr. 1: Einkommensteuer

A. Persönliche Verhältnisse

Kurt und Katja Kutowski, beide Jahrgang 1943, sind seit 1971 verheiratet und leben in Düsseldorf. Aus der Ehe sind die Kinder Karl (geb. 1973) und Katrin (geb. 1976) hervorgegangen.

Karl ist seit seiner Geburt körperlich so schwer behindert, daß er sich nicht selbst unterhalten kann und ständig auf fremde Hilfe angewiesen ist. Seine Mutter hat sich deshalb weitestgehend aus dem Berufsleben zurückgezogen, um für Karl ständig da zu sein. Eine Berufsausbildung hat Karl nie begonnen.

Katrin studiert in Münster Betriebswirtschaftslehre. Sie ist von ihren Eltern finanziell unabhängig, da sie als seriös arbeitendes Fotomodell bei der IGEDO in Düsseldorf 1998 Gagen auf Honorarbasis in Höhe von 30.000 DM (bei 5.000 DM Kosten) eingenommen hat. Gleichwohl zahlten die Eltern die Wohnungsmiete in Münster (monatlich 500 DM).

B. Einkünfte

I. Rechtsanwaltsbüro

Herr Kutowski hat in Düsseldorf, Berliner Allee, eine gut gehende Rechtsanwaltspraxis mit mehreren Angestellten. Er ermittelt seinen Gewinn nach § 4 Abs. 3 EStG. Er möchte seinen Gewinn in geringstmöglicher Höhe versteuern. Die Umsatzsteuer ist, sofern nichts Gegenteiliges erwähnt wird, zutreffend behandelt.

Aus seiner vorläufigen Gewinnermittlung ergeben sich

Betriebseinnahmen i.H.v.	1.400.000 DM
Betriebsausgaben i.H.v.	1.199.466 DM

Bei der Ermittlung des endgültigen Gewinns ergeben sich bei den folgenden Sachverhalten Probleme, die von Ihnen zu lösen sind:

1. Miete

In den Betriebsausgaben sind monatlich 8.000 DM Miete für die Büroräume Berliner Allee enthalten (vgl. II. Grundstück Berliner Allee).

2. Büromöbel

Zum Einzug in das neue Büro erwarb Herr Kutowski im März 1998 acht neue Schreibtische von dem Büromöbelhändler Hans Holz. Der Händler berechnete:

	7.000 DM
zzgl. 16 % Umsatzsteuer	+ 1.120 DM
	8.120 DM

Herr Kutowski zog bei Bezahlung vereinbarungsgemäß 10 % Sofortzahlungsrabatt ab und überwies am gleichen Tag 7.308 DM.

Herr Kutowski geht zu Recht von einer achtjährigen betriebsgewöhnlichen Nutzungsdauer aus. Deshalb erfaßte er eine AfA in Höhe von 914 DM als Betriebsausgabe.

3. Honorare

a) Ein am 28.12.1998 in Rechnung gestelltes Honorar in Höhe von 10.000 DM aus einer Verkehrsrechtsache ging bereits am 2.1.1999 auf seinem Konto ein. Deswegen erfaßte er es in nach seiner Meinung korrekter Auslegung des § 11 Abs. 1 Satz 2 EStG in 1998 (Jahr der wirtschaftlichen Zugehörigkeit).

b) Herr Kutowski hatte seit Sommer 1998 eine Honorarforderung über netto 40.000 DM gegen ein Autohaus. Bei einer weiteren Rechtsberatung vor Ort im Dezember 1998 entdeckte er ein herrliches Cabrio, welches er seiner Tochter Katrin schenken möchte. Er brachte das Fahrzeug noch am gleichen Abend nach Münster. Gegenüber dem Autohaus verzichtete er auf die Forderung, während das Autohaus auf eine Rechnungserteilung verzichtete, weil man von der Gleichwertigkeit der Ansprüche überzeugt ist.

4. Haftungsfall

Gegenüber dem Mandanten Ernst Ekel (Scheidungssache) hat Herr Kutowski noch eine Honorarforderung über 15.000 DM. Da der Mandant vom Unterhaltsurteil des Gerichts enttäuscht war, weigerte er sich, das Honorar an Herrn Kutowski zu bezahlen. Des weiteren machte Herr Ekel Schadenersatzansprüche gegen Herrn Kutowski in Höhe von 20.000 DM wegen angeblich schlechter Beratung geltend. Gezahlt wurde in 1998 weder das Honorar noch ein eventueller Schadenersatz.

Da Herr Kutowski sich in dieser Sache tatsächlich einen Fehler selbst eingestehen mußte, ging er davon aus, daß auch ein Gericht die Vorwürfe des Herrn Ekel als stichhaltig anerkennen würde. Er berücksichtigte den Vorgang deshalb wie folgt:

Abschreibung Honorarforderung:
Betriebsausgabe   15.000 DM
Schadenersatzrückstellung:
Betriebsausgabe   20.000 DM

Herr Kutowski teilt mit, daß er seine Berufshaftpflichtversicherung in dieser Sache nicht in Anspruch nehmen möchte.

5. Computerleasing

Die jährlich zum 31.12. fällige Leasingrate für seine komplette Computeranlage in Höhe von 10.000 DM zahlte er am 5.1.1999, so daß er in 1998 diesbezüglich keine Betriebsausgabe mehr erfaßte.

II. Grundstück Düsseldorf, Berliner Allee

Dieses Objekt hat Herr Kutowski mit Kaufvertrag vom 1.10.1997 (Übergang von Nutzungen und Lasten am 1.3.1998, Eintragung im Grundbuch am 5.5.1998) im teilfertigen Zustand von der Düsseldorfer Bauträgergesellschaft Flinck Bau GmbH zum Kaufpreis von 2 Mio. zzgl. 325.600 DM Umsatzsteuer erworben.

Hinweis:

Die USt ist zutreffend ermittelt worden unter Berücksichtigung von Abschn. 149 Abs. 7 UStR. Dabei ist aus Vereinfachungsgründen von einem USt-Satz i.H.v. 16% für das gesamte Jahr auszugehen.

Die Flinck-Bau-GmbH hatte den Bauantrag bereits am 1.12.1994 gestellt.
Der Grund- und Bodenanteil beträgt 30%. Der Kaufpreis war mit Übergang von Nutzungen und Lasten fällig.
Das Gebäude wurde zum 1.3.1998 von der Flinck-Bau-GmbH endgültig fertiggestellt und sofort wie folgt genutzt:

Erdgeschoß:
vermietet an ein Reisebüro (steuerfreie Umsätze 4%),
monatliche Miete zzgl. USt   15.000 DM
1. Obergeschoß:
eigene Rechtsanwaltspraxis, Mietwert monatlich   8.000 DM
2. Obergeschoß:
eigene private Wohnung, Mietwert monatlich   3.000 DM
3. - 5. Obergeschoß (je eine Wohnung):
fremde Wohnzwecke, monatlich vereinnahmte Miete jeweils   3.000 DM

Alle Etagen sind in Größe (je 300 qm) und Ausstattung vergleichbar.
Die an das Finanzamt zu zahlende Umsatzsteuer für das Erdgeschoß wurde fristgerecht gezahlt (keine Dauerfristverlängerung).

Sonstige Aufwendungen:

Grunderwerbsteuer (zutreffend ermittelt, Berücksichtigung
v. FinMin. Niedersachsen gleichlautend v. 23.4.1981)   81.396 DM
Notarkosten (Kaufvertrag/Eigentumsumschr.) zzgl. USt   15.000 DM
Gerichtskosten wegen Eigentumsumschreibung   3.000 DM
Notar- und Gerichtskosten wegen Hypothekeneintragung   8.000 DM
zzgl. Umsatzsteuer aus dieser Notarrechnung, gezahlt 1.2.98   600 DM
Schuldzinsen 1.2. - 28.2.1998   6.000 DM
Schuldzinsen 1.3. - 31.12.1998   55.000 DM
Damnum, am 1.2.1998 gezahlt   40.000 DM
sonstige lfd. Kosten, mtl. ab 1.3.1998   1.000 DM

III. Aufsichtsratstätigkeit

Seit 1985 sitzt Herr Kutowski im Aufsichtsrat der Filz AG. In 1998 sind ihm Aufsichtsratsvergütungen in Höhe von 20.000 DM zugeflossen.

Herr Kutowski hat der AG in 1998 eine sehr günstige Umlaufvermögen-Finanzierung vermitteln können.
Hierfür erhielt er ein Sonderhonorar in Höhe von 10.000 DM bei 200 DM eigenen Kosten. Weitere derartige Vermittlungsgeschäfte strebt er nicht an und hat er auch in der Vergangenheit nicht getätigt.

IV. Müsli KG

Kurt Kutowski ist seit 1991 als Kommanditist an der gewerblich tätigen Müsli-KG in Mettmann beteiligt. Seine Gewinnbeteiligungsquote beträgt 30 %, sein Kapitalkonto zum 31.12.1997 200.000 DM. Die KG, deren Wirtschaftsjahr mit dem Kalenderjahr übereinstimmt, erlitt 1998 einen Verlust i.H.v. 950.000 DM.

V. Glasklar KG

Frau Kutowski war bis zur Geburt ihres behinderten Sohnes Komplementärin der Glasklar Gebäudereinigungs-KG (Wirtschaftsjahr vom 1.7. - 30.6. eines Jahres). Sie hat bereits 1973 ihre Gesellschaftsrechte neu geordnet. Seitdem ist sie lediglich mit einem 20 %igen Kommanditanteil (gleichzeitig auch Gewinnbeteiligungsquote) beteiligt.

Die KG erzielte folgende Ergebnisse:

Wirtschaftsjahr 1997/1998   Gewinn 100.000 DM
Wirtschaftsjahr 1998/1999   Verlust   60.000 DM

Frau Kutowski steht der KG regelmäßig (sofern es die Betreuung ihres Sohnes zuläßt) für kaufmännische Arbeiten zur Verfügung. Hierfür hat sie seit 1990 monatlich 1.000 DM Vergütung (auf Lohnsteuerkarte) erhalten, die in den jeweiligen Wirtschaftsjahren über Aufwand verbucht worden ist.

VI. Grundstück Dresden, Sachsenallee

Frau Kutowski wurde im Juli 1996 das Grundstück in Dresden, Sachsenallee, rückübereignet (Teilwert 500.000 DM). Früherer Eigentümer waren ihre Eltern, bis sie seinerzeit nach DDR-Recht enteignet worden sind.
Nach langwierigen Verhandlungen konnte sie das Grundstück mit Kaufvertrag vom 17.2.1998 (Übergang von Nutzungen und Lasten 1.4.1998, Umschreibung im Grundbuch am 16.6.1998) für 800.000 DM an eine Investorengruppe veräußern.

VII. Kapitalanlagen

a) Herr Kutowski kaufte bei der Stadtsparkasse Düsseldorf zum 1.11.1998 festverzinsliche Wertpapiere mit Zinsschein. Die Zinsen werden jährlich zum 31.1. eines Jahres ausgezahlt.

Die Stadtsparkasse Düsseldorf verlangte bei Erwerb Gebühren in Höhe von 200 DM sowie Stückzinsen für die Zeit vom 1.2.1998 - 31.10.1998 in Höhe von 10.000 DM. Am 31.1.1999 wurden ihm 9.033 DM Guthabenzinsen überwiesen. Freistellungsanträge waren nicht gestellt worden.

b) Frau Kutowski ist mit 30.000 DM am Stammkapital der Moos GmbH (Stammkapital: 50.000 DM) beteiligt. Die GmbH schüttete folgende Beträge aus:
- am 25.1.1999 für 1996 5.000 DM (Gutschrift auf dem Girokonto, Ausschüttungsbeschluß vom 10.12.1998),
- am 16.10.1998 für 1996 12.000 DM (Gutschrift auf dem privaten Girokonto, Ausschüttungsbeschluß vom 10.9.1999).

C. Allgemeine Angaben

1. Die Eheleute machen noch folgende Angaben:

Hausratversicherung-Beiträge	300 DM
Risikolebensversicherung-Beiträge	1.000 DM
Kapitallebensversicherung-Beiträge	8.000 DM
Krankenversicherung-Beiträge	3.000 DM
Einkommensteuer-Vorauszahlung 1998	60.000 DM
Kirchensteuer-Vorauszahlung 1998	5.400 DM
Kirchensteuererstattung in 1998 für 1996	3.000 DM
Kirchensteuererstattung in 1998 für 1995	2.200 DM

2. Seit 1990 unterstützen die Eheleute den vermögenslosen Vater des Herr Kutowski finanziell mit monatlich 500 DM. Der Vater erhält eine monatliche Rente in Höhe von 600 DM. Der Rentenversicherungsträger überwies 150 DM Zuschuß zur Krankenversicherung.

3. Der Vater ist am 15.11.1998 verstorben. Die von Herrn Kutowski organisierte Beerdigung kostete 12.000 DM, wovon die Sterbegeldversicherung in 1999 vertragsgemäß 2.000 DM erstattete.

D. Aufgabe

Es ist das zu versteuernde Einkommen der Eheleute Kutowski für 1998 zu ermitteln. Dabei sind zur Begründung die einschlägigen Gesetzes- bzw. Richtlinienzitate notwendig. Sowohl Ansätze als auch Nichtansätze sind zu begründen. Eine Vorsorgepauschale ist nicht zu ermitteln.

Sollten sich aus dem Sachverhalt Anhaltspunkte für die Gewährung von Steuerermäßigungen ergeben, so sind diese betragsmäßig unter Angabe der gesetzlichen Vorschriften zu nennen.

Sollten sich aus dem Sachverhalt Ansprüche auf Kinderfreibeträge ergeben, so ist davon auszugehen, daß für die gleichen Zeiträume auch das Kindergeld in gesetzlich zutreffender Höhe gezahlt worden ist.

Hinweis:

Die Eheleute Kutowski erzielten 1997 einen Gesamtbetrag der Einkünfte i.H.v. 200.000 DM.

Aufgabenteil Nr. 2: Körperschaftsteuer

Die Müller GmbH mit Sitz in Düsseldorf wurde 1997 gegründet.
Der Jahresüberschuß betrug 52.565 DM. Der Jahresüberschuß wurde lt. Gewinn- und Verlustrechnung um 32.835 DM Aufwand für die Bildung der Körperschaftsteuer-Rückstellung gemindert.

Die Müller GmbH hat am 6.8.1998 26.110 DM nach vorheriger Beschlußfassung für 1997 ausgeschüttet.

1998 hat die Müller GmbH einen Jahresfehlbetrag in Höhe von 80.000 DM erwirtschaftet. In dem Jahresfehlbetrag ist eine Investitionszulage in Höhe von 6.500 DM enthalten.

Aufgabe

I. **Für 1997:**
1. Bitte ermitteln Sie das zu versteuernde Einkommen!
2. Bitte gliedern Sie das verwendbare Eigenkapital zum 31.12.1997!

II. **Für 1998:**
Stellen Sie ausführlich dar, welche Konsequenzen aufgrund des 1998 entstandenen Jahresfehlbetrag eintreten.
Außerdem sind die Auswirkungen auf die Gliederung des verwendbaren Eigenkapitals darzustellen.

Hinweis: Auf mögliche Auswirkungen auf den Solidaritätszuschlag ist nicht einzugehen.

Klausursatz Nr. 4; Gewerbesteuer 245

Aufgabenteil Nr. 3: Gewerbesteuer

Sachverhalt

G. Scheit gehört seit Jahren ein Grundstück (Einheitswert 200.000 DM) in Essen. Das Grundstück ist mit einer Lagerhalle, einem Produktionsgebäude und einem Bürotrakt bebaut und seit Fertigstellung im Jahre 1991 im ganzen an die Holz-GmbH vermietet. Die monatliche Miete beträgt angemessene 12.000 DM.

Die Holz-GmbH produziert Holzkonstruktionen aller Art, die dann direkt beim Kunden eingebaut werden. Alleiniger Gesellschafter und Geschäftsführer der Holz-GmbH ist G. Scheit. Er erhält von Januar bis Dezember 1998 ein mtl. Geschäftsführergehalt von brutto 9.500 DM. Angemessen wäre ein mtl. Gehalt i.H.v. 9.000 DM.

Die GmbH nahm folgende Ausschüttungen vor:

Ausschüttung für	Beschluß am	ausgezahlt am	Zuflußhöhe
1997	28.12.1998	15.1.1999	36.562,50 DM
1998	16.12.1999	20.12.1999	29.450,00 DM

Hinsichtlich des Grundstücks liegen folgende Angaben vor:

– AK Grund und Boden	250.000 DM
– HK Gebäude 1991 (nachgewiesene Nutzungsdauer: 70 Jahre)	1.000.000 DM
– laufende Kosten, mtl.	1.000 DM
– Fremdfinanzierung seit 1.4.1991: Nennbetrag des Darlehens	800.000 DM
– Zinsbindungsfrist: 10 Jahre; Tilgung über eine kapitalbildende Lebensversicherung im Jahr 2021, mtl. Beitrag	500 DM
– Disagio 1991	40.000 DM
– Schuldzinsen mtl.	3.500 DM

Aufgabe

Ermitteln Sie die Einkünfte des G. Scheit für 1998 aus den im Sachverhalt gemachten Angaben. Geben Sie dabei auch an, welche weiteren Beträge im Rahmen der Einkommensteuer-Erlärung des G. Scheit von Bedeutung sind.

Hinweis:

– Die Einkünfte sollen (wie in der Vergangenheit auch) so niedrig wie möglich ermittelt werden.
– Unterstellen Sie dabei einen Gewerbesteuer-Hebesatz der Stadt Essen von 450 %.
–

Aufgabenteil Nr. 4: Umsatzsteuer Klausur Nr. 1

Allgemeiner Sachverhalt

Marius Müller (M.M.) ist Inhaber eines Groß- und Einzelhandelsgeschäfts für Schneidewaren und Werkzeuge in Solingen. Ferner ist er Eigentümer eines Wohn- und Geschäftshauses in Wuppertal, in dem er auch eine Reparaturwerkstatt für Schneidewerkzeuge betreibt.

Müller versteuert seine Umsätze nach vereinbarten Entgelten. Er reicht seine USt-Voranmeldungen monatlich beim Finanzamt ein und hat gegenüber dem Finanzamt in allen möglichen Fällen auf Steuerbefreiungen verzichtet.

Darüber hinaus ist in allen Fällen des innergemeinschaftlichen gewerblichen Waren- und Dienstleistungsverkehrs davon auszugehen, daß die beteiligten Unternehmer die USt-Identifikationsnummer des Landes verwendet haben, aus dem sie kommen.

Es ist davon auszugehen, daß alle Formvorschriften erfüllt sind. Alle erforderlichen Belege, Nachweise und Aufzeichnungen sind vorhanden und, soweit sich aus dem Sachverhalt nichts Gegenteiliges ergibt, ordnungsgemäß.

Aufgabe

Beurteilen Sie die nachfolgend geschilderten Vorgänge aus umsatzsteuerlicher Sicht, sofern sie den Besteuerungszeitraum 1998 und den Unternehmer Max Müller betreffen.

Ein sog. Vorspann ist nicht erforderlich.

Bei Ihren Ausführungen gehen Sie bitte, soweit der Sachverhalt dies erfordert, in folgender Reihenfolge vor:

- Steuerbarkeit (Art, Umfang, Ort des Umsatzes)
- Steuerbefreiung / Steuerpflicht
- Steuersatz, Bemessungsgrundlage
- Höhe der Umsatzsteuer und Zeitpunkt der Entstehung
- Vorsteuerabzug (Berechtigung zum Vorsteuerabzug, Höhe des Vorsteuerabzugs, Zeitpunkt des Vorsteuerabzugs)

Sachverhalt 1

Im Februar 1998 konnte Müller günstig einen Posten von 30 Brotschneidemaschinen von dem Unternehmer Lambadi aus Mailand erwerben. Lambadi ließ die Brotschneidemaschinen am 04.02.1998 mit der Bahn zu Müller nach Solingen transportieren. Die Rechnung über 2.400 DM zzgl. 200 DM Transportversicherung, ausgestellt am 28.02.1998, ging erst am 10.03.1998 bei Müller ein, der sie am 02.04.1998 per Banküberweisung beglich.

Müller gelang es, die Brotschneidemaschinen noch im Februar 1998 an eine Reisegruppe aus Frankreich zum Gesamtpreis von 5.175 DM zu veräußern, wobei die Mitglieder der Reisegruppe (Nichtunternehmer) die Brotschneidemaschinen nach ihrem Besuch auf Schloß Burg im Geschäft des Müller abholten, den Kaufpreis bei Übergabe entrichteten und danach die Heimreise nach Frankreich antraten.

Sachverhalt 2

Im März 1998 erwarb Müller bei einem Großhändler in Offenbach acht Besteckkoffer Marke „FMW". Müller holte die Besteckkoffer am 20.03.1998 selbst in Offenbach ab. Die Rechnung über 1.856 DM (8 x 200 DM = 1.600 DM zzgl. 256 DM offen ausgewiesener USt), ausgestellt am 30.03.1998, ging am 01.04.1998 bei Müller ein. Der Rechnungsbetrag wurde erst am 10.05.1998 unter Abzug von 3 % Skonto per Banküberweisung beglichen.

Die Besteckkoffer wurde im Juni 1998 an einen Schweizer Kunden (Privatmann) verkauft. Auf Wunsch des Kunden wurden die Koffer von einem Verkäufer des Müller nach Bern (Schweiz) transportiert. Im Juli 1998 erteilte Müller folgende Rechnung:

8 Besteckkoffer zu je 100 DM		800 DM
Tranportkosten		100 DM
		900 DM
zzgl. 16 % Umsatzsteuer		144 DM
insgesamt		1.044 DM

Den Kaufpreis überwies der Kunde am 10. August 1998.

Sachverhalt 3

Müller kaufte im März 1998 500 Messersets der Marke „Schneider" bei einem Lieferanten in der Türkei ein. Er ließ die Messersets in der Türkei durch einen durch ihn beauftragten Spediteur abholen und zu seinem Lager nach Solingen tranportieren.

Die bei der Einfuhr im März angefallene Einfuhrumsatzsteuer in Höhe von 9.000 DM bezahlte Müller noch Ende März an das zuständige Zollamt. Im Mai 1998 bestellte ein langjähriger gewerblicher Kunde aus Wien bei Müller 500 Messersets der Marke „Schneider".

Am 18.07.1998 wurden die Messersets in Solingen durch einen von Müller beauftragten italienischen Spediteur Luigi abgeholt und nach Wien gebracht. Der von Müller mit Rechnung vom 18.07.1998 geforderte Rechnungsbetrag in Höhe von 75.000 DM zahlte der österreichische Kunde im August 1998.

Luigi rechnete noch im August 1998 wie folgt ab:

Transport Solingen - Wien	4.000 DM
zzgl. 16 % Umsatzsteuer	640 DM
sofort zahlbar	4.640 DM

Müller zahlte den angeforderten Rechnungsbetrag am 02.09.1998.

Sachverhalt 4

Im März 1998 wurde an einer zum Unternehmen des Müller gehörenden Fräsmaschine zur Herstellung von Schneidewerkzeugen (österreichisches Sonderfabrikat der Marke Puch) eine spezielle Reparatur am Elektromotor erforderlich. Trotz seiner gut ausgestatteten Werkstatt konnte Müller die Reparatur nicht selbst durchführen. Die Fräsmaschine wurde daher mit einem LKW des Müller durch einen eigenen Fahrer zum österreichischen Hersteller Puch nach Linz gebracht und dort am 22.03.1998 instandgesetzt. Am 23.03.1998 kehrte der Fahrer mit dem LKW, der reparierten Maschine sowie mehrerer Sensen nach Solingen in den Betrieb des Müller zurück.

Puch hatte Müller darum gebeten, mehrere Sensen, mit denen Puch die Naturwiese vor seinem Werksgelände in Linz zweimal jährlich mähen ließ, neu zu schleifen.

Ende April 1996 berechnete Puch die in Linz ausgeführte Reparaturmaßnahme mit 1.000 DM. Die Rechnung von Puch weist Umsatzsteuer nicht gesondert aus.

Anfang Mai sandte Müller die geschliffenen Sensen mit Kurierdienst zurück nach Linz und berechnete Puch hierfür 200 DM, die dieser am 20.05.1998 auf das Geschäftskonto des Müller überwies.

Sachverhalt 5

Der norwegische Kommissionär Tonder holte am 10.07.1998 bei Müller in Solingen Nagelscheren ab, um sie in Norwegen zu veräußern.

Der Verkauf findet im Verlaufe des Monats August statt. Die Erwerber in Norwegen haben umgerechnet 23.000 DM gezahlt. Davon überweist Tonder noch im August 1998 14.400 DM an Müller.

Aus dem Ankauf der Nagelscheren hat Müller bislang noch nicht die gesondert ausgewiesene Umsatzsteuer in Höhe von 1.600 DM abgezogen.

Sachverhalt 6

1. Allzweckmesser

Ein Allzweckmesser mit 46 Funktionen entnahm Müller im April 1998 für seinen privaten Bedarf. Anläßlich seines Hüttenurlaubs in der Schweiz nahm er das Messer mit. Der Hüttenwirt, bei dem Müller nächtigte, war von dem Messer so begeistert, daß er Müller überredete, ihm das Messer für 230 DM zu verkaufen; die Übergabe erfolgte am 28.04.1998 auf der Berghütte. Müller hatte das Messer im Dezember 1997 für 100 DM zzgl. 16 DM offen ausgewiesener Umsatzsteuer eingekauft. Bis April 1998 war für Messer gleicher Bauart ein Preisanstieg in Höhe von 20 % zu verzeichnen.

2. Wurstschneidemesser

Am 15.05.1998 hat Müller eine Wurstschneidemaschine für den Privatbedarf bei einem Händler in Rosenheim gekauft. Die ordnungsgemäße Rechnung über 2.000 DM zzgl. 320 DM USt wurde von Müller noch am gleichen Tage per Scheck beglichen.

Im August erkannte Müller auch die Vorzüge einer Wurstschneidemaschine für den Einsatz in seinem Geschäft. Er stellte die Maschine somit ab 1.09.1998 in das Schaufenster seines Geschäfts in Solingen, um sie als Ausstellungsstück künftig ausschließlich betrieblich zu nutzen.

Aufgabenteil Nr. 4: Umsatzsteuer Klausur Nr. 2

Aufgabe

Beurteilen Sie die nachfolgend geschilderten Vorgänge aus umsatzsteuerlicher Sicht, sofern sie den Besteuerungszeitraum 1998 und die Unternehmerin Käthe Krause (KK) betreffen. Nehmen Sie in einem sog. Vorspann (Tz. 1) Stellung

- zur Unternehmereigenschaft und zum Rahmen des Unternehmens der KK,
- zur persönlichen Berechtigung zum Vorsteuerabzug der KK.

Bei Ihren Ausführungen zu den Textziffern 2 - 7 gehen Sie bitte, soweit der Sachverhalt dies erfordert, in folgender Reihenfolge vor:

- Steuerbarkeit (Art, Umfang, Ort des Umsatzes),
- Steuerbefreiung / Steuerpflicht,
- Steuersatz, Bemessungsgrundlage bzw. Höhe des steuerfreien Umsatzes
- Höhe der Umsatzsteuer und Zeitpunkt der Entstehung,
- Vorsteuerabzug.

Hinweis:

- § 3 Abs. 8, § 19, § 20 und § 25a UStG sind nicht anzuwenden.
- Alle Unternehmer treten im Zweifel mit der USt-Id-Nr. ihrer Heimatländer auf.
- Eine umsatzsteuerliche Organschaft soll nicht vorliegen.
- Es ist ganzjährig von einem allgemeinen USt-Satz von 16% auszugehen (Vereinfachung).
- Für die Errechnung der Bemessungsgrundlage aus Bruttobeträgen ist anzuwenden
  - bei einem Steuersatz von 16 v.H. der Divisor 1,16;
  - bei einem Steuersatz von 7 v.H. der Divisor 1,07.

Sachverhalt 1

Käthe Krause (KK) betreibt seit Jahren auf eigenem Grundstück in Wuppertal, Grüner Weg 1, einen Einzelhandel mit Marionetten, Puppen aller Art und Zubehör. Darüber hinaus ist sie dafür bekannt, daß sie in eigener Reparaturwerkstatt insbesondere alte, besonders wertvolle Einzelstücke repariert und aufarbeitet.

Außerdem ist sie alleinige Gesellschafter-Geschäftsführerin der Käthe Krause GmbH, Versandhandel mit Puppen aller Art. KK vermittelt gelegentlich die Lieferung von Puppen bekannter deutscher Puppenhersteller in das benachbarte Ausland.

In ihrer Freizeit bietet KK nur gegen Erstattung ihrer Unkosten Puppenbastelkurse für Eltern im örtlichen Kindergarten an. Die Eltern, die dieses Angebot häufig und gerne ausnutzen, haben die Möglichkeit, das benötigte Bastelmaterial bei KK zu erwerben.

Einzelhandel und Reparaturwerkstatt sind im Erdgeschoß des Gebäudes am Grünen Weg 1 untergebracht, im 1. OG wohnt KK mit ihrer Familie selbst.

Auf dem ihnen gehörenden Nachbargrundstück haben die Eheleute Krause vor 3 Jahren ein gemischt genutztes Gebäude errichtet, das sie an verschiedene Mieter vermieten.

Sachverhalt 2

Auf einer Verkaufsausstellung im Rahmen des Vohwinkeler Flohmarkts am 25.09.1998 bot KK im Rahmen ihres Einzelhandelsgeschäfts Puppen und Zubehör an. Dazu hatte ihr das Ordnungsamt der Stadt Wuppertal einen Standplatz zugewiesen.
Eine Stammkundin bestellte am Stand 3 Perücken für Marionetten einer Haarfarbe, die KK leider nicht vorrätig hatte. Die Kundin bat um schnelle Auslieferung. Daraufhin bat KK ihren Lieferanten in Osnabrück per Handy noch am gleichen Tage, die Perücken sofort per Kurierdienst an die Privatanschrift der Kundin zu versenden. Dies geschah am 28.09.1998. Das Paket wurde der Kundin per Kurierdienst durch UPS am 29.09.1998 zugestellt.
Am gleichen Tag erhielt KK eine Rechnung ihres Lieferanten, die lautete (auszugsweise):
Wie telefonisch vereinbart übersandten wir
am 28.09.1998 3 Perücken . . . . . .
dafür berechnen wir Ihnen   3 x 30 DM = 90,00 DM
                                 zzgl. 16 % USt   14,40 DM
                                        Summe   104,40 DM

KK schrieb ihrer Stammkundin am 29.09.1998 folgende Rechnung (auszugsweise):
Ich lieferte Ihnen 3 Perücken . . . .
zum Preis von   3 x 50 DM = 150,00 DM
                                    zzgl. 16 % USt   <u>24,00 DM</u>
                                         Summe 174,00 DM

Zahlbar innerhalb einer Woche mit Abzug von 9,00 DM Skonto oder innerhalb von 4 Wochen ohne Abzug.
Die Kundin zahlte am 30.09.1998 165 DM in bar.
Die Firma UPS stellte für den Transport am 2.10.1998 wie folgt in Rechnung:

Paketsendung   30,00 DM
16% USt   <u>+ 4,80 DM</u>
                                          34,80 DM

Sachverhalt 3

Während des Vohwinkeler Flohmarkts begeisterte sich am 25.09.1998 eine Rentnerin für eine Marionette, die KK für 464 DM anbot. Der Preis überstieg die finanziellen Möglichkeiten der alten Dame. Da sie aber unbedingt die Marionette als Geschenk für ihre Enkelin erwerben wollte, bot sie ihrerseits aus ihrer mehr als 60 Jahre alten Aussteuer Leinenstoffe aus bergischen Blaudruckereien der KK zum Kauf an.
Obwohl der Handel ungewöhnlich ist, stimmte KK sofort zu. Alte Stoffe dieser Qualität und Menge sind auf dem Markt kaum noch vorhanden. KK benötigt diese aber als Kleidung für ihre handgefertigten Marionetten.
Am Abend des nächsten Tages suchte KK die Rentnerin in ihrer Wohnung in Remscheid auf, um die Stoffe zu besichtigen.
Obwohl zwischen ihr und der Kundin noch kein Kaufvertrag zustande gekommen war, nahm sie die fragliche Marionette im PKW mit.
KK erwarb den gesamten Posten Leinenstoffe, übergab dafür die fragliche Marionette und bedankte sich zusätzlich mit der Übergabe von 40 DM in bar.

Es ist davon auszugehen, daß beide Beteiligten angemessene Gegenleistungen für ihre Leistungen erhalten haben.

Sachverhalt 4

Die Laienspielgruppe „Rummelbum" aus Mettmann benötigte für eine Premiere in ihrem Puppentheater neue Marionetten. Sie kamen mit KK überein, daß KK nach Entwürfen des Leiters der Laienspielschar sämtliche auftretenden 10 Marionetten neu fertigen und kleiden sollte. Die Arbeiten sollten bis Ende Juni 1998 erledigt sein.
KK fertigte die Marionetten in der eigenen Werkstatt und konnte fristgerecht den Auftrag am 28.06.1998 abschließen. Sie übergab die Figuren daraufhin am 01.07.1998 in ihren Räumen dem Leiter der Laienspielschar, der sie zufrieden abnahm.
Am 02.07.1998 stellte sich heraus, daß das aufzuführende Stück etwas abgewandelt werden mußte. Dadurch wurde eine weitere Marionette erforderlich. Ein Vertreter der Laienspielschar versuchte telefonisch mit KK das Problem zu lösen. Dabei erkannte KK, daß sie eine eventuell verwendbare Marionette seit langem als Vorführmodell im Schaufenster anbot.
Sie brachte diese Marionette am 03.07.1998 mit eigenem PKW nach Mettmann zur Ansicht. Die Gruppe entschied sofort, daß die Marionette einsetzbar sei und nahm diese von KK ab.
KK erstellte danach folgende Rechnung (auszugsweise):

10 Marionetten zu je 500 DM	5.000 DM
1 Marionette (angestaubtes Ausstellungsstück) zum Sonderpreis von	400 DM
Summe	5.400 DM
zzgl. 16 % USt	864 DM
Rechnungsbetrag	6.264 DM

Der Leiter der Laienspielschar freute sich zwar über die hervorragend gefertigten Puppen, erschrak aber über die Höhe der Rechnung. Wegen erheblich geringerer Publikumszahlen in der Sommerzeit als erwartet war die finanzielle Situation der Gruppe etwas angespannt. KK konnte aber auch hier helfen. Sie erklärte sich bereit, 10 der alten Marionetten zum Ausgleich ihrer Rechnung anzukaufen. Sie glaubte, bei ihren privaten Kunden dafür einen Markt zu finden.
Der Leiter der Laienspielgruppe willigte erleichtert ein und übergab KK am 04.07.1998 10 Marionetten im Wert von 6.210 DM. KK zerriß an Ort und Stelle die Rechnung und verabschiedete sich. Der Leiter der Gruppe war so erfreut über das Entgegenkommen der KK, daß er ihr für eine der nächsten Aufführungen 4 Freikarten im Wert von 40 DM ohne Berechnung übergab.

Sachverhalt 5

Das Wohn- und Geschäftshaus in Wuppertal, Grüner Weg 1, wurde in 1998 wie folgt genutzt:

a) Im Erdgeschoß (150 qm) betreibt KK ihre Puppenreparaturwerkstatt und unterhält ein Ladenlokal für den Verkauf der Puppen. Vom betrieblichen Bankkonto werden monatlich 3.500 DM auf das Hauskonto überwiesen (entspricht der ortsüblichen Vergleichsmiete).

b) Das 1. Obergeschoß links (90 qm) bewohnt KK mit ihrer Familie selbst. Die ortsübliche Miete beträgt in 1998 monatlich 1.170 DM. Die Wohnung verursacht Kosten in Höhe von 5 DM pro qm pro Monat.

c) Das 1. Obergeschoß rechts (60 qm) ist an einen Studenten zu Wohnzwecken für 780 DM monatlich vermietet.

d) Das 2. Obergeschoß (150 qm) hat KK an ihren Vater für dessen StB-Praxis für 2.000 DM zzgl. 300 DM offen ausgewiesener USt vermietet. Die mit Vorsteuer belasteten Kosten belaufen sich in diesem Geschoß auf 5 DM pro qm pro Monat.

e) Für die Neugestaltung des gesamten Treppenhauses hat KK von einem italienischen Fliesenhersteller Fliesen bestellt, die durch einen angestellten Fahrer des italienischen Unternehmers am 10.09.1998 der KK übergeben wurden. Die Rechnung des italienischen Unternehmers vom 18.11.1998 lautet über 16.000 DM. KK überwies den Rechnungspreis erst im Dezember 1998 von ihrem Privatkonto auf ein Konto des Lieferanten.

Sachverhalt 6

Im Januar 1998 konnte KK für den Puppenhersteller Zapf aus Nürnberg die Lieferung von Puppen „Baby-Lu" an den französischen Spielwarenhändler Dupont aus Paris vermitteln (sowohl Zapf als auch Dupont treten unter der USt-IdNr. ihres Sitzstaates auf).
Ihre Provision, gem. § 87a Abs. 1 HGB mit Ausführung der vermittelten Leistung entstanden, beträgt 2.320 DM und wurde ihr von der Fa. Zapf am 15.03.1998 überwiesen. Die Hälfte der Puppenlieferungen wurden durch die Fa. Zapf am 20.02.1998 mit eigenem Lkw nach Frankreich ausgeführt.
Die andere Hälfte der Puppen wurde auf Wunsch des französischen Unternehmers Dupont durch die Fa. Zapf am 20.02.1998 nach Polen transportiert.

Sachverhalt 7

KK hatte am 14.12.1997 eine neue Telefonanlage in den betrieblichen Räumen des Grundstücks Grüner Weg 1 installieren lassen. Die Kosten der Anlage betragen 5.000 DM zzgl. 800 DM USt. Die betriebsgewöhnliche Nutzungsdauer der Anlage beträgt vier Jahre.

Die ordnungsgemäße Rechnung ging am 16.02.1998 bei KK ein. Der Rechnungsbetrag wurde versehentlich erst über ein Jahr nach Erhalt der Telefonanlage am 15.12.1998 überwiesen. Aufgrund in der Garantiefrist aufgetretener technischer Mängel der Anlage überwies KK mit Zustimmung der Lieferfirma lediglich 4.640 DM.

Die betriebliche Telefonanlage nutzt KK auch für Privatgespräche. Aus den hierzu geführten Aufzeichnungen ergibt sich, daß von den insgesamt in 1998 angefallenen Fernsprechgebühren in Höhe von 1.650 DM ein Anteil von 165 DM auf die privaten Telefonate der KK entfällt.

Aufgabenteil Nr. 5: Abgabenordnung

Sachverhalt 1:

Fritz Klug wurde in 02 endgültig für 01 zur Einkommensteuer veranlagt. Die entsprechende Steuererklärung hatte er in 02 beim Finanzamt eingereicht. Die Steuerfestsetzung lautete auf 10.000 DM.

In 06 gingen dem Finanzamt Kontrollmitteilungen zu. Daraus wurde ersichtlich, daß Klug bislang Betriebseinnahmen in Höhe von 8.000 DM nicht erfaßt hatte (steuerliche Auswirkung + 3.000 DM). Daraufhin setzte das Finanzamt mit geändertem Einkommensteuerbescheid 01 vom 17.10.06 die Steuer auf 3.000 DM fest. Gegen den Bescheid erhob Klug Einspruch. In seinem Einspruchsschreiben machte er folgendes geltend:

a) Nachträgliche Betriebsausgaben in Höhe von 6.000 DM in Zusammenhang mit den bisher nicht erklärten Betriebseinnahmen (steuerliche Auswirkung ./. 2.000 DM).

b) Bisher nicht geltend gemachte Aufwendungen für eine doppelte Haushaltsführung als Werbungskosten bei den Einkünften aus nichtselbständiger Arbeit (steuerliche Auswirkungen ./. 3.000 DM).

c) Im übrigen trug er vor, daß ihm bei der Zusammenstellung der Werbungskosten bei den Einkünften aus Vermietung und Verpachtung in seinen Unterlagen ein Rechenfehler unterlaufen ist. Dieser war dem Finanzamt aufgrund der eingereichten Unterlagen nicht nachvollziehbar (steuerliche Auswirkung ./. 1.500 DM).

Das Einspruchsschreiben gab Klug am 19.11.06 zur Post, nachdem er sich bei der Post über die übliche Postlaufzeit von einem Tag vergewissert hatte. Tatsächlich ging das Einspruchsschreiben jedoch erst am 22.11.06 beim Finanzamt ein.

Aufgabe

1. Prüfen Sie, ob der angefochtene Steuerbescheid änderbar ist. Dabei sind Aussagen dazu erforderlich, ob der von Fritz Klug verfahrensrechtlich eingeschlagene Weg erfolgreich sein wird.

2. Sollten Ihrer Ansicht nach keine Erfolgsaussichten bestehen, prüfen Sie bitte, welche Anträge noch gestellt werden müßten, um das Finanzamt zu einer möglichst umfassenden Berichtigung des Einkommensteuerbescheides zugunsten des Stpfl. zu veranlassen.

Sachverhalt 2:

Fritz Lustig reicht seine Umsatzsteuervoranmeldung für den Monat Juli 04 am 10.8.04 beim Finanzamt ein. Danach ergibt sich ein Vorsteuerüberhang in Höhe von 8.000 DM. Das Guthaben wurde ihm am 20.8.04 vom Finanzamt ausbezahlt.
Am 30.10.04 bemerkt Lustig bei Durchsicht seiner Unterlagen, daß er Vorsteuern für den Monat Juli 04 in Höhe von 2.000 DM bisher nicht geltend gemacht hat.

Aufgabe

Hat Lustig noch die Möglichkeit, die bisher nicht geltend gemachten Vorsteuern vom Finanzamt erstattet zu bekommen?

Aufgabenteil Nr. 6: Rechnungswesen

A. Aufgabe

Nehmen Sie zu den nachstehenden 12 Sachverhalten in folgender Reihenfolge Stellung:

1. Beurteilen Sie die nachstehenden Sachverhalte aus handels- und aus steuerrechtlicher Sicht und begründen Sie Ihre Entscheidungen kurz unter Hinweis auf die gesetzlichen Bestimmungen und Verwaltungsanweisungen (HGB, EStG, EStR und EStH). Soweit Bilanzierungs- und Bewertungswahlrechte bestehen, ist davon auszugehen, daß P. Nibel für das Wirtschaftsjahr 1998 grds. den steuerlich niedrigsten Gewinn (soweit in einer Textziffer nicht anders gewünscht) ausweisen möchte.

2. Die einzelnen Bilanzansätze sind zu entwickeln, dabei ist das abnutzbare Anlagevermögen in Staffelform darzustellen. Eventuelle Änderungen bei der Vorsteuer bzw. Umsatzsteuer sind bei den betreffenden Sachverhalten betragsmäßig anzugeben (die Ermittlung des Endbestandes ist nicht erforderlich). Gehen Sie bitte aus Vereinfachung für das ganze Wirtschaftsjahr 1998 von einem Umsatzsteuersatz von 16 % aus. Soweit in den einzelnen Sachverhalten besonders darauf hingewiesen wird, daß Bilanzposten bereits korrekt erfaßt sind, brauchen diese nicht mehr angesprochen zu werden.

3. Es sind die erforderlichen Korrektur- bzw. Ergänzungsbuchungen zu erstellen.

4. Es ist die jeweilige Gewinnauswirkung mit den einzelnen Beträgen anzugeben. Dabei sind die betreffenden Erfolgskonten der Gewinn- und Verlustrechnung zu benennen.

B. Sachverhalt

<u>Allgemeines</u>

P. Nibel betreibt in Düsseldorf ein Einzelhandelsgeschäft mit Textilien. Die Firma ist im Handelsregister eingetragen. Das Wirtschaftsjahr stimmt mit dem Kalenderjahr überein. P. Nibel versteuert seine Umsätze nach vereinbarten Entgelten und erzielte im Vorjahr einen Umsatz von 1,5 Mio. DM. Das steuerliche Betriebsvermögen zum 31.12.1997 beträgt 680.000 DM.

P. Nibel übergibt Ihnen zur Stellungnahme die vorläufig erstellte Handelsbilanz per 31.12.1998, die einen Gewinn von 184.000 DM ausweist.

1. Grund und Boden, Gebäude, Feuerlöschanlage, Lastenaufzug

P. Nibel erwarb im Dezember 1995 für 80.000 DM ein unbebautes Grundstück, auf dem er ein gemischtgenutztes Gebäude errichten ließ. Der Neubau war zum 1.2.1998 bezugsfertig und wird mit 60 % zu eigenen gewerblichen Zwecken genutzt; der übrige Teil des Hauses ist zu Bürozwecken an Großunternehmer umsatzsteuerpflichtig vermietet (§ 9 UStG).

Die gesamten Herstellungskosten des Bauwerks lt. Rechnungen der Handwerker betrugen

	700.000 DM
+ 16 % Umsatzsteuer	112.000 DM
	812.000 DM

Der Antrag auf Baugenehmigung wurde am 30.12.1995 gestellt. In dem vorstehenden Betrag sind enthalten:

20.000 DM   für die eingebaute Feuerlöschanlage (Nutzungsdauer 10 Jahre)

30.000 DM   für den eigenbetrieblich genutzten Lastenaufzug (Nutzungsdauer 10 Jahre)

Die Nutzungsdauer des Gebäudes kann mit 50 Jahren angenommen werden. P. Nibel hat diesen Vorgang wie folgt gebucht:

Gebäude	650.000 DM	an	Bank		344.000 DM
Feuerlöschanlage	20.000 DM		Hypotheken-		
Lastenaufzug	30.000 DM		schulden		468.000 DM
Vorsteuer	112.000 DM				

Ferner nahm er beim Jahresabschluß folgende Buchungen vor:

AfA	13.000 DM	an	Gebäude	13.000 DM
AfA	6.000 DM	an	Feuerlöschanlage	6.000 DM
AfA	2.250 DM	an	Lastenaufzug	2.250 DM

Weitere Buchungen sind zu diesem Vorgang nicht erfolgt. Die mit der Hypothekenschuld im Zusammenhang stehenden Zinsen wurden zutreffend gebucht.

2. Wertpapiere

Gruppe A

Diese Wertpapiere im Nennwert von 10.000 DM hatte P. Nibel 1990 zum Kurs von 180 % erworben. Die Nebenkosten (Makler etc.) haben insgesamt 180 DM betragen.

- Kurswert am 31.12.1997 = 175 % (Bilanzansatz) = 17.675 DM (einschließlich 175 DM Nebenkosten),
- Kurswert am 31.12.1998 = 170 %

Eine Buchung ist diesbezüglich nicht erfolgt.

Gruppe B

Zur Sicherung eines für betriebliche Zwecke aufgenommenen Darlehens verpfändete P. Nibel am 2.11.1998 der Bank diese Aktien, die zu seinem Privatvermögen gehörten.

Die verpfändeten Aktien im Nennwert von 50.000 DM hatte P. Nibel am 6.6.1996 privat zum Kurs von 200 % erworben. Die Nebenkosten betrugen insgesamt 750 DM. P. Nibel buchte am 2.11.1998:

"Wertpapiere B 50.000 DM an Privateinlagen 50.000 DM"

Der Kurs dieser Aktien belief sich am 2.11.1998 auf 190 % und am 31.12.1998 auf 210 % P. Nibel will mit dieser Einlage sein Betriebskapital auf Dauer verstärken.

3. Rechnungsabgrenzungsposten

a) Rechnung der Versicherungsagentur "Wasser" vom 26.6.1998 über die Feuerversicherung für die Zeit vom 1.7.1998 bis 30.6.1999. Die Rechnung über 900 DM wurde am 2.7.1998 durch Überweisung vom betrieblichen Bankkonto bezahlt. Vom Rechnungsbetrag entfallen auf das Betriebsgebäude 540 DM und auf das eigengenutzte Einfamilienhaus 360 DM. Am 2.7.1998 wurde gebucht:

"Versicherungsaufwendungen 900 DM an Bank 900 DM"

b) Rechnung des Stadtanzeigers vom 29.12.1998 über 500 DM (Vorsteuer ist nicht gesondert ausgewiesen) betreffend eine Werbeanzeige am 28.12.1998, mit dem P. Nibel auf günstige Angebote in einem am 20.1.1999 beginnenden Ausverkauf hingewiesen hatte.

Eine Buchung erfolgte bisher nicht, da die Bezahlung der Rechnung am 3.12.1998 durch Überweisung vom privaten Bankkonto P. Nibels erfolgte.

4. Vorräte (Waren)

Der lt. Inventur zum 31.12.1998 ermittelte Warenbestand setzt sich aus vier völlig verschiedenen Warengruppen wie folgt zusammen:

Waren:	Jahr	AK DM	Teilwert DM 31.12.1997	Bilanzansatz DM 31.12.1997	Teilwert DM 31.12.1998
Gruppe A	1997	15.000	14.000	14.000	14.500
Gruppe B	1997	9.000	8.000	8.000	9.500
Gruppe C	1998	30.000	0	0	32.000
Gruppe D	1998	49.000	0	0	46.000
		103.000			102.000

Die Teilwerte sind identisch mit den Netto-Wiederbeschaffungskosten. P. Nibel wünscht in seiner Bilanz einen möglichst hohen Ausweis und erfaßte deshalb den Warenbestand in der vorläufigen Bilanz mit den ursprünglichen Anschaffungskosten in Höhe von 103.000 DM.

5. Darlehen

Am 1.11.1998 nahm P. Nibel ein Bankdarlehen in Höhe von 150.000 DM auf, das er von vornherein zu 2/3 für den Kauf von Maschinen und zu 1/3 für den Umbau seines eigengenutzten Einfamilienhauses verwendete. Das Darlehen ist in einer Summe am 31.10.2003 zurückzuzahlen. Die Rechnungen der Handwerker (Umbau des Einfamilienhauses) wurden Anfang Januar 1999 durch Überweisung vom betrieblichen Bankkonto bezahlt.

Die Bank hat am 2.11.1998 die folgende Abrechnung erteilt:

Nennbetrag des Darlehens	150.000 DM
abzüglich Damnum 3 %	4.500 DM
abzüglich 6 % Zinsen für die Zeit vom	
1.11.1998 - 30.4.1999 (1/2 Jahr = 3 %)	<u>4.500 DM</u>
Gutschrift auf das betriebliche Bankkonto	<u>141.000 DM</u>

Gebucht wurde:

"Bank 141.000 DM an Darlehen 141.000 DM"

Weitere Buchungen zu diesem Vorgang sind bisher nicht erfolgt.

6. Pkw

Am 1.4.1998 hat P. Nibel einen Pkw geleast. Nach dem Leasingvertrag besteht eine beidseitig unkündbare Grundmietzeit von 51 Monaten.

Die betriebsgewöhnliche Nutzungsdauer des Pkw beträgt 60 Monate. Eine Kaufoption ist nicht vorgesehen. P. Nibel kann jedoch nach Ablauf der Grundmietzeit eine Verlängerung des Mietverhältnisses um weitere 30 Monate verlangen. Die nach Ablauf der Grundmietzeit zu zahlende Anschlußmiete bemißt sich nach dem Restbuchwert von 15 % der Anschaffungskosten. Auf der Basis der Netto-Anschaffungskosten von 48.000 DM zzgl. der hierauf entfallenden Finanzierungskosten des Leasinggebers wurden monatliche Leasingraten in Höhe von 1.000 DM zzgl. Umsatzsteuer vereinbart. Außerdem hat P. Nibel am 1.4.1998 eine einmalige Sonderzahlung in Höhe von 8.400 DM zzgl. Umsatzsteuer geleistet.

Buchungen:

Leasingaufwand	9.000 DM	an	Bank	10.440 DM
Vorsteuer	1.440 DM			
Leasingaufwand	8.400 DM	an	Bank	9.744 DM
Vorsteuer	1.344 DM			

7. Umsatzbonus

P. Nibel erwartet für das Geschäftsjahr 1998 von seinem langjährigen Hauptlieferanten Faden & Co. den üblichen Umsatzbonus in Höhe von 3 % des jährlichen Warenbezugs. Die Fa. Faden & Co. ist zwar zur Gewährung des Bonus rechtlich nicht verpflichtet, kann sich aber aufgrund langjähriger Übung der Bonusgewährung faktisch nicht entziehen.

Im März 1999 lag P. Nibel folgende Gutschrift vor:

- maßgeblicher Warenbezug in 1998   300.000 DM
  zzgl. 16 % Umsatzsteuer   + 48.000 DM
      348.000 DM
  Bonusbetrag 3 % =   10.440 DM

Im März 1999 erfolgte eine Verrechnung mit einer Forderung der Fa. Faden & Co. in Höhe des vorstehenden Betrages. Für 1998 hat P. Nibel aus diesem Vorgang keinerlei Schlußfolgerungen gezogen. Aus den von der Fa. Faden & Co. erhaltenen Warenlieferungen sind im Vorratsbestand zum 31.12.1998 keine Artikel mehr enthalten.

8. Sonderposten mit Rücklageanteil

Am 30.6.1997 war eine Materialprüfmaschine durch Explosion zerstört worden. Der Unterschied zwischen dem Buchwert der Materialprüfmaschine (3.000 DM) und der Versicherungsleistung (7.500 DM) wurde zum 31.12.1997 zutreffend als Rücklage für Ersatzbeschaffung (4.500 DM) ausgewiesen.

Am 3.9.1998 wurde eine neue Materialprüfmaschine als Ersatz für die ausgeschiedene Materialprüfmaschine erworben. Die Anschaffungskosten betrugen 6.000 DM zuzüglich 960 DM Umsatzsteuer. Es ist von einer betriebsgewöhnlichen Nutzungsdauer von acht Jahren auszugehen.

P. Nibel buchte:

a)   Materialprüfmaschine   6.000 DM   an   Bank   6.960 DM
       Vorsteuer   960 DM

b)   AfA   750 DM   an   Materialprüf-
       maschine   750 DM

Weitere Buchungen sind zu diesem Vorgang nicht erfolgt.

9. Debitoren

Bei Durchsicht der Debitoren-Saldenliste zum 31.12.1998 stellte P. Nibel fest, daß noch eine Forderung aus dem ersten Halbjahr 1998 in Höhe von 9.280 DM (inkl. USt) voraussichtlich nur zu 50 % einbringlich ist. Bei dem betreffenden Schuldner wurde Ende Dezember 1998 das Vergleichsverfahren eingeleitet, die Forderung ist jedoch nicht bevorrechtigt.

P. Nibel hat hierzu bisher keine buch- bzw. bilanzmäßige Schlußfolgerung gezogen.

10. Sonstige Verbindlichkeiten

Aufgrund eines Fehlers im Personalcomputer konnten die Lohn- und Gehaltsabrechnungen für den Monat Dezember erst am 24.1.1999 erstellt werden. An die Mitarbeiter wurden am 28.12.1998 Akonto-Zahlungen in Höhe von 60.000 DM geleistet.

Buchung:

Löhne und Gehälter   60.000 DM   an   Bank   60.000 DM

Die am 24.1.1999 erstellte Bruttolohnliste sieht wie folgt aus:

Gehälter	82.000 DM
Löhne	+ 28.000 DM
	110.000 DM
Sozialversicherungsanteil der Arbeitnehmer	./. 16.000 DM
Lohnsteuer einschließlich Kirchensteuer	./. 20.000 DM
Vorschüsse	./. 60.000 DM
auszuzahlender Betrag	14.000 DM

Bisher wurde die Bruttolohnliste beim Abschluß per 31.12.1998 nicht berücksichtigt.

11. Gewerbesteuerrückstellung

a) Für die Gewerbesteuer 1997 wurde in die Rückstellung ein Betrag von 1.200 DM eingestellt. Nach dem Gewerbesteuerbescheid für 1997 (zugestellt im November 1998) ergab sich jedoch nur eine Abschlußzahlung von 1.000 DM. Bisher erfolgt keine Buchung, weil die Zahlung am 21.12.1998 vom privaten Bankkonto erfolgte.

b) Für die voraussichtliche Gewerbesteuerabschlußzahlung 1998 ist von einem Betrag von 2.000 DM auszugehen. Aus Vereinfachungsgründen sind die etwaigen Gewinnänderungen der vorangegangenen Sachverhalte außer Betracht zu lassen.

12. Private Vorgänge

P. Nibel schenkte seiner Tochter am 20.12.1998 einen Ledermantel:

Ladenpreis	2.784 DM
Anschaffungskosten	1.200 DM

Die Wiederbeschaffungskosten haben sich gegenüber den ursprünglichen Anschaffungskosten nicht verändert. Eine Buchung dieses Vorgangs hielt P. Nibel nicht für notwendig.

Lösungshinweise - Klausursatz Nr. 4

Aufgabenteil Nr. 1: Einkommensteuer

Einkünfte Kurt Kutowski

I. Rechtsanwaltstätigkeit, Einkünfte aus freiberuflicher Arbeit, § 18 Abs. 1 Nr. 1 EStG (Katalogberuf)

Betriebseinnahmen	1.400.000 DM	
Betriebsausgaben	./. 1.199.466 DM	
vorläufiger Gewinn		200.534 DM

1. Miete

Die Miete führt nicht zu Betriebsausgaben. Vielmehr stellen die anteiligen Grundstücksaufwendungen Betriebsausgaben dar (s. Tz. 6):
bisherige Aufwendungen: ab 1.3.1998 mtl. 8.000 DM   **+ 80.000 DM**

2. Büromöbel

Die Umsatzsteuer ist als Vorsteuer abzugsfähig und gehört deshalb nicht zu den Anschaffungskosten, § 9 b Abs. 1 Satz 1 EStG.

Anschaffungskosten netto	7.000,00 DM
abzgl. 10 % Rabatt	./. 700,00 DM
endgültige Anschaffungskosten	6.300,00 DM
x 1/8 je Schreibtisch =	787,50 DM

Da Schreibtische einzeln nutzbar sind, wird Herr Kutowski von der Bewertungsfreiheit des § 6 Abs. 2 EStG Gebrauch machen (GWG):

Gewinn	./. 6.300 DM
Die bisherige AfA ist zu korrigieren	+ 914 DM

Die an den Lieferanten gezahlte Umsatzsteuer führt zu Betriebsausgaben, die vom Finanzamt erhaltene Vorsteuer zu Betriebsausgaben. Die Erfolgsneutralität findet aber im gleichen Jahr statt.

3. Honorare

a) Verkehrsrechtsache

Nach § 11 Abs. 1 Satz 2 EStG werden nur regelmäßig wiederkehrende Einnahmen, die außerhalb des Jahres der wirtschaftlichen Zugehörigkeit tatsächlich zufließen, im Jahr der wirtschaftlichen Zugehörigkeit erfaßt. Rechtsanwaltshonorare stellen begrifflich keine regelmäßig wiederkehrenden Einnahmen dar, da der Anspruch nach jeder rechtsanwaltlichen Leistung neu entsteht. Somit gilt § 11 Abs. 1 Satz 1 EStG (Zuflußprinzip):
Die in 1999 vereinnahmten 10.000 DM sind erst bei Zufluß in 1999 zu erfassen:
Die bisherige Betriebseinnahme ist zu korrigieren ./. 10.000 DM

b) Autohaus

Der Verzicht auf die Forderung ist privat veranlaßt. Der Zufluß ist im Jahr des Forderungsverzichts anzunehmen (H 16 Abs. 2 *Tauschvorgänge* EStH), da wirtschaftlich ein tauschähnlicher Umsatz in Form einer Sacheinnahme vorliegt. Anzusetzen ist als Betriebseinnahme (Bewertung der anwaltlichen Leistung) der erhaltene Gegenwert in Gestalt des Cabrios (welches aber lt. Sachverhalt gleichwertig sein soll): Gewinn + 40.000 DM

4. Scheidungssache

Bei der Gewinnermittlung nach § 4 Abs. 3 EStG werden zweifelhafte Forderungen nicht abgeschrieben, da sie sich als Betriebseinnahmen noch nicht ausgewirkt haben (sondern erst bei Zufluß): Gewinn + 15.000 DM

Ferner werden bei dieser Gewinnermittlungsmethode keine Rückstellungen gebildet, da erst bei tatsächlicher Inanspruchnahme eine Betriebsausgabe vorliegt
Gewinn + 20.000 DM

5. Leasingrate

Leasingraten sind regelmäßig wiederkehrende Ausgaben, die nach § 11 Abs. 2 Satz 2 EStG im Jahr der wirtschaftlichen Zugehörigkeit (1998) erfaßt werden, wenn zwischen tatsächlicher Bezahlung und Fälligkeit weniger als 10 Tage vergangen sind
Gewinn ./. 10.000 DM

6. Grundstück Berliner Allee, 1. Obergeschoß

Das 1. Obergeschoß wird von Kurt Kutowski ausschließlich zu eigenberuflichen Zwecken (Rechtsanwaltspraxis) genutzt und stellt deshalb notwendiges Betriebsvermögen dar, vgl. R 13 Abs. 7 EStR. Ein Grundstücksteil von untergeordneter Bedeutung liegt offensichtlich nicht vor (Wert größer 40.000 DM, vgl. § 8 EStDV, R 13 Abs. 8 EStR).

Es handelt sich um notwendiges Betriebsvermögen, welches nicht Wohnzwecken dient. Damit liegt ein Objekt i.S. des § 7 Abs. 4 Nr. 1 EStG vor. Da es sich um einen Fall der Anschaffung im Jahr der Fertigstellung handelt, ist die degressive Gebäudeabschreibung zu prüfen. Die degressive AfA nach § 7 Abs. 5 Nr. 1 EStG scheidet aus, da der Kaufvertrag/Bauantrag nicht vor dem 01.01.1994 geschlossen/ gestellt worden ist. Degressive Abschreibungen nach § 7 Abs. 5 Nrn. 2 o. 3 EStG kommen nicht in Betracht, da es sich nicht um ein Gebäude i.S.v. § 7 Abs. 4 Nr. 2 EStG handelt.
Die auf die Anschaffungskosten entfallende Vorsteuer ist abzugsfähig, § 15 Abs. 1 Nr. 1 UStG.

Gebäude Anschaffungskosten (Berechnung s.u.):
1.469.577 DM x 1/6 = 244.930 DM x 4 % x 10/12 ./. **8.165 DM**
Summe der Finanzierungskosten n. lfd. Kosten: 119.000 DM x 1/6 ./. **19.833 DM**

Einkünfte § 18 Abs. 1 Nr. 1 EStG <u>302.150 DM</u>

II. Grundstück Berliner Allee, Einkünfte aus Vermietung und Verpachtung, § 21 Abs. 1 Nr. 1 EStG

Hinweis:

Werden Gebäude unterschiedlich genutzt, ist anhand R 13 Abs. 4 ff EStR zu prüfen, ob einzelne Gebäudeteile vorliegen.
Das 1. Obergeschoß dieses Grundstücks stellt notwendiges Betriebsvermögen dar (s. I Tz. 6) und kann nicht den Einkünften aus Vermietung und Verpachtung zugeordnet werden.
Das 2. Obergeschoß ist nicht der Einkünfteebene zuzuordnen, da es zu eigenen Wohnzwecken genutzt wird. Es handelt sich um notwendiges Privatvermögen.

Die übrigen Etagen stellen Privatvermögen dar; insbesondere gewillkürtes Betriebsvermögen kann sich aus diesem Sachverhalt für Herrn Kutowski nicht ergeben, da Freiberufler über gewillkürtes Betriebsvermögen in aller Regel nicht verfügen, vgl. R 13 Abs. 16 EStR.

Ermittlung der Anschaffungskosten ohne Umsatzsteuer

Kaufpreis netto	2.000.000 DM
Grunderwerbsteuer	+ 81.396 DM
Notarkosten wegen des Kaufvertrages und der Umschreibung im Grundbuch netto	+ 15.000 DM
Gerichtskosten wegen der Eigentumsumschreibung	+ 3.000 DM
Summe	2..099.396 DM
Gebäudeanteil 70 %	1.469.577 DM

Umsatzsteuer aus Anschaffungskosten

aus dem Kaufpreis	325.600 DM
aus den Notarkosten 15.000 DM x 16%	+ 2.400 DM
Summe	328.000 DM
Gebäudeanteil 70 %	229.600 DM

Ermittlung der Abschreibung

Es handelt sich grundsätzlich um ein Objekt nach § 7 Abs. 4 Nr. 2 EStG, da es nicht zum Betriebsvermögen des Herrn Kutowski gehört; es kommen nur degressive Abschreibungen gem. § 7 Abs. 5 Nrn. 2 o. 3 EStG in Betracht. Die Abschreibung nach § 7 Abs. 5 Nr. 1 EStG scheidet damit aus.

Maßgebliches Datum zur Bestimmung der jeweiligen Abschreibung ist nicht der Kaufvertrag v. 1.10.1997, sondern der durch die Flinck-Bau-GmbH gestellte Bauantrag, vgl. R 42a Abs. 5 EStR. Bei Erwerb eines teilfertigen Gebäudes kommt es nicht darauf an, ob der Erwerber oder der Veräußerer den Bauantrag gestellt hat; der Bauantrag wirkt objektbezogen.

Reisebüro Erdgeschoß

- keine Wohnzwecke, Bauantrag vor dem 01.01.1995, § 7 Abs. 5 Nr. 2 EStG:
Anschaffungskosten: 1.469.577 DM x 1/6 = 244.930 DM
x 5 % AfA-Satz (Jahres-AfA, H 44 *Teil des* .. EStH 1996)   12.247 DM

Die abziehbare Vorsteuer gehört nicht zu den Anschaffungskosten, § 9b Abs. 1 EStG. Die Option zur USt-Pflicht war zulässig, da die steuerfreien Umsätze des Reisebüros 5 % nicht überschreiten, § 9 Abs. 2 UStG, Abschn. 148a Abs. 3 UStR.

Wohnungen 3. - 5. Obergeschoß

Nutzung zu Wohnzwecken, § 7 Abs. 5 Nr. 3a EStG; Bauantrag vor dem 1.1.1996	
Gebäude-Anschaffungskosten 1.469.577 x 3/6 =	734.789 DM
nicht abziehbare Vorsteuer, keine Option möglich, § 9b Abs. 1 EStG, 229.600 DM x 3/6	+ 114.800 DM
AfA-Bemessungsgrundlage	849.589 DM
x 7 % (Jahres-AfA, H 44 *Teil des ...* EStH 1996) =	59.472 DM

Ermittlung der Einkünfte, § 21 Abs. 1 Nr. 1 EStG

Mieteinnahmen, § 8, § 11 Abs. 1 EStG

Reisebüro, brutto monatlich	17.400 DM	
Die vereinnahmte Umsatzsteuer gehört zu den Mieteinnahmen.		
Wohnungen: 3.000 DM x 3	+ 9.000 DM	
Summe Mieteinnahmen	26.400 DM	
x 10 Monate = Summe Mieteinnahmen		264.000 DM

Werbungskosten, § 9 Abs. 1 EStG, § 11 Abs. 2 EStG

Hinweis:

Da im VZ 1998 noch die Möglichkeit besteht, den Werbungskosten-Pauschbetrag gem. § 9a Nr. 2 EStG zu berücksichtigen, ist i.R. einer Vergleichsrechnung zu prüfen, ob der Einzelnachweis oder der Pauschbetrag zum günstigeren Ergebnis führt.

Einzelnachweismethode:

sonstige lfd. Kosten, mtl. 1.000 DM x 10 M.	10.000 DM	
Notar- und Gerichtskosten wegen der Eintragung der Hypothek, § 9 Abs. 1 Nr. 1 EStG	8.000 DM	
Schuldzinsen 1.2. - 31.12.1998, § 9 Abs. 1 Nr. 1 EStG	61.000 DM	
Damnum, § 9 Abs. 1 Nr. 1 EStG	40.000 DM	
Summe Finanzierungskosten u. lfd. Kosten	119.000 DM	
x 4/6 Anteil VuV		79.334 DM

Nicht abziehbare Vorsteuer aus den Notarkosten
wegen der Hypothekeneintragung: 600 DM x 3/6 **300 DM**
abzgl. AfA-Reisebüro 12.247 DM
abzgl. AfA-Wohnungen 59.472 DM
abzgl. an das Finanzamt gezahlte anteilig auf V+V
entfallende Umsatzsteuervorauszahlung 3-11/1998 <u>26.400 DM</u>
Die Umsatzsteuer-Vorauszahlung Dezember 1998
wird erst am 10.01.1999 entrichtet.
Summe Werbungskosten bei Einzelnachweis 187.753 DM

Pauschbetragmethode, § 9a Nr. 2 EStG:

Es wird ein Werbungskosten-Pauschbetrag für jeden Quadratmeter Wohnfläche von 42 DM pro Jahr gewährt. Damit sind alle Werbungskosten außer Schuldzinsen und Abschreibungen abgegolten, § 9a Nr. 2 S. 2 EStG. Die auf die Fläche des Reisebüros (= 1/6) entfallenden Werbungskosten sind weiterhin per Einzelnachweis abzugsfähig.

Bei den Notar- und Gerichtskosten (inkl. der darauf entfallenden nicht abziehbaren Vorsteuer) wegen der Eintragung der Hypothek handelt es sich zwar um Finanzierungskosten (Gebühren), nicht aber um Schuldzinsen (vgl. Gesetzeswortlaut). Sie sind daher mit dem Pauschbetrag abgegolten. Das gleiche gilt für die sonstigen lfd. Kosten.

Der Pauschbetrag ist erst ab Vermietung (ab 1.3.1998) und damit nur für 10 Monate zu gewähren, § 9a Nr. 2 S. 5 EStG:
- 300 qm x 3 Whg. x 42 DM x 10/12 **31.500 DM**
- Notar- und Gerichtskosten wegen der Eintragung der Hypothek, zu 1/6 anteilig für das Reisebüro, ansonsten durch den Pauschbetrag abgegolten, s.o. **1.334 DM**
- ebenso sonst. lfd. Kosten, mtl. 1.000 DM x 10 M. x 1/6 **1.667 DM**
- Schuldzinsen 1.2. - 31.12.1998, per Einzelnachweis,
  § 9 Abs. 1 Nr. 1 EStG 61.000 DM
  Damnum (= Zinscharakter) <u>40.000 DM</u>
  Summe Schuldzinsen 101.000 DM
  davon 4/6 Anteil VuV **67.334 DM**
  abzgl. AfA-Reisebüro 12.247 DM
  abzgl. AfA-Wohnungen 59.472 DM
  abzgl. an das Finanzamt gezahlte, anteilig auf V+V
  entfallende Umsatzsteuervorauszahlung 3-11/1998 <u>26.400 DM</u>

Die Umsatzsteuer entfällt vollständig auf die Fläche des Reisebüros (Einzelnachweis). Die Umsatzsteuer-Vorauszahlung Dezember 1998 wird erst am 10.01.1999 entrichtet.

Summe der Werbungskosten   **199.954 DM**

Die übrigen, bisher nicht erwähnten Umsatzsteuerbeträge beeinflussen die Höhe der Einkünfte nicht, da sie mitten im Kalenderjahr geflossen sind und ihre Erfassung als Einnahme/Werbungskosten im Ergebnis erfolgsneutral verläuft.

Rechtsfolge

Die Berücksichtigung des Werbungskosten-Pauschbetrages führt zu den angestrebten geringeren steuerlichen Einkünften.

Einnahmen aus Vermietung und Verpachtung	264.000 DM
Werbungskosten	./. 199.954 DM
Einkünfte aus Vermietung und Verpachtung	**64.046 DM**

III. Aufsichtsratstätigkeit, Einkünfte aus sonstiger selbständiger Arbeit, § 18 Abs. 1 Nr. 3 EStG

Aufsichtsratvergütung   **20.000 DM**

IV. Sonstige Einkünfte, § 22 Nr. 3 EStG

Finanzierungsvermittlung

Die Vermittlung der Finanzierung ist getrennt von der Aufsichtsratstätigkeit zu beurteilen. Ein Zusammenhang mit seiner Tätigkeit als Rechtsanwalt ist nicht erkennbar. Da es offensichtlich an der Nachhaltigkeit mangelt, liegen sonstige Einkünfte nach § 22 Nr. 3 EStG vor. Die Freigrenze von 500 DM ist überschritten:

Einnahmen	10.000 DM
Werbungskosten	./. 200 DM
Einkünfte	**9.800 DM**

V. Müsli KG

Kurt Kutowski ist ein gewerblicher Verlust i.H.v. 950.000 DM x 30 % = 285.000 DM zuzurechnen, § 15 Abs. 1 Nr. 2 EStG.

Aufgrund seiner beschränkten Kommanditistenhaftung ist der Verlust 1998 lediglich bis zur Höhe seines Kapitalkontos ausgleichsfähig, § 15a Abs. 1 S. 1 EStG: Einkünfte ./. 200.000 DM

VI. Einkünfte aus Kapitalvermögen, § 20 EStG

Die Zinsauszahlung der festverzinslichen Wertpapiere in 1999 führt erst im Zuflußjahr zu Einkünften aus § 20 Abs. 1 Nr. 7 EStG, § 11 Abs. 1 EStG. Die beim Erwerb gezahlten Gebühren stellen Nebenkosten der Anschaffung dar.

Die in 1998 gezahlten Stückzinsen sind nach der Neufassung des § 20 Abs. 2 Nr. 3 EStG (Streichung des früheren Satzes 2 mit Wirkung vom 1.1.1994, § 52 Abs. 20 Satz 4 EStG) im Abflußjahr 1998 als negative Einnahmen (verlustbringend) abziehbar, H 154 *Stückzinsen Nr. 2* EStH ./. 10.000 DM

Einkünfte aus Kapitalvermögen ./. 10.000 DM

Einkünfte Katja Kutowski

VII. Glasklar KG, § 15 Abs. 1 Nr. 2 EStG

Die Glasklar KG erzielt Einkünfte aus Gewerbebetrieb, § 15 Abs. 2 EStG. Als Kommanditistin erzielt Frau Kutowski Einkünfte aus Gewerbebetrieb als Mitunternehmerin nach § 15 Abs. 1 Nr. 2 EStG. Nach § 4a Abs. 2 Nr. 2 EStG ist für die Einkünfteermittlung das Ergebnis der KG des Wirtschaftsjahres maßgebend, welches im Kalenderjahr 1998 geendet hat: 100.000 DM x 20 %   20.000 DM

Die von Frau Kutowski als Mitunternehmerin geleisteten
Arbeiten und deren Vergütung führen ebenfalls zu Einkünften
aus Gewerbebetrieb nach § 15 Abs. 1 Nr. 2 EStG: + 12.000 DM

Einkünfte aus Gewerbebetrieb   32.000 DM

VIII. Grundstück Dresden, Sachsenallee

Weder die Rückübereignung noch die zeitnahe Veräußerung des Grundstücks lösen steuerliche Einkünfte aus. Insbesondere handelt es sich nicht um ein Spekulationsgeschäft (§ 23 EStG), weil durch die Rückübereignung begrifflich keine Anschaffung vorliegt, vgl. H 169 *Anschaffung - die Rückübertragung...* EStH.

IX. Einkünfte aus Kapitalvermögen, § 20 EStG

Dividenden aus einer Beteiligung an einer GmbH lösen Einkünfte nach § 20 Abs. 1 Nr. 1 sowie Abs. 3 EStG aus. Grundsätzlich ist das Zuflußprinzip des § 11 Abs. 1 EStG maßgebend. Allerdings sind dem beherrschenden (mehr als 50 % beteiligten) Gesellschafter die Gewinnanteile aus der Beteiligung an einer Kapitalgesellschaft regelmäßig bereits dann zugeflossen, wenn der Gewinnverwendungsbeschluß gefaßt worden ist, H 154 *Zuflußzeitpunkt ...* EStH.

Frau Kutowski ist beherrschende Gesellschafterin (30.000 DM von 50.000 DM Stammkapital = 60%).

Der Zufluß ist somit am 10.12.1998 durch Übernahme der Grundsätze für Alleingesellschafter anzunehmen, H 154 *Zuflußzeitpunkt ...* EStH.

Gutschrift auf dem Girokonto	5.000 DM
zzgl. 26,375/73,625 Kapitalertragsteuer/SolZ	+ 1.791 DM
Bardividende, § 20 Abs. 1 Nr. 1 EStG	6.791 DM
zzgl. 30/70 Körperschaftsteuer, § 36 Abs. 2 Nr. 3, § 20 Abs. 1 Nr. 3 EStG	+ 2.910 DM
Bruttodividende, zu versteuernde Einnahme	9.701 DM
Werbungskostenpauschbetrag, § 9a Nr. 1b EStG	./. 200 DM
Sparerfreibetrag, § 20 Abs. 4 EStG, Übertrag Ehemann R 156 Abs. 1 EStR	./. 9.501 DM
Einkünfte	0 DM

Ermittlung des zu versteuernden Einkommens

1. Gesamtbetrag der Einkünfte

Zusammenstellung	Ehemann	Ehefrau
RA-Praxis	302.150 DM	
Berliner Allee	64.046 DM	
Aufsichtsrat	20.000 DM	
Finanzierungsvermittlung	9.800 DM	
Kapitalvermögen	./. 10.000 DM	
Müsli KG	./. 200.000 DM	
Glasklar KG		32.000 DM
	185.996 DM	32.000 DM
Summe der Einkünfte/Gesamtbetrag der Einkünfte		**217.996 DM**

Lösung Nr. 4; Einkommensteuer

2. Sonderausgaben

Kirchensteuer, § 10 Abs. 1 Nr. 4 EStG:		
Kirchensteuervorauszahlung 1996	5.400 DM	
abzgl. Kirchensteuererstattung aus 1994	./. 3.000 DM	
abzgl. Kirchensteuererstattung für 1993	./. 2.200 DM	
gezahlte Kirchensteuer	200 DM	
mind. Sonderausgabenpauschbetrag, verdoppelt		
(§ 10c Abs. 1 i.V.m. Abs. 4 Nr. 1 EStG)		./. 216 DM

3. Vorsorgeaufwendungen, § 10 Abs. 1 Nr. 2, § 10 Abs. 3 EStG:

Die Hausratversicherung ist als Sachversicherung nicht abzugsfähig, H 88 *Hausratversicherung* EStH.

Risikolebensversicherung, § 10 Abs. 1 Nr. 2 b aa EStG	1.000 DM
Kapitallebensversicherung, § 10 Abs. 1 Nr. 2 b cc o. dd	+ 8.000 DM
Krankenversicherung, § 10 Abs. 1 Nr. 2 a EStG	+ 3.000 DM
Summe Versicherungsbeiträge	12.000 DM
Vorwegabzug ohne Kürzung, § 10 Abs. 3 Nr. 2 EStG	./. 12.000 DM
verbleibende Versicherungsbeiträge	0 DM

4. Außergewöhnliche Belastungen, §§ 33 - 33c EStG

Unterhaltsfreibetrag, § 33a Abs. 1 Satz 1 EStG:		
Vater (gesetzlich unterhaltsberechtigt)		
Höchstbetrag 12.000 DM x 11/12		11.000 DM
eigene Einkünfte und Bezüge des Vaters:		
Rente (Einkünfte und Bezüge):		
600 DM x 11 Monate	6.600 DM	
KV-Zuschuß (Bezüge): 150 DM x 11 M.	+ 1.650 DM	
Summe	8.250 DM	
abzgl. WK-Pauschbetrag, § 9a Nr. 1c EStG	./. 200 DM	
abzgl. Kostenpauschale, R 190 Abs. 5 EStR	./. 360 DM	
eigene Einkünfte und Bezüge des Vaters	7.690 DM	
unschädlich sind: 1.200 DM x 11/12	./. 1.100 DM	
schädlich sind:		./. 6.590 DM
verbleibender und abzugsfähiger Unterhaltsfreibetrag,		
weil U-Leistungen in ausreichender Höhe gezahlt wurden		./. 4.410 DM

Für die Tochter Katrin kann wg. der hohen eigenen Einkünfte und Bezüge weder ein Kinderfreibetrag (§ 32 Abs. 4 Satz 2 EStG) noch ein Ausbildungsfreibetrag nach § 33a Abs. 2 EStG berücksichtigt werden.

Der Behinderten-Pauschbetrag für den Sohn Karl wird auf Antrag auf die Eltern übertragen, § 33b Abs. 3 und Abs. 5 EStG: ./. **7.200 DM**

Ferner ist der Pflegepauschbetrag zu gewähren, § 33b Abs. 6 EStG ./. **1.800 DM**

Die Beerdigungskosten sind nach § 33 EStG als allgemeine außergewöhnliche Belastungen abzugsfähig, soweit sie den Nachlaß übersteigen, H 186-189 *Bestattungskosten* EStH . Ein Nachlaß ist im Sachverhalt nicht ersichtlich.

Kosten	12.000 DM
abzgl. Sterbeversicherung (in 1998 war bereits mit einer Erstattung zu rechnen, H 186-189 *Ersatz von...* EStH)	./. 2.000 DM
verbleiben	10.000 DM
abzgl. zumutbare Eigenbelastung, § 33 Abs. 3 EStG: 4 % v. 217.996 DM GdE	./. 8.719 DM
abzugsfähig nach § 33 EStG	./. **1.281 DM**

5. Förderung des selbstgenutzten Wohneigentums

Im Bereich der Wohneigentumsförderung kommt es nicht auf den durch den Erwerber gestellten Bauantrag, sondern auf den Kaufvertrag vom 1.10.1997 an. Gem. § 19 EigZulG hat der Stpfl. nur noch die Möglichkeit die Eigenheimzulage in Anspruch zu nehmen möchte. Mit Nutzung des 2. Obergeschosses des Grundstücks Düsseldorf, Berliner Allee, zu eigenen Wohnzwecken in 1998 sind die Voraussetzungen des § 2 Abs. 1, § 4 S. 1 EigZulG erfüllt:
Die Einkunftsgrenze des § 5 EigZulG i.H.v. 480.000 DM bei Ehegatten wird unterschritten:

GdE	1998	217.996 DM
GdE	Vorjahr	200.000 DM
		417.996 DM

Bemessungsgrundlage: (Grund + Boden u. Gebäude zu 100%)

AK 2.099.396 DM x 1/6	349.900 DM
Umsatzsteueranteil: 328.000 DM x 1/6	+ 54.667 DM
Bemessungsgrundlage, § 8 EigZulG	404.567 DM
x 5 % max. Förderungsbetrag	./.**5.000 DM**

Die Beschränkung nach § 9 Abs. 2 S. 2 EigZulG greift nicht ein, da das Objekt im Jahr der Fertigstellung erworben wurde. Der Fördergrundbetrag wird im Jahr 1998 und in den sieben folgenden Jahren ausgezahlt.

Im Jahr der Anschaffung (1998) ist die Vorkostenpauschale i.H.v. 3.500 DM vom GdE abzuziehen, § 10i Abs. 1 Nr. 1 EStG: ./.3.500 DM

Es wird zusätzlich eine Kinderzulage i.H.v. 1.500 DM gewährt, § 9 Abs. 5 EigZulG, die jährlich mit dem Fördergrundbetrag ausgezahlt wird.

7. Einkommen, § 2 Abs. 4 EStG   **187.589 DM**

8. Kinderfreibetrag / Kindergeld

Kinderfreibetrag Sohn Karl wg. Hilflosigkeit ohne zeitliche Beschränkung, § 32 Abs. 4 Nr. 3 EStG: 576 DM x 12   ./. 6.912 DM
alternativ Kindergeld, §§ 62-78 EStG: 220 DM x 12 M.   2.640 DM
Günstigerprüfung, § 31 EStG:

Kindergeld	Vorgang	Kinderfreibetrag
187.589 DM	Einkommen	187.589 DM
	abzgl. Kinderfreibetrag	./. 6.912 DM
187.589 DM	zu versteuerndes Einkommen	= 180.677 DM
= 55.776 DM	tarifliche Einkommensteuer	= 52.700 DM
	+ Kindergeld, § 2 Abs. 6 Satz 2	+ 2.640 DM
= 55.776 DM	vorläufig festzusetzende ESt	= 55.340 DM

9. Rechtsfolge

Die Gewährung eines Kinderfreibetrages ist für die Stpfl. günstiger.

10. zu versteuerndes Einkommen, § 2 Abs. 5 EStG   **180.677 DM**

Aufgabenteil Nr. 2: Körperschaftsteuer

I. Für 1997

1. Zu versteuerndes Einkommen

1. Die Müller GmbH ist unbeschränkt körperschaftsteuerpflichtig, weil sie ihren Sitz im Inland hat (§ 1 Abs. 1 Nr. 1 KStG).
Die Grundsätze für die Einkommensermittlung ergeben sich aus §§ 7 und 8 KStG. Danach ist das zu versteuernde Einkommen nach den Vorschriften des EStG sowie des KStG zu ermitteln (§ 8 Abs. 1 KStG). Weil die GmbH nach handelsrechtlichen Vorschriften zur Führung von Büchern verpflichtet ist (§§ 6, 238 ff. HGB) sind ihre sämtlichen Einkünfte Einkünfte aus Gewerbebetrieb (§ 8 Abs. 2 KStG).
Danach ermittelt sich das zu versteuernde Einkommen wie folgt:

Jahresüberschuß	52.565 DM
Körperschaftsteuerrückstellung (§ 10 Nr. 2 KStG)	32.835 DM
zu versteuerndes Einkommen	85.400 DM
Tarifsteuer 45 v.H. (§ 23 Abs. 1 KStG)	38.430 DM

2. Eigenkapitalgliederung

Behandlung der Gewinnausschüttung:

Für die in 1998 für 1997 durchgeführte offene Gewinnausschüttung ist die Ausschüttungsbelastung herzustellen (§ 27 Abs. 1 KStG). Die Körperschaftsteueränderung tritt für den Veranlagungszeitraum 1997 ein (§ 27 Abs. 3 Satz 1 KStG).
Maßgebend ist das verwendbare Eigenkapital zum 31.12.1997 (§ 28 Abs. 2 Satz 1 KStG).

Gliederung des verwendbaren Eigenkapitals:

Das verwendbare Eigenkapital ist zum Schluß eines jeden Wirtschaftsjahres zu gliedern (§ 30 Abs. 1 Satz 1 KStG). Es gliedert sich wie folgt:

	EK 45
Anfangsbestand	---
zu versteuerndes Einkommen 1997	85.400 DM
./. Tarifsteuer	38.430 DM
Zugang EK 45	46.970 DM

31.12.1997	42.700 DM	
Verrechnung der Gewinnausschüttung		
offene Gewinnausschüttung	26.110 DM	
aus EK 45 (55/70)	20.515 DM	20.515 DM
Körperschaftsteuer-Minderung (15/70)		5.595 DM
		0 DM

Die festzusetzende Körperschaftsteuer für 1997 errechnet sich somit wie folgt:

Tarifsteuer	38.430 DM
./. Körperschaftsteuer-Minderung	5.595 DM
festgesetzte Körperschaftsteuer	32.835 DM

II. Für 1998

1. Im Rahmen der Einkommensermittlung ist folgendes zu berücksichtigen:

Die Investitionszulage gehört nicht zu den Einkünften i.S.d. EStG (§ 10 InvZulG). Aus diesem Grund ist die Investitionszulage bei der Einkommensermittlung herauszurechnen.

Das Einkommen ermittelt sich somit wie folgt:

Jahresfehlbetrag	./.80.000 DM
./. Investitionszulage (§ 10 InvZulG)	./. 6.500 DM
zu versteuerndes Einkommen	./.86.500 DM

Die Körperschaftsteuer beträgt somit 0 DM.

2. Es stellt sich die Frage, ob ein Verlustrücktrag nach 1997 in Betracht kommt. Nach § 8 Abs. 1 KStG sind die Regelungen des Einkommensteuergesetzes auch bei der Körperschaftsteuer entsprechend anzuwenden. Folglich findet auch § 10d EStG Anwendung. Danach kommt grds. ein Verlustrücktrag in Betracht, es sei denn, es wird auf Antrag ganz oder teilweise auf einen solchen verzichtet (§ 10d Abs. 1 EStG). Für die Ausübung des Wahlrechts ist im vorliegenden Fall folgendes zu bedenken:

Aufgrund eines Verlustrücktrags ergibt sich für das Rücktragsjahr ein neues zu versteuerndes Einkommen und demzufolge ist auch das verwendbare Eigenkapital neu zu gliedern.

Denn der Körperschaftsteuerbescheid ist Grundlagenbescheid für den Gliederungsbescheid hinsichtlich der Höhe des Einkommens und der Tarifbelastung (§ 47 Abs. 2 Nr. 1 KStG). Für die Verrechnung der 1998 für 1997 vorgenommenen offenen Gewinnausschüttung ist dabei von den neuen Teilbeträgen des verwendbaren Eigenkapitals auszugehen. Dies führt unter Umständen dazu, daß bislang für die Gewinnausschüttung in voller Höhe belastete Teilbeträge zur Verfügung standen, die zu einer Körperschaftsteuer-Minderung führten. Ein Verlustrücktrag vernichtet jedoch belastete Teilbeträge mit der Folge, daß aus der bisherigen Körperschaftsteuer-Minderung unter Umständen eine Körperschaftsteuer-Erhöhung würde.

Aus diesem Grund enthielt das KStG für Verluste vor 1994 für die Fälle des Verlustrücktrags Schutzvorschriften.

§ 8 Abs. 5 a.F. KStG sah eine Verlustrücktragsbeschränkung vor. Danach war ein Verlustrücktrag nur insoweit möglich, soweit im Abzugsjahr das Einkommen den ausgeschütteten Gewinn zzgl. Ausschüttungsbelastung nach § 27 KStG überstieg. Darüber hinaus regelte § 33 Abs. 3 KStG, daß in diesen Fällen die Teilbeträge des verwendbaren Eigenkapitals in der Höhe als für eine Ausschüttung verwendet galten, in der sie ohne den Rücktrag als verwendet gegolten hätten. Im Zusammenwirken dieser Vorschriften wurde im Ergebnis sichergestellt, daß die Steuerentlastung aufgrund des Herstellens der Ausschüttungsbelastung auch im Falle eines Verlustrücktrags voll erhalten blieb.

Die Regelungen der §§ 8 Abs. 5 bzw. 33 Abs. 3 KStG sind durch das Standortsicherungsgesetz vom 13.9.1993 gestrichen worden. Sie finden letztmalig Anwendung auf Verluste des Jahres 1993 (§ 54 Abs. 6a und 12a KStG). Dies ändert aber nichts daran, daß unter Umständen die Konkurrenzsituation, auf der einen Seite Steuerentlastung durch Herstellen der Ausschüttungsbelastung und auf der anderen Seite Steuerentlastung durch Verlustrücktrag, nach wie vor für die Fälle bestehen bleibt, in denen für die Rücktragsjahre Ausschüttungen zu berücksichtigen sind. Aus diesem Grund sind Sinn und Zweck der Regelungen der §§ 8 Abs. 5 bzw. 33 Abs. 3 KStG a.F. im Rahmen der Ausübung des Wahlrechtes über den Verlustrücktrag nach wie vor zu beachten. Die Regelungen wurden quasi von geschriebenem zu ungeschriebenem Recht.

Unter Beachtung der aus dem KStG gestrichenen Regelungen ergibt sich folgendes:

Einkommen 1997	85.400 DM
./. Gewinnausschüttung für 1997	26.110 DM
./. Ausschüttungsbelastung darauf 30/70	<u>11.190 DM</u>
max. Verlustrücktrag	<u>48.100 DM</u>

Aus Sicht der GmbH ist es sinnvoll, den Verlustrücktrag auf diesen Betrag zu begrenzen. Aufgrund des Verlustrücktrags tritt für 1997 folgende Änderung ein:

Einkommen bisher	85.400 DM
Verlustrücktrag	./. 48.100 DM
zu versteuerndes Einkommen	37.300 DM
Tarifsteuer 45 %	16.785 DM
./. Körperschaftsteuerminderung	5.595 DM
festzusetzende Steuer	11.190 DM

Der Körperschaftsteuerbescheid 1997 ist gem. §§ 8 Abs. 1 KStG i.V.m. 10d Abs. 1 Satz 2 EStG zu ändern.

3. Im Rahmen der Eigenkapitalgliederung ist in Verlustfällen folgendes zu beachten:

Verlustentstehungsjahr:

Zunächst ist der Verlust vom EK 02 abzuziehen (§ 33 Abs. 1 KStG). Kommt ein Verlustrücktrag in Betracht ist zu bedenken, daß dadurch ein Körperschaftsteuer-Erstattungsanspruch entsteht. Dieser ist nach den allgemeinen bilanzsteuerrechtlichen Grundsätzen als sonstige Forderung zu aktivieren (Buchungssatz: Körperschaftsteuerforderung an Ertrag). Im Rahmen der Einkommensermittlung ist die dadurch entstehende Gewinnerhöhung durch einen entsprechenden Abzug wieder zu korrigieren. Es handelt sich damit um eine Vermögensmehrung, die nicht der Körperschaftsteuer unterliegt. Für die Gliederung des verwendbaren Eigenkapitals bedeutet dies, daß der Körperschaftsteuer-Erstattungsanspruch dem Teilbetrag i.S. von § 30 Abs. 2 Nr. 2 KStG (EK 02) hinzuzurechnen ist (vgl. auch Abschn. 89 Abs. 3 Satz 7 KStR).

Verlustrücktragsjahr:

Der zurückgetragene Verlust ist gem. § 33 Abs. 2 KStG dem EK 02 hinzuzurechnen. Der Körperschaftsteuer-Erstattungsanspruch ist vom EK 02 abzuziehen (Abschn. 89 Abs. 3 Satz 5 KStR). Es gilt der Merksatz, daß das verwendbare Eigenkapital nach Verlustrücktrag in seiner Summe genauso hoch sein muß wie vor Verlustrücktrag.

Unter Berücksichtigung dieser Grundsätze ergibt sich folgende Eigenkapitalgliederung.

EK-Gliederung nach Verlustrücktrag

		EK 45	EK 02
Anfangsbestand		-	-
zu versteuerndes Einkommen	37.300 DM		
./. Tarifsteuer	./. 16.785 DM		
Zugang EK 45	20.515 DM	20.515 DM	-
Verlustrücktrag (§ 33 Abs. 2 KStG)			+ 48.100 DM
KSt-Erstattungsanspruch			./. 21.645 DM
31.12.1997		20.515 DM	26.455 DM
./. offene Gewinnausschüttung	26.110 DM		
aus EK 45 (55/70)	20.515 DM	./. 20.515 DM	
KSt-Minderung	5.595 DM		
Zwischensumme		0 DM	26.455 DM
Investitionszulage (§ 30 Abs. 2 Nr. 2 KStG)			+ 6.500 DM
Verlust (§ 33 Abs. 1 KStG)			./.86.500 DM
KSt-Erstattungsanspruch			+ 21.645 DM
31.12.1998			./. 31.900 DM

Ein höherer Verlustrücktrag hätte im vorliegenden Fall dazu geführt, daß für die Verrechnung der Gewinnausschüttung das EK 45 nicht mehr ausreichen würde und sich demzufolge eine Körperschaftsteuererhöhung ergeben würde. Dies würde der positiven Wirkung des Verlustrücktrags entgegen wirken.

Hinweis:

Hätte die GmbH dagegen einen ausreichenden Anfangsbestand an EK 45 gehabt, wäre eine Begrenzung des Verlustrücktrags nicht erforderlich gewesen.

Der nicht zurückgetragene Verlust i.H.v. 38.400 DM (85.600 ./. 48.100) steht für einen Verlustvertrag zur Verfügung und ist gem. § 10d Abs. 3 EStG gesondert festzustellen.

Aufgabenteil Nr. 3: Gewerbesteuer

Seit 1991 findet die Vermietung des Grundstücks im Rahmen einer steuerlichen Betriebsaufspaltung zwischen G. Scheit und der Holz-GmbH statt.

Eine enge sachliche Verflechtung liegt hinsichtlich der Überlassung des Produktionsgrundstücks als wesentliche Betriebsgrundlage der GmbH vor. Nach der Rechtsprechung des BFH handelt es sich bei Produktionsgebäuden stets um wesentliche Betriebsgrundlagen, H 137 Abs. 5 *Fabrikationsgrundstücke* EStH.

Ebenso ist seit 1991 eine enge personelle Verflechtung gegeben, da G. Scheit als Alleineigentümer des Grundstücks auch zu 100 % an der Holz-GmbH beteiligt ist. Er kann über diese Mehrheitsbeteiligungen seinen Willen sowohl in der GmbH (sog. „Betriebsunternehmen") als auch im Grundstücksunternehmen (sog. „Besitzunternehmen") durchsetzen, H 137 Abs. 6 EStH.

Rechtsfolge:

Somit ist die Vermietung des Grundstücks seit 1991 bereits keine Vermietung im privaten Vermögensbereich, sondern die Verpachtung gilt als Gewerbebetrieb im Rahmen einer steuerlichen Betriebsaufspaltung, § 15 Abs. 2 EStG, H 137 Abs. 4 *Allgemeines* EStH. Ebenfalls entsteht die Gewerbesteuerpflicht, § 2 Abs. 1 GewStG.

Die Gewinnermittlung erfolgt durch Bestandsvergleich, § 4 Abs. 1 EStG.

Einkünfte aus Gewerbebetrieb 1998 (Besitzunternehmen)

Betriebseinnahmen

- Das Grundstück stellt notwendiges Betriebsvermögen dar. Die Mieteinnahmen zählen zu den Einkünften aus Gewerbebetrieb, § 21 Abs. 3 EStG:
  12.000 DM x 12 Monate   144.000 DM

- Die Beteiligung des G. Scheit an der Holz-GmbH stellt ebenfalls notwendiges Betriebsvermögen dar, weil sie der Auslöser der personellen Verflechtung ist. Ausschüttungen sind deshalb bei G. Scheit in Bruttohöhe als Betriebseinnahme (wg. der Zugehörigkeit der Anteile zum BV) zu erfassen, § 20 Abs. 3 EStG. Es gilt nicht das Zuflußprinzip; er hat die Dividendenforderung als Einkünfte aus Gewerbebetrieb 1998 bereits in Höhe der Gewinnausschüttung <u>für 1998</u> phasengleich zu aktivieren:

Auszahlung	29.450 DM	
zzgl. KapSt/Soli.zuschlag: 26,375/73,625	<u>10.550 DM</u>	
Bardividende, § 20 Abs. 1 Nr. 1 EStG	40.000 DM	
zzgl. Körperschaftsteuer zu 30/70, § 20 Abs. 1 Nr. 3, § 36 Abs. 2 Nr. 3 EStG	<u>17.142 DM</u>	
zu versteuernde Einnahme		57.142 DM

- In Höhe des unangemessenen Gehalts liegt eine verdeckte Gewinnausschüttung vor, weil einem Gesellschafter ein Vermögensvorteil zugewendet wird, der durch das Gesellschaftsverhältnis begründet ist. Da die Anteile an der Holz-GmbH zum notwendigen Betriebsvermögen gehören, ist der Vorteil als betrieblicher Ertrag zu erfassen, § 20 Abs. 1 Satz 2, Abs. 3 EStG, § 8 Abs. 3 S. 2 KStG:

500 DM mtl. x 12 Monate	6.000 DM

- Die auf die verdeckte Gewinnausschüttung entfallende KSt ist ebenfalls als Einnahme anzusetzen, § 20 Abs. 1 Nr. 3, Abs. 3 EStG:

6.000 DM x 30/70	<u>2.571 DM</u>

- **Summe Betriebseinnahmen**   **209.713 DM**

Betriebsausgaben, § 4 Abs. 4 EStG

- lfd. Kosten: mtl. 1.000 DM x 12   ./. 12.000 DM

- Gebäude-AfA seit 1991 gem. § 7 Abs. 5 Nr. 1 EStG; die tatsächlich längere Nutzungsdauer von 70 Jahren ist nicht zu beachten: 1 Mio. DM x 2,5 % (8. Staffeljahr): ./. 25.000 DM

- Schuldzinsen: 3.500 DM x 12   ./. 42.000 DM

- Disagio = aktiver Rechnungsabgrenzungsposten seit 1991, aufzulösen über die Zinsbindungsfrist von 10 Jahren: 40.000 DM x 1/10   ./. 4.000 DM

- Die Beiträge für die Lebensversicherung stellen keine Betriebsausgaben dar, weil sie mittelbar der Tilgung des Darlehens dienen: ------
- vorläufige Einkünfte aus Gewerbebetrieb   126.713 DM
- abzgl. GewSt-Rückstellung (s. unten)   ./. 1.545 DM

- **Einkünfte aus Gewerbebetrieb**   **125.168 DM**

Diese Einkünfte sind grundsätzlich einkommensteuerlich tarifbegünstigt gem. § 32c EStG. Die Tarifbegünstigung gilt nicht für die Ausschüttungen i.H.v. 65.713 DM, weil insoweit die gewerbesteuerliche Kürzung des § 9 Nr. 2a GewStG greift, § 32c Abs. 2 EStG. Allerdings setzt die Tarifbegrenzung einen gewerblichen Anteil am Einkommen i.H.v. mindestens 100.278 DM voraus.

Ermittlung der Gewerbesteuer-Rückstellung

Da das Besitzunternehmen seine Gewinne durch Bestandsvergleich ermittelt, hat es eine Gewerbesteuer-Rückstellung zu passivieren.

- vorläufiger Gewinn, § 7 GewStG   126.713 DM
- Hinzurechnung wg. Dauerschuldentgelte, § 8 Nr. 1 GewStG: Schuldzinsen/Disagio 46.000 DM x 1/2   + 23.000 DM
- Kürzung wg. Grundbesitz, § 9 Nr. 1 GewStG: Einheitswert des Grundstücks 200.000 DM zu 140% x 1,2%   ./. 3.360 DM
- Kürzung wg. Ausschüttung, § 9 Nr. 2a GewStG   ./. 65.713 DM
- Gewerbeertrag   80.640 DM
- abgerundet   80.600 DM

- abzüglich Freibetrag, § 11 Abs. 1 Nr. 1 GewStG ./. 48.000 DM
- verbleiben 32.600 DM
- davon 24.000 DM x 1% 240 DM
- davon 8.600 DM x 2% + 172 DM
- Steuermeßbetrag 412 DM
- x Hebesatz, § 16 GewStG = Gewerbesteuer 1.854 DM
- x 5/6 (R 20 Abs. 2 EStR) = Rückstellung 1.545 DM

Einkünfte aus nichtselbständiger Arbeit

Als Gesellschafter-Geschäftsführer der Holz-GmbH erzielt G. Scheit Einkünfte aus nichtselbständiger Arbeit, § 19 Abs. 1 Nr. 1 EStG.

Die Arbeitnehmertätigkeit vollzieht sich außerhalb der steuerlichen Betriebsaufspaltung und damit außerhalb der Einkünfte aus Gewerbebetrieb, weil eine GmbH aus gesetzlicher Verpflichtung heraus einen Geschäftsführer bestellen muß und dieser den Organen der GmbH gegenüber weisungsgebunden ist.

Anzusetzen ist der angemessene Teil des gezahlten Gehalts; der unangemessene Anteil ist bereits als verdeckte Gewinnausschüttung versteuert worden.

Bruttoarbeitslohn: DM 9.000,- x 12 Monate	108.000 DM
Arbeitnehmerpauschbetrag, § 9a Nr. 1a EStG	./. 2.000 DM
Einkünfte aus nichtselbständiger Arbeit	106.000 DM

Beiträge Lebensversicherung

Es handelt sich um im Rahmen seiner Einkommensteuererklärung abzugsfähige Sonderausgaben (Vorsorgeaufwendungen), § 10 Abs. 1 Nr. 2b dd EStG. Ein Ausschlußgrund gem. § 10 Abs. 2 Satz 2 EStG ist dem Sachverhalt nicht zu entnehmen; offensichtlich dient das Darlehen in voller Höhe der Finanzierung betrieblichen Anlagevermögens.

Aufgabenteil Nr. 4: Umsatzsteuer Klausur Nr. 1

Sachverhalt 1

Müller bewirkt am 04.02.1998 (30) i.g. Erwerbe nach § 1a UStG. Die Voraussetzungen nach § 1a Abs. 1 Nr. 1 bis 3 UStG sind erfüllt. Die Brotschneidemaschinen gelangen bei einer Lieferung aus dem Mitgliedstaat Italien in den Mitgliedstaat Deutschland, Müller ist Unternehmer, der die Maschinen für sein Unternehmen erwirbt und Lambadi liefert als Unternehmer im Rahmen seiners Unternehmens und ist nicht Kleinunternehmer.

Ort des i.g. Erwerbs ist nach § 3d Satz 1 UStG das Inland (Solingen). Die Erwerbe sind nach § 1 Abs. 1 Nr. 5 UStG steuerbar und mangels Steuerbefreiung nach § 4b UStG steuerpflichtig zum Steuersatz von 16 % (§ 12 Abs. 1 UStG). Die Bemessungsgrundlage ergibt sich aus § 10 Abs. 1 UStG, und beträgt 2.600 DM. Die darauf entfallende Steuer in Höhe von 416 DM entsteht nach § 13 Abs. 1 Nr. 6 UStG mit Ausstellung der Rechnung am 28.02.1998.

Betragsidentisch und zeitgleich kann Müller für den VAZ Februar 1998 Vorsteuer in Höhe von 416 DM nach § 15 Abs. 1 Nr. 3 UStG in Abzug bringen, ein Ausschlußgrund nach § 15 Abs. 2 UStG liegt nicht vor.

Mit der Übergabe der Brotschneidemaschinen an die Mitglieder der Reisegruppe bewirkt Müller (30) Lieferungen nach § 3 Abs. 1 UStG, der Ort bestimmt sich nach § 3 Abs. 6 S. 1 UStG (Solingen), die Lieferungen sind steuerbar nach § 1 Abs. 1 Nr. 1 UStG.

Die Lieferungen sind mangels Steuerbefreiung nach § 4 auch steuerpflichtig. Insbesondere liegt keine Steuerbefreiung nach § 4 Nr. 1b i.V.m. § 6a UStG vor, da die Abnehmer nicht Unternehmer sind (§ 6a Abs. 1 Nr. 2 UStG ist nicht erfüllt). Im sog. i.g. Reiseverkehr ist das Ursprungslandprinzip im EU-Binnenmarkt bereits verwirklicht, so daß die Lieferungen im Abgangsstaat der Besteuerung unterliegen.
Die Bemessungsgrundlage nach § 10 Abs. 1 Satz 2 UStG beträgt unter Berücksichtigung eines Steuersatzes von 16 % 4.500 DM, die Umsatzsteuer 720 DM.
Die Steuer in Höhe von 720 DM entsteht nach § 13 Abs. 1 Nr. 1a Satz 1 UStG mit Ablauf des VAZ 02/1998.

Sachverhalt 2

Die im Juni an den Schweizer Kunden ausgeführten Lieferungen (§ 3 Abs. 1 UStG) sind als Lieferungen mit Warenbewegung (§ 3 Abs. 6 S. 1 UStG) in Solingen ausgeführt worden und daher steuerbar nach § 1 Abs. 1 Nr. 1 UStG.
Die Lieferungen sind als Ausfuhrlieferungen nach § 4 Nr. 1a i.V.m. § 6 Abs. 1 Nr. 1 UStG steuerbefreit, da Müller die Besteckkoffer in das Drittlandsgebiet (Schweiz) befördert hat. Der Tranport durch einen Angestellten des Müller ist Müller zuzurechnen. Die Transportleistung teilt als Nebenleistung zur Hauptleistung deren Schicksal (vgl. Abschn. 29 UStR).
Bemessungsrundlage für die steuerfreien Lieferungen ist das Entgelt in Höhe von 1.044 DM.

Insoweit Müller Umsatzsteuer für steuerfreie Lieferungen offen in der Rechnung ausgewiesen hat, schuldet er diese nach § 14 Abs. 2 UStG (vgl. Abschn. 189 Abs. 1 Nr. 2 UStR). Die Steuer in Höhe von 144 DM entsteht nach § 13 Abs. 1 Nr. 3 mit Ablauf des VAZ 06/1998 (vertretbar auch: 07/1998). Müller kann den ausgewiesenen Steuerbetrag berichtigen, § 14 Abs. 2 S. 2 UStG. Nicht erforderlich ist dazu, daß er das Original der Rechnung zurückerhält (vgl. Abschn. 189 Abs. 6 Satz 3 Nr. 2 b UStR).

Aus der Lieferung des Großhändlers aus Offenbach ist Müller hinsichtlich des in der Rechnung offen ausgewiesenen USt-Betrags in Höhe von 256 DM im VAZ April 1998 zum Vorsteuerabzug nach § 15 Abs. 1 Nr. 1 UStG berechtigt, da Müller die Rechnung erst im April zugeht.
Ein Ausschlußgrund nach § 15 Abs. 2 Nr. 1 UStG liegt nicht vor; die Eingangsleistung mündet in eine steuerfreie Ausfuhrlieferung (§ 15 Abs. 3 Nr. 1a UStG). Im VAZ 05/1998 ist der Vorsteuerabzug um 7,68 DM zu korrigieren (§ 17 Abs. 1 Nr. 2).

Sachverhalt 3

Mit Übergabe an den Spediteur Luigi bewirkt Müller am 18.07.1998 500 Lieferungen mit Warenbewegung durch Versenden (§ 3 Abs. 6 S. 3 und 4 UStG). Die in Solingen (§ 3 Abs. 6 S.1 UStG) ausgeführten Lieferungen sind steuerbar nach § 1 Abs. 1 Nr. 1 UStG und als innergemeinschaftliche Lieferungen nach § 4 Nr. 1b i.V.m. § 6a UStG steuerbefreit.

Müller versendet die Messerssets in das übrige Gemeinschaftsgebiet (§ 6a Abs. 1 Nr. 1 UStG), der Abnehmer ist Unternehmer (§ 6a Abs. 1 Nr. 2a UStG) und der Erwerb unterliegt im Mitgliedstaat Österreich der Erwerbsbesteuerung (§ 6a Abs. 1 Nr. 3 UStG).

Die Bemessungsgrundlage beträgt 75.000 DM und ist nach § 18b Satz 2 UStG im VAZ Juli 1998 zu erklären.

Luigi bewirkt mit dem Transport der Messersets von Deutschland nach Österreich eine sonstige Leistung (§ 3 Abs. 9 UStG) in Form einer i.g. Beförderungsleistung. Der Ort dieser Leistung bestimmt sich nach § 3b Abs. 3 Satz 1 UStG, und liegt damit am Abgangsort der Beförderung, Solingen.

Die von Luigi erbrachte Leistung ist steuerbar nach § 1 Abs. 1 Nr. 1 UStG und mangels Befreiung nach § 4 UStG steuerpflichtig zum Steuersatz von 16 % (§ 12 UStG).

Müller hat das Abzugsverfahren zu beachten (§ 18 Abs. 8 Nr. 1 UStG, § 51 Abs. 1 Nr. 1 UStDV). Luigi ist ausländischer Unternehmer (§ 51 Abs. 3 UStDV). Die sog. Nullregelung nach § 52 Abs. 2 UStDV greift nicht, da Luigi in der Rechnung Umsatzsteuer gesondert ausgewiesen hat. Die einzubehaltende Steuer berechnet sich unter Beachtung des § 53 Abs. 1 UStDV und beträgt 640 DM. Müller hätte die einzubehaltende Steuer nach § 54 Abs. 1 UStDV für den VAZ 09/1998 (Zahlung am 02.09.1996) einbehalten und abführen müssen.

Sofern dies nicht geschehen ist, haftet er für die einzubehaltende Steuer nach § 55 UStDV.

Hinsichtlich der Einfuhrumsatzsteuer in Höhe von 9.000 DM ist Müller nach § 15 Abs. 1 Nr. 2 UStG im VAZ 03/1998 zum Vorsteuerabzug berechtigt. Ein Ausschlußgrund nach § 15 Abs. 2 Nr. 1 UStG ist wegen § 15 Abs. 3 Nr. 1a UStG nicht gegeben. Die aus der Türkei eingeführten Messersets werden im Rahmen einer i.g. Lieferung weitergeliefert.

Nur Hinweis: Die Einfuhr der Messersets aus der Türkei ist nicht nach § 5 Abs. 1 Nr. 3 UStG steuerbefreit, da die i.g. Lieferung nicht unmittelbar im Anschluß an die Einfuhr erfolgt.

Sachverhalt 4

Müller tätigt mit dem Schleifen der Sensen eine sonstige Leistung i.S.d. § 3 Abs. 9 UStG, die gegen Entgelt erfolgt.

Seit dem 01.01.1996 ist nicht mehr darauf abzustellen, ob es sich um eine funktionsändernde (innergemeinschaftliche Lohnveredelung) oder nicht funktionsändernde Werkleistung handelt, da die bisherigen Vorschriften des § 3 Abs. 1a Nr.2, § 1a Abs. 2 Nr. 2 UStG weggefallen sind. Alle Werkleistungen sind nunmehr hinsichtlich der Ortsbestimmung einheitlich nach § 3a Abs. 2 Nr. 3c UStG zu beurteilen. Ort der sonstigen Leistung von Müller wäre daher grds. Solingen (Tätigkeitsort des Unternehmers). Da jedoch der Leistungsempfänger Puch seine österreichische USt-ID-Nr. verwendet und die Sensen nicht im Inland verbleiben, wird der Ort nach Österreich verlagert (§ 3a Abs. 2 Nr. 3c S.2, 3 UStG). Der Umsatz ist daher im Inland nicht steuerbar gem. § 1 Abs. 1 Nr. 1 UStG, sondern in Österreich zu versteuern. Grundsätzlich ist Müller in Österreich Steuerschuldner der Umsatzsteuer (Art. 21 Nr. 1 Buchst. a der 6. EG-Richtlinie, Abschn. 42i Abs. 4 UStR). Da er jedoch in Österreich, in dem die sonstige Leistung der Umsatzsteuer zu unterwerfen ist, nicht ansässig ist, schuldet der Leistungsempfänger Puch grundsätzlich die Umsatzsteuer, da er in Österreich als Unternehmer steuerlich erfaßt ist (Art. 21 Nr. 1 Buchst. b der 6. EG-Richtlinie, Abschn. 42i Abs. 5 UStR).
Die Rechnung des Müller enthält zutreffend keine Umsatzsteuer (Abschn. 42i Abs. 6 UStR).

Puch seinerseits tätigt ebenfalls eine sonstige Leistung i.S.d. § 3 Abs.9 UStG (vgl. Ausführungen oben). Gem. § 3a Abs. 2 Nr. 3c Sätze 2, 3 UStG wird der Leistungsort in das Inland verlagert. Müller verwendet gegenüber Puch seine vom Leistungsort nach § 3a Abs. 2 Nr. 3c Satz 1 UStG (Linz) abweichende deutsche USt-ID-Nr. und die Fräsmaschine verbleibt nicht in Österreich. Damit liegt ein steuerbarer und mit 16 %. steuerpflichtiger Umsatz im Inland vor (§ 1 Abs. 1 Nr. 1, § 12 Abs. 1 UStG). Bemessungsgrundlage ist das Entgelt gem. § 10 Abs.1 UStG i.H.v. 1.000 DM. Die Umsatzsteuer beträgt 160 DM. Die Umsatzsteuer ist grds. durch Müller im Rahmen des Abzugsverfahrens einzubehalten und abzuführen (§ 18 Abs. 8 UStG i.V.m. § 51ff. UStDV).

Es kann jedoch die sog. Nullregelung gem. § 52 Abs.2 UStG angewendet werden, so daß das Abzugsverfahren nicht durchgeführt werden muß. Dem steht ausnahmsweise auch nicht entgegen, daß Puch entsprechend seiner Verpflichtung nach § 14a Abs. 1 S. 2 UStG zum gesonderten Ausweis der Umsatzsteuer verpflichtet ist.

Auch in diesem Fall kann aus Vereinfachungsgründen die Nullregelung zur Anwendung kommen (Abschn. 234 Abs. 3 Nr. 1 S. 3 UStR).

Sachverhalt 5

Vorliegender Sachverhalt ist als Lieferung (§ 3 Abs. 1 UStG) im Rahmen eines Kommissionsgeschäfts (§ 3 Abs. 3 UStG) zu beurteilen. Müller liefert als Kommittent an den Kommissionär Tonder, der seinerseits die Nagelscheren an die Erwerber liefert (Verkaufskommission).

Die Lieferung des Müller an Tonder erfolgt ohne Warenbewegung nicht im Inland. Der Lieferort ist in Norwegen (§ 3 Abs. 7 S. 1 UStG). Solingen scheidet als Lieferort aus, weil Müller dem Kommissionär die Verfügungsmacht an den Nagelscheren noch nicht bei der Übergabe in Solingen verschafft. Zu diesem Zeitpunkt steht noch nicht fest, ob es Tonder gelingen wird, die Ware in Norwegen zu veräußern.

Bei der Verkaufskommission wird erst zu der Zeit und an dem Ort geliefert, zu der der Verkaufskommissionär die Ware an einen bestimmten Erwerber weiterliefert. Erst zu diesem Zeitpunkt kann der Kommittent ein Entgelt erwarten. Vorher überläßt er dem Verkaufskommissionär die Ware lediglich (ohne ihm zugleich die Verfügungsmacht zu übertragen), um ihm die Möglichkeit der Weiterlieferung einzuräumen (Abschn. 24 Abs. 2 Satz 8 UStR).

Da Tonder die Abnehmer erst in Norwegen findet, wurden die Lieferungen erst in Norwegen ausgeführt. Da Norwegen zum Drittlandsgebiet gehört, ist die Lieferung nicht steuerbar.

Gleichwohl ist Müller nach § 15 Abs. 1 Nr. 1 i.V.m. Abs. 2 Nr. 2 zum Vorsteuerabzug in Höhe von 1.600 DM berechtigt. Ein Ausschluß des Vorsteuerabzugs ist nicht gegeben, weil die Lieferung, wenn sie im Inland ausgeführt worden wäre, steuerpflichtig gewesen wäre und den Abzug der Vorsteuer zugelassen hätte.

Sachverhalt 6

1. Allzweckmesser

Bei der Entnahme des zum Unternehmensvermögen gehörenden Messers für Zwecke außerhalb des Unternehmens handelt es sich um einen Eigenverbrauch nach § 1 Abs. 1 Nr. 2a UStG.
Der Ort des Eigenverbrauchs bestimmt sich danach, wo der Unternehmensgegenstand den unternehmerischen Bereich verläßt, Solingen. Der Eigenverbrauch ist steuerbar und mangels Steuerbefreiung auch steuerpflichtig zum Steuersatz von 16 % (§ 12 Abs. 1 UStG). Die Bemessungsgrundlage bestimmt sich nach § 10 Abs. 4 Nr. 1 UStG. Maßgeblich ist der Einkaufspreis zum Zeitpunkt der Entnahme, hier 120 DM. Die Umsatzsteuer in Höhe von 19,20 DM entsteht nach § 13 Abs. 1 Nr. 2 UStG mit Ablauf des VAZ April 1998.

Die Lieferung an den Hüttenwirt ist nicht steuerbar, da sie weder im Inland erfolgt, noch im Rahmen des Unternehmens des Müller erfolgt

Hinweis:

Ab 1.4.1999 handelt es sich um eine fiktive , gleichgestellte Lieferung des Unternehmers an sich selbst, § 3 Abs. 1b UStG. Das Entgelt wird fingiert. Der Ort bestimmt sich nach § 3f UStG nach dem Sitz des Unternehmens, Solingen. Der Umsatz ist mithin steuerbar gem. § 1 Abs. 1 Nr. 1 UStG. Die weiteren Folgen sind vergleichbar mit dem bisherigen Eigenverbrauch.

2. Wurstschneidemaschine

Die Einlage der Wurstschneidemaschine aus dem Privatvermögen in das Unternehmensvermögen stellt aus umsatzsteuerlicher Sicht keinen steuerbaren Vorgang dar. Müller hat aus der Anschaffung der Wurstschneidemaschine keinen Vorsteuerabzug, da er die Maschine zunächst nicht für sein Unternehmen erworben hat.

Aufgabenteil Nr. 4: Umsatzsteuer Klausur Nr. 2

Sachverhalt 1

KK ist Unternehmerin i.S. des § 2 Abs. 1 Satz 1 UStG, da sie eine gewerbliche Tätigkeit selbständig ausübt. Das Unternehmen umfaßt ihre gesamte gewerbliche Tätigkeit. Diese besteht aus dem Einzelhandel mit Marionetten, Puppen aller Art und Zubehör, der Reparaturwerkstatt und dem eigenen Geschäftsgrundstück in Wuppertal, Grüner Weg 1. Zum Umfang ihres Unternehmens gehören ebenfalls die Bastelkurse, die sie im Kindergarten durchführt. Auch die Vermittlungsleistungen erfolgen im Rahmen ihres Unternehmens.

Nicht zum Unternehmen der KK gehören die KK-GmbH und das Nachbargrundstück der Eheleute Krause. Sowohl die GmbH als auch die Grundstücksgemeinschaft der Eheleute sind selbständige Unternehmer.

Als Unternehmerin schuldet KK die Umsatzsteuer nach § 13 Abs. 2 UStG.

Als Unternehmerin ist KK persönlich zum Vorsteuerabzug und zum gesonderten Ausweis der Umsatzsteuer in Rechnungen berechtigt.

Sachverhalt 2

KK liefert am 28.09.1998 in der Form eines Reihengeschäfts (§ 3 Abs. 6 S. 5 UStG) drei Perücken an ihre Kundin. Im Reihengeschäft liefert der erste Unternehmer ("Lieferant") die Ware unmittelbar an den letzten Abnehmer ("Kundin") durch Versenden. Umsatzsteuerlich handelt es sich um ein zwei selbständige Lieferungen "Lieferant" an KK sowie KK an "Kundin".

Die Ware gilt als von KK versendet, da durch die Bezahlung der UPS-Rechnung deutlich wird, daß sie die Versendung in Auftrag gegeben hat. Mithin ist KK die Warenbewegung i.S.v. § 3 VI S. 6 UStG zuzurechnen. Entsprechend bestimmt sich der Lieferort für "KK an Kundin" gem. § 3 VI S. 1 UStG bei Übergabe an den Versender UPS: Osnabrück.

Die Lieferung ist steuerbar (§ 1 Abs. 1 Nr. 1 UStG) und mangels Steuerbefreiung nach § 4 UStG auch steuerpflichtig zum Steuersatz von 16 % (§ 12 Abs. 1 UStG).

Bemessungsgrundlage ist alles, was die Kundin für die Leistung aufwendet, das sind 165 DM, jedoch abzgl. USt (§ 10 Abs. 1 Satz 2 UStG), also 142,24 DM. Die USt beträgt 22,76 DM und entsteht mit Ablauf des VAZ 09/1998 (§ 13 Abs. 1 Nr. 1a Satz 1 UStG). Ein Fall des § 17 UStG liegt nicht vor, da die Minderung des Entgelts durch die Inanspruchnahme des Skonto im gleichen VAZ wie die Ausführung der Leistung erfolgt.

Aus der Eingangsrechnung des Osnabrücker Lieferanten hat KK im VAZ 09/1998 einen Vorsteuerabzug in Höhe von 14,40 DM, die Voraussetzungen nach § 15 Abs. 1 Nr. 1 UStG liegen vor. § 15 Abs. 2 UStG findet keine Anwendung.
Aus der Rechnung der Firma UPS hat KK erst mit Zugang der Rechnung in 10/98 einen Vorsteuerabzug i.H.v. 4,80 DM, § 15 Abs. 1 Nr. 1 UStG.

Sachverhalt 3

KK liefert die Marionette im Rahmen eines Tauschgeschäftes mit Baraufgabe (§ 3 Abs. 1 i.V.m. Abs. 12 UStG). Zeitpunkt ist der 26.09.1998. Ort der Lieferung ist Remscheid, da sich hier die Marionette bei Verschaffung der Verfügungsmacht befindet (§ 3 Abs. 7 S.1 UStG). Erst in der Wohnung der Rentnerin entschließt sich KK zur Lieferung.
Der Umsatz ist steuerbar nach § 1 Abs. 1 Nr. 1 UStG und mangels Befreiung nach § 4 UStG steuerpflichtig zum Steuersatz von 16 % (§12 Abs. 1 UStG).
Die Bemessungsgrundlage bestimmt sich nach § 10 Abs. 1 i.V.m. Abs. 2 Satz 2 UStG. Danach gilt der Wert der Stoffe abzüglich Baraufgabe als Gegenleistung, abzüglich Umsatzsteuer als Entgelt für den eigenen Umsatz der KK. Berechnung:

Gemeiner Wert der Stoffe (464 DM + 40 DM)	504 DM
abzüglich Zuzahlung	./. 40 DM
	464 DM
abzüglich USt	./. 64 DM
Bemessungsgrundlage	400 DM

Die USt i.H.v. 64 DM entsteht mit Ablauf des VAZ 09/1998 (§ 13 Abs. 1 Nr. 1a UStG).

Sachverhalt 4

KK tätigt 10 Werklieferungen (§ 3 Abs. 4 UStG) an die Laienspielschar, da sie es übernommen hat, mit selbst beschafften Hauptstoffen einen Gegenstand zu bearbeiten. Zeitpunkt der Lieferungen ist der 01.07.1998, weil das fertig vollendete Werk an diesem Tag vom Besteller abgenommen wird. Ort der Lieferung ohne Warenbewegung ist Wuppertal (§ 3 Abs. 7 S. 1 UStG).
Die Werklieferungen sind steuerbar nach § 1 Abs. 1 Nr. 1 UStG und mangels Befreiung nach § 4 UStG steuerpflichtig zum Steuersatz von 16 %.
Zusätzlich liefert KK am 03.07.1998 eine Marionette an die Laienspielschar, indem sie dieser Verfügungsmacht an dem Ausstellungsstück verschafft (§ 3 Abs. 1 UStG).

Es handelt sich nicht um eine Beförderungslieferung, da der Abnehmer bei Beginn der Beförderung noch nicht feststeht. Ort der Lieferung ist daher Mettmann (§ 3 Abs. 7 S.1 UStG). Auch diese Lieferung ist steuerbar (§ 1 Abs. 1 Nr. 1 UStG) und steuerpflichtig, da sie nicht nach § 4 UStG befreit ist. Der Steuersatz nach § 12 Abs. 1 UStG beträgt 16 %.

Die Bemessungsgrundlagen für v.g. Lieferungen bestimmen sich nach § 10 Abs. 1 UStG mit 5.400 DM. Die USt in Höhe von 864 DM entsteht mit Ablauf des VAZ 07/1998 (§ 13 Abs. 1 Nr. 1a UStG).

Es liegt kein tauschähnlicher Umsatz im Sinne des § 3 Abs. 12 UStG vor, da der Ankauf der alten Marionetten erst nach erbrachter Leistung der KK vereinbart wurde. Es liegt lediglich eine Verrechnung gegenseitiger Forderungen vor.

Die Übergabe der Freikarten im Wert von 40 DM stellt keine Gegenleistung für die erbrachte Leistung dar. Die Leistung der KK wurde weder zum Erhalt der Freikarten erbracht, noch stellt die Hingabe der Freikarten eine erwartete oder erwartbare Gegenleistung dar.

KK hat keinen VSt-Abzug aus dem Ankauf der alten Marionetten, da sie von der Laienspielschar keine Rechnung mit USt-Ausweis erhalten hat.

Sachverhalt 5

a) Es liegt ein sog. nicht steuerbarer Innenumsatz vor.

b) Die Nutzung zu eigenen Wohnzwecken stellt einen Eigenverbrauch nach § 1 Abs. 1 Nr. 2b UStG dar, der Ort bestimmt sich nach § 3a Abs. 2 Nr. 1 UStG, der steuerbare Eigenverbrauch ist steuerfrei nach § 4 Nr. 12a UStG, Bemessungsgrundlage sind nach § 10 Abs. 4 Nr. 2 UStG die entstandenen Kosten in Höhe von 450 DM pro Monat.

Hinweis:

Ab Rechtslage 1.4.1999 handelt es sich um eine fiktive/gleichgestellte sonstige Leistung durch Verwendung eines Gegenstandes des Unternehmers für private Zwecke, § 3 Abs. 9a Nr. 1 UStG. Das Entgelt wird fingiert. Ort des Umsatzes ist gem. § 3f UStG dort, wo der Unternehmer sein Unternehmen betreibt: Wuppertal. Der Umsatz ist steuerbar, § 1 Abs. 1 Nr. 1 UStG. Hinsichtlich der weiteren Lösung s.o.

c) Die Vermietung an den Studenten ist als sonstige Leistung (§ 3 Abs. 9 UStG) in Form von Teilleistungen (§ 13 Abs. 1 Nr. 1a Sätze 2 und 3 UStG) in Wuppertal (§ 3a Abs. 2 Nr. 1a UStG) steuerbar (§ 1 Abs. 1 Nr. 1 UStG) und steuerfrei nach § 4 Nr. 12a UStG. Bemessungsgrundlage für den jeweiligen Teilleistungszeitraum nach § 10 Abs. 1 UStG ist die monatlich gezahlte Miete in Höhe von 780 DM.

d) Die Vermietung an den Vater ist als sonstige Leistung (§ 3 Abs. 9 UStG) in Form von Teilleistungen (§ 13 Abs. 1 Nr. 1a Sätze 2 und 3 UStG) in Wuppertal (§ 3a Abs. 2 Nr. 1a UStG) steuerbar (§ 1 Abs. 1 Nr. 1 UStG) und grds. steuerfrei nach § 4 Nr. 12a UStG. KK hat jedoch nach § 9 Abs. 1 UStG optiert, § 9 Abs. 2 UStG steht wegen der Nutzung des Obergeschosses durch den Vater (Steuerberatung) der Option nicht entgegen. Der Steuersatz 16%, § 12 Abs. 1 UStG. Bemessungsgrundlage für den jeweiligen Teilleistungszeitraum nach § 10 Abs. 1 UStG ist die monatlich gezahlte Miete in Höhe von 2.000 DM. Die sog. Mindestbemessungsgrundlage nach § 10 Abs. 5 Nr. 1 i.V.m. § 10 Abs. 4 Nr. 2 UStG greift nicht. Die Steuer in Höhe von 320 DM für den jeweiligen Teilleistungszeitraum entsteht nach § 13 Abs. 1 Nr. 1a S. 2 UStG mit Ablauf der VAZ 01 - 12/1998.

e) Es handelt sich um einen i.g. Erwerb nach § 1a UStG. Die Voraussetzungen des § 1a Abs. 1 Nr. 1 bis 3 UStG liegen vor. Die Fliesen gelangen von einem Mitgliedstaat (Italien) in den Mitgliedstaat (Deutschland), KK erwirbt als Unternehmerin im Rahmen ihres Unternehmens, der italienische Lieferant ist Unternehmer, der im Rahmen seines Unternehmens liefert. Ort des i.g. Erwerbs ist nach § 3d Satz 1 UStG das Inland (Wuppertal), der i.g. Erwerb ist steuerbar nach § 1 Abs. 1 Nr. 5 UStG und mangels Steuerbefreiung nach § 4b UStG steuerpflichtig zum Steuersatz von 16 % (§ 12 Abs. 1 UStG). Die Bemessungsgrundlage nach § 10 Abs. 1 UStG beträgt 16.000 DM, die Umsatzsteuer in Höhe von 2.560 DM entsteht nach § 13 Abs. 1 Nr. 6 UStG mit Ablauf des VAZ 10/1998, da die Rechnung erst im November erteilt wurde.
Die grundsätzlich für den VAZ 10/1998 nach § 15 Abs. 1 Nr. 3 UStG abzugsfähige Vorsteuer in Höhe von 2.560 DM ist unter Beachtung des § 15 Abs. 2 Nr. 1 und § 15 Abs. 4 UStG wie folgt abziehbar:
USt-pflichtig genutzte Flächen:

EG	150 qm
2. OG	+ 150 qm
	300 qm
Gesamtfläche	450 qm

mithin Vorsteuerabzug: 2.560 DM x 300/450 = 1.707 DM.

Sachverhalt 6

KK erbringt an Zapf eine sonstige Leistung (Vermittlungsleistung) gem. § 3 Abs. 9 UStG. Zeitpunkt der Vermittlungsleistung ist der 20.02.1998. Erst zu diesem Zeitpunkt stand fest, daß die Leistung der KK von Zapf angenommen worden war.
Der Ort der Vermittlungsleistung bestimmt sich gem. § 3a Abs. 2 Nr. 4 Satz 1 UStG nach dem Ort, an dem der vermittelte Umsatz ausgeführt worden ist.
Der vermittelte Umsatz sind die Lieferungen der Puppen durch Zapf. Ort dieser Lieferung ist gem. § 3 Abs. 6 S.1 UStG Nürnberg, da dort mit der Beförderung der Puppen begonnen wurde.
Die sonstige Leistung ist daher gem. § 1 Abs. 1 Nr. 1 UStG steuerbar und, insoweit sie die Vermittlung der Puppenlieferungen nach Frankreich betrifft, mangels Steuerbefreiung auch steuerpflichtig.
Insbesondere § 4 Nr. 5a UStG findet auf die Vermittlung innergemeinschaftlicher Lieferungen (§ 4 Nr. 1b UStG) keine Anwendung.
Bei einem hier anzuwendenden Steuersatz von 16% (§ 12 Abs. 1 UStG) beträgt die Bemessungsgrundlage gem. § 10 Abs. 1 UStG 1.000 DM und die USt 160 DM.
Sie entsteht mit Ablauf des VAZ der Ausführung des Umsatzes (§ 13 Abs. 1 Nr. 1a UStG), daher mit Ablauf des Febr. 1998.

Soweit die Vermittlungsleistung die Puppenlieferungen nach Polen betrifft (steuerfreie Ausfuhrlieferung gem. § 4 Nr. 1a u. § 6 Abs. 1 Nr. 1 UStG der Fa. Zapf an Dupont) ist die Vermittlungsleistung der KK nunmehr steuerfrei gem. § 4 Nr. 5a UStG. Entscheidend hierfür ist die Warenbewegung der Puppen in ein Drittland.
Die Bemessungsgrundlage beträgt 1.160 DM.

Sachverhalt 7

Soweit die Telefongebühren auf Privatgespräche entfallen, liegt ein Bezug von sonstigen Leistungen für den nichtunternehmerischen Bereich der KK vor. Ein steuerbarer Eigenverbrauch nach § 1 Abs. 1 Nr. 2 b UStG liegt daher hinsichtlich der Gesprächsgebühren nicht vor (Abschn. 9 Abs. 3 Satz 4 UStR).
Allerdings verwendet KK die in 1997 für das Unternehmen angeschaffte Telefonanlage für nichtunternehmerische Zwecke. Insoweit liegt ein steuerbarer Eigenverbrauch gem. § 1 Abs. 1 Nr. 2b UStG vor. Dieser ist auch steuerpflichtig. Die Bemessungsgrundlage ergibt sich aus § 10 Abs. 4 Nr. 2 UStG, somit aus den entstandenen Kosten, die sich wie folgt ermitteln:

AfA (BND 4 Jahre) 25 % von 5.000 DM = 1.250,00 DM
davon privat 10 % =   125,00 DM
x 16 % (§ 12 Abs. 1 UStG)   20,00 DM

Die in der Rechnung vom 16.02.1998 gesondert ausgewiesene Umsatzsteuer ist gem. § 15 Abs. 1 Nr. 1 UStG abzugsfähig. Ein Vorsteuerausschluß nach § 15 Abs. 2 ist nicht erkennbar. Die Voraussetzungen für den Vorsteuerabzug liegen erstmalig im Februar 1998 vor. Auf die Zahlung im Dezember 1998 kommt es nicht an.

Eine Änderung der Bemessungsgrundlage gem. § 17 Abs. 1 UStG und damit eine Änderung des Vorsteueranspruchs gem. § 17 Abs. 1 Nr. 2 UStG liegt im VAZ 12/1998 vor. Die Vorsteuerkorrektur ist in Höhe von 160 DM (§ 17 Abs. 1 S. 3 UStG) vorzunehmen.

Aufgabenteil Nr. 5: Abgabenordnung

Sachverhalt 1

1. Zunächst bleibt zu prüfen, wann die Festsetzungsfrist für die Einkommensteuer 01 abläuft, denn eine Steuerfestsetzung darf nur geändert werden, so lange die Festsetzungsfrist noch nicht abgelaufen ist (§ 169 Abs. 1 AO).

   Die Festsetzungsfrist beginnt mit Ablauf des Kalenderjahres, in dem die Steuererklärung eingereicht worden ist; somit mit Ablauf des 31.12.02 (§ 170 Abs. 2 Nr. 1 AO).
   Sie beträgt vier Jahre (§ 169 Abs. 2 Nr. 2 AO) und endet somit mit Ablauf des 31.12.06.
   Damit ist eine Änderung des Einkommensteuerbescheids 01 Ende 06 noch möglich, sofern eine Berichtigungsmöglichkeit nach der AO besteht.

   Im vorliegenden Fall ist der Einkommensteuerbescheid 01 wegen der bisher nicht erfaßten Betriebseinnahmen geändert worden. Berichtigungsvorschrift ist insoweit § 173 Abs. 1 Nr. 1 AO. Danach sind Steuerbescheide zu ändern, soweit Tatsachen nachträglich bekannt werden, die zu einer höheren Steuer führen. Die Berichtigung des Einkommensteuerbescheids 01 war somit rechtmäßig.

2. Gegen diesen Bescheid hat Klug Einspruch eingelegt. Ein Einspruch ist jedoch nur dann zulässig, wenn er innerhalb der Einspruchsfrist von einem Monat beim Finanzamt eingeht (§ 355 Abs. 1 AO).

   Die Einspruchsfrist berechnet sich wie folgt:
   Der Änderungsbescheid ging am 17.10.06 mit einfachem Brief zur Post und galt somit am 20.10.06 als bekanntgegeben (§ 122 Abs. 2 Nr. 1 AO).
   Somit beginnt die Einspruchsfrist am 21.10.06 (§§ 108 Abs. 1 AO i.V.m. 187 Abs. 1 BGB). Sie endet am 20.10.06 (§§ 108 Abs. 1 AO i.V.m. 188 Abs. 2 BGB).
   Als Zwischenergebnis bleibt somit festzuhalten, daß der Einspruch am 22.11.06 verspätet beim Finanzamt einging.

   Es bleibt jedoch zu prüfen, ob Wiedereinsetzung in den vorigen Stand gem. § 110 AO in Betracht kommt. Danach ist für den Fall, daß jemand ohne Verschulden eine gesetzliche Frist versäumt, Wiedereinsetzung in den vorigen Stand zu gewähren.

Im vorliegenden Fall ist das Schreiben verspätet beim Finanzamt eingegangen, weil die Postlaufzeit entgegen der Aussage der Post länger als einen Tag betrug. Für diese Fälle hat der BFH in ständiger Rechtsprechung entschieden, daß erwartungswidrige Postverzögerungen stets eine Wiedereinsetzung rechtfertigen (zuletzt BFH, BStBl 1991 II S. 437).

Der Antrag auf Wiedereinsetzung ist innerhalb eines Monats nach Wegfall des Hindernisses zu stellen. Innerhalb der Antragsfrist ist die versäumte Handlung nachzuholen. Ist dies geschehen, so kann Wiedereinsetzung auch ohne Antrag gewährt werden (§ 110 Abs. 2 AO). Dieses Erfordernis wird somit durch den verspäteten Eingang des Einspruchs beim Finanzamt gewahrt. Im Einspruchsverfahren sind die Gründe für das verspätete Eingehen des Einspruchs aufzuklären.

3. Der Einspruch ist somit zulässig. Zu untersuchen ist noch seine Begründetheit. Dabei ist zu berücksichtigen, daß Verwaltungsakte, die unanfechtbare Verwaltungsakte ändern, nur insoweit angegriffen werden können, als die Änderung reicht, es sei denn, daß sich aus den Vorschriften über die Aufhebung und Änderung von Verwaltungsakten etwas anderes ergibt (§ 351 Abs. 1 AO).

Es ist somit zunächst zu untersuchen, ob für die vorgetragenen Tatbestände eine Berichtigungsmöglichkeit nach der AO besteht. Sollte dies nicht der Fall sein, bleibt zu prüfen, ob im Rahmen des § 351 Abs. 1 AO bzw. § 177 AO eine Berücksichtigung möglich ist.

a) Bei den nachträglich geltend gemachten Betriebsausgaben, die im Zusammenhang mit den bisher nicht erklärten Betriebseinnahmen standen, handelt es sich um eine neue Tatsache i.S. von § 173 Abs. 1 Nr. 2 AO. Es handelt sich um dem Finanzamt bisher nicht bekannte Tatsachen, die zu einer niedrigeren Steuer führen. Voraussetzung für eine Berichtigung i.S. von § 173 Abs. 1 Nr. 2 AO ist darüber hinaus grds., daß den Steuerpflichtigen am nachträglichen Bekanntwerden der Tatsachen kein grobes Verschulden trifft. Dies ist aber im vorliegenden Fall gegeben.
Das Verschulden ist jedoch unbeachtlich, wenn die Tatsachen oder Beweismittel in einem unmittelbaren oder mittelbaren Zusammenhang mit Tatsachen oder Beweismittel i.S. der Nr. 1 stehen (§ 173 Abs. 1 Nr. 2 Satz 2 AO).
Aus diesem Grund können die Betriebseinnahmen trotz groben Verschulden des Steuerpflichtigen gem. § 173 Abs. 1 Nr. 2 AO noch berücksichtigt werden (steuerliche Auswirkung ./. 2.000 DM).

b) Für die nachträglich geltend gemachten Aufwendungen für doppelte Haushaltsführung als Werbungskosten bei den Einkünften aus nichtselbständiger Arbeit ist keine der Berichtigungsvorschriften der AO anwendbar.
Insbesondere findet § 172 Abs. 1 Nr. 2 a AO keine Anwendung, weil Änderungen zugunsten des Steuerpflichtigen nur möglich sind, soweit er vor Ablauf der Einspruchsfrist einen entsprechenden Antrag gestellt hat.
Ebenso findet § 173 Abs. 1 Nr. 2 AO keine Anwendung, weil den Steuerpflichtigen am Bekanntwerden der neuen Tatsache ein grobes Verschulden trifft. Die Möglichkeit des Abzugs von Aufwendungen für doppelte Haushaltsführung als Werbungskosten bei den Einkünften aus nichtselbständiger Arbeit ergibt sich aus den Einkommensteuer-Erklärungsvordrucken bzw. den beigefügten Erläuterungen. Nach ständiger Rechtsprechung des BFH gilt die Nichtbeachtung von eindeutigen Hinweisen in Erklärungsvordrucken und Merkblättern als grobes Verschulden (vgl. z.B. BFH, BStBl 1992 II S. 65).
Es besteht lediglich noch die Möglichkeit der Berücksichtigung im Rahmen der §§ 177 bzw. 351 Abs. 1 AO (siehe dazu unten).

c) Bei dem Rechenfehler im Zusammenhang mit den Einkünften aus Vermietung und Verpachtung handelt es sich um eine offenbare Unrichtigkeit. Diese führt jedoch nicht zu einer Änderung nach § 129 AO, weil danach nur offenbare Unrichtigkeiten zum Gegenstand der Änderung eines Steuerbescheides gemacht werden können, die beim Erlaß eines Verwaltungsaktes unterlaufen sind. Gemeint sind lediglich offenbare Unrichtigkeiten, die der Finanzbehörde unterlaufen sind. Dies ist im vorliegenden Fall zu verneinen.
Es handelt sich auch nicht um einen sog. "Übernahmefehler", weil der Rechenfehler nicht aus den Unterlagen ersichtlich war, die dem Finanzamt vorgelegen haben.
Es kommt jedoch eine Berichtigung nach § 173 Abs. 1 Nr. 2 AO in Betracht. Denn es handelt sich bei dem Rechenfehler um eine neue Tatsache, die zu einer niedrigeren Steuer führt. Den Steuerpflichtigen trifft am nachträglichen Bekanntwerden kein großes Verschulden, weil Rechenfehler alltäglich Irrtümer sind, bei denen man nicht von einem grob schuldhaften Verhalten sprechen kann.

4. Wie bereits ausgeführt, sind im Rahmen der geänderten Steuerfestsetzung die §§ 177 i.V.m. 351 Abs. 1 AO zu beachten. Danach können Verwaltungsakte, die unanfechtbare Verwaltungsakte ändern, nur insoweit angegriffen werden, als die Änderung reicht; es sei denn, daß sich aus den Vorschriften über die Aufhebung und Änderung von Verwaltungsakten etwas anderes ergibt.

Dadurch findet praktisch der Regelungsbereich des § 177 AO (Berichtigung von materiellen Fehlern) auch Anwendung im Einspruchsverfahren.

Danach können materielle Fehler nur im Rahmen des § 177 AO Berücksichtigung finden.

Unter einem materiellen Fehler versteht man jede objektive Unrichtigkeit eines Steuerbescheides, die nach den Berichtigungsvorschriften der AO nicht mehr geändert werden können.

Im vorliegenden Fall stellen die Werbungskosten bei den Einkünften aus nichtselbständiger Arbeit einen solchen materiellen Fehler dar. Bei der Anwendung von § 177 AO ist in folgenden Schritten vorzugehen:

Änderungsrahmen:

Ausgehend von der bisher festgesetzten Steuer ist zunächst der Änderungsrahmen zu bestimmen.

Die **Berichtigungsobergrenze** wird durch alle Berichtigungstatbestände bestimmt, die für sich alleine genommen zu einer Erhöhung der Steuer führen.

Die **Untergrenze** wird durch alle Berichtigungstatbestände bestimmt, die für sich alleine genommen zu einer Minderung der Steuer führen.

Es erfolgt in keinem Fall eine Saldierung von gegenläufigen Berichtigungsvorschriften (BFH, BStBl 1994 II S. 77).

Das bedeutet für den vorliegenden Fall:

Berichtigungsobergrenze:

bisher festgesetzte Steuer	10.000 DM
steuerliche Auswirkung wegen bisher nicht erklärter Betriebseinnahmen (§ 173 Abs. 1 Nr. 1 AO)	+ 3.000 DM
	13.000 DM

Berichtigungsuntergrenze:

bisher festgesetzte Steuer	10.000 DM
steuerliche Auswirkung der bisher nicht erklärten Betriebsausgaben (§ 173 Abs. 1 Nr. 2 AO)	./. 2.000 DM
steuerliche Auswirkung des Rechenfehlers bei den Einkünften aus Vermietung und Verpachtung (§ 173 Abs. 1 Nr. 2 AO)	./. 1.500 DM
	6.500 DM

Die Berichtigungsobergrenze beträgt somit 13.000 DM, während die Berichtigungsuntergrenze 6.500 DM beträgt.

Anwendung von § 177 AO:

Liegen die Voraussetzungen für die Aufhebung oder Änderung eines Steuerbescheides zuungunsten des Steuerpflichtigen vor, so sind, soweit die Änderung reicht, zugunsten und zuungunsten des Steuerpflichtigen solche materiellen Fehler zu berichtigen, die nicht Anlaß der Aufhebung oder Änderung sind (§ 177 Abs. 1 AO). Die Werbungskosten bei den Einkünften aus nichtselbständiger Arbeit mit steuerlicher Auswirkung von ./. 3.500 DM sind danach im Rahmen der Berichtigungsobergrenze von + 3.000 DM zu kompensieren. Der übersteigende Betrag von 500 DM bleibt unberücksichtigt. Insoweit bleibt der Steuerbescheid fehlerhaft.

Saldierung mit den übrigen Berichtigungsvorschriften:

Nach der Kompensation der materiellen Fehler gem. § 177 AO sind noch die übrigen Berichtigungsvorschriften zu berücksichtigen. Im vorliegenden Fall ist die Steuerfestsetzung nach Anwendung von § 177 unverändert bei 10.000 DM geblieben. Von den 10.000 DM sind nun noch die neuen Tatsachen mindernd zu berücksichtigen, die zu einer niedrigeren Steuer geführt haben (s.o.). Danach wird ein Änderungsbescheid im Anschluß an das Einspruchsverfahren über 6.500 DM ergehen.

Sachverhalt 2

Eine Steuerfestsetzung erfolgt entweder durch Steuerbescheid (§ 155 Abs. 1 Satz 1 AO) oder durch Steueranmeldung (§ 167 AO).

Ist eine Steuer aufgrund gesetzlicher Verpflichtung anzumelden (§ 150 Abs. 1 Satz 2 AO), so ist eine Festsetzung der Steuer nach § 155 AO nur erforderlich, wenn die Festsetzung zu einer abweichenden Steuer führt oder der Steuer- oder Haftungsschuldner die Steueranmeldung nicht abgibt. Im vorliegenden Fall hat Lustig eine Steueranmeldung abgegeben, so daß eine Steuerfestsetzung nicht erforderlich ist.

Eine Steueranmeldung steht einer Steuerfestsetzung unter Vorbehalt der Nachprüfung gleich. Führt die Steueranmeldung zu einer Herabsetzung der bisher zu entrichtenden Steuer oder zu einer Steuervergütung, so handelt es sich erst dann um eine Steuerfestsetzung unter Vorbehalt der Nachprüfung, wenn die Finanzbehörde zustimmt. Die Zustimmung bedarf keiner Form (§ 168 AO).

Im vorliegenden Fall hat Lustig eine Umsatzsteuervoranmeldung für den Monat Juli mit einem Vorsteuerüberhang beim Finanzamt eingereicht. In der Auszahlung des Guthabens im August ist die nach § 168 AO geforderte Zustimmung zu sehen. Es handelt sich somit seit dem 20.8.04 um eine Steuerfestsetzung unter dem Vorbehalt der Nachprüfung i.S.v. § 164 AO.

Gemäß § 164 Abs. 2 AO kann die Steuerfestsetzung, solange der Vorbehalt wirksam ist, jederzeit aufgehoben oder geändert werden. Der Steuerpflichtige kann die Aufhebung oder Änderung der Steuerfestsetzung jederzeit beantragen.

Es besteht demnach im vorliegenden Fall die Möglichkeit, die Änderung der Umsatzsteuervoranmeldung für Juli 04 gem. § 164 Abs. 2 AO zu beantragen.

Aufgabenteil Nr. 6: Rechnungswesen

1. Grundstück

- Ertragsteuerlich sind in der Bilanz grds. vier Wirtschaftsgüter getrennt auszuweisen und zu bilanzieren:

  - der Grund und Boden,
  - der eigenbetrieblich genutzte Gebäudeteil,
  - der fremdbetrieblich genutzte Gebäudeteil und
  - der Lastenaufzug als Betriebsvorrichtung.

- Zunächst ist zu prüfen, inwieweit das bebaute Grundstück zum Betriebsvermögen P. Nibels gehört. Das HGB regelt nicht die Aktivierung gemischtgenutzter Grundstücke. Handelsrechtlich kann ein Aktivierungsgebot gem. § 240 Abs. 1, § 246 Abs. 1 HGB grds. nur hinsichtlich des betrieblich genutzten Grundstücksteils bestehen.

- Steuerrechtlich ist die Frage des Betriebsvermögens nach § 4 Abs. 1 EStG i.V.m. R 13 EStR zu beurteilen. Gemäß R 13 Abs. 7 und 8 EStR (vgl. auch § 8 EStDV) sind 60 % des bebauten Grundstücks notwendiges Betriebsvermögen, da der eigenbetriebliche Grundstücksteil nicht von untergeordneter Bedeutung ist. Hinsichtlich des fremdgewerblich genutzten Grundstücksteils besteht gem. R 13 Abs. 9 EStR ein Bilanzierungswahlrecht. Danach können 40 % des bebauten Grundstücksteils als gewillkürtes Betriebsvermögen behandelt werden, da ein gewisser objektiver Zusammenhang mit dem Betrieb besteht und eine Betriebskapitalsverstärkung vorliegt. Die von P. Nibel vorgenommene 100%ige Bilanzierung ist demnach nicht zu beanstanden.

a) Grund u. Boden

Der Grund und Boden gehört zum nichtabnutzbaren Anlagevermögen (§ 247 Abs. 2 HGB, R 32 Abs. 1 Satz 6 EStR,). Die Bewertung erfolgt gem. § 6 Abs. 1 Nr. 2 EStG grds. mit den Anschaffungskosten.

Bilanzwert 31.12.1998 (= AK):　　　　　80.000 DM

Ein evtl. bereits gestiegener Bodenwert bleibt unberücksichtigt, denn die Anschaffungskosten stellen die Bewertungsobergrenze dar. Nicht realisierte Gewinne dürfen nicht ausgewiesen werden.

b) Gebäude

Grundsätzlich stellen die beiden Gebäudeteile zu eigenen und fremden betrieblichen Zwecken wegen des unterschiedlichen Funktionszusammenhangs zwei verschiedene Wirtschaftsgüter dar (vgl. R 13 Abs. 4 EStR). Aus Vereinfachungsgründen kann jedoch auf die Aufteilung der Herstellungskosten verzichtet werden, wenn sie aus steuerlichen Gründen nicht erforderlich ist (R 13 Abs. 6 Satz 3 EStR). Die Feuerlöschanlage steht in einem einheitlichen Funktionszusammenhang mit dem Gebäude und ist nicht als Betriebsvorrichtung zu qualifizieren (R 13 Abs. 5 EStR). Die hierauf entfallenden Herstellungskosten sind deshalb einheitlich mit dem Gebäude abzuschreiben (H 13 Abs. 5 EStH).

Das Gebäude gehört zum unbeweglichen abnutzbaren Anlagevermögen (vgl. R 32 Abs. 1 Satz 5 EStR, R 42 Abs. 1 Nr. 4 EStR) und ist gem. § 6 Abs. 1 Nr. 1 EStG grds. mit den fortgeführten Herstellungskosten (HK ./. AfA) anzusetzen. Nicht zu den Herstellungskosten gehört gem. § 9b Abs. 1 EStG die verrechenbare Vorsteuer. Aufgrund der gem. § 9 UStG vorliegenden steuerpflichtigen Vermietung ist ein voller Vorsteuerabzug gem. § 15 Abs. 1 Nr. 1 UStG gegeben, weil keine Ausschlußumsätze i.S.d. § 15 Abs. 2 UStG vorliegen.

Die AfA beginnt im Zeitpunkt der Fertigstellung am 1.2.1998 (R 44 Abs. 1 EStR, § 11c Abs. 1 EStDV). Da im vorliegenden Fall ein Wirtschaftsgebäude i.S.d. R 42a EStR gegeben ist, muß die AfA gem. § 7 Abs. 4 Satz 1 Nr. 1 EStG linear mit 4 % angesetzt werden.

Kontenentwicklung:

Netto-Herstellungskosten des Gebäude 1.2.1998 (einheitliches WG, R 13 Abs. 6 Satz 3 EStR)	650.000 DM
Netto-HK Feuerlöschanlage	+ 20.000 DM
Netto-Herstellungskosten insgesamt:	670.000 DM
AfA linear = 26.800 DM jährlich	
davon 11/12 zeitanteilig gem. R 44 Abs. 2 S. 1 EStR)	./. 24.567 DM
fortgeführte Herstellungskosten 31.12.1998	645.433 DM

c) Lastenaufzug

Der Lastenaufzug dient unmittelbar dem gewerblichen Betrieb und ist deshalb als Betriebsvorrichtung zu qualifizieren und als selbständiges Wirtschaftsgut gesondert in der Bilanz auszuweisen (R 13 Abs. 3 Satz 3 Nr. 1 EStR, H 42 EStH). Der Lastenaufzug gehört fiktiv zum beweglichen abnutzbaren Anlagevermögen, obwohl er wesentlicher Bestandteil des Grundstücks ist (R 42 Abs. 2 und 3 EStR).

Die Bewertung erfolgt mit den fortgeführten Herstellungskosten (§ 6 Abs. 1 Nr. 1 EStG). Die abziehbare Vorsteuer gehört nicht zu den Herstellungskosten (§ 9b Abs. 1 EStG). Grundsätzlich ist der Lastenaufzug gem. § 7 Abs. 1 EStG mit 10 % linear abzuschreiben. Bei beweglichen Wirtschaftsgütern des Anlagevermögens kann P. Nibel gem. § 7 Abs. 2 EStG auch die degressive AfA vornehmen. Aufgrund der Aufgabenstellung (niedrigst möglicher Gewinn) ist diese AfA-Methode zu wählen.

Da die Fertigstellung in der ersten Jahreshälfte erfolgte, kann darüber hinaus gem. R 44 Abs. 2 Satz 3 EStR in 1998 die volle Jahres-AfA gewährt werden. Die Sonder-AfA nach § 7g EStG kann nicht gewährt werden, weil das steuerliche Betriebsvermögen 400.000 DM übersteigt (§ 7g Abs. 2 Nr. 1a EStG).

Kontenentwicklung:

Netto-Herstellungskosten zum 1.2.1998	30.000 DM
degressive AfA gem. § 7 Abs. 2 EStG, 3fache, höchstens 30 %:	./. 9.000 DM
fortgeführte HK 31.12.1998	21.000 DM

Die Hypothekenschulden stellen notwendiges passives Betriebsvermögen dar, weil sie in wirtschaftlichem Zusammenhang mit dem bilanzierten Grundstück stehen (vgl. § 4 Abs. 1 EStG i.V.m. R 13 Abs. 15 EStR). Der Ansatz erfolgte gem. § 253 Abs. 1 Satz 2 HGB zutreffend mit dem Rückzahlungsbetrag (alternativ: § 6 Abs. 1 Nr. 3 EStG i.V.m. H 37 EStH).

Bilanzwert 31.12.1998 = 468.000 DM

Buchung:

Gebäude	8.433 DM	an	Feuerlöschanlage	14.000 DM
AfA	12.317 DM		Lastenaufzug	6.750 DM

Gewinnauswirkung:

AfA richtig	33.567 DM
AfA falsch	21.250 DM
AfA	+ 12.317 DM
Gewinn	./.12.317 DM

2. Wertpapiere

Gruppe A

- Die Wertpapiere gehören grds. nicht zum notwendigen Betriebsvermögen des Textileinzelhändlers P. Nibel, können von ihm aber als gewillkürtes Betriebsvermögen behandelt werden (vgl. § 4 Abs. 1 EStG i.V.m. R 13 Abs. 1 Satz 3 EStR).

- Die Wertpapiere gehören gem. § 247 Abs. 2 HGB bzw. R 32 Abs. 1 Satz 6 EStR zum nichtabnutzbaren Anlagevermögen, da sie bereits seit 1990 bilanziert werden (R 41 c Abs. 1 Satz 2 EStR).

- Die Bewertung erfolgt gem. § 6 Abs. 1 Nr. 2 EStG grds. mit den Anschaffungskosten. Hierzu gehören auch die Nebenkosten (§ 255 Abs. 1 HGB bzw. H 32a EStH). Bei der Berechnung des Teilwerts sind die Nebenkosten ebenfalls zu berücksichtigen (hier: 1 %):

		Kurswert:
ursprüngliche AK inkl. 1 % Nebenkosten	<u>18.180 DM</u>	180 %
Kurswert 31.12.1997	17.500 DM	175 %
Nebenkosten 1 %	+ 175 DM	
letzter Bilanzansatz:	<u>17.675 DM</u>	
Kurswert 31.12.1998	17.000 DM	170 %
Nebenkosten 1 %	+ 170 DM	
niedrigerer Teilwert und Bilanzwert 31.12.1998	<u>17.170 DM</u>	

P. Nibel kann den letzten Bilanzwert beibehalten oder gem. § 6 Abs. 1 Nr. 2 Satz 2 EStG eine (weitere) Teilwertabschreibung vornehmen. Da nach der Aufgabenstellung der steuerlich niedrigste Gewinn anzusetzen ist, muß der niedrigere Teilwert angesetzt werden. Handelsrechtlich darf gem. § 253 Abs. 2 Satz 3 HGB ebenfalls eine außerplanmäßige Abschreibungen auf den niedrigeren beizulegenden Wert erfolgen.

Entwicklung Bilanzwert: 17.675 DM

Teilwertabschreibung ./. 505 DM

Bilanzansatz 31.12.1998 17.170 DM

Buchung:

Teilwertabschreibung 505 DM an Wertpapiere Gruppe A 505 DM

Gewinnauswirkung: Erhöhung Teilwertabschreibung ./. 505 DM

Gruppe B

- Diese Wertpapiere gehören ebenfalls zum gewillkürten Betriebsvermögen (R 13 Abs. 1 Satz 3 EStR). Durch die Verpfändung für Betriebskredite werden die Wertpapiere nicht zum notwendigen Betriebsvermögen (H 13 Abs. 1 EStH „Sicherung betrieblicher Kredite"). Sie gehören ebenfalls zum nichtabnutzbaren Anlagevermögen (R 32 Abs. 1 Satz 6 EStR), weil sie auf Dauer das Betriebskapital verstärken sollen.
- Die Wertpapiere können Gegenstand einer Einlage sein (R 14 Abs. 1 EStR). Die Sacheinlage (§ 4 Abs. 1 Satz 5 EStG) ist gem. § 6 Abs. 1 Nr. 5 EStG grds. mit dem Teilwert im Zeitpunkt der Privateinlage zu bewerten. Da die Anschaffung innerhalb der letzten drei Jahre erfolgte, sind gem. § 6 Abs. 1 Nr. 5a EStG höchstens die ursprünglichen Anschaffungskosten anzusetzen.

<u>2.11.1998</u>: Nennwert 50.000 DM x 190 % = 95.000 DM
Nebenkosten 0,75 % + 713 DM
Teilwert: = 95.713 DM

Erwerb 6.6.1996: 50.000 DM x 200 % = 100.000 DM
Nebenkosten lt. Sachverhalt 0,75 % + 750 DM
ursprüngliche Anschaffungskosten = 100.750 DM

- Die Privateinlage ist also mit dem Teilwert in Höhe von 95.713 DM anzusetzen.

Bewertung zum 31.12.1998:

- Der Einlagewert (fiktive Anschaffungskosten) stellt für alle späteren Bewertungen die Bewertungsobergrenze dar. Der Bilanzwert zum 31.12.1998 beträgt demnach gem. § 6 Abs. 1 Nr. 2 EStG <u>95.713 DM</u>.

- Der höhere Teilwert von 105.788 DM (105.000 DM Kurswert 210 % zzgl. 0,75 % Nebenkosten) darf nicht angesetzt werden, da nicht realisierte Gewinne nicht ausgewiesen werden dürfen (§ 252 Abs. 1 Nr. 4 HGB).

Buchung: Wertpapiere B 45.713 DM an Privateinlage 45.713 DM
Gewinnauswirkung: Keine, da kein Erfolgskonto berührt wurde.

3. Rechnungsabgrenzungsposten

a) Soweit die bezahlten Versicherungsbeiträge das Einfamilienhaus betreffen, handelt es sich nicht um abziehbare Betriebsausgaben i.S.d. § 4 Abs. 4 EStG. Die Überweisung aus betrieblichen Mitteln stellt eine Geldentnahme i.S.d. § 4 Abs. 1 Satz 2 EStG dar. Die betrieblichen Versicherungsbeiträge, die für eine bestimmte Zeit nach dem Bilanzstichtag bezahlt worden sind, werden gem. § 250 Abs. 1 HGB (oder § 5 Abs. 5 Satz 1 Nr. 1 EStG, R 31 b Abs. 1 und 2 EStR) wie folgt aktiv abgegrenzt:

bezahlte Versicherungsaufwendungen	900 DM
Anteil Einfamilienhaus (privat veranlaßt)	./. 360 DM
betrieblich verursacht	540 DM
davon entfällt die Hälfte auf 1998	./. 270 DM
aktiver Rechnungsabgrenzungsposten 31.12.1998	270 DM

Buchung:

Privatentnahme	360 DM	an Versicherungs-	
und aktiver RAP	270 DM	aufwendungen	630 DM

Gewinnauswirkung:

Minderung Versicherungsaufwand   + 630 DM

b) **Anzeige Stadtanzeiger**

- Hier liegt kein aktiver Rechnungsabgrenzungsposten vor, da der Aufwand bereits mit dem Erscheinen der Anzeige in 1998 - also vor dem Bilanzstichtag - entstanden ist (keine Ausgabe, die Aufwand für eine bestimmte Zeit nach dem Stichtag darstellt; vgl. R 31b Abs. 2 EStR und H 31b EStH. Die Begleichung der betrieblichen Schuld aus privaten Mitteln stellt eine Geldeinlage i.S.d. § 4 Abs. 1 Satz 5 EStG dar. Da die Vorsteuer nicht gesondert in Rechnung gestellt wurde und auch keine Kleinbetragsrechnung i.S.d. § 33 UStDV vorliegt, ist ein Vorsteuerabzug gem. § 15 Abs. 1 Nr. 1 UStG nicht möglich.

Buchung:

Sonstige Aufwendungen   500 DM an Privateinlage   500 DM

Gewinnauswirkung: Erhöhung sonstige Aufwendungen   ./. 500 DM

4. Vorräte (Waren)

- Hinsichtlich der Waren besteht Aktivierungsgebot gem. § 5 Abs. 1 Satz 1 EStG i.V.m. § 240 Abs. 1 und § 246 Abs. 1 HGB. Die Waren gehören gem. R 32 Abs. 2 EStR zum Umlaufvermögen (bzw. Umkehrschluß aus § 247 Abs. 2 HGB) und sind gem. § 6 Abs. 1 Nr. 2 EStG grds. mit den Anschaffungskosten zu bewerten.
- Da P. Nibel (abweichend von den anderen Tz.) den höchstmöglichen Bilanzansatz wünscht, ergibt sich zum 31.12.1998 die nachstehende Bewertung:

Posten A	14.500 DM	eingeschränkter Wertzusammenhang, Wahlrecht gem. § 6 Abs. 1 Nr. 2 Satz 3 EStG (alternativ: § 253 Abs. 5 HGB), nicht realisierter Verlust in Höhe von 500 DM aus dem Vorjahr wird rückgängig gemacht!
Posten B	9.000 DM	wie Posten A, jedoch sind die AK stets Bewertungsobergrenze (vgl. § 6 Abs. 1 Nr. 2 Satz 3 EStG, Wahlrecht zwischen 8.000 DM und 9.000 DM)
Posten C	30.000 DM	höchstens AK, da Bewertungsobergrenze gem. § 6 Abs. 1 Nr. 2 EStG bzw. § 253 Abs. 1 Satz 1 HGB (nicht realisierte Gewinne dürfen nicht ausgewiesen werden!)
Posten D	46.000 DM	es muß der niedrigere Teilwert angesetzt werden (strenges Niederstwertprinzip; § 5 Abs. 1 Satz 1 EStG i.V.m. § 253 Abs. 3 Satz 2 HGB , R 36 Abs. 1 Satz 3 EStR)
Bestand	99.500 DM	31.12.1998

Buchung:

Bestandsverände-
rungskonto   3.500 DM an Warenbestand   3.500 DM

Gewinnauswirkung:

Erhöhung Bestandsveränderungskonto ./. 3.500 DM

5. Darlehen

a) Fälligkeitsdarlehen

- Das Darlehen stellt zu 2/3 notwendiges passives Betriebsvermögen dar, weil es nur insoweit betrieblich veranlaßt ist (R 13 Abs. 15 Sätze 1 und 2 EStR); insofern besteht auch ein Passivierungsgebot gem. § 5 Abs. 1 Satz 1 EStG i.V.m. §§ 240 Abs. 1, 246 Abs. 1 HGB. Soweit das Darlehen auf den Umbau des Einfamilienhauses entfällt (1/3), liegt nach dem vorliegenden Sachverhalt eine private Schuld vor.
- Die Bewertung des Darlehens erfolgt gem. § 6 Abs. 1 Nr. 3 EStG grds. mit den Anschaffungskosten = Nennwert (H 37 EStH). Dies entspricht regelmäßig dem Rückzahlungsbetrag i.S.d. § 253 Abs. 1 Satz 2 HGB.

Zugang 1.11.1998:	150.000 DM
1/3 privat	./. 50.000 DM
Bilanzwert 31.12.1998	100.000 DM

b) Damnum

- Handelsrechtlich besteht hinsichtlich des Damnums gem. § 250 Abs. 3 HGB ein Aktivierungswahlrecht. Nach § 5 Abs. 5 Satz 1 Nr. 1 EStG ist hierfür ein aktiver Rechnungsabgrenzungsposten anzusetzen. Insofern ist das Maßgeblichkeitsprinzip des § 5 Abs. 1 Satz 1 EStG eingeschränkt, das EStG ist vorrangig vor dem HGB (vgl. auch H 37 EStH „Damnum"). Da es sich um ein Fälligkeitsdarlehen handelt, ist der aktive Rechnungsabgrenzungsposten linear auf die Laufzeit des Darlehens (5 Jahre) wie folgt zu verteilen:

Zugang 2.11.1998:	4.500 DM
1/3 privat veranlaßt	./. 1.500 DM
2/3 betrieblich, Zinsanteil 600 DM p.a.,	3.000 DM
1998 hiervon 1/6:	./. 100 DM
Damnum 31.12.1998 (aktiver RAP)	2.900 DM

c) **Zinsen**

- Die Zinsen sind ebenfalls zwingend abzugrenzen (§ 5 Abs. 5 Satz 1 Nr. 1 EStG i.V.m. R 31b Abs. 1 und 2 EStR bzw. auch gem. § 250 Abs. 1 HGB), da sie für eine bestimmte Zeit nach dem Bilanzstichtag vorausbezahlt worden sind. Im übrigen gilt hier auch das Prinzip der wirtschaftlichen Zuordnung (vgl. § 252 Abs. 1 Nr. 5 HGB).

- **Berechnung:**

Zinsen insgesamt	4.500 DM
1/3 privat veranlaßt	./. 1.500 DM
2/3 betrieblich	3.000 DM
Zinsanteil 1998: 1/3 von 3.000 DM (2 Monate)	./. 1000 DM
aktiver RAP 31.12.1998	2.000 DM
aktiver RAP (Damnum)	+ 2.900 DM
aktiver RAP 31.12.1998 insgesamt	4.900 DM

- Der Geldzufluß in Höhe von 47.000 DM (141.000 DM tatsächlicher Zugang auf dem Bankkonto abzüglich 94.000 DM betrieblicher Anteil) stellt in 1998 eine Geldeinlage i.S.d. § 4 Abs. 1 Satz 5 EStG und bei Zahlung in 1999 eine Geldentnahme i.S.d. § 4 Abs. 1 Satz 2 EStG dar.

Berichtigungsbuchung:

akt. RAP/Damnum	2.900 DM		
akt. RAP/Zinsen	2.000 DM		
sonstige Aufwendungen	100 DM		
sonstige Aufwendungen	1.000 DM		
Darlehen	41.000 DM	an Privateinlage	47.000 DM

Gewinnauswirkung:

Erhöhung sonst. Aufwendungen (Zinsaufwand)	./. 1.100 DM

6. Pkw

- Der Pkw ist dem Leasinggeber zuzurechnen, weil die Grundmietzeit mit 51 Monaten 85 % der betriebsgewöhnlichen Nutzungsdauer des Pkws (= 60 Monate) beträgt und die Anschlußmiete so bemessen ist, daß sie den Wertverzehr für den Leasing-Gegenstand exakt deckt (Restwert = 15 % der ursprünglichen Anschaffungskosten).

Da auch Spezial-Leasing nach dem Sachverhalt zu verneinen ist, erlangt P. Nibel als Leasingnehmer nicht die Stellung eines wirtschaftlichen Eigentümers. Die Zurechnungsregeln basieren auf dem BFH-Urteil vom 26.1.1970 (BStBl II S. 264) sowie dem BdF-Erlaß vom 19.4.1971 (BStBl I S. 264).Vgl. auch H 13 Abs. 1 EStH „Leasing". Danach ist der Leasing-Gegenstand dem Leasingnehmer nur dann zuzurechnen, wenn die Grundmietzeit weniger als 40 % oder mehr als 90 % der betriebsgewöhnlichen Nutzungsdauer beträgt und die Anschlußmiete niedriger als der Wertverzehr ist.

- Die lfd. Leasingraten stellen für P. Nibel Betriebsausgaben dar. Sie wurden zutreffend gebucht. Die einmalige Sonderzahlung ist jedoch als aktiver Rechnungsabgrenzungsposten zu aktivieren (§ 5 Abs. 5 Satz 1 Nr. 1 EStG, R 31b Abs. 2 EStR). Die Zahlung erfolgte für eine bestimmte Zeit nach dem Stichtag.

Bildung aktiver RAP am 1.4.1998	8.400 DM
Anteil 1998 (9/51)	./. 1.482 DM
Bilanzwert aktiver RAP 31.12.1998	6.918 DM

Buchung:

aktiver RAP   6.918 DM   an   Leasingaufwand   6.918 DM

Gewinn: Minderung Leasingaufwand   + 6.918 DM

7. Umsatzbonus

- Am 31.12.1998 besteht nach dem bisherigen Gewohnheitsrecht für P. Nibel ein begründeter Rechtsanspruch auf die Bonusvergütung, der ein aktivierungsfähiges und -pflichtiges Wirtschaftsgut ist (vgl. § 5 Abs. 1 Satz 1 EStG i.V.m. § 240 Abs. 1, § 246 Abs. 1 HGB, R 31b Abs. 3 Satz 2 EStR). Im übrigen ist der Ertrag nach den Grundsätzen ordnungsmäßiger Buchführung im Jahr der wirtschaftlichen Zugehörigkeit zu erfassen (§ 252 Abs. 1 Nr. 5 HGB).

- Die zum Umlaufvermögen (Umkehrschluß aus § 247 Abs. 2 HGB) gehörende sonstige Forderung ist gem. § 6 Abs. 1 Nr. 2 EStG mit den Anschaffungskosten = Nennwert zu bewerten.

    Bilanzansatz 31.12.1998   10.440 DM

- Umsatzsteuerrechtlich ist mit der Entstehung des Bonusanspruches ein nachträglicher Preisnachlaß gewährt worden, der jedoch erst im Zeitpunkt der tatsächlichen Entgeltsminderung oder Gutschrift (März 1999) zu einer Kürzung des Vorsteuerabzugs in Höhe von 1.440 DM führt (10.440 DM : 1,16 = 9.000 DM x 16 %); vgl. § 17 Abs. 1 Nr. 2 UStG (Abschn. 223 Abs. 2 UStR). Die maßgebliche Vorsteuer wird deshalb auf dem Sonderkonto "noch zu kürzende Vorsteuer" erfaßt.

- Die gewährten Boni führen grds. auch zu einer nachträglichen Minderung der Anschaffungskosten der Waren. Da die entsprechenden Waren jedoch am 31.12.1998 bereits vollständig verkauft worden sind, ergibt sich keine Änderung des Warenendbestandes zum 31.12.1998.

Buchung:

sonstige Forderung   10.440 DM an Boni-Erträge   9.000 DM
                                     noch zu kürzende Vorsteuer 1.440 DM

Gewinn: Erhöhung Bonierträge   + 9.000 DM

8. Sonderposten mit Rücklageanteil

- Die neue Materialprüfmaschine ist zwingend zu aktivieren und gehört zum beweglichen abnutzbaren Anlagevermögen (§ 247 Abs. 2 HGB, R 42 Abs. 2 EStR).

Die Materialprüfmaschine ist gem. § 6 Abs. 1 Nr. 1 Satz 1 EStG grds. mit den fortgeführten Anschaffungskosten (AK ./. AfA) zu bewerten. Auf dieses Ersatzwirtschaftsgut (R 35 Abs. 1 Satz 2 Nr. 2 EStR) kann die zum 31.12.1997 gebildete Rücklage für Ersatzbeschaffung nur anteilig übertragen werden, da die von der Versicherung gezahlte Entschädigungssumme nicht in voller Höhe für den Kauf einer neuen Materialprüfmaschine verwendet worden ist. Der zu übertragende Anteil an der Rücklage für Ersatzbeschaffung berechnet sich nach folgender Formel (vgl. H 35 Abs. 3 EStH):

$$\frac{\text{AK } 6.000 \times \text{Rücklage } 4.500}{\text{Entschädigung } 7.500} = \underline{3.600 \text{ DM}}$$

- **Kontenentwicklung:**

Netto-AK am 3.9.1998	6.000 DM
Rücklage für Ersatzbeschaffung	./. 3.600 DM
AfA-Bemessungsgrundlage (R 43 Abs. 4 EStR)	2.400 DM
degressive AfA lt. Aufgabenstellung (§ 7 Abs. 2 EStG) 3fache von 12,5 %, höchstens 30 % Vereinfachungsregelung, 1/2 AfA gem. R 44 Abs. 2 Satz 3 EStR; 15 %	./. 360 DM
Bilanzwert 31.12.1998	**2.040 DM**

- Eine Sonder-AfA nach § 7g EStG kommt nicht in Betracht, weil das steuerliche Betriebsvermögen 400.000 DM übersteigt.
- Der Sonderposten mit Rücklageanteil (vgl. § 247 Abs. 3 HGB, hier: Rücklage für Ersatzbeschaffung) vom 31.12.1997 ist in 1998 (R 35 Abs. 4 Satz 6 EStR) wie folgt aufzulösen:

Anfangsbestand 1.1.1998	4.500 DM
Übertragung auf Ersatz-WG	./. 3.600 DM
sonstige Erträge	./. 900 DM
Bilanzansatz 31.12.1998	0 DM

Buchung:

Sonderposten mit Rücklageanteil	4.500 DM	an	Materialprüfmaschine sonstige Erträge AfA	3.210 DM 900 DM 390 DM

Gewinn:

Erhöhung sonstige Erträge	+ 900 DM
Minderung AfA	+ 390 DM

9. Debitoren

- Die aktivierungspflichtigen Debitoren gehören zum Umlaufvermögen (Umkehrschluß § 247 Abs. 2 HGB, bzw. R 32 Abs. 2 EStR) und sind gem. § 6 Abs. 1 Nr. 2 EStG grds. mit den Anschaffungskosten = Nennwert zu bewerten.

Aus Gründen der Bilanzklarheit ist der gesamte Betrag zunächst auf das Konto "zweifelhafte Forderungen" umzubuchen. Anschließend ist die zweifelhafte Forderung auf ihren wahrscheinlichen Wert abzuschreiben (strenges Niederstwertprinzip gem. § 5 Abs. 1 Satz 1 EStG i.V.m. § 253 Abs. 3 Satz 2 HGB). Nicht verwirklichte Verluste müssen ausgewiesen werden.

- Die USt ist jedoch erst in dem Voranmeldungszeitraum zu berichtigen, in dem die Forderung tatsächlich ausfällt (vgl. § 17 Abs. 2 UStG). Deshalb ist die USt über das Sonderkonto "noch zu kürzende USt" zu erfassen.

- **Ermittlung Bilanzwert:**

zweifelhafte Forderung	9.280 DM
50 % Ausfall	./. 4.640 DM
niedrigerer Teilwert 31.12.1998	4.640 DM

Buchungen:

zweifelhafte Forderung	9.280 DM	an Debitoren	9.280 DM
Abschreibung auf Ford.	4.000 DM	an zweifelhafte	
noch zu kürzende USt	640 DM	Forderung	4.640 DM

Gewinn: Erhöhung Abschreibung auf Forderungen ./. 4.000 DM

10. Sonstige Verbindlichkeiten

- Die ausstehenden Verpflichtungen aus den Tarifverträgen sind zwingend als sonstige Verbindlichkeit zu passivieren (§ 5 Abs. 1 Satz 1 EStG i.V.m. § 240 Abs. 1, § 246 Abs. 1 HGB). Im übrigen gilt das Prinzip der periodengerechten Gewinnermittlung gem. § 252 Abs. 1 Nr. 5 HGB, R 31b Abs. 3 Satz 2 EStR.

- Die Schulden sind gem. § 253 Abs. 1 Satz 2 HGB (oder § 6 Abs. 1 Nr. 3 EStG i.V.m. H 37 EStH) mit dem Rückzahlungsbetrag anzusetzen.

Löhne u. Gehälter	110.000 DM
Arbeitgeber-Anteil Sozialabgaben	+ 16.000 DM
Gesamtbetrag	126.000 DM
Zahlung	./. 60.000 DM
sonstige Verbindlichkeit 31.12.1998	66.000 DM

Buchung:

Löhne u. Gehälter	50.000 DM	an Sonstige Verb.	66.000 DM
Soziale Abgaben	16.000 DM		

Gewinn: Erhöhung Löhne u. Gehälter/Soziale Abgaben ./. 66.000 DM

11. Gewerbesteuer-Rückstellung

a) Auflösung

- Die Gewerbesteuer-Rückstellung 1997 ist in 1998 aufzulösen, § 5 Abs. 1 Satz 1 EStG i.V.m. § 249 Abs. 3 Satz 2 HGB (R 31c Abs. 13 EStR):

31.12.1997	1.200 DM
Verbrauch/Zahlung	./. 1.000 DM
Auflösung	./. 200 DM
31.12.1998	0 DM

- Die Bezahlung der betrieblichen Schuld aus privaten Mitteln stellt gem. § 4 Abs. 1 Satz 5 EStG in 1998 eine Geldeinlage dar.

Buchung:

Gewerbesteuer-Rückst.	1.200 DM	an Privateinlage	1.000 DM
		sonstige Erträge	200 DM

Gewinn:

Erhöhung sonstige betriebliche Erträge (Erträge aus der Auflösung von Rückstellungen) **+ 200 DM**

b) Gewerbesteuer-Rückstellung für das lfd. Jahr:

- Für ungewisse Verbindlichkeiten ist eine Rückstellung zwingend zu bilden. Es besteht ein Passivierungsgebot gem. § 5 Abs. 1 Satz 1 EStG i.V.m. § 249 Abs. 1 Satz 1 HGB, R 31 c Abs. 1 Nr. 1 und Abs. 2 EStR.
- Die Rückstellung ist gem. § 253 Abs. 1 Satz 2 HGB nach vernünftiger kaufmännischer Beurteilung zu bilden.
- Bei der Ermittlung der Gewerbesteuer-Rückstellung ist aus Vereinfachung die sog. 5/6-Methode nach R 20 Abs. 2 EStR zulässig.
  Es kann jedoch auch eine genaue Berechnung mit dem Divisor erfolgen. Der Grundsatz der Bewertungsstetigkeit gem. § 252 Abs. 1 Nr. 6 HGB ist zu beachten.

Der Wertansatz ist lt. Sachverhalt vorgegeben:
- Bilanzwert 31.12.1998: <u>2.000 DM</u>.

Buchung:

Steuern vom Ein- an Gewerbesteuer-
kommen und Ertrag   2.000 DM   rückstellungen   2.000 DM

Gewinn: Erhöhung Steuern vom Einkommen und Ertrag   <u>./. 2.000 DM</u>

12. Privatentnahmen

- Es handelt sich bei der Schenkung des Ledermantels an die Tochter P. Nibels um eine Sachentnahme i.S.d. § 4 Abs. 1 Satz 2 EStG (vgl. auch R 14 Abs. 2 Satz 1 und R 14 Abs. 4 EStR).

- Die Sachentnahme ist gem. § 6 Abs. 1 Nr. 4 EStG grds. mit dem Teilwert im Zeitpunkt der Entnahme zu bewerten. Der Teilwert entspricht regelmäßig den Netto-Wiederbeschaffungskosten (vgl. H 35a EStH „Teilwertvermutung").

AK = Teilwert	1.200 DM
USt 16 %	<u>+ 192 DM</u>
Privatentnahme insgesamt	<u>1.392 DM</u>

- Umsatzsteuerrechtlich liegt ein steuerbarer und mangels Befreiung gem. § 4 UStG auch ein steuerpflichtiger Eigenverbrauch gem. § 1 Abs. 1 Nr. 2a UStG (fiktive Lieferung) vor.

Die Bemessungsgrundlage ist gem. § 10 Abs. 4 Nr. 1 UStG grds. der Einkaufspreis zzgl. Nebenkosten. Die Umsatzsteuer auf den Eigenverbrauch erhöht gem. § 12 Nr. 3 EStG die Privatentnahme.

- Da sich die Wiederbeschaffungskosten gegenüber den ursprünglichen Anschaffungskosten nicht erhöht haben, ist ein Entnahmegewinn i.S.d. H 14 Abs. 2-4 EStH („Gewinnrealisierung") nicht entstanden.

Buchung:

Privatentnahmen 1.392 DM   an USt-Schuld   192 DM
Eigenverbrauch   1.200 DM
(oder Konto Wareneinkauf)

Gewinn: Erhöhung Eigenverbrauch (oder Minderung Wareneinsatz)   <u>+ 1.200 DM</u>

Klausursatz Nr. 5

Aufgabenteil Nr. 1: Einkommensteuer

Aufgabe:

Sie werden mit der Erstellung der Einkommensteuererklärung der Eheleute Fritz und Barbara Flügel für das Kalenderjahr 1998 beauftragt.

Ermitteln Sie bitte in einer übersichtlichen Darstellung unter Angabe der maßgeblichen steuerrechtlichen Vorschriften für den Veranlagungszeitraum 1998

1. die Summe der Einkünfte,
2. den Gesamtbetrag der Einkünfte,
3. das Einkommen,
4. das zu versteuernde Einkommen der Eheleute Flügel.
5. Einkommensteuer-Ermäßigungen sind zu benennen und zu begründen.

Bearbeitungshinweise

- Es sind alle steuerlichen Möglichkeiten auszuschöpfen, damit das zu versteuernde Einkommen so niedrig wie möglich ausfällt.
- Nichtansätze sind zu begründen.
- Aussagen zur Steuerpflicht sowie zur Veranlagungsart werden nicht erwartet.
- Alle erforderlichen Anträge gelten als gestellt.
- Eine Vorsorgepauschale ist nicht zu ermitteln.
- Sollten Sie der Auffassung sein, für im Sachverhalt erwähnte Kinder sind entweder Kinderfreibeträge oder Kindergelder zu gewähren, gehen Sie bitte davon aus, daß Kindergeld in gesetzlich zutreffender Höhe bezogen wurde und die Gewährung von Kindergeld auch tatsächlich günstiger ist. Eine Günstigerprüfung ist nicht vorzunehmen.
- Der Gesamtbetrag der Einkünfte betrug 1997 150.000 DM.
- Aus Vereinfachungsgründen ist für alle relevanten Jahre ein USt-Satz i.H.v. 16% zu unterstellen.

Sachverhalt

I. Persönliche Verhältnisse

Die Eheleute Fritz (geb. am 15.4.1949) und Barbara (geb. am 1.1.1934) Flügel sind seit 1973 verheiratet. Sie leben seit dem 1.9.1998 gemeinsam in einer Mietwohnung in Bonn. Bis zum 31.8.1998 wohnten sie in ihrem eigenen Einfamilienhaus in Wesel/Niederrhein. Die Eheleute sind konfessionslos.

Zu ihrem Haushalt gehört das Adoptivkind Paul (geb. am 10.2.1979). Paul lebte bis zur Ablegung seines Abiturs am 25.6.1998 im westfälischen Buldern in einem Internat und besuchte dort ein staatliches Gymnasium. Hierfür sind 1998 Kosten in Höhe von mtl. DM 1.400,00 angefallen, die von den Eheleuten Flügel getragen wurden.

Seit dem 1.8.1998 wohnt Paul in Aachen, wo er am 1.10.1998 mit dem Studium begann. Er wird weiterhin (ohne Unterbrechung) mit mtl. DM 1.400,00 von seinen Adoptiveltern unterstützt. Eigene Einkünfte oder Bezüge hat Paul nicht.

Am 8.2.1998 verunglückte Fritz Flügel anläßlich einer Dienstreise so schwer, daß ein mehrwöchiger Krankenhausaufenthalt erforderlich war. Als Folge dieses Unfalls ist er zu 100 % körperbehindert. Diese Tatsache wurde durch Bescheid des Versorgungsamtes vom 4.4.1999 festgestellt. Der entsprechende Antrag erfolgte am 1.12.1998.

II. Einkommensverhältnisse

Ehemann Fritz Flügel

1. Fritz Flügel ist Beamter bei der Bundesanstalt für Arbeit. Bis zum 30.9.1998 war er beim Arbeitsamt Wesel beschäftigt. Mit Wirkung vom 1.10.1998 wurde er in das Bundesarbeitsministerium nach Bonn versetzt.

   Infolge des Arbeitsplatzwechsels zog die Familie Flügel nach Bonn um. Die entstandenen Umzugskosten betrugen insgesamt DM 2.800,00, wovon der Dienstherr DM 400,00 erstattete.

   Zum 1.12.1998 trat Fritz Flügel bei Weiterzahlung von 60 % seiner bisherigen Bezüge in Höhe von mtl. DM 6.200,00 in den einstweiligen Ruhestand.

   Seine Bruttobezüge in der Zeit vom 1.1. bis 30.11.1998 betrugen lt. Lohnsteuerkarte insgesamt DM 74.400,00.

2. Als anerkannter Klavierspieler tritt Fritz Flügel seit Jahren mit Solokonzerten auf, wobei er Werke von Mozart und Beethoven bevorzugt.

Im Jahre 1998 hat er fünf Konzerte gegeben, wofür er insgesamt DM 12.000,00 erhielt. Die Gage für sein bekanntes Adventkonzert 1997 in Höhe von DM 2.000,00 ging erst am 8.1.1998 auf seinem Bankkonto ein. Dieser Betrag ist in den o.g. DM 12.000,00 nicht enthalten. Fritz Flügel ermittelte seinen Gewinn nach § 4 Abs. 3 EStG.

Im Zusammenhang mit diesen Konzerten hatte Fritz Flügel 1998 Ausgaben in Höhe von DM 1.200,00.

3. Fritz Flügel betrieb außerdem einen Handel mit Musikinstrumenten mit angeschlossener Werkstatt. Er beschäftigte mehrere Mitarbeiter. Die Gewinne aus dieser Tätigkeit ermittelte er gem. §§ 4 Abs. 1, 5 EStG.
Die Genehmigung zu dieser Tätigkeit seitens seines Arbeitgebers liegt vor.
Bedingt durch seinen schweren Unfall war Fritz Flügel jedoch gezwungen, diese Tätigkeit zum 31.3.1998 aufzugeben. Er stellte seinen Betrieb zu diesem Zeitpunkt ein und veräußerte das gesamte Betriebsvermögen mit Ausnahme des Grundbesitzes an einen befreundeten Unternehmer in Dinslaken, der auch sämtliche Mitarbeiter übernahm. Der Veräußerungspreis betrug DM 150.000,00 (netto, ohne Umsatzsteuer).

Das zum Betriebsvermögen gehörende bebaute Grundstück (Anschaffung im Oktober 1996 für DM 200.000,00), in dem die Geschäftsräume und die Werkstatt untergebracht waren, veräußerte er gleichzeitig zum Preis von DM 250.000,00 an einen Rechtsanwalt, der in diesem Gebäude seine Praxis errichtete.

Bearbeitungshinweis:

Evt. aus den Veräußerungen resultierende Umsatzsteuerbeträge sind zu vernachlässigen.

Aus den Buchführungsunterlagen des Fritz Flügel ergeben sich folgende Werte:

Betriebsvermögen zum 31.12.1997 = DM 200.000,00
Betriebsvermögen zum 31.3.1998 = DM 90.000,00

Zur Bestreitung von Arzt- und Krankenhauskosten hat Fritz Flügel am 20.2.1998 dem Betrieb DM 10.000,00 entnommen. Die entsprechende Erstattung seiner Krankenkasse bzw. der behördlichen Beihilfekasse erfolgte erst im März 1999.

Am 25.3.1998 wurde auf dem betrieblichen Bankkonto die Einkommensteuererstattung 1996 in Höhe von DM 12.000,00 gutgeschrieben.

Ehefrau Barbara Flügel

1. Barbara Flügel bezieht seit dem 1.4.1997 aus der gesetzlichen Rentenversicherung eine monatliche Bruttorente von DM 2.500,00.

2. Am 1.12.1997 erwarb Barbara Flügel von einem früheren Gesellschafter der Maus GmbH mit Sitz in Dorsten eine Beteiligung an dieser GmbH in Höhe von nominal DM 14.000,00 zum Kaufpreis von DM 80.000,00. Das Stammkapital der Maus GmbH beträgt DM 50.000,00.

   Bereits im Frühjahr 1998 zeichnete sich ab, daß die wirtschaftliche Entwicklung der Maus GmbH nicht wie erwartet verlaufen würde. Um keinen Totalverlust zu erleiden, veräußerte Barbara Flügel deshalb am 30.4.1998 50 % = nominal 7.000 DM ihrer Beteiligung zu einem Preis von DM 18.000,00 an die Deutsche Bank. Die restlichen 50 % veräußerte sie am 31.7.1998 für DM 21.000,00 an den Hauptgesellschafter Hund. Veräußerungskosten entstanden in beiden Fällen nicht.

3. Mit notariellem Kaufvertrag vom 24.10.1998 (Nutzen- und Gefahrenübergang am 1.11.1998) erwarb Barbara Flügel direkt von einem Bauträgerunternehmen eine neu erstellte Eigentumswohnung in Bonn. Die Anschaffungskosten betrugen DM 300.000,00 (Anteil Grund und Boden 20 %). Die Wohnung wurde im Oktober 1998 fertiggestellt (Antrag auf Baugenehmigung Februar 1997).

   Am 2.11.1998 eröffnete Barbara Flügel in dieser Wohnung eine Versicherungsagentur. Sie ermittelt ihren Gewinn zutreffend nach §§ 4 Abs. 1, 5 EStG. Für 1998 beträgt der vorläufige Gewinn DM 14.000,00.

   In diesem vorläufigen Gewinn ist ein angemessener Mietwert von monatlich DM 2.000,00 für die Nutzung der Wohnung als Aufwand erfaßt. Die 1998 mit der gewerblichen Nutzung der Eigentumswohnung angefallenen lfd. Aufwendungen betrugen insgesamt DM 15.000,00. Barbara Flügel hat diese Aufwendungen allerdings nicht als Betriebsausgaben berücksichtigt, da sie dieses durch den Ansatz des Mietwertes für erledigt hält.

III. Sonstige Angaben

1. Am 1.8.1998 erwarben die Eheleute Flügel in Aachen ein Mehrfamilienhaus (Baujahr 1970) mit sechs gleichwertigen Wohnungen, wovon sie eine Wohnung **zum selben Zeitpunkt** ihrem Sohn Paul unentgeltlich zur Nutzung überließen.

   Die Anschaffungskosten dieses Grundstücks betrugen DM 1.200.000,00 (Anteil Grund- und Boden: 30 %) zuzüglich 3,5 % Grunderwerbsteuer. Außerdem fielen Erwerbsnebenkosten in Höhe von DM 9.000,00 an.

Der Zustand des Hauses machte diverse Renovierungsarbeiten erforderlich. Im Jahre 1998 wurden folgende Maßnahmen durchgeführt und die entsprechenden Rechnungen (einschl. USt) bezahlt:

- Verbesserung der Dachdämmung   DM   40.000,00
- Erneuerung der Heizungsanlage   DM   36.000,00
- Erneuerung des Treppenhauses   DM   20.000,00

Die Erneuerung der Fenster erfolgte im Februar 1999 mit einem Aufwand von DM 65.000,00 (einschl. USt).

In dem erworbenen Mehrfamilienhaus lebt seit 1970 auch der Vater von Barbara Flügel. Während er dem bisherigen Eigentümer eine angemessene Miete einschl. Umlagen von mtl. DM 950,00 zahlte, reduzierten die Eheleute Flügel ihm diesen Betrag auf DM 500,00 monatlich.

Die übrigen vier fremden Mieter zahlen für ihre Wohnung unverändert mtl. DM 950,00 einschl. Umlagen.

Die von den Eheleuten Flügel zu zahlenden lfd. Aufwendungen betrugen monatlich DM 1.500,00.

2. Die Eheleute Flügel wohnten seit dem 1.12.1994 bis zum 31.8.1998 in Wesel in ihrem eigenen Einfamilienhaus (Baujahr 1994), welches sie mit notariellem Kaufvertrag vom 10.10.1994 erworben haben. Die Anschaffungskosten betrugen insgesamt DM 420.000,00, wovon DM 100.000,00 auf den Grund und Boden entfielen.

   Dieses Einfamilienhaus war das erste selbstgenutzte Wohneigentum der Eheleute Flügel. Seit 1994 haben sie die Steuerbegünstigung gem. § 10e EStG in Anspruch genommen. Das Objekt wurde durch eine Lebensversicherung finanziert. Seit dem 1.10.1994 bis zum 30.11.1998 wurden monatlich gleichbleibend DM 1.200,00 Schuldzinsen gezahlt.

   Infolge des Arbeitsplatzwechsels des Ehemannes zog die Familie Flügel zum 1.9.1998 nach Bonn und versuchte, das Einfamilienhaus zu verkaufen. Zum 30.11.1998 wurde ein Käufer gefunden und das Objekt zu einem Preis von DM 500.000,00 veräußert. Veräußerungskosten waren von den Eheleuten Flügel nicht zu tragen. Die mit dem Einfamilienhaus im Zusammenhang stehende Darlehensschuld wurde zum 30.11.1998 abgelöst. Die lfd. Aufwendungen (ohne Zinsen) betrugen bis zum 31.8.1998 insgesamt DM 5.000,00

3. Für die Eheleute Flügel errechneten sich im Jahre 1998 abzugsfähige Vorsorgeaufwendungen in Höhe von DM 9.000,00.

Aufgabenteil Nr. 2: Körperschaftsteuer

An der seit einigen Jahren bestehenden AB-GmbH mit Sitz und Geschäftsleitung in Düsseldorf (Stammkapital DM 400.000,00) sind Gesellschafter A mit 60 v.H. und B mit 40 v.H. beteiligt. Sie halten ihre Anteile im Privatvermögen. Die Einlagen sind voll erbracht. Geschäftsführer der GmbH ist A. Die GmbH betreibt einen Radio- und Fernseheinzelhandel. Das Wirtschaftsjahr entspricht dem Kalenderjahr.

Die vorläufige Bilanz zum 31.12.1998 zeigt folgendes Bild:

Aktiva			Passiva	
		DM		DM
Anlageverm.		500.000,00	**Eigenkapital**	
Umlaufverm.		597.525,00	Stammkapital	400.000,00
			Bilanzgewinn	247.525,00
			Verbindlichkeiten	450.000,00
		1.097.525,00		1.097.525,00

Die Eigenkapitalposition **"Bilanzgewinn"** entwickelte sich wie folgt:

Gewinnvortrag	100.000,00
Jahresüberschuß	197.525,00
./. Vorabausschüttung (vgl. Tz. 4)	50.000,00
Bilanzgewinn	247.525,00

Ergänzende Angaben:

1. Einem Geschäftsfreund der GmbH wurde zur Aufrechterhaltung der guten Geschäftsbeziehungen eine Stereoanlage geschenkt, die die GmbH für DM 1.000,00 zzgl. DM 160,00 Umsatzsteuer erworben und als Wareneinkauf verbucht hatte. Eine weitere Buchung ist bisher nicht erfolgt. Der übliche Verkaufspreis beträgt DM 2.500,00 zzgl. gesetzlicher Umsatzsteuer.

2. A erhält für seine Geschäftsführertätigkeit ein Monatsgehalt in Höhe von DM 10.000,00. Lt. Vereinbarung vom 1.11.1998 wurde das Gehalt rückwirkend ab dem 1.1.1998 auf den angemessenen Betrag von DM 13.000,00 je Monat angehoben.
Die GmbH hat die im November ausbezahlte Gehaltsnachzahlung in Höhe von DM 30.000,00 als Lohnaufwand verbucht.

3. Die AB-GmbH ist seit vier Jahren mit 20 v.H. an der X-GmbH beteiligt. Die X-GmbH hat der AB-GmbH am 2.1.1998 ein Darlehen in Höhe von DM 200.000,00 gegen jährlich nachschüssig zu zahlende Zinsen in Höhe von 3 v.H. gewährt. Die AB-GmbH hat die Zinsen für 1998 in Höhe von DM 6.000,00 am 5.1.1999 überwiesen und zu diesem Zeitpunkt (1999) als Aufwand verbucht. Der übliche Marktzins betrug 8 v.H.

4. Aufgrund der guten Ertragslage hat die Gesellschafterversammlung der AB-GmbH am 20.11.1998 beschlossen, DM 50.000,00 vorab auszuschütten. Die Auszahlung erfolgte am 6.12.1998.

5. Aus der Gewinn- und Verlustrechnung für 1998 ergeben sich zusätzlich u.a. folgende Aufwendungen:

	DM
Körperschaftsteuervorauszahlungen 1998	45.000,00
Solidaritätszuschlag auf die KSt-VZ	2.475,00
Vermögensteuer 1996	1.000,00
Gewerbesteuer	12.000,00
Bewirtungskosten	1.000,00
Säumniszuschläge zur Gewerbesteuer	200,00
Aussetzungszinsen zur Körperschaftsteuer 1994	600,00
Spenden	
für kirchliche Zwecke	6.000,00
für wissenschaftliche Zwecke	12.000,00
an politische Parteien	3.000,00

Ordnungsgemäße Spendenbescheinigungen liegen vor.

6. Die Gesellschafterversammlung hat im Mai 1999 eine Gewinnausschüttung für 1998 in Höhe von DM 200.000,00 beschlossen, die im Juni 1999 ausbezahlt wurde.

7. Das verwendbare Eigenkapital zum 31.12.1997 wurde gem. § 47 Abs. 1 Nr. 1 KStG wie folgt gesondert festgestellt:

EK 50 DM 25.000,00
EK 45 DM 75.000,00

Aufgabe:

I. Ermitteln Sie aufgrund des nachfolgenden Sachverhalts das zu versteuernde Einkommen, die Tarifsteuer und den Solidaritätszuschlag für 1998 für die AB-GmbH.

II. Gliedern Sie das verwendbare Eigenkapital zum 31.12.1998. Nehmen Sie vor der Gliederung Stellung zu den einzelnen Gewinnausschüttungen.

III. Ermitteln Sie den endgültigen Bilanzgewinn 1998.

IV. Verproben Sie den Stand des Eigenkapitals lt. Gliederung und lt. Bilanz zum 31.12.1998

Hinweis:

Begründen Sie Ihre Entscheidungen (ggf. auch Nichtansätze) unter Angabe der maßgeblichen steuerrechtlichen Vorschriften.

Auf die Auswirkungen bei der Gewerbesteuer ist nicht einzugehen. Steuerpflicht ist gegeben.

Aufgabenteil Nr. 3: Gewerbesteuer Klausur Nr. 1

Sachverhalt

Der Stpfl. G. Rümpel erwirbt mit Kaufvertrag vom 3.1. 1998 ein leerstehendes Mehrfamilienhaus in Düsseldorf. Der Übergang von Nutzungen und Lasten findet am 31.1. 1998 statt; an diesem Tag wurde auch der Kaufpreis in Höhe von 2,5 Mio. DM gezahlt.

G. Rümpel hat folgende Aufwendungen im Februar 1998 bezahlt:

- Notar- und Gerichtskosten hinsichtlich der Eigentumsumschreibung im Grundbuch, die Ende Februar 1998 stattfand 10.000 DM
- Notarkosten hinsichtlich des notariellen Kaufvertrages 18.000 DM
- Grunderwerbsteuer 87.500 DM
- Maklerprovisionen 40.000 DM

Gemeinsam mit dem befreundeten Architekten H. Nebüchen gelingt es G. Rümpel im Oktober 1998, eine Teilungserklärung durchzusetzen, wonach das Mietwohngrundstück in 8 Eigentumswohnungen aufgeteilt wird.

In diesem Zusammenhang sind folgende Aufwendungen entstanden:

Architektenkosten	35.000 DM
Bauamt Stadt Düsseldorf	8.000 DM
Grundbuchamt	6.000 DM

G. Rümpel gelingt es bis Ende November 1998, sämtliche Eigentumswohnungen zu einem Preis von jeweils 420.000 DM zu veräußern. Die vereinbarten Kaufpreise flossen noch im Dezember 1998 in voller Höhe zu.

Die Veräußerungskosten wurden jeweils von den Käufern getragen.

Aufgabe:

Stellen Sie fest, ob der oben genannte Sachverhalt einen steuerlichen Einkünftetatbestand auslöst. Sollte dies der Fall sein, bestimmen Sie bitte die Einkunftsart und ermitteln Sie die Einkünfte für 1998.

Bearbeitungshinweise:

- Auf unter Umständen entstehende Umsatzsteuer bzw. Vorsteuerbeträge ist nicht einzugehen.
- Eine eventuelle Gewerbesteuer ist nicht zu berechnen.

Aufgabenteil Nr. 3: Gewerbesteuer Klausur Nr. 2

Aufgabe

Ermitteln Sie anhand des nachfolgenden Sachverhalts für die Handelsvertretung des Max Meier den Steuermeßbetrag nach dem Gewerbeertrag 1998.

Begründen Sie Ihre Entscheidungen (ggf. auch Nichtansätze) unter Angabe der maßgeblichen steuerrechtlichen Vorschriften und, soweit erforderlich, der Durchführungsverordnung und der Richtlinien.

Sachverhalt

Max Meier betreibt in Düsseldorf eine größere Handelsvertretung. Er ermittelt seinen Gewinn nach §§ 4 Abs. 1, 5 EStG. Das Wirtschaftjahr entspricht dem Kalenderjahr. Der bisherige Gewinn 1998 beträgt lt. Steuerbilanz DM 272.350,00.

Bis zum 31.12.1997 führte Max Meier die Handelsvertretung zusammen mit Tim Teufel als Gesellschaft bürgerlichen Rechts. Beide Gesellschafter waren zu je 50 % am Ergebnis beteiligt. Der zum 31.12.1997 zutreffend gesondert festgestellte Verlust für die Gesellschaft beträgt DM 60.000,00.

Die nachstehenden Einzelsachverhalte, die sich bei der Ermittlung des bisherigen Steuerbilanzgewinns 1997 gewinnmindernd ausgewirkt haben, sind noch zu beurteilen:

1. Aus betrieblichen Mitteln wurden 1998 folgende Spenden gezahlt und dem Konto „Sonstige Aufwendungen" belastet:

    - für mildtätige Zwecke   20.000,00 DM
    - für gemeinnützige Zwecke   4.000,00 DM
    - an eine politische Partei   1.000,00 DM

2. Am 1.8.1998 hat M. Meier bei der Deutschen Bank ein Darlehen in Höhe von DM 100.000,00 aufgenommen mit einer Laufzeit bis zum 31.7.2003. Für dieses Darlehen wurden 1998 folgende Beträge gezahlt und auf dem Konto „Zinsaufwendungen" verbucht:

    - Schuldzinsen   3.350,00 DM
    - 5 % Disagio   5.000,00 DM

3. Für ein bei derselben Bank bestehendes Kontokorrentkonto zahlte M. Meier 1998 bei einem Zinssatz von 11 % Zinsen in Höhe von DM 4.500,00.

Abgesehen von den nachstehend ausgewiesenen Guthabenbeständen wies das Konto 1998 ausschließlich Schuld-Salden aus.

Datum		Saldo DM	
5.4.98		Haben	28.500,00
10. -	12.7.96	Soll	11.800,00
25. -	30.7.96	Soll	13.000,00
21. -	23.11.96	Haben	16.000,00
20. -	21.11.96	Soll	17.100,00

4. Für ein betriebliches Hypothekendarlehen zahlte M. Meier 1998 Zinsen in Höhe von DM 21.000,00. Das Hypothekendarlehen in Höhe von DM 350.000,00 wurde am 1.3.1997 aufgenommen. Bis zum 1.1.1998 erfolgten vereinbarungsgemäß keine Tilgungen.

5. Im Jahre 1998 wurden von M. Meier folgende Mieten gezahlt:

   DM   6.000,00 für einen Parkplatz, den er ab 1.1.1998 von einem Privatmann gemietet hat,
   DM 10.000,00 für eine Telefonanlage der X-GmbH (seit 1995).

6. An der Handelsvertretung ist seit 1995 ein typischer stiller Gesellschafter mit DM 100.000,00 beteiligt. Sein Gewinnanteil für 1998 beträgt DM 8.000,00. Die Auszahlung des Gewinnanteils erfolgte im Februar 1999.
   Der Gewinnanteil wurde beim Empfänger nicht zur Steuer nach dem Gewerbeertrag herangezogen.

7. Im Betriebsvermögen der Handelsvertretung M. Meier, ist ein Betriebsgrundstück mit einem Einheitswert von DM 70.000,00 enthalten. In der Bilanz wurde lediglich der eigenbetrieblich genutzte Grundstücksanteil von 70 % ausgewiesen.

Aufgabenteil Nr. 4: Umsatzsteuer Klausur Nr. 1 „Herbert Schnell"

Aufgabenstellung:

Beurteilen Sie sämtliche im Sachverhalt geschilderten Vorgänge aus umsatzsteuerlicher Sicht, sofern sie die Voranmeldungszeiträume Januar bis März 1998 und den Unternehmer Herbert Schnell betreffen. Leistungen anderer Unternehmer sind nur insoweit zu beurteilen, als dies für Herbert Schnell umsatzsteuerrechtlich von Bedeutung ist. Ein sog. Vorspann ist nicht erforderlich.

Bei Ihren Ausführungen gehen Sie bitte, soweit der Sachverhalt dies erfordert, in folgender Reihenfolge vor:

- Steuerbarkeit (Art, Umfang, Ort des Umsatzes);
- Steuerbefreiung / Steuerpflicht;
- Steuersatz, Bemessungsgrundlage;
- Höhe der Umsatzsteuer und Zeitpunkt der Entstehung; bei innergemeinschaftlichen Lieferungen den Voranmeldungszeitraum, in dem der Umsatz in der Voranmeldung zu erklären ist. Angaben zur Zusammenfassenden Meldung sind entbehrlich und sollen daher unterbleiben;
- Vorsteuerabzug (Berechtigung zum Vorsteuerabzug, Höhe des Vorsteuerabzugs, Zeitpunkt des Vorsteuerabzugs).

Bearbeitungshinweis:

Es ist in allen Fällen des innergemeinschaftlichen gewerblichen Waren- und Dienstleistungsverkehrs davon auszugehen, daß die beteiligten Unternehmer die USt-Identifikationsnummer des Landes verwendet haben, in dem sie ansässig sind. Es ist in 1998 ganzjährig von einem USt-Satz gem. § 12 Abs. 1 UStG i.H.v. 16% auszugehen (aus Vereinfachungsgründen).

Sachverhalt

Herbert Schnell (H.S.) ist Generalimporteur in Europa für Kraftfahrzeuge der Marke KIA.

H.S., der sein Unternehmen von der Krupp-Allee in Essen aus betreibt, versteuert seine Umsätze nach vereinbarten Entgelten. Er reicht seine USt-Voranmeldungen monatlich beim Finanzamt ein.

Einzelsachverhalt 1

Im März 1998 bestellte ein Vertragshändler aus Frankreich drei KIA 700i. H.S. hatte die Fahrzeuge zuvor im Januar 1998 beim Hersteller in Südkorea eingekauft. Im Februar ließ H.S. die Fahrzeuge durch einen von ihm beauftragten Spediteur von Südkorea zu seinem Lager nach Essen transportieren. Die bei der Einfuhr im Februar angefallene Einfuhrumsatzsteuer in Höhe von 2.500 DM bezahlte H.S. noch Ende Februar an das zuständige Zollamt.

Am 5. März 1998 wurden die drei Fahrzeuge KIA 700 i in Essen durch einen vom französischen Kunden beauftragten belgischen Spediteur abgeholt und nach Frankreich gebracht. Der von H.S. mit Rechnung vom 5. März geforderte Rechnungsbetrag in Höhe von 34.500 DM zahlte der französische Kunde erst im April 1998.

Einzelsachverhalt 2

Da die Betriebsanleitung der KIA-Fahrzeuge nicht in deutscher Sprache aufgelegt werden, bezog H.S. von dem österreichischen Verlag „So Geht`s" aus Salzburg 200 Bücher „Wie helfe ich mir selbst - Pannenhilfe von A bis Z". H.S. hat die Bücher durch den von ihm selbst beauftragten österreichischen Spediteur Nannen (N) am 31.01.1998 in Salzburg abholen und noch am gleichen Tage nach Essen transportieren lassen.

Der Kaufpreis für die Bücher betrug 7.000 ÖS (österreichische Schillinge; Umrechnungskurs: 7 ÖS = 1 DM). Der Verlag erstellte eine Rechnung für die Bücher über 7.000 ÖS, die auf den 31.03.1998 datiert war.

Wegen des äußerst schleppenden Verkaufs der KIA-Fahrzeuge war H.S. froh darüber, daß er die „Pannenhelfer" an die Mitglieder des Essener KIA-Clubs im März 1998 für insgesamt 2.300 DM verkaufen konnte, wobei die Mitglieder des Clubs die Bücher am Betriebssitz des H.S. in Essen abholten und den Kaufpreis jeweils bar bezahlten.

Nannen (N) erteilte H.S. am 20.02.1998 über die ausgeführte Transportleistung eine Rechnung über 232 DM ohne Ausweis von Umsatzsteuer, die H.S. unmittelbar nach Eingang der Rechnung bezahlte.

Einzelsachverhalt 3

Am 15.01.1998 bestellte der KIA-Händler Schrott mit Sitz in Frankfurt bei H.S. sechs KIA Maxima 3000 QX zum vereinbarten Kaufpreis in Höhe 208.800 DM.

Der von Schrott beauftragte Spediteur nahm am 20.01.1998 die Fahrzeuge in Empfang und brachte sie unmittelbar zum Kunden des Schrott, die Autovermietungsgesellschaft Hungaria in Budapest, wo die Fahrzeuge am 02.02.1998 durch den Spediteur übergeben werden konnten. Die von H.S. ausgestellte Rechnung vom 20.02.1998 wurde von Schrott im März 1998 unter Abzug von 5 % Skonto bezahlt.

Hinweis:

Schrott erbringt alle erforderlichen beleg- und buchmäßigen Nachweise über die Veranlassung des Transports, so daß ihm die Warenbewegung zuzurechnen ist.

Einzelsachverhalt 4

Einen fabrikneuen, bisher nicht zugelassenen KIA 1200 GLX übergab H.S. am 18. März 1998 anläßlich eines Frühlingsfestes dem Roten Kreuz in Essen als Geschenk. Für die Spende bekam H.S. eine ordnungsgemäße Spendenbescheinigung. Der übliche Verkaufspreis des KIA betrug 15.980 DM, der ursprüngliche Einkaufspreis (netto ohne Umsatzsteuer) in Höhe von 10.000 DM ist bis zum Zeitpunkt des Ausscheidens aus dem Unternehmen des H.S. um 10 % gestiegen.

Einzelsachverhalt 5

H.S. überließ einem seiner leitenden Angestellten, dem Chefverkäufer Gerhard Schmeichler, mit einer am 1. Januar 1998 begründeten doppelten Haushaltsführung von Januar bis März 1998 einen sog. Firmenwagen mit einem Listenpreis einschließlich USt von 60.000 DM zu Privatfahrten, zu Fahrten zur 10 km entfernten Arbeitsstätte und zu 10 Familienheimfahrten zum 150 km entfernten Wohnsitz der Familie in Kassel. Die Privatnutzung wurde in einem zusätzlichen Vertrag zu Beginn des Dienstverhältnisses zwischen H.S. und dem Angestellten Gerhard Schmeichler schriftlich festgehalten. Weil H.S. nicht wußte, wie er die PKW-Gestellung umsatzsteuerlich handhaben sollte, ist der Vorgang noch nicht berücksichtigt worden.

Belege über die tatsächlichen Aufwendungen für das Fahrzeug sind nicht vorhanden, ein Fahrtenbuch wurde durch Schmeichler nicht geführt und aus Vereinfachungsgründen möchte H.S., wenn möglich, die für Lohnsteuerzwecke angewendete sog. „1 % Methode" anwenden.

Einzelsachverhalt 6

H.S. hat am 10.01.1998 für 20.000 DM zzgl. 3.200 DM Umsatzsteuer einen KIA GTI an den Privatmann Ingo Raser verkauft, der den KIA noch am gleichen Tage aus dem Verkaufssalon des H.S. in Essen mitnahm. Da Ingo Raser noch in Ausbildung war, erfolgte die Veräußerung durch H.S. unter Eigentumsvorbehalt (§ 455 BGB). Ingo Raser zahlte die Raten für Januar und Februar 1998 pünktlich zum 20. des Monats in Höhe von jeweils 2.320 DM. Außerdem hatte er bei Übernahme des Fahrzeugs eine Einmalzahlung von 2.320 DM zu leisten.

Ab März kam Ingo Raser wegen Verlustes des Ausbildungsplatzes in Zahlungsverzug und konnte die Raten nicht mehr bezahlen. H.S. trat deshalb vom Vertrag zurück, holte den KIA am 25.03.1998 bei Ingo Raser in Wuppertal ab und erstattete Ingo Raser von den bis dahin gezahlten Beträgen lediglich 2.320 DM. Ein Gutachter hatte wegen einer Beschädigung des KIA einen Minderwert von 1.160 DM errechnet. Eine weitere Erstattung lehnte H.S. mit dem Hinweis ab, der KIA habe durch den Gebrauch durch Ingo Raser an Wert verloren.

Aufgabenteil Nr. 4 Umsatzsteuer Klausur Nr. 2 „Battistain"

Aufgabe

Beurteilen Sie sämtliche in den nachfolgenden Sachverhalten geschilderten Vorgänge aus umsatzsteuerlicher Sicht entsprechend der Aufgabenstellung zu den jeweiligen Einzelsachverhalten. Aus Vereinfachungsgründen ist für das gesamte Jahr 1998 von einem Regelsteuersatz i.H.v. 16% auszugehen.
Die §§ 19 und 20 finden keine Anwendung, alle angesprochenen Unternehmer versteuern ihre Umsätze nach vereinbarten Entgelten. Voranmeldungszeitraum ist der Kalendermonat.

Sachverhalt 1

Der belgische Unternehmer Battistain (B) aus Brüssel bestellte am 25.02.1998 bei dem Unternehmer Deutsch (D) aus Dortmund eine Baumaschine. D hat die Maschine nicht vorrätig und gibt die Bestellung weiter an den spanischen Hersteller Espano (E) aus Valencia. Die Geschäfte wurden dadurch erfüllt, daß E die Baumaschine noch im Februar 1998 mit eigenem LKW unmittelbar von Valencia nach Brüssel transportierte und sie dort dem B übergab. Alle Beteiligten verwendeten bei der Abwicklung des Geschäfts jeweils die USt-IdNr. des Mitgliedstaates, in dem sie ansässig sind. D erteilte dem B eine Rechnung i.S.d. § 14a Abs. 1a und Abs. 2 UStG über 500.000 DM.

Aufgabe:

- Beurteilen Sie vorstehenden Sachverhalt für alle beteiligten Unternehmer unter Beachtung der ab 1998 geltenden Vorschriften des UStG.
- Welche Konsequenzen löst die Warenbewegung von Valencia nach Brüssel aus?

Sachverhalt 2

Einer Bank, die den Fahrzeugkauf eines Autohauses finanziert hatte, war im Januar 1998 das Sicherungseigentum an einem Neufahrzeug eingeräumt worden. Nachdem das Autohaus seinen finanziellen Verpflichtungen nicht mehr nachgekommen ist (Eintritt der Verwertungsreife) hat die Bank das Neufahrzeug im März durch einen Spediteur beim Autohaus abholen lassen und am 3. April 1998 auf eigene Rechnung für 50.000 DM zzgl. 8.000 DM ab Lager in Wuppertal verkauft. Durch die Abholung sowie dem Verkauf des Fahrzeugs entstanden Kosten in Höhe von 2.000 DM.

Aufgabe:

- Beurteilen Sie vorstehenden Sachverhalt in umsatzsteuerlicher Hinsicht aus der Sicht der Bank und aus der Sicht des Autohauses!
- Stellen Sie bitte dar, wie über die Lieferung des Autohauses abzurechnen ist!
- Welche Verpflichtung hat die Bank zu beachten?

Sachverhalt 3

Bauunternehmer Bunzoll (BU) betreibt in Wuppertal ein Bauunternehmen. Im Jahre 1998 hat sich u.a. folgender Vorfall zugetragen:

Im Januar erhält BU von den Eheleuten Reich den Auftrag, ein schlüsselfertiges Haus zum Preis von 464.000 DM auf dem Grundstück der Eheleute Reich in Wuppertal-Barmen, Loher Eck 7 zu errichten. U beginnt mit den Arbeiten im März. Der Rohbau ist im Mai, Zimmer- und Dachdeckerarbeiten im Juni, die Innenarbeiten und das Gebäude insgesamt im Juli fertiggestellt. Die Eheleute Reich ziehen Anfang August ein, unbeschadet einiger noch ausstehender Restarbeiten, die erst im November erledigt werden. Die baubehördliche Abnahme erfolgt im Dezember.

BU erhält im Mai, Juni und August Anzahlungen in Höhe von jeweils 145.000 DM. Außerdem haben sie bei Beginn der Bauarbeiten dem BU Baumaterialien im Wert von 10.000 DM unter Anrechnung auf den Kaufpreis zur Verfügung gestellt. Diese waren aber für den Bau der Eheleute Reich nicht geeignet und wurden deshalb von BU anderweitig verwendet. BU erstellt die Schlußrechnung im Januar 1999, die Eheleute Reich zahlen den Rest im Februar 1999.

Aufgabe:

- Beurteilen Sie vorstehenden Sachverhalt für den Unternehmer Bunzoll aus umsatzsteuerlicher Sicht (Art und Umfang der Leistung, Steuerbarkeit, Steuerfreiheit/Steuerpflicht, Steuersatz, Bemessungsgrundlage, Berechnung der Umsatzsteuer, Entstehung der Steuer)!

Sachverhalt 4

Im Rahmen einer Sonderaktion bietet eine OHG (Herstellung, Vermietung und Verkauf von Sonnenschirmen und Festzelten; Sitz der OHG ist Wuppertal) im März 1998 ein Partyzelt aus der laufenden Produktion, dessen Herstellungskosten (einschließlich Verwaltungsgemeinkosten) 800 DM/Stück betragen haben, Endverbrauchern zum Preis von 999 DM incl. Umsatzsteuer, Wiederverkäufern jedoch für 900 DM incl. Umsatzsteuer an.

Auch der noch in Ausbildung befindliche Neffe eines Gesellschafters der OHG interessiert sich für ein solches Partyzelt. Sein Onkel ist nur zu geringen Preiszugeständnissen bereit: Bei der Abholung des Zeltes im März muß der Neffe einen Preis bezahlen, der lediglich um 5 v.H. unter dem für Wiederverkäufer geltenden Preis liegt.

Aufgabe:

- Beurteilen Sie den Sachverhalt für die OHG aus umsatzsteuerlicher Sicht.

Sachverhalt 5

Harry Hirsch (HH) ist Inhaber eines Einzelhandelgeschäftes für Jagdkleidung und Jagdwaffen. Anläßlich der „Jägermesse 98 Horido-JOHO" unternimmt er eine Geschäftsreise nach München. Hierzu verließ er seine Wohnung am 3. April 1998 um 7.00 Uhr am Morgen und kehrte am 5. April um 13.00 Uhr am Mittag wieder aus München zurück. Dabei entstanden folgende Ausgaben:

1. **Fahrtkosten**   558 DM
   (Zahlungsbeleg der Deutschen Bahn AG
   mit dem Hinweis „Tarifentfernung 488 km")

2. **Inter-City-Zuschlag** zu 1. (2 x 6 DM)   12 DM

3. **2 Übernachtungen**   278 DM
   (ordnungsgemäße Hotelrechnung inkl. Frühstück
   über 2 x 139 DM mit offen ausgewiesener USt i.H.v.
   38,34 DM; Die Rechnung enthält keine Angaben
   über das Frühstück)

4. **Verpflegungsmehraufwand lt. Rechnungen**
1. Tag	120 DM zzgl. 18 DM USt	
2. Tag	60 DM zzgl. 9 DM USt	
3. Tag	100 DM zzgl. 15 DM USt	322 DM

5. **Taxikosten**
   (lt. Rechnung mit Hinweis „30 km")   60 DM

                                                        1.230 DM

Aufgabe:

- Ermitteln sie den Vorsteuerabzug aus den Reisekosten aufgrund der vorgelegten Belege (Einzelnachweis).
- Soweit sich darüber hinaus umsatzsteuerlich relevante Sachverhalte für HH ergeben, sind diese ebenfalls zu erläutern.

Sachverhalt 6

Die seit 1945 verwitwete Rentnerin Käthe Ehrlich aus Dormagen erwarb auf Drängen ihres Steuerberaters Anfang August 1994 ein Ferienappartement auf der Nordseeinsel Borkum für 400.000 DM zzgl. 60.000 DM USt. Ab 01. September 1994 vermietete sie das Appartement an Feriengäste für 1.000 DM zzgl. USt je Woche.

Um Interesse bei Feriengästen zu wecken, inserierte Käthe Ehrlich die Ferienwohnung seit August 1994 einmal pro Monat im Dormagener Stadtanzeiger.

Die Rechnung über den Kauf des Appartements erhielt Käthe Ehrlich im Januar 1995. Im Dezember 1997 verstarb sie und wurde von ihrem als erwerbslos gemeldeten Sohn Erwin Ehrlich, wohnhaft in Solingen, beerbt. Dieser vermietete seinerseits jeweils kurzfristig das Appartement bis Ende Mai an Feriengäste für 1.000 DM je Woche.

Wegen starker Allergieprobleme entschloß sich Erwin Ehrlich, das bis dahin an Feriengäste vermietete Appartement zum 1. Juni 1998 selbst auf Dauer zu Wohnzwecken zu nutzen.

Aufgabe:

Prüfen Sie vorstehenden Sachverhalt in umsatzsteuerlicher Hinsicht unter folgenden Gesichtspunkten:

- Unternehmereigenschaft der Käthe Ehrlich;
- Falls diese bejaht wird, prüfen Sie bitte die umsatzsteuerliche Behandlung der Vermietung an Feriengäste durch Käthe Ehrlich (auf die Abgabe von Steuererklärungen ist dabei nicht einzugehen);
- Vorsteuerabzug aus der Anschaffung des Ferienappartements;
- Unternehmereigenschaft des Erwin Ehrlich;
- Konsequenzen aus der Selbstnutzung zu eigenen Wohnzwecken ab Juni 1998.

Aufgabenteil Nr. 5: Abgabenordnung

Sachverhalt 1

Max Meier gibt seine Einkommensteuererklärung 01 in 02 beim zuständigen Finanzamt Dinslaken ab. Der Steuerbescheid für 01 wird Anfang 03 bekanntgegeben. Ausdrücklich ergeht der Steuerbescheid unter dem Vorbehalt der Nachprüfung im Sinne von § 164 AO.

Im Kalenderjahr 07 blättert ein eifriger Finanzanwärter des Finanzamtes Dinslaken gelangweilt in den Akten und stellt folgendes fest:

1. Aufgrund eines Rechtsfehlers ist die Einkommensteuer des Veranlagungszeitraumes 01 um 10.000 DM zu niedrig festgesetzt worden.

2. Einkünfte des Stpfl. aus gelegentlichen Vermittlungen sind nicht erklärt worden. Die hinterzogene Einkommensteuer 01 beträgt 4.000 DM.

Aufgabe

Prüfen Sie anhand des vorliegenden Sachverhaltes, ob und in welcher Art und Weise das Finanzamt Dinslaken den Einkommensteuerbescheid des VZ 01 im Jahre 07 noch berichtigen kann.

Sachverhalt 2

Olaf Onko ist Gesellschafter der Kaffeehandels oHG. Olaf Onko hat seine Einkommensteuererklärung für den VZ 01 bereits im Kalenderjahr 02 abgegeben. Die oHG hat ihre Feststellungserklärung für das Jahr 01 im Jahre 03 beim Finanzamt eingereicht.

Sowohl der Einkommensteuerbescheid des Olaf Onko als auch der Feststellungsbescheid der oHG werden im Jahre 03 unter Vorbehalt der Nachprüfung bekanntgegeben.

Im Jahre 07 findet bei der oHG eine steuerliche Außenprüfung statt. Die Außenprüfung hatte unter anderem einen gem. § 164 Abs. 2 AO berichtigten Feststellungsbescheid für das Jahr 01 zur Folge, der am 15.03. 07 beim Finanzamt zur Post gegeben wurde. Darin wurde der Gewinn der oHG für das Jahr 01 um 100.000 DM erhöht, wovon 50.000 DM auf Olaf Onko entfallen.

Mit Bescheid vom 16.03. 09 berichtigt das Finanzamt den Einkommensteuerbescheid 01 des Olaf Onko insoweit, als es die Einkünfte um 50.000 DM erhöht. Das Finanzamt begründete die Berichtigung anhand § 164 Abs. 2 AO.

Aufgabe:

1. Prüfen Sie, ob das Finanzamt zur Berichtigung des Feststellungsbescheides der oHG berechtigt war.

2. Prüfen Sie, ob das Finanzamt zur Berichtigung des Einkommensteuerbescheides des Olaf Onko berechtigt war.

Aufgabenteil Nr. 6: Rechnungswesen

A. Aufgabe

Nehmen Sie zu den nachstehenden 11 Sachverhalten in folgender Reihenfolge Stellung:

1. Beurteilen Sie die nachstehenden Sachverhalte aus handels- und aus steuerrechtlicher Sicht und begründen Sie Ihre Entscheidungen kurz unter Hinweis auf die gesetzlichen Bestimmungen und Verwaltungsanweisungen (HGB, EStG, EStR und EStH). Soweit Bilanzierungs- und Bewertungswahlrechte bestehen, ist davon auszugehen, daß die Klein & Fein Konfektionshandel oHG für das Wirtschaftsjahr 1998 - soweit in der einzelnen Textziffern nichts anderes gesagt - den steuerrechtlich niedrigsten Gewinn ausweisen möchte. Auf die Gewerbesteuer-Rückstellung für 1998 ist nicht einzugehen. Soweit in den einzelnen Sachverhalten besonders darauf hingewiesen wird, daß Bilanzposten bereits korrekt erfaßt sind, brauchen diese nicht mehr angesprochen zu werden.

2. Die einzelnen Bilanzansätze sind zu entwickeln, dabei ist das abnutzbare Anlagevermögen in Staffelform darzustellen. Eventuelle Änderungen bei der Vorsteuer bzw. Umsatzsteuer sind bei den betreffenden Sachverhalten betragsmäßig anzugeben (die Ermittlung des Endbestandes ist nicht erforderlich). Gehen Sie bitte aus Vereinfachung für das ganze Wirtschaftsjahr 1998 von einem Umsatzsteuersatz von 16 % aus.

3. Es sind die erforderlichen Korrektur- bzw. Ergänzungsbuchungen zu erstellen.

4. Es ist die jeweilige Gewinnauswirkung mit den einzelnen Beträgen anzugeben. Dabei sind die betreffenden Erfolgskonten der Gewinn- und Verlustrechnung zu benennen. Eine Zusammenstellung sämtlicher Änderungen (Ermittlung des endgültigen steuerlichen Gewinns) ist nicht erforderlich.

5. Soweit erforderlich, ist für den Gesellschafter Fritz Fein zum 31.12.1998 eine Sonderbilanz und eine Sonder-GuV-Rechnung zu erstellen (Vgl. Tz. 11).

B. Sachverhalt

Die "Klein & Fein Konfektionshandel oHG" betreibt seit Jahren in Düsseldorf, Steinstr. 1, einen Groß- und Einzelhandel mit Konfektionsartikeln aller Art. Nach dem Gesellschaftsvertrag sind Karl Klein und Fritz Fein zu je 50 % am Jahresüberschuß, Jahresfehlbetrag und Vermögen beteiligt. Das Wirtschaftsjahr stimmt mit dem Kalenderjahr überein.

Die Gesellschaft versteuert ihre Umsätze nach vereinbarten Entgelten. Sie hat im Kalenderjahr 1998 ausschließlich umsatzsteuerpflichtige Umsätze ausgeführt. Der Umsatz des Jahres 1997 betrug 6,8 Mio. DM. Das steuerliche Betriebsvermögen zum 31.12.1997 beträgt 387.000 DM, der vorläufige Jahresüberschuß lt. Handelsbilanz 167.210 DM.

1. Grundstück Steinstr. 1

Die Handelsbilanz enthält ein im Gesamthandsvermögen der Gesellschafter stehendes Büro- und Lagerhaus, welches in 1975 erbaut wurde. Die fortgeführten Anschaffungskosten des Gebäudes betrugen zum 31.12.1997 DM 420.000. Die Absetzung für Abnutzung wurde bisher zutreffend linear mit 10.000 DM jährlich (2 % der ursprünglichen Anschaffungskosten) berücksichtigt.
Unter Hinweis auf § 7 Abs. 5 Satz 1 Nr. 2 EStG wurde die Gebäude-AfA für 1998 mit 5 % der ursprünglichen Anschaffungskosten i.H.v. 500.000 DM wie folgt gebucht:

AfA   25.000 DM   an   Gebäude   25.000 DM

Der in der Bilanz enthaltene Wertansatz des Grund und Bodens entspricht den ursprünglichen Anschaffungskosten und beträgt 150.000 DM. Durch die Änderung des Flächennutzungsplanes für den Bereich der Steinstr. 1 verringerte sich der Wert des Grund- und Bodens zum 31.12.1998 nachweislich auf 100.000 DM. Weitere Buchungen sind zu dem vorstehenden Sachverhalt bisher nicht erfolgt.

2. Laderampe

Zur problemlosen Anlieferung von Konfektionsartikeln per Lastkraftwagen wurde im März 1998 an der Giebelseite des Lagerhauses (Steinstr. 1) mit dem Bau einer Laderampe begonnen. Die Laderampe wurde im Juni 1998 fertiggestellt und abgenommen. Die zutreffend gebuchten Herstellungskosten betrugen 120.000 DM. Die betriebsgewöhnliche Nutzungsdauer der Laderampe beträgt 10 Jahre.

Im Jahr 1998 wurde die AfA unter Hinweis auf § 7 Abs. 4 Satz 1 Nr. 1 EStG mit 4 % für 7 Monate wie folgt gebucht:

AfA   2.800 DM   an   Gebäude   2.800 DM

Kontenentwicklung lt. Firma

Gebäude	120.000 DM
AfA	./. 2.800 DM
31.12.1998	117.200 DM

3. Betriebs- und Geschäftsausstattung

Am 16.1.1997 erwarb die OHG neue Laden-Einrichtungsgegenstände mit einer betriebsgewöhnlichen Nutzungsdauer von 10 Jahre in Höhe von 45.000 DM zzgl. 15 % Umsatzsteuer. Der Vorgang wurde in 1997 wie folgt gebucht:

Betriebs- und		an	Bank	51.750 DM
Geschäftsausstattung	45.000 DM			
Vorsteuer	6.750 DM			

Die für 1997 gebotene Absetzung für Abnutzung hat die OHG allerdings unterlassen, weil sie sich davon in späteren Jahren einen beachtlichen Steuervorteil versprach.
Die Veranlagung des Jahres 1997 ist bestandskräftig und kann nach den Vorschriften der Abgabenordnung nicht mehr geändert werden.
Da die OHG für diesen Zugang nur die lineare Abschreibung geltend machen will, ließ sie den Vorgang beim Jahresabschluß 1998 wie folgt buchen:

AfA   5.000 DM   an   Betriebs- u. Geschäftsausstattung   5.000 DM

4. Wertpapiere

Am 31.12.1997 befanden sich im Betriebsvermögen 100 Stück X-Aktien, die in 1991 angeschafft worden sind. Sie wurden seitdem bilanziert und befinden sich mit dem nachstehenden Betrag noch im Betriebsvermögen der OHG:

100 Stück X-Aktien nominal je Stück 100 DM zum Kurs von 140 %	14.000 DM
1,5 % Nebenkosten (Maklergebühren, etc.)	+ 210 DM
Bilanzansatz 31.12.1997 (= Anschaffungskosten)	14.210 DM

Im November 1998 wurden 10 Aktien zu einem Kurs von 150 % verkauft. Die Verkaufskosten betrugen 100 DM. Dieser Vorgang wurde wie folgt gebucht:

| Bank | 1.500 DM | an | Wertpapiere | 1.500 DM |
| sonst. Aufwendungen | 100 DM | an | Bank | 100 DM |

Zum 31.12.1998 sank der Kurs auf 120 %.

5. Fuhrpark

Zur schnelleren Auslieferung der Ware an Boutiquen erwarb die OHG am 15.6.1998 einen gebrauchten VW-Bus (betriebsgewöhnliche Nutzungsdauer unstreitig noch 3 Jahre) für 27.000 DM zzgl. Umsatzsteuer.

Für die erforderlichen Umbauten im Innenraum des Fahrzeugs wurden nachträglich am 3.7.1998 DM 2.000 zzgl. USt und für die Beschriftung des Fahrzeugs mit dem Firmenemblem 1.000 DM zzgl. USt in Rechnung gestellt.

Gebucht wurde:

Fuhrpark	27.000 DM			
Instandhaltungskosten	2.000 DM			
Werbekosten	1.000 DM			
Vorsteuer	4.800 DM	an	Bank	34.800 DM

Die in der Bilanz zum 31.12.1997 ausgewiesene Rücklage für Ersatzbeschaffung in Höhe von 10.000 DM löste der Buchhalter in diesem Zusammenhang wie folgt auf:

| Rücklage für Ersatzbe-
schaffung (Sonderposten
mit Rücklageanteil) | 10.000 DM | an | Fuhrpark | 10.000 DM |

Die Bildung der Rücklage für Ersatzbeschaffung erfolgte im Jahr 1997 zulässigerweise gemäß R 35 EStR aufgrund eines Feuerschadens an einem Personalcomputer. Sie wurde zutreffend berechnet.

Sofort nach Eintritt des Schadens wurde beim Hersteller ein neuer PC bestellt. Durch erhebliche Lieferschwierigkeiten konnte der Computer jedoch erst im Frühjahr 1999 ausgeliefert werden.

6. Waren

a) Warenbestand

Der Bilanzansatz "Waren" in der Handelsbilanz enthält u.a. einen Posten von 500 Damenblusen, die aus einer Lieferung von insgesamt 1.000 Blusen im Oktober 1998 stammen.
Die Anschaffungskosten der Blusen betrugen 50 DM je Stück (ohne Umsatzsteuer), so daß dieser Posten in dem Warenbestand mit 25.000 DM enthalten ist.

Die OHG geht zutreffend davon aus, daß die ab dem 1.1.1999 bis zum Verkauf noch anfallenden Kosten für die Verwaltung, Lager und Verkauf 20 % der Anschaffungskosten betragen. Der branchenübliche durchschnittliche Unternehmergewinn beträgt 30 % der tatsächlichen Selbstkosten.

Im Jahr 1998 verkaufte die OHG 500 Blusen zum Preis von 78 DM je Stück zzgl. USt. Trotz gleichbleibender Wiederbeschaffungskosten von 50 DM (netto) sank der Verkaufspreis am 31.12.1998 auf 70 DM je Stück zzgl. USt. Anfang 1999 gaben die Preise erwartungsgemäß weiter nach, so daß der gesamte Bestand im Februar 1999 zum Preis von 65 DM je Stück zzgl. USt verkauft wurde.

b) Warenentnahme

Anfang Dezember 1998 beschlossen beide Gesellschafter dem gemäß § 5 Abs. 1 Nr. 9 KStG von der Körperschaftsteuer befreiten gemeinnützigen Verein zur Förderung der Erziehung, Volks- und Berufsbildung e.V. 100 Knabenhosen, die im September 1998 für 38 DM je Stück zzgl. USt angeschafft worden waren, zu schenken.
Zu diesem Zeitpunkt betrugen die Wiederbeschaffungskosten (netto) 44 DM je Stück, der Verkaufspreis einschließlich USt 58 DM.
Obwohl die Schenkung am 6.12.1998 vollzogen wurde, hat die OHG diesen Vorgang bisher nicht gebucht.
Der betreffende Warenposten ist im Inventurbestand zum 31.12.1998 nicht mehr enthalten.

7. Rückstellungen

a) Tantiemen

Nachdem im Januar 1999 festgestellt wurde, daß 1998 ein Umsatz von mehr als 10 Mio. DM, nämlich 11,5 Mio. (ohne USt) erzielt werden konnte, sagten die Gesellschafter ihren zehn Mitarbeitern erstmals (ohne Rechtspflicht, keine Vereinbarung im Arbeitsvertrag) auf der Betriebsversammlung am 1.2.1999 eine Umsatztantieme von insgesamt 0,5 % des im Jahr 1998 erzielten Nettoumsatzes zu.

b) Mängelrüge

Die OHG verkaufte im Herbst 1998 insgesamt 1.000 Herrenhosen an verschiedene Boutiquen. Bis zum 31.12.1998 wurden von den Erwerbern 100 Hosen reklamiert, bei denen die Nähte an den Hosentaschen zu kurz gefaßt waren und somit Nachbesserungsarbeiten erforderlich wurden.
Die Kosten für die bereits in 1998 durchgeführten Nachbesserungsarbeiten erstattete die OHG den Käufern mit 10 DM je Stück (insgesamt 10 DM x 100 Hosen = 1.000 DM).
Der Buchhalter, der als Pessimist bekannt ist, bildete für eventuell noch auf die OHG zukommende Mängelrügen eine Rückstellung in Höhe von 20.000 DM.
Buchung:

sonstige Aufwendungen	20.000 DM	an	sonstige Rückstellungen	20.000 DM

c) Einkaufsgeschäft

Die OHG hat im November 1998 in Fernost Hemden für 50.000 DM bestellt. Die Auslieferung erfolgte Mitte Januar 1999. Am Bilanzstichtag betragen die Wiederbeschaffungskosten nur noch 40.000 DM.
Eine Buchung zu diesem Vorgang ist bisher unterblieben.

8. Fahrzeugüberlassung

Der Gesellschafter Karl Klein nutzte im Jahr 1998 den im Betriebsvermögen befindlichen Pkw an 200 Tagen für Fahrten zwischen seiner Wohnung in Ratingen und dem Betrieb in Düsseldorf. Die Entfernung beträgt zutreffend 20 km. Eine private Nutzung des Gesellschafters lag nicht vor.

Aus der Buchhaltung ist ersichtlich, daß der Listenpreis für dieses Fahrzeug einschließlich Sonderausstattung und Umsatzsteuer 58.000 DM betragen hat. Die OHG hat die mit dem Fahrzeug in 1998 im Zusammenhang stehenden Kosten einschließlich der Absetzung für Abnutzung zutreffend buchmäßig behandelt.
Die Fahrzeugüberlassung wurde bisher buchhalterisch nicht berücksichtigt.

9. Nicht abzugsfähige Betriebsausgaben

Die OHG hatte für die Anbahnung eines Vertragsabschlusses einem Angestellten einer Textil-Großhandels-GmbH in 1997 eine Provision in Höhe von 6.000 DM gezahlt. Da die OHG den Empfänger nicht benennen wollte, ließ das Finanzamt bei der Veranlagung 1997 den Betrag gemäß § 160 Abs. 1 AO nicht zum Abzug zu. Die Veranlagung ist inzwischen rechtskräftig.
Da der Vertrag nicht zustande kam, zahlte der Empfänger der Zuwendung in 1998 die erhaltene Provision ohne Absenderangabe auf das private Bankkonto des Gesellschafters Karl Klein zurück. Eine Buchung hierzu ist in 1998 unterblieben.

10. Gehälter

Herr Karl Klein erhielt von der OHG für seine Tätigkeit als Geschäftsführer ein monatliches Gehalt von 10.000 DM ausbezahlt. Die OHG hat diese Beträge entsprechend den Abreden im Gesellschaftsvertrag bei Auszahlung wie folgt gebucht:

Personalkosten   110.000 DM   an   Bank   110.000 DM

Die Zahlung für den Monat Dezember erfolgte erst am 5.1.1999.

Personalkosten   10.000 DM   an   sonstige Verbind-   10.000 DM
                                             lichkeiten

Das angemessene mtl. Gehalt für einen fremden Geschäftsführer beträgt 8.000 DM.

11. Grundbesitz des Gesellschafters Fritz Fein

Fritz Fein hat das bebaute Grundstück Lindenstr. 20 und das unbebaute Grundstück Kölner Str. 10 mit Wirkung vom 1.1.1998 an die OHG gegen eine monatlich vorschüssig zu zahlende Miete von insgesamt 3.000 DM zzgl. 480 DM Umsatzsteuer vermietet. Die OHG nutzt die vorstehenden Grundstücke seitdem ausschließlich zu eigenbetrieblichen Zwecken.

Die Teilwerte der in Düsseldorf belegenen Grundstücke beliefen sich am 1.1.1998 auf 500.000 DM (Lindenstr.) und 80.000 DM (Kölner Str.). Die Grundstücke hat Fritz Fein im Januar 1992 für 360.000 DM (Lindenstr.) und 60.000 DM (Kölner Str.) umsatzsteuerfrei gekauft. Bei dem Grundstück Lindenstr. entfallen 20 % des Kaufpreises und des Teilwertes auf den Grund und Boden, 80 % auf das in 1990 errichtete Gebäude.

Die OHG hat die gezahlte Miete von 36.000 DM als Betriebsausgabe dem Konto Mietaufwendungen und die Umsatzsteuer von 5.760 DM dem Konto abziehbare Vorsteuern belastet.

Die von Fritz Fein aus privaten Mitteln bestrittenen laufenden Grundstückskosten (ohne Absetzung für Abnutzung) beliefen sich in 1998 auf 9.600 DM zzgl. 1.260 DM Vorsteuer. Die Umsatzsteuer i.H.v. 4.500 DM (5.760 DM ./. 1.260 DM) hat Fritz Fein im Februar 1999 bezahlt. Fritz Fein beabsichtigt, den Überschuß aus der Grundstücksvermietung in 1998 als Einkünfte aus Vermietung und Verpachtung zu erklären.

Lösungshinweise - Klausursatz Nr. 5

Aufgabenteil Nr. 1: Einkommensteuer

Ehemann Fritz Flügel

Einkünfte aus nichtselbständiger Arbeit § 19 Abs. 1 EStG

Bruttobezüge lt. Lohnsteuerkarte		74.400,00
Versorgungsbezüge (bei Beamten unabhängig vom Lebensalter anzusetzen) 60 % von 6.200,00		+3.720,00
Umzugskostenerstattung des Arbeitgebers, steuerfrei § 3 Nr. 13 EStG		0,00
		78.120,00
./. Versorgungsfreibetrag § 19 Abs. 2 Nr. 1 EStG 40 % v. 3.720,00		./. 1.488,00
./. Werbungskosten § 9 Abs. 1 EStG		
Umzugskosten	2.800,00	
abzügl. AG-Erstattung	./. 400,00	
		./. 2.400,00
Einkünfte aus nichtselbständiger Arbeit		**74.232,00**

Einkünfte aus selbständiger Arbeit § 18 EStG

Hinsichtlich seiner Konzertauftritte handelt es sich um eine künstlerische und somit um eine freiberufliche Tätigkeit gem. § 18 Abs. 1 Nr. 1 Satz 2 EStG.

Betriebseinnahmen:

Gagen 1998	12.000,00
Gagen 1997 (Zuflußprinzip des § 11 Abs. 1 Satz 1 EStG, keine regelmäßig wiederkehrenden Einnahmen)	+ 2.000,00
	14.000,00

Betriebsausgaben:

lt. Sachverhalt	./. 1.200,00
Einkünfte aus selbständiger Arbeit	**12.800,00**

Einkünfte aus Gewerbebetrieb

Aus dem Handel mit Musikinstrumenten erzielt Herr Flügel Einkünfte aus Gewerbebetrieb.

lfd. Einkünfte vom 1.1. - 31.3.98, § 15 Abs. 1 Nr. 1 EStG:

Diese sind durch BV-Vergleich zu ermitteln, § 4 Abs. 1 EStG:

BV 31.3.1998	90.000,00
BV 31.12.1997	./. 200.000,00
	./. 110.000,00
Entnahmen 1998	+ 10.000,00
Einlagen 1998	./. 12.000,00
Einkünfte aus Gewerbebetrieb	**./. 112.000,00**

Betriebsaufgabe im ganzen, § 16 EStG

Die Einstellung des Betriebes und die Veräußerung des Betriebsvermögens ist im vorliegenden Sachverhalt nicht als Betriebsveräußerung § 16 Abs. 1 Nr. 1 EStG, sondern als Betriebsaufgabe gem. § 16 Abs. 3 Satz 1 EStG zu bewerten, da die wesentlichen Betriebsgrundlagen nicht alle einheitlich an denselben Erwerber veräußert wurden, so daß der bisherige Betrieb von diesem nicht als geschäftlicher Organismus fortgeführt werden könnte (R+H 139 Abs. 1, Abs. 2 u. Abs. 8 EStR/EStH).

Die Betriebsaufgabe im ganzen steht jedoch der Betriebsveräußerung im ganzen gleich, § 16 Abs. 3 Satz 1 EStG.

Aufgabegewinn § 16 Abs. 3 Satz 3 EStG:

Veräußerung:	Grundstück	250.000,00
	sonstiges BV	150.000,00
	Summe	400.000,00
BV 31.3.98		./. 90.000,00
Aufgabegewinn		310.000,00

Freibetrag, § 16 Abs. 4 EStG:

Zwar hat Fritz Flügel das 55. Lebensjahr noch nicht vollendet, er ist aber dauernd berufsunfähig. Somit erhält er auf den zu unterstellenden Antrag hin den Freibetrag gem. § 16 Abs. 4 EStG.

Berechnung

Aufgabegewinn, s.o.			310.000,00
Freibetrag § 16 Abs. 4 S. 1 EStG		60.000,00	
Aufgabegewinn	310.000,00		
unschädlich § 16 Abs. 4 S. 3 EStG	./. 300.000,00		
schädlicher Gewinn		./. 10.000,00	
verbleibender Freibetrag			./. 50.000,00
Stpfl. Aufgabegewinn			**260.000,00**

Der stpfl. Aufgabegewinn ist gem. § 34 EStG begünstigt.

Hinsichtlich des veräußerten Grundstücks kann kein steuerpflichtiges Spekulationsgeschäft vorliegen, da vorrangig eine Besteuerung innerhalb des Betriebsvermögens zu erfolgen hat, § 23 Abs. 2 S.2 EStG.

Einkünfte aus Vermietung und Verpachtung, § 21 Abs. 1 Nr. 1 EStG

50 % Mietwohngrundstück Aachen (vgl. Einkünfte Ehefrau)	4.256,00
Summe der Einkünfte (Ehemann)	**239.288,00**

Ehefrau Barbara Flügel

Sonstige Einkünfte, § 22 EStG

Rente aus der gesetzlichen Rentenversicherung:

Einnahmen 2.500,00 x 12 Monate	30.000,00
Ertragsanteil lt. Tabelle § 22 Nr. 1 Satz 3 Buchst. a EStG 29 % (Beginn nach Vollendung des 63. Lj)	8.700,00
./. Werbungskosten-PB § 9a Nr. 1c EStG	./. 200,00
Sonstige Einkünfte	**8.500,00**

Einkünfte aus Gewerbebetrieb, Veräußerung wesentl. Beteiligungen, § 17 EStG

Durch den Erwerb der Beteiligung in Höhe von nominal DM 14.000,00 (28 % des Stammkapitals) ist Barbara Flügel an der Maus GmbH wesentlich beteiligt i.S.v. § 17 Abs. 1 S. 4 EStG:

a) **Verkauf an die Deutsche Bank**

Trotz wesentlicher Beteiligung liegt hier ein Spekulationsgeschäft gem. § 23 Abs. 1 Nr. 1b EStG vor, da die Veräußerung innerhalb von 6 Monaten nach Anschaffung erfolgte.

Gem. § 23 Abs. 2 S. 2 EStG gehen in Konkurrenzfällen die Einkünfte aus Spekulationsgeschäften denen aus § 17 EStG kraft Gesetzes vor.

Berechnung, § 23 Abs. 3 EStG:

Veräußerungspreis	18.000,00
Anschaffungskosten (50 % v. 80.000,00)	./. 40.000,00
Verlust	./. 22.000,00

Ein Verlust bei den Einkünften aus Spekulationsgeschäften kann gem. § 23 Abs. 3 EStG ausschließlich mit Spekulationsgewinnen desselben Kalenderjahres, nicht jedoch mit anderen positiven Einkünften ausgeglichen werden. Deshalb bleibt der Verlust unberücksichtigt.

b) Verkauf an den Hauptgesellschafter Hund

Dieser Verkauf findet nach Ablauf der 6-monatigen Spekulationsfrist statt, so daß ein Spekulationsgeschäft gem. § 23 Abs. 1 Nr. 1b EStG begrifflich nicht vorliegen kann. Somit ist § 17 Abs. 1 S. 1 EStG anzuwenden.

Ermittlung des Veräußerungsgewinns, § 17 Abs. 2 EStG:

Veräußerungspreis	21.000,00
Anschaffungskosten (50 % v. 80.000,00)	./. 40.000,00
Verlust aus Gewerbebetrieb	./. 19.000,00

Auch dieser Verlust kann ab VZ 1998 nicht mehr berücksichtigt werden, weil Frau Flügel weder bei Gründung der GmbH noch über die letzten fünf Jahre hinweg wesentlich an der Maus GmbH beteiligt war, § 17 Abs. 2 Satz 4 EStG.

Versicherungsagentur

Die Einkünfte aus der am 2.11.1998 eröffneten Versicherungsagentur in Bonn führen ebenfalls zu Einkünften aus Gewerbebetrieb gem. § 15 Abs. 1 Nr. 1 EStG.

Ermittlung der Einkünfte:

vorläufiger Gewinn lt. Sachverhalt	14.000,00
Der darin als Betriebsausgabe berücksichtigte Mietwert von mtl. DM 2.000,00 ist nicht abzugsfähig, so daß der vorläufige Gewinn entsprechend zu erhöhen ist (2 x 2.000,00)	+ 4.000,00
Statt dessen sind sämtliche Aufwendungen, die mit der gewerblichen Nutzung der Eigentumswohnung angefallen sind, als Betriebsausgabe zu berücksichtigen, lt. Sachverhalt	./. 15.000,00

Außerdem ist die AfA für die ETW zu berücksichtigen, die sich wie folgt errechnet:

AK	300.000,00
./. Grund und Boden (20 %)	./. 60.000,00
AfA-Bemessungsgrundlage	240.000,00
AfA gem. § 7 Abs. 4 Nr. 1 EStG: 4 % v. 240.000,00 zeitanteilig 2/12	./. 1.600,00

Die degressive AfA gem. § 7 Abs. 5 Nr. 1 EStG ist nicht möglich, da der Kaufvertrag nach dem 31.12.1993 abgeschlossen wurde.

Einkünfte aus Gewerbebetrieb   **1.400,00**

Einkünfte aus Vermietung und Verpachtung, § 21 Abs. 1 Nr. 1 EStG

Mietwohngrundstück in Aachen:

Einnahmen (ab 1.8.1998)	
4 Wohnungen á 950,00 x 5 Monate	19.000,00
Wohnung des Vaters (500,00 x 5 Monate)	+ 2.500,00

Die Miete ist in der tatsächlich entrichteten Höhe anzusetzen. Eine Kürzung der Werbungskosten unterbleibt, da die Miete mehr als 50 % der ortsüblichen Miete beträgt, § 21 Abs. 2 Satz 2 EStG

Summe der Einnahmen	**21.500,00**
Werbungskosten	
lfd. Aufwendungen lt. Sachverhalt (1.500,00 x 5)	7.500,00

Bei den Aufwendungen für die Renovierungsmaßnahmen ist zu prüfen, ob es sich um sofort abzugsfähigen Erhaltungsaufwand oder um sog. anschaffungsnahe Aufwendungen handelt, die den Anschaffungskosten zuzurechnen wären. Da das Grundstück nach dem 31.12.1993 angeschafft wurde, ist gem. R 157 Abs. 4 EStR die Grenze von 15 % in Bezug auf die Anschaffungskosten des Gebäudes festzustellen:

Anschaffungskosten	1.200.000,00
3,5 % Grunderwerbsteuer	42.000,00
Erwerbsnebenkosten	9.000,00
	1.251.000,00
Gebäudeanteil 70 %	875.700,00
15 %-Grenze	131.355,00
Die Summe aller bisher bekannten Renovierungsarbeiten inkl. Fenster beträgt	151.000,00
abzüglich USt 16% (Vereinfachung)	22.207,00
Netto	138.793,00

Für diese Berechnung ist ein Drei-Jahres-Zeitraum zu berücksichtigen. Damit ist die 15 %-Grenze von DM 131.355,00 überschritten, so daß die Aufwendungen für die Renovierungsmaßnahmen als anschaffungsnahe Aufwendungen den Anschaffungskosten und somit der AfA-Bemessungsgrundlage hinzuzurechnen sind.

Die Aufwendungen 1999 für die Fenstererneuerung sind über die AfA erst ab VZ 1999 zu berücksichtigen.

AfA 1998:

AK Gebäude (70 %)	875.700,00
Anschaffungsnahe Aufwendungen 1998	96.000,00
Bemessungsgrundlage	971.700,00
gem. § 7 Abs. 4 Nr. 2 EStG:	
2 % v. 971.700,00 zeitanteilig 5/12	8.098,00
Zwischensumme	15.598,00
abzüglich 1/6 anteilige WK für die vom Sohn Paul genutzte Wohnung, da diese wegen Eigennutzung nicht abzugsfähig sind	./. 2.600,00
Summe der Werbungskosten	12.988,00
Einkünfte aus V+V (21.500,00 ./. 12.988,00)	**8.512,00**
davon entfallen auf die Eheleute Flügel je 50 % (vgl. Einkünfte Ehemann)	4.256,00
Summe der Einkünfte (Ehefrau)	**14.156,00**

Zu 2. Ermittlung des Gesamtbetrages der Einkünfte

Einkünfte Ehemann	239.288,00
Einkünfte Ehefrau	./. 14.156,00
Summe der Einkünfte	**253.444,00**

Altersentlastungsbetrag § 24a EStG:

Die Ehefrau (geb. am 1.1.1934) vollendet am 31.12.1997 das 64. Lebensjahr, somit vor Beginn des VZ 1998.
Bemessungsgrundlage ist gem. § 24a Satz 1 EStG die positive Summe der Einkünfte (4.256 DM + 1.400 DM = 5.656 DM); Renteneinkünfte bleiben außer betracht, § 24a Satz 2 EStG:

5.656 DM x 40 %	./. 2.263,00
Gesamtbetrag der Einkünfte	**251.181,00**

Zu 3. Ermittlung des Einkommens

Sonderausgaben

Vorsorgeaufwendungen lt. Sachverhalt	./. 9.000,00
Sonderausgaben-Pauschbetrag, § 10c Abs. 1 u. Abs. 4 Nr. 1 EStG	./. 216,00

Die Aufwendungen hinsichtlich der Schul- und Internatunterbringung des Sohnes können nicht gem. § 10 Abs. 1 Nr. 9 EStG berücksichtigt werden, weil es sich um ein staatliches Gymnasium handelt.

Berücksichtigung des Sohnes

Der Sohn Paul ist gem. § 32 Abs. 1 EStG zu berücksichtigen, weil Adoptivkinder als leibliche Kinder gelten, H 176 EStH. Er befindet sich in Ausbildung bzw. in der Übergangszeit zwischen zwei Ausbildungsabschnitten, § 32 Abs. 4 Nr. 2a/2b EStG. Eine nur zeitanteilige Berücksichtigung als Kind im steuerlichen Sinne kommt nicht in betracht.

Außergewöhnliche Belastungen

a) **Ausbildungsfreibetrag Sohn Paul, § 33a Abs. 2 Nr. 2 EStG**

Internat Buldern (1.1. - 25.6.98, auswärts untergebracht)
6/12 von 4.200,00   2.100,00
Wesel (1.7. - 31.7.98, Haushalt der Eltern)
1/12 von 2.400,00   200,00
Aachen (1.8. - 31.12.98, auswärts)
5/12 von 4.200,00   1.750,00
Höchstbetrag   ./. **4.050,00**

Der Höchstbetrag ist mangels eigener Einkünfte und Bezüge des Sohnes nicht zu kürzen.

b) **Pauschbetrag für Behinderte, § 33b Abs. 3 EStG**

Berücksichtigung in 1998 aufgrund Antragstellung v. 1.12.98 bei einem Grad der Behinderung von 100 %. Der Schwerbehindertenbescheid ist Grundlagenbescheid i.S.v. § 175 Abs. 1 Nr. 1 AO.   ./. **2.760,00**

c) **Aufwendungen für Arzt und Krankenhaus § 33 EStG**

Diese Aufwendungen sind nicht abzugsfähig, da sie - wenn auch erst 1997 - erstattet wurden, H 186-189 *Ersatz...* EStH. Die Erstattung war erwartbar.

Steuerbegünstigungen gem. § 10e EStG: Einfamilienhaus in Wesel

a) **Steuerbegünstigung nach § 10e Abs. 1 EStG:**

Bemessungsgrundlage:	
AK Gebäude	320.000,00
+ 50 % Grund und Boden	+ 50.000,00
Bemessungsgrundlage	370.000,00
Abzugsbetrag 5 % max.(1998 = 5. Jahr)	**./. 16.500,00**

Eine Aufteilung in 1/12 erfolgt 1998 nicht.

b) **Steuerbegünstigung nach § 10e Abs. 6a EStG**

Der Schuldzinsenabzug ist im Jahr der Anschaffung (1994) und in den beiden folgenden Jahren (1995 und 1996) bis zu jeweils DM 12.000,00 möglich. Ein weiterer Abzug in 1998 ist nicht möglich.

Hinweis:

Hinsichtlich der Veräußerung liegt ein Spekulationsgeschäft nicht vor, weil zwischen Kauf und Verkauf mehr als zwei Jahre vergangen sind, § 23 Abs. 1 Nr. 1a EStG.

Mehrfamilienhaus in Aachen

Da die Anschaffung in 1998 erfolgt, handelt es sich zwingend um ein EigZul-Objekt, § 19 Abs. 1 EigZulG. Die unentgeltliche Überlassung der Wohnung an einen Angehörigen i.S.v. § 15 AO (hier: der Sohn) ist der Nutzung zu eigenen Wohnzwecken gleichgestellt, § 4 Satz 2 EigZulG. Gem. § 6 Abs. 1 EigZulG können zusammen veranlagte Ehegatten die Wohneigentumsförderung für insgesamt zwei Objekte in Anspruch nehmen, sofern diese räumlich nicht zusammenliegen.

a) **Fördergrundbetrag, § 9 Abs. 2 Satz 2 EigZulG**

Bemessungsgrundlage gem. § 8 EigZulG
max. 100.000,00 x 2,5% (jährliche Auszahlung)   2.500,00

b) **Kinderzulage, § 9 Abs. 5 EigZulG**

Nach Auffassung der FinVerw kommt in derartigen Fällen eine Kinderzulage nicht in betracht, weil das Kind nicht zum Haushalt der Eltern gehört (analoge Anwendung des Urteils des BFH v. 26.1.1994 in BStBl. II S. 544). Diese Auffassung ist zwar in Klausuren zu vertreten; dem Wortlaut des § 9 Abs. 5 EigZulG entspricht sie nicht.

c) **Vorkostenpauschale, § 10i EStG**

Die Vorkostenpauschale ist zu gewähren: ./. 3.500,00

Hinweis auf Rechtslage 1999:

§ 10i EStG ist ersatzlos aufgehoben worden.

Einkommen, § 2 Abs. 4 EStG 215.155,00

Hinweis:

Weder die Einkünftegrenze des § 10e Va (240.000 DM) noch die des § 5 EigZulG (Erstjahr + Vorjahr max. 480.000 DM) ist überschritten.

Zu 4. Ermittlung des zu versteuernden Einkommens

Entsprechend der Bearbeitungshinweise soll es im vorliegenden Sachverhalt günstiger sein, auf die Kinderfreibeträge gem. § 32 Abs. 1 -6 EStG zu verzichten, weil das Kindergeld zur insgesamt höheren Förderung führt.

Zu versteuerndes Einkommen, § 2 Abs. 5 EStG 215.155,00

Zu 5. Benennung der Einkommensteuer-Ermäßigungen

1. **Einkünfte aus Gewerbebetrieb**

    Der Aufgabegewinn in Höhe von DM 260.000,00 ist tarifbegünstigt gem. § 34 Abs. 1 und 34 Abs. 2 Nr. 1 EStG.

2. **Steuerermäßigung gem. § 34f Abs. 3 EStG**

    Aufgrund der zu gewährenden Steuerbegünstigung des § 10e EStG ermäßigt sich die tarifliche Einkommensteuer um DM 1.000,00 (für das den Eheleuten Flügel zuzurechnende Adoptivkind Paul).

Aufgabenteil Nr. 2: Körperschaftsteuer

Zu I - Zu versteuerndes Einkommen und Tarifsteuer 1998

Die Grundlagen für die Einkommensermittlung ergeben sich aus den §§ 7 und 8 KStG. Ausgangspunkt ist der vorläufige Bilanzgewinn (abzgl. Gewinnvortrag) zum 31.12.1998 in Höhe von

147.525,00

Aufgrund der Angaben im Sachverhalt ergeben sich folgende Korrekturen:

Tz. 1   Das Geschenk an den Geschäftsfreund stellt eine nicht abzugsfähige Betriebsausgabe dar, § 8 Abs. 1 KStG i.V.m. § 4 Abs. 5 Nr. 1 EStG, weil es den zulässigen Betrag von DM 75,00 übersteigt.

+ 1.000,00

Umsatzsteuerlich handelt es sich um einen steuerbaren und steuerpflichtigen Eigenverbrauch i.S.d. § 1 Abs. 1 Nr. 2 UStG. (Bemessungsgrundlage sind die Aufwendungen in Höhe von DM 1.000,00, § 10 Abs. 4 Nr. 1 UStG. Der Steuersatz beträgt 16 % (§ 12 Abs. 1 UStG). Die dadurch entstehende USt-Schuld in Höhe von DM 160,00 ist als Aufwand in die Bilanz einzustellen

./. 160,00

Im Rahmen der Einkommensermittlung ist dieser Aufwand "USt auf Eigenverbrauch" jedoch gem. § 10 Nr. 2 KStG wieder auszugleichen.

+ 160,00

Tz. 2   Die nachträgliche Gehaltszahlung an den Gesellschafter-Geschäftsführer A stellt eine verdeckte Gewinnausschüttung i.S.v. § 8 Abs. 3 Satz 2 KStG dar, die das Einkommen nicht mindern darf. A ist zu 60 v.H. an der GmbH beteiligt und damit beherrschender Gesellschafter.

Es fehlt an einer klaren, im voraus geschlossenen Vereinbarung darüber, ob und in welcher Höhe ein Entgelt für eine Leistung des Gesellschafters zu zahlen ist (Abschn. 31 Abs. 5 Satz 1 KStR). Auf die Angemessenheit kommt es in diesem Zusammenhang nicht an.

	Die am 1.11.98 vereinbarte nachträgliche Gehaltszahlung von 30.000,00 ist somit dem vorläufigen Bilanzgewinn hinzuzurechnen.	+ 30.000,00
Tz. 3	Die auf 1998 entfallenden Zinsen gegenüber der GmbH sind zum 31.12.1998 als Verbindlichkeit zu passivieren. Dieses führt zu einer Gewinnminderung in Höhe von 6.000,00.	./. 6.000,00
	In Höhe der Differenz zwischen dem angemessenen Marktzins und dem tatsächlich gezahlten Zins (8 % ./. 3 % = 5 % v. 200.000,00 = 10.000,00) liegt eine verdeckte Gewinnausschüttung der X-GmbH zugunsten der AB-GmbH vor, die bei der Empfängerin einkommenserhöhend anzusetzen ist, § 8 Abs. 1 KStG i.V.m. § 20 Abs. 1 Nr. 1 Satz 2 EStG.	+ 10.000,00
	Die Überlassung des Darlehens zu dem unangemessen niedrigen Zins ist durch das Gesellschafterverhältnis veranlaßt.	
	Zu den Einnahmen gehört auch die anrechenbare Körperschaftsteuer in Höhe von 30/70 der verdeckten Gewinnausschüttung, § 8 Abs. 1 KStG i.V.m. § 20 Abs. 1 Nr. 3 EStG	+ 4.285,00
	Der verdeckten Gewinnausschüttung in Höhe von 10.000,00 ist in gleicher Höhe eine fiktive Betriebsausgabe gegenüberzustellen denn bei Zahlung des marktüblichen Zinses wäre bei der AB-GmbH ein entsprechender Aufwand entstanden.	./. 10.000,00
Tz. 4	Der ausgewiesene vorläufige Bilanzgewinn wurde bereits um die 1998 vorgenommene Vorabausschüttung in Höhe von 50.000,00 gemindert. Für die Ermittlung des Einkommens ist es jedoch ohne Bedeutung, ob das Einkommen verteilt wird, § 8 Abs. 3 S. 1 KStG.	
	Demnach ist der Betrag wieder hinzuzurechnen.	+ 50.000,00

Tz. 5 Körperschaftsteuer VZ 1998, § 10 Nr. 2 KStG   + 45.000,00

Solidaritätszuschlag KSt-VZ 1998, § 10 Nr. 2 KStG   + 2.475,00

Vermögensteuer 1996, § 10 Nr. 2 KStG   + 1.000,00

Bewirtungskosten 20 % von 1.000,00   + 200,00
§ 8 Abs. 1 KStG i.V.m. § 4 Abs. 5 Nr. 2 EStG (kein
umsatzsteuerlicher Eigenverbrauch i.S.d. § 1 Abs. 1
Nr. 2c UStG)

Aussetzungszinsen zur KSt sind von der Hinzurech-
nung des § 10 Nr. 2, 2. HS KStG ausgenommen   + 0,00

alternativ: Abschn. 43 Abs. 1 S. 2 KStR

Spenden insgesamt § 9 Abs. 2 KStG   + 21.000,00

Summe der Einkünfte   296.485,00

Spendenabzug § 9 Abs. 1 Nr. 2 KStG

a) wissenschaftliche   12.000,00
   5 % v. 296.485,00 / max. 12.000,00   ./. 12.000,00

b) kirchliche   6.000,00
   5 % v. 296.485,00 / max. 6.000,00   ./. 6.000,00

c) politische Parteien
   ab VZ 1994 nicht mehr abzugsfähig

Zu versteuerndes Einkommen   278.485,00

Tarifsteuer = 45 %   125.318,00

(§ 23 Abs. 1 KStG)

Hinweis: Der Solidaritätszuschlag kann an dieser Stelle noch nicht ermittelt werden, da Ausgangspunkt für seine Ermittlung die festgesetzte Körperschaftsteuer ist.

Zu II Gliederung des verwendbaren Eigenkapitals zum 31.12.1998

Für die Gewinnausschüttung ist die Ausschüttungsbelastung herzustellen, § 27 Abs. 1 KStG.

Die einzelnen Gewinnausschüttungen führen zu folgenden zeitlichen Wirkungen:

a) **Verdeckte Gewinnausschüttung (Tz. 2)**

Körperschaftsteueränderung für 1998, § 27 Abs. 3 Satz 2 KStG

Maßgebend ist das vEK zum 31.12.1998, § 28 Abs. 2 Satz 2 KStG

b) **Vorabausschüttung = andere Ausschüttungen (Tz. 4)**

Die Vorabausschüttung beruht zwar auf einem, den gesellschaftlichen Vorschriften entsprechenden Gewinnverteilungsbeschluß, dieser bezieht sich jedoch nicht auf ein abgelaufenes Wirtschaftsjahr, so daß die Vorabausschüttung als "**andere Ausschüttungen**" zu behandeln ist.

Körperschaftsteueränderung für 1998, § 27 Abs. 3 Satz 2 KStG, vgl. Buchst. a).

Maßgebend ist das vEK zum 31.12.1998, § 28 Abs. 2 Satz 2 KStG, vgl. Buchst. a).

c) **Offene Gewinnausschüttung in 1999 für 1998**

Körperschaftsteueränderung für 1998, § 27 Abs. 3 Satz 1 KStG

Maßgebend ist das vEK zum 31.12.1998, § 28 Abs. 2 Satz 1 KStG

Das vEK gilt in der Reihenfolge, die sich aus § 30 KStG ergibt, als für die Ausschüttung verwendet, § 28 Abs. 3 KStG.

Neben den dort angegebenen Teilbeträgen (EK 45 bis EK 04) wird in der Eigenkapitalgliederung zunächst noch das EK 50 ausgewiesen, das jedoch zum 31.12.1998 zu 11/9 dem EK 45 hinzuzurechnen und zu 2/9 vom EK 02 abzurechnen ist (§ 54 Abs. 11a KStG).

Der Solidaritätszuschlag gehört zu den sonstigen nicht abziehbaren Aufwendungen, die gem. § 31 Abs. 1 Nr. 4 KStG bei der Gliederung vom EK 45 abzuziehen sind. Seine endgültige Ermittlung ist aber erst nach Verrechnung der Gewinnausschüttungen mit dem verwendbaren Eigenkapital zum 31.12.1998 möglich (s.o.).

2. Gliederung des vEK:

		Summe	EK 50	EK45	EK02
Stand 31.12.1997		100.000	25.000	75.000	
zu verst. Einkommen	278.485				
./. Tarifsteuer	125.318				
Zugang EK 45	153.167	153.167		153.167	
nichtabziehb. Ausgaben § 31 Abs. 1 Nr. 4 KStG					
Geschenk	1.000				
USt a. EV	160				
Vermögensteuer	1.000				
Bewirtung	200				
Spende pol. Partei	3.000				
Solidaritätsz. (s.u.)	3.356				
	8.716	./. 8.716		./. 8.716	
Umgliederung			./. 25.000	+ 30.555	- 5.555
Stand 31.12.1998		**244.451**	-	**250.006**	**- 5.555**
Gewinnausschüttung insgesamt	280.000				
EK 45 (55/70)	220.000			220.000	
KSt-Minderung (15/55)	- 60.500				

Zu III. Endgültiger Bilanzgewinn 1998

a) Ermittlung der KSt-Rückstellung

Tarifsteuer	125.318,00
KSt-Minderung	./. 60.000,00
festzusetzende KSt	65.318,00
anrechenbare KSt (Tz. 3) § 49 KStG i.V.m. § 36 Abs. 2 Nr. 3 EStG	./. 4.285,00

KSt-Schuld 1998	61.033,00
Vorauszahlungen 1998	./. 45.000,00
KSt-Rückstellung 1998	16.533,00

b) Ermittlung der Solz-Rückstellung

Festgesetzte KSt	65.318,00
anrechenbare KSt	4.285,00
Bemessungsgrundlage (§ 3 Nr. 1 SolzG)	61.033,00
Höhe 5,5 % (§ 4 SolzG)	3.356,00
Vorauszahlungen	./. 3.375,00
Solz-Rückstellung 1998	881,00

Der Solidaritätszuschlag ist vom EK 45 abzuziehen (s.o.).

c) Endgültiger Bilanzgewinn

lt. Sachverhalt (vorläufig)	247.525,00
USt auf Eigenverbrauch (Tz. 1)	./. 160,00
Zinsverbindlichkeit (Tz. 3)	./. 6.000,00
Solidaritätszuschlag	./. 881,00
KSt-Rückstellung 1998	./. 16.033,00
Endgültiger Bilanzgewinn	224.451,00

Zu IV. Verprobung

Bilanzgewinn	224.451,00
KSt-Minderung	./. 60.000,00
verdeckte Gewinnausschüttung	+ 30.000,00
Vorabausschüttung	+ 50.000,00
vEK lt. Gliederung	244.451,00

Aufgabenteil Nr. 3: Gewerbesteuer Klausur Nr. 1

Im vorliegenden Sachverhalt ist zu prüfen, ob ein gewerblicher Grundstückshandel vorliegt. Die Prüfung erfolgt anhand des BMF Schreibens vom 20.12. 1990, BStBl I S. 884 (abgedruckt z. Bsp. in der Beckschen Richtliniensammlung unter I/15.2).

Die Abgrenzung zwischen privater Vermögensverwaltung und einem gewerblichen Grundstückshandel erfolgt anhand der sogenannten Drei-Objekt-Grenze. Ständige Rechtsprechung des BFH sowie die Finanzverwaltung kommen zu der Erkenntnis, daß bei der Veräußerung von nur drei Wohneinheiten (z. Bsp. von Eigentumswohnungen) ein gewerblicher Grundstückshandel noch nicht vorliegt. Sobald aber innerhalb eines Zeitraumes von rund fünf Jahren mehr als drei Objekte gekauft/gebaut und veräußert werden, ist der Bereich der privaten Vermögensverwaltung überschritten und es handelt sich um einen gewerblichen Grundstückshandel, vgl. Tz. 10 des o.g. Erlasses. Bereits bei Erwerb ist von einer bedingten Veräußerungsabsicht unter BV-Mehrung auszugehen.

Die etwas abschwächenden Regelungen der Tz. 22 kommen für den geschilderten Sachverhalt nicht zur Anwendung, da der Stpfl. nicht im Rahmen einer Vermietung vermögensverwaltend aufgetreten ist.

Rechtsfolge:

Die Veräußerung der acht Eigentumswohnungen erfolgt im Rahmen eines gewerblichen Grundstückshandels; es liegen Einkünfte aus Gewerbebetrieb vor, § 15 Abs. 2 Abs. 1 Nr. 1 EStG.

Ein Problem hinsichtlich der Gewinnermittlungsmethode entsteht nicht, da sich der gesamte Sachverhalt rechtlich, wirtschaftlich sowie auch hinsichtlich der Geldzu- und -abflüsse in 1998 ereignet. Dabei ist zu beachten, daß es sich hinsichtlich der Grundstücke um Umlaufvermögen („Ware") handelt, deren Anschaffungskosten, Anschaffungsnebenkosten sowie Kosten der Teilung Betriebsausgaben darstellen.

Die ermittelten Einkünfte unterliegen auch vollständig der Gewerbesteuerpflicht gem. § 2 Abs. 1 GewStG. Eine Gewerbesteuerberechnung soll laut Sachverhalt nicht erfolgen.

Es kann sich nicht um ein steuerliches Spekulationsgeschäft handeln:
Zwar erfolgen Kauf und Verkauf innerhalb der zweijährigen Spekulationsfrist (§ 23 Abs. 1 Nr. 1b EStG); allerdings gehen gem. § 23 Abs. 2 S. 1 EStG die Einkünfte aus Gewerbebetrieb den sonstigen Einkünften aus Spekulationsgeschäften vor (Subsidiaritätsprinzip).

Die Einkünfte aus Gewerbebetrieb ermitteln sich im vorliegenden Sachverhalt wie folgt:

Betriebseinnahmen

- Einnahmen aus der Veräußerung der acht ETW
  420.000 DM x 8   3.360.000 DM

Betriebsausgaben

- Anschaffungskosten/Kaufpreis   ./. 2.500.000 DM
- Notar- und Gerichtskosten   ./. 10.000 DM
- Notarkosten notarieller Kaufvertrag   ./. 18.000 DM
- Grunderwerbsteuer   ./. 87.500 DM
- Maklerprovisionen   ./. 40.000 DM
- Architektenkosten   ./. 35.000 DM
- Bauamt Stadt Düsseldorf   ./. 8.000 DM
- Grundbuchamt   ./. 6.000 DM

Einkünfte aus Gewerbebetrieb   **655.500 DM**

Die Einkünfte aus Gewerbebetrieb sind nicht tarifbegünstigt im Sinne von § 16 EStG. Nach ständiger Rechtsprechung des Bundesfinanzhofes ist entweder nicht von einer Betriebsveräußerung/Betriebsaufgabe im ganzen auszugehen oder aber es handelt sich um einen nicht begünstigten Verkauf von Umlaufvermögen, weil es sich um normale laufende Geschäfte handelt, H 139 Abs. 9 *Gewerblicher Grundstückshandel* EStH.

Aufgabenteil Nr. 3: Gewerbesteuer Klausur Nr. 2

Bisheriger Gewinn lt. Sachverhalt 272.350,00

Einkommensteuerliche Berichtigungen:

Tz. 1 Die aus Betriebsmitteln bezahlten Spenden sind keine
abziehbaren Betriebsausgabe + 25.000,00

Tz. 2 Das Disagio ist 1998 nicht in voller Höhe eine abziehbare Betriebsausgabe. + 5.000,00
Die Aufwendungen in Höhe von 5.000,00 sind auf die Laufzeit des Darlehens zu verteilen. 1998:
1/5 v. 5.000,00 für 5 Monate ./. 417,00

Endgültiger Steuerbilanzgewinn, § 7 GewStG 301.933,00

(Verfahrensrechtlich selbständige Gewinnermittlung, Abschn. 39 Abs. 1 GewStR)

Ermittlung des Steuermeßbetrages nach dem Gewerbeertrag 1998:

Hinzurechnungen, § 8 GewStG:

a) Entgelte für Dauerschulden, § 8 Nr. 1 GewStG

Darlehen Deutsche Bank
Schuldzinsen 3.350,00
Disagio 1998 417,00
Kontokorrentzinsen 11 % v. 13.000,00 1.430,00
Hypothekenzinsen 21.000,00
Summe 26.197,00
Hinzurechnung zu 50 % + 13.098,00

b) Gewinnanteil des stillen Gesellschafters, § 8 Nr. 3 GewStG + 8.000,00

c) Miet- /Pachtentgelte, § 8 Nr. 7 GewStG

Hinzurechnungen sind im vorliegenden Fall aus folgenden Gründen nicht vorzunehmen:
- bei dem Parkplatz handelt es sich um Grundbesitz
- die für die Telefonanlage entrichtete Miete wird bei der X-GmbH zur Besteuerung nach dem Gewerbeertrag herangezogen.

Kürzungen, § 9 GewStG

a) Betriebsgrundstück, § 9 Nr. 1 GewStG, § 20 Abs. 1 u. 2 GewStDV
EW: 70.000,00 x 140 % = 98.000,00
1,2 % = 1.176,00, eigenbetriebliche Nutzung 70 % ./. 824,00

b) Spenden, § 9 Nr. 5 GewStG
- mildtätige Zwecke 20.000,00
5 % v. 301.933,00 15.097,00 ./. 15.097,00
Rest 4.903,00
- gemeinnützige Zwecke 4.000,00
  8.903,00
5 % v. 301.933,00 / max. 8.903,00 ./. 8.903,00

Die Parteispenden sind mangels Erwähnung in § 9 Nr. 5 GewStG nicht abzugsfähig.

Maßgebender Gewerbeertrag, § 10 GewStG 298.207,00

Gewerbeverlust, § 10a GewStG

Der zum 31.12.1997 für die GbR festgestellte Verlust von 60.000,00 ist zu 50 % (Anteil M. Meier) zu berücksichtigen. Bezüglich des Anteils Tim Teufel bestand 1998 keine Unternehmeridentität mehr. ./. 30.000,00

Gewerbeertrag 268.207,00

abgerundet auf volle 100,00, § 11 Abs. 1 GewStG 268.200,00

Freibetrag, § 11 Abs. 1 Nr. 1 GewStG ./. 48.000,00

Gewerbeertrag **220.200,00**

Steuermeßbetrag nach dem Gewerbeertrag:

5 % v. 220.200,00 11.010,00
Staffeltarif, § 11 Abs. 2 GewStG ./. 2.400,00
  8.610,00

Aufgabenteil Nr. 4 Umsatzsteuer Klausur Nr. 1 „Herbert Schnell"

Lösung zu Sachverhalt 1

H.S. hat an den französischen Kunden (drei) Lieferungen (§ 3 Abs. 1 UStG) ausgeführt. Da die Fahrzeuge durch einen vom französischen Kunden beauftragten Spediteur bei H.S. abgeholt werden, ist die Beförderung der Liefergegenstände dem Abnehmer zuzurechnen. Es liegen mithin „bewegte" Lieferungen vor, für die sich der Ort nach § 3 Abs. 6 Satz 1 UStG bestimmt (Essen).
Die im Inland ausgeführten Lieferungen sind steuerbar nach § 1 Abs. 1 Nr. 1 UStG und als innergemeinschaftliche Lieferungen nach § 4 Nr. 1b i.V.m. § 6a UStG steuerbefreit. Die Voraussetzungen des § 6a Abs. 1 Nr. 1 bis 3 UStG liegen vor: Die Fahrzeuge gelangen im Rahmen einer „bewegten" Lieferung durch den Abnehmer vom Mitgliedstaat Deutschland in den Mitgliedstaat Frankreich (§ 6a Abs. 1 Nr. 1 UStG) und der französische Abnehmer ist Unternehmer, der die Fahrzeuge für sein Unternehmen erwirbt (§ 6a Abs. 1 Nr. 2 UStG). Insbesondere kann auch die Voraussetzung nach § 6a Abs. 1 Nr. 3 UStG als gegeben angesehen werden, da die beteiligten Unternehmer lt. Sachverhalt mit der USt-IdNr. des Landes auftreten, in dem sie ansässig sind, H.S. daher davon ausgehen kann, daß die Fahrzeuge im Mitgliedstaat Frankreich der Erwerbsbesteuerung unterliegen.
Die Bemessungsgrundlage bestimmt sich nach § 10 Abs. 1 S. 1 und 2 UStG und beträgt 34.500 DM. Der Umsatz ist nach § 18b Satz 2 UStG in dem VAZ zu erklären, in dem die Rechnung erteilt worden ist (März 1998).
Bezüglich des Warenbezugs der Fahrzeuge aus Südkorea ist der Tatbestand der Einfuhr (§ 1 Abs. 1 Nr. 4 UStG) verwirklicht. Für die Besteuerung ist die Zollverwaltung zuständig.
Die entrichtete Einfuhrumsatzsteuer in Höhe von 2.500 DM ist für den VAZ 02/1998 als Vorsteuer nach § 15 Abs. 1 Nr. 2 UStG abzugsfähig. Der Ausschluß vom Vorsteuerabzug nach § 15 Abs. 2 Nr. 1 UStG greift nicht ein, weil die Fahrzeuge zur Ausführung innergemeinschaftlicher Lieferungen verwendet werden (§ 15 Abs. 3 Nr. 1a UStG).

Lösung zu Einzelsachverhalt 2

Hinsichtlich der 200 Bücher bewirkt H.S. i.g. Erwerbe i.S. des § 1a UStG. Die Voraussetzungen des § 1a Abs. 1 Nr. 1 bis 3 UStG sind erfüllt (Gelangen der Bücher vom Mitgliedstaat Österreich in den Mitgliedstaat Deutschland, H.S. erwirbt als Unternehmer für sein Unternehmen und der Verlag liefert im Rahmen seines Unternehmens und ist nicht Kleinunternehmer nach österreichischem Recht).

Der Ort bestimmt sich nach § 3d Satz 1 UStG (Inland, Essen), mithin sind die am 31.01.1998 bewirkten i.g. Erwerbe steuerbar nach § 1 Abs. 1 Nr. 5 UStG und mangels Befreiung nach § 4b UStG auch steuerpflichtig.
Sie unterliegen zu einem Steuersatz in Höhe von 7 % (§ 12 Abs. 2 Nr. 1 Satz 1 i.V.m. lfd. Nr. 49 der Anlage zu § 12 Abs. 2 Nr. 1 UStG) der Erwerbsbesteuerung. Zur Ermittlung der Bemessungsgrundlage ist der in ausländischer Währung angegebene Rechnungsbetrag unter Beachtung des § 16 Abs. 6 UStG in einen DM-Betrag umzurechnen. Es ergibt sich demnach eine BMG von 1.000 DM. Unter Zugrundelegung eines Steuersatzes in Höhe von 7 % beträgt die darauf entfallende Steuer 70 DM. Sie entsteht nach § 13 Abs. 1 Nr. 6 UStG grds. mit Ausstellung der Rechnung, spätestens jedoch mit Ablauf des auf den Erwerb folgenden Monats, hier also mit Ablauf des VAZ Februar 1998.

Betragsidentisch und zeitgleich kann H.S. für den VAZ Februar 1998 Vorsteuer in Höhe von 70 DM geltend machen (§ 15 Abs. 1 Nr. 3 UStG), ein Ausschlußgrund nach § 15 Abs. 2 UStG ist nicht ersichtlich.

Die Lieferungen (§ 3 Abs. 1 UStG) der Bücher an die Mitglieder des KIA-Clubs fallen, obwohl H.S. normalerweise nicht mit Büchern, sondern mit Kfz handelt, als Hilfsgeschäft in den Rahmen des Unternehmens des H.S., weil sie vor der Veräußerung zum unternehmerischen Bereich des H.S. gehörten (Abschn. 20 Abs. 2 UStR).
Die in Essen (§ 3 Abs. 6 Satz 1 UStG) gegen Entgelt ausgeführten Lieferungen sind steuerbar (§ 1 Abs. 1 Nr. 1 UStG) und mangels Steuerbefreiung nach § 4 UStG auch steuerpflichtig. Sie unterliegen dem ermäßigten Steuersatz von 7 % (§ 12 Abs. 2 Nr. 1 UStG i.V.m. lfd. Nr. 49 der Anlage zu § 12 Abs. 2 Nr. 1 UStG).

Die nach § 10 Abs. 1 Sätze 1 und 2 UStG zu bestimmende Bemessungsgrundlage beträgt 2149,53 DM, die Umsatzsteuer hierauf 150,47 DM. Die Steuer entsteht nach § 13 Abs. 1 Nr. 1a UStG mit Ablauf des VAZ März 1998.

Nannen hat mit dem Transport der Bücher von Salzburg nach Essen eine sonstige Leistung (§ 3 Abs. 9 UStG) erbracht. Für diese als innergemeinschaftliche Beförderungsleistung zu qualifizierende Leistung bestimmt sich der Ort nach § 3b Abs. 3 UStG. Weil H.S. mit einer vom Abgangsort der Beförderung abweichenden USt-IdNr. auftritt, erbringt Nannen die Leistung vollumfänglich im Inland (§ 3b Abs. 3 Satz 2 UStG).
Für die von Nannen in Deutschland erbrachte steuerbare und steuerpfl. Leistung hat H.S. das Abzugsverfahren zu beachten (§ 18 Abs. 8 Nr. 1 UStG, §§ 51 ff. UStDV).

Nannen ist ausländischer Unternehmer i.S. des § 51 Abs. 3 UStDV, die Transportleistung (§ 51 Abs. 1 Nr. 1 UStDV) erfolgte an H.S., der Unternehmer ist (§ 51 Abs. 2 UStDV). Nach § 52 Abs. 2 UStDV kann H.S. jedoch von der Einbehaltung und Abführung der Steuer absehen, da Nannen ohne Ausweis von Umsatzsteuer abgerechnet hat (§ 52 Abs. 2 Nr. 1 UStDV) und H.S. im Falle des Ausweises der Steuer in vollem Umfang zum Vorsteuerabzug berechtigt gewesen wäre (§ 52 Abs. 2 Nr. 2 UStDV).

Lösung zu Einzelsachverhalt 3

Mit dem Verkauf der Fahrzeuge bewirkt H.S. Lieferungen i.S. des § 3 Abs. 1 UStG. Über die Fahrzeuge haben mehrere Unternehmer, nämlich H.S., Schrott und die Gesellschaft in Ungarn Umsatzgeschäfte abgeschlossen und die Fahrzeuge gelangen im Rahmen des Transports unmittelbar vom ersten Unternehmer an den letzten Abnehmer. Mithin liegt ein Fall des § 3 Abs. 6 Satz 5 UStG (Reihengeschäft) vor; zur Bestimmung des Lieferorts ist die Warenbewegung nur einer der Lieferungen zuzurechnen. Grundsätzlich ist die Warenbewegung der Lieferbeziehung H.S. an Schrott zuzurechnen (§ 3 Abs. 6 Satz 6 1. Hs UStG); dadurch jedoch, daß Schrott lt. Sachverhaltsvorgabe den Nachweis nach § 3 Abs. 6 Satz 6 2. Alternative führt, bestimmt sich der Lieferort für H.S. nach § 3 Abs. 7 Satz 2 Nr. 1 UStG (Essen).

Die gegen Entgelt ausgeführten Lieferungen sind somit steuerbar nach § 1 Abs. 1 Nr. 1 UStG. Eine Steuerbefreiung nach § 4 Nr. 1 i.V.m § 6 UStG kommt nicht in Betracht, weil im Rahmen der Lieferbeziehung H.S. an Schrott kein Warentransport über die Grenze hinweg stattfindet und damit die grundsätzliche Voraussetzung für eine steuerfreie Ausfuhrlieferung nicht erfüllt ist.
Die steuerpflichtigen Lieferungen unterliegen dem Regelsteuersatz in Höhe von 16 % (§ 12 Abs. 1 UStG).
Die nach § 10 Abs. 1 Sätze 1 und 2 UStG zu bestimmende BMG ermittelt sich wie folgt: 208.800 DM : 1,16 = 180.000 DM.
Die darauf entfallende Umsatzsteuer in Höhe von 28.800 DM entsteht mit Ablauf des VAZ Januar 1998 (§ 13 Abs. 1 Nr. 1a UStG).

Im VAZ März 1998 ist die Umsatzsteuer aufgrund des Skontoabzugs um 1.440 DM zu mindern (§ 17 Abs. 1 Nr. 1 i.V.m. § 17 Abs. 1 Satz 3 UStG).

Lösung zu Einzelsachverhalt 4

Die unentgeltliche Hingabe des KIA 1200 GLX an das Rote Kreuz stellt einen Entnahmeeigenverbrauch dar. Der zum Unternehmensvermögen des H.S. gehörende KIA wird für unternehmensfremde Zwecke entnommen.
Der Ort bestimmt sich analog dem Ort für (unbewegte) Lieferungen, § 3 Abs. 7 Satz 1 UStG.
Der nach § 1 Abs. 1 Nr. 2a UStG steuerbare Eigenverbrauch ist mangels Steuerbefreiung nach § 4 UStG steuerpflichtig zum Steuersatz von 16 % (§ 12 Abs. 1 UStG). Die Bemessungsgrundlage bestimmt sich nach § 10 Abs. 4 Nr. 1 UStG. Dabei kommt es auf den Einkaufspreis zum Zeitpunkt der Entnahme und nicht auf den ursprünglichen Einkaufspreis an. Bemessungsgrundlage mithin: 11.000 DM, Umsatzsteuer hierauf: 1.760 DM.
Sie entsteht nach § 13 Abs. 1 Nr. 2 UStG mit Ablauf des Monats März 1998.

Lösung zu Einzelsachverhalt 5

Die Überlassung des zum Unternehmensvermögen des H.S. gehörenden Kraftfahrzeugs durch H.S. an seinen Angestellten zur privaten Nutzung (Privatfahrten, Fahrten zwischen Wohnung und Arbeitsstätte sowie Familienheimfahrten aus Anlaß einer doppelten Haushaltsführung), ist als <u>entgeltliche</u> Leistung i.S.d. § 1 Abs. 1 Nr. 1 Satz 1 UStG (vgl. Abschn. 12 Abs. 1 UStR) anzusehen. Die Gegenleistung des Arbeitnehmers besteht nach Auffassung der FinVerw in der anteiligen Arbeitsleistung, die er für die Privatnutzung des gestellten Kraftfahrzeugs erbringt. Die Überlassung des Kraftfahrzeugs ist als Vergütung für geleistete Dienste und damit als entgeltlich anzusehen, weil sie vertraglich geregelt ist. Von der Entgeltlichkeit geht die Finanzverwaltung im übrigen stets dann aus, wenn das Kraftfahrzeug dem Arbeitnehmer für eine gewisse Dauer und nicht nur gelegentlich zur Privatnutzung überlassen wird (vgl. BMF-Schreiben vom 11.03.1997, BStBl I S. 324).
Bei einer entgeltlichen Fahrzeugüberlassung zu Privatzwecken des Arbeitnehmers liegt ein tauschähnlicher Umsatz (§ 3 Abs. 12 Satz 2 UStG) vor. Die Bemessungsgrundlage ist nach § 10 Abs. 2 Satz 2 i.V.m. § 10 Abs. 1 Satz 1 UStG der Wert der nicht durch den Barlohn abgegoltenen Arbeitsleistung.
Aus Vereinfachungsgründen läßt es die Finanzverwaltung zu, wenn für die umsatzsteuerliche Bemessungsgrundlage anstelle der tatsächlichen Kosten von den lohnsteuerlichen Werten ausgegangen wird. Diese Werte sind dann als Bruttowerte anzusehen, aus denen die Umsatzsteuer herauszurechnen ist (vgl. Abschnitt 12 Abs. 8 UStR).

Wird danach der lohnsteuerliche Wert der entgeltlichen Fahrzeugüberlassung für Privatfahrten und für Fahrten zwischen Wohnung und Arbeitsstätte nach § 8 Abs. 2 Satz 2 und 3 in Verbindung mit § 6 Abs. 1 Nr. 4 Satz 2 EStG mit dem vom Listenpreis abgeleiteten Pauschalwert angesetzt (vgl. Abschnitt 31 Abs. 7 Nr. 1 LStR), kann von diesem Wert auch bei der Umsatzbesteuerung ausgegangen werden.

Der umsatzsteuerliche Wert für Familienheimfahrten kann aus Vereinfachungsgründen mit 0,002 v.H. des Listenpreises i.S.d. § 6 Abs. 1 Nr. 4 Satz 2 EStG für jeden Kilometer der Entfernung zwischen dem Ort des eigenen Hausstands und dem Beschäftigungsort angesetzt werden.

Der Umsatzsteuer unterliegen die auf die Familienheimfahrten entfallenden Kosten auch dann, wenn ein lohnsteuerlicher Wert nach § 8 Abs. 2 Satz 5 EStG nicht anzusetzen ist. Aus dem so ermittelten Betrag ist die Umsatzsteuer herauszurechnen.

Ein pauschaler Abschlag von 20 v.H. für nicht mit Vorsteuern belastete Kosten ist unzulässig, weil entgeltliche sonstige Leistungen nicht unter Artikel 6 Abs. 2 Buchst. a, sondern unter Artikel 6 Abs. 1 der 6. EG-Richtlinie fallen.

Die Umsatzsteuer für die Firmenwagenüberlassung ist mithin wie folgt zu ermitteln:

a) für die allgemeine Privatnutzung
1 v.H. von 60.000 DM x 3 Monate =   1.800 DM

b) Für Fahrten zwischen Wohnung und Arbeitsstätte
0,03 v.H. von 60.000 DM x 10 km x 12 Monate =   540 DM
lohnsteuerlicher geldwerter Vorteil =   2.340 DM

c) für Familienheimfahrten
0,002 v.H. von 60.000 DM x 150 km x 10 Fahrten =   1.800 DM
Bruttowert der sonstigen Leistung an den Arbeitnehmer =   4.140 DM

Die darin enthaltene USt beträgt 16/116 von 4.140 DM = 571 DM

Die Steuer in Höhe von 180 DM entsteht nach § 13 Abs. 1 Nr. 1a Satz1 UStG mit Ablauf des jeweiligen VAZ 01 - 03/98.

Lösung zu Einzelsachverhalt 6

H.S. hat am 10.01.1998 an Ingo Raser eine Lieferung (§ 3 Abs. 1 UStG) ausgeführt. Der Eigentumsvorbehalt ist unbeachtlich.
Die nach § 3 Abs. 6 Satz 1 UStG in Essen ausgeführte Lieferung ist steuerbar nach § 1 Abs. 1 Nr. 1 UStG und mangels Befreiung nach § 4 UStG auch steuerpflichtig zum Steuersatz von 16 %.

Bemessungsgrundlage nach § 10 Abs. 1 Sätze 1 und 2 UStG 20.000 DM, die Umsatzsteuer hierauf beträgt 3.200 DM und entsteht, da H.S. seine Umsätze nach vereinbarten und nicht nach vereinnahmten Entgelten versteuert, nach § 13 Abs. 1 Nr. 1a UStG mit Ablauf des VAZ Januar 1998.

Am 25.03.1998 erfolgt eine Rückgängigmachung der Lieferung. In diesem Fall ist § 17 Abs. 1 UStG entsprechend anzuwenden (§ 17 Abs. 2 Nr. 3 UStG). Die Bemessungsgrundlage ist im VAZ März 1998 um 20.000 DM zu mindern, die Umsatzsteuer um 3.200 DM zu berichtigen (§ 17 Abs. 1 Satz 3 UStG).

Die Einbehaltung des Betrages von 1.160 DM ist nicht Gegenleistung für eine Leistung des H.S. H.S. hat durch die Beschädigung des sich in seinem Eigentum befindlichen KIA einen Schaden erlitten, den er sich durch Verrechnung mit den zu erstattenden Raten vergüten läßt.

Die Einbehaltung des weiteren Betrags von 3.480 DM ist als Gegenleistung für die zwischenzeitliche Nutzung des KIA zu behandeln. H.S. hat insoweit eine sonstige Leistung (§ 3 Abs. 9 UStG) bewirkt; der Ort bestimmt sich nach § 3a Abs. 1 UStG. Die sonstige Leistung wird demnach in Essen ausgeführt.
Sie ist steuerbar (§ 1 Abs. 1 Nr. 1 UStG) und zu 16 % steuerpflichtig.
Die Bemessungsgrundlage nach § 10 Abs. 1 UStG beträgt 3.000 DM, die Umsatzsteuer hierauf 480 DM.
Die Umsatzsteuer ist mit Ablauf des VAZ der Ausführung (Beendigung) der Leistung = März 1998 entstanden (§ 13 Abs. 1 Nr. 1a UStG).

Aufgabenteil Nr. 4 Umsatzsteuer Klausur Nr. 2 „Battistain"

Lösung zu Sachverhalt 1

Es liegt ein Umsatzgeschäft i.S.d. § 3 Abs. 6 Satz 5 UStG vor. Mehrere Unternehmer (B, D und E) haben über denselben Gegenstand Umsatzgeschäfte abgeschlossen und dieser Gegenstand (Baumaschine) gelangt im Rahmen einer Beförderung unmittelbar vom ersten Unternehmer (E) an den letzten Abnehmer (B). Bei dem Reihengeschäft werden nacheinander zwei Lieferungen (E an D, D an B) ausgeführt.

Die Beförderung ist der ersten Lieferung (E an D) zuzuordnen. Ort der Lieferung ist nach § 3 Abs. 6 Satz 5 i.V.m. Satz 1 UStG Spanien (Beginn der Beförderung). Die Lieferung ist als innergemeinschaftliche Lieferung in Spanien steuerfrei. Der Erwerb des Gegenstandes unterliegt bei D grundsätzlich der Besteuerung des innergemeinschaftlichen Erwerbs in Belgien, da die Beförderung dort endet (§ 3d Satz 1 UStG), und in Deutschland, da D seine deutsche USt-IdNr. verwendet (§ 3d Satz 2 UStG). Die zweite Lieferung (D an B) ist eine ruhende (unbewegte) Lieferung. Lieferort ist nach § 3 Abs. 7 Satz 2 Nr. 2 UStG Belgien, da sie der Beförderungslieferung nachfolgt. D führt demnach eine steuerbare und steuerpflichtige Lieferung in Belgien aus. Es liegt ein innergemeinschaftliches Dreiecksgeschäft i.S.d. § 25b UStG vor. Die in § 25b Abs. 1 Nrn. 1 bis 4 UStG genannten Voraussetzungen sind sämtlich erfüllt.
Da auch die Voraussetzungen des § 25b Abs. 2 UStG erfüllt sind, wird die Steuerschuld für die belgische (Inlands-) Lieferung des D auf B übertragen: Der Lieferung ist ein innergemeinschaftlicher Erwerb durch D vorausgegangen; D ist nicht in Belgien ansässig; D tritt gegenüber dem ersten Lieferer und dem letzten Abnehmer mit seiner deutschen USt-IdNr. auf; D hat dem B eine Rechnung i.S.d. § 14a Abs. 1a und Abs. 2 UStG erteilt; B verwendet als letzter Abnehmer die USt-IdNr. (belgische) des Mitgliedstaates, in dem die Beförderung endet. B wird Steuerschuldner für diese Lieferung des D und muß die Steuer im Rahmen seiner belgischen Steuererklärungspflichten anmelden.

D hat im Hinblick auf seine in Belgien ausgeführte Lieferung keinen umsatzsteuerlichen Verpflichtungen in Belgien nachzukommen. Mit der wirksamen Übertragung der Steuerschuld auf B gilt auch der innergemeinschaftliche Erwerb des D in Belgien als besteuert (§ 25b Abs. 3 UStG) mit der Folge, daß D auch hierfür keinen umsatzsteuerlichen Verpflichtungen in Belgien nachkommen muß.

Mit der fiktiven Erwerbsbesteuerung in Belgien entfällt auch eine Besteuerung des innergemeinschaftlichen Erwerbs in Deutschland über § 3d Satz 2 UStG, sofern D seiner Erklärungspflicht nach § 18a Abs. 4 Satz 1 Nr. 3 UStG (für die Zusammenfassende Meldung) nachkommt. Durch die Anwendung der Vereinfachungsregelung des § 25b UStG wird vermieden, daß sich D in Belgien aufgrund dieses innergemeinschaftlichen Dreiecksgeschäfts registrieren lassen und dort Umsatzsteuererklärungen abgeben muß. D muß in Deutschland die Erklärungspflichten nach § 18b Satz 1 UStG für die Umsatzsteuer-Voranmeldung und die Umsatzsteuererklärung für das Kalenderjahr beachten.

Lösung zu Sachverhalt 2

Die Übereignung des Fahrzeugs wurde im Januar 1998 durch Einigung und Vereinbarung eines Besitzmittlungsverhältnisses (Leihe) vollzogen. Damit übertrug das Autohaus (Sicherungsgeber) der Bank (Sicherungsnehmer) zwar bürgerlich-rechtlich Eigentum, die Bank war aber verpflichtet, von dem ihr übertragenen Eigentumsrecht nur gemäß den zwischen ihr und dem Autohaus getroffenen Abmachungen Gebrauch zu machen. Mit der Übereignung bezweckte das Autohaus lediglich eine Sicherung der Kaufpreisforderung der Bank, nicht aber eine Leistung an diese. Eine Lieferung des Autohauses an die Bank lag im Januar noch nicht vor (Abschn. 24 Abs. 2 Satz 5 UStR).
Nicht nur bis zum Eintritt des Wirksamwerdens der Verwertungsklausel (März 1998), sondern bis zum Tage der tatsächlichen Verwertung hatte das Autohaus als Sicherungsgeber die Möglichkeit, durch Bewirken der geschuldeten Geldleistung die Verwertung des Sicherungsgutes zu verhindern. Der Eintritt der Verwertungsbefugnis führte daher noch nicht zur Annahme einer Lieferung des Autohauses (Sicherungsgeber) an die Bank (Sicherungsnehmer).

Die Bank erlangte die Verfügungsmacht über die ihr zur Sicherheit übereigneten Fahrzeuge erst im Zeitpunkt der Verwertung (April 1998), indem das Autohaus eine Lieferung (§ 3 Abs. 1 UStG) an die Bank ausführte. Zum gleichen Zeitpunkt lieferte die Bank die Fahrzeuge an den Dritterwerber weiter. Es lagen also zum Zeitpunkt der Verwertung zwei Lieferungen vor: eine „unbewegte" (§ 3 Abs. 7 Satz 1 UStG) Lieferung des Autohauses an die Bank und eine weitere „bewegte" (§ 3 Abs. 6 Satz 1 UStG) Lieferung der Bank an den Dritterwerber. Der Ort beider Lieferungen ist der Ort der Übergabe des Fahrzeugs ab Lager Wuppertal.

Beide Lieferungen sind, aus der Sicht der Bank als Hilfsgeschäft, steuerbar (§ 1 Abs. 1 Nr. 1 UStG) und zu 16 % steuerpflichtig (§ 12 Abs. 1 UStG).

Die Bemessungsgrundlage für die Lieferung der Bank beträgt (58.000 DM : 1,16 =) 50.000 DM, die darauf entfallende Umsatzsteuer in Höhe von 8.000 DM entsteht mit Ablauf des Vz April 1998.

Die Bemessungsgrundlage für die Lieferung des Autohauses beträgt (50.000 DM ./. 2.000 DM =) 48.000 DM, die darauf entfallende Umsatzsteuer 7.200 DM.
Nach zivilrechtlichen Grundsätzen trifft die Bank die Abrechnungslast (Abschn. 184 Abs. 1 Satz 2 UStR) über die an sie ausgeführte Lieferung durch das Autohaus. Die Bank rechnet insoweit mittels Gutschrift (§ 14 Abs. 5 UStG) ab.

Verwertungserlös	58.000 DM
./. USt.	./. 8.000 DM
./. Verwertungskosten (netto)	./. 2 000 DM
Nettoerlös	48 000 DM
zzgl. 15 v.H. USt	7.680 DM
	55.680 DM
./. abzuführende Steuer nach §§ 51 ff UStDV	7.680 DM
Verrechnung auf Darlehensforderung	48.000 DM

Den Betrag von 7.680 DM kann die Bank als Vorsteuer aus der Gutschrift (§ 14 Abs. 5 UStG) geltend machen (§ 15 Abs. 1 Nr. 1 UStG).

Ein Ausschlußgrund nach § 15 Abs. 2 UStG greift nicht, da die Eingangsleistung in eine steuerpflichtige Ausgangsleistung mündet.
Nach § 51 Abs. 1 Nr. 2 UStDV unterliegen dem Abzugsverfahren auch Lieferungen sicherungsübereigneter Gegenstände durch den Sicherungsgeber an den Sicherungsnehmer, wenn folgende Voraussetzungen erfüllt sind:

- steuerpflichtige Lieferung eines sicherungsübereigneten Gegenstandes durch den Sicherungsgeber an den Sicherungsnehmer

- Leistungsempfänger ist ein Unternehmer oder eine juristische Person des öffentlichen Rechts (§ 51 Abs. 2 UStDV)

- Lieferung außerhalb des Konkursverfahrens

Die Bank ist daher gem. § 51 Abs. 1 Nr. 2 UStDV verpflichtet, die Steuer von der Gegenleistung einzubehalten und an das zuständige Finanzamt abzuführen.

Lösung zu Sachverhalt 3

Indem BU das schlüsselfertige Haus errichtet, erbringt er an die Auftraggeber Reich eine Werklieferung (§ 3 Abs. 4 UStG), denn er wird aufgrund eines Werkvertrages tätig und verwendet eigene Hauptstoffe. Die Lieferung erfolgt nach § 3 Abs. 7 Satz 1 UStG (unbewegte Lieferung) dort, wo das fertiggestellte Haus „übergeben" wird (Wuppertal, Loher Eck 7). Die Werklieferung ist spätestens mit Abnahme durch den Auftraggeber erbracht. Diese erfolgte mit der konkludenten Billigung durch den Einzug Ende August. Unerheblich ist, daß noch geringfügige Arbeiten ausstanden. Die Werklieferung erfolgte entgeltlich. Die Gegenleistung bestand in Geld und der Gegenlieferung von Baumaterialien. Es liegt mithin ein Tausch mit Baraufgabe (§ 3 Abs. 12 UStG) vor. Eine Materialbeistellung kommt nicht in Betracht, weil das Material nicht verwendet wurde und ein unschädlicher Materialaustausch wegen fehlender Gleichartigkeit nicht in Betracht kommt.
Nach allem ist die Werklieferung steuerbar (§ 1 Abs. 1 Nr. 1 UStG).

Sie ist nicht befreit (§ 4 UStG) und unterliegt dem Regelsteuersatz von 16% (§ 12 Abs. 1 UStG).
Die Bemessungsgrundlage nach § 10 Abs. 2 Satz 2 i.V.m. § 10 Abs. 1 UStG beträgt 450.000 DM (Geld) zzgl. 14.000 DM (Wert des Materials) : 1,16 = 400.000 DM.
Die USt-Schuld beläuft sich auf 64.000 DM.

Die Steuerschuld entsteht nach § 13 Abs. 1 Nr. 1a UStG spätestens mit Ablauf des VAZ August.
Wegen der Anwendung der Anzahlungsbesteuerung nach § 13 Abs. 1 Nr. 1a Satz 4 UStG entsteht die USt für die Anzahlung im Mai und Juni bereits mit Ablauf dieser Monate.
Darüber hinaus entsteht auch hinsichtlich der Lieferung des Baumaterials bei BU Umsatzsteuer nach § 13 Abs. 1 Nr. 1a Satz 4, da auch insoweit eine Anzahlung gegeben ist. Es ergibt sich mithin

VAZ 3/98	8.621 BMG	+	1.379 USt
VAZ 5/98	125.000 BMG	+	20.000 USt
VAZ 6/98	125.000 BMG	+	20.000 USt
VAZ 8/98	141.379 BMG	+	22.621 USt
	400.000 BMG		64.000 USt

Die Erstellung der Schlußrechnung bzw. die tatsächliche Zahlung in 1999 haben auf die Entstehung der Umsatzsteuer keinen Einfluß.

Lösung zu Sachverhalt 4

Die OHG führt im März 1998 eine „bewegte" Lieferung in Wuppertal aus (§ 3 Abs. 1, Abs. 6 Satz 1 UStG), indem sie dem Neffen die das Partyzelt durch Einigung und Übergabe zu Eigentum überträgt (§ 929 Satz 1 BGB).

Die Lieferung erfolgt im Leistungsaustausch, da die OHG gegen Entgelt handelt. Die Lieferung ist folglich nach § 1 Abs. 1 Nr. 1 UStG steuerbar.

Für die mangels Steuerbefreiung (§ 4 UStG) steuerpflichtige Lieferung gilt ein Steuersatz von 16 v.H., § 12 Abs. 1 UStG.

Da der Neffe eine der OHG nahestehende Person ist, (es genügen Beziehungen zu den Gesellschaftern der OHG), muß überprüft werden, ob die Mindestbemessungsgrundlage nach § 10 Abs. 5 i.V.m. § 10 Abs. 4 Nr. 1 UStG anzuwenden ist. Danach sind mindestens die Selbstkosten anzusetzen. Diese betragen im vorliegenden Fall 800 DM. Die nach § 10 Abs. 1 UStG anzusetzende Bemessungsgrundlage beträgt dagegen (900 DM ./. 45 DM =) 855 DM : 1,16 = 737,07 DM.

Für den Voranmeldungszeitraum 3/98 ergibt sich daher eine Bemessungsgrundlage von 800 DM und eine USt-Schuld von 128 DM.

Lösung zu Sachverhalt 5

Da die Reisekosten in der Person des Unternehmers selbst entstanden sind, werden die Vorsteuerbeträge grds. anhand der vorgelegten Rechnungen ermittelt (§ 15 Abs. 1 Nr. 1 UStG). Ein Ausschlußgrund nach § 15 Abs. 2 UStG ist nicht gegeben. Die abzugsfähigen und abziehbaren Vorsteuerbeträge belaufen sich auf:

1. Deutsche Bahn AG: 16 % aus 570 DM (558+12) (§ 34, 35 Abs. 2 UStDV)	78,62 DM
2. Hotelrechnung einschl. Frühstück	38,34 DM
3. Verpflegungsmehraufwand lt. Rechnungen	42,00 DM
4. Taxikosten	- - DM
insgesamt	152,61 DM

Hinsichtlich der Mehraufwendungen für Verpflegung ist zu beachten, daß die ertragsteuerlich anzusetzenden Pauschbeträge (§ 4 Abs. 5 Nr. 5 EStG) umsatzsteuerlich zugleich Höchstbeträge darstellen und ein darüber hinaus gehender Betrag als Eigenverbrauch zu behandeln ist (§ 1 Abs. 1 Nr. 2c UStG). Der Vorsteuerabzug ist aber zunächst ungekürzt zu berechnen. Aus der Taxiquittung steht HH kein Vorsteuerabzug zu, da es sich nicht um eine ordnungsgemäße Rechnung i.S.d. § 14 Abs. 1 UStG handelt.

Der Hinweis auf die Entfernungskilometer anstelle der Angabe des Steuersatzes ist nur bei Fahrausweisen zulässig (§ 34 UStDV).

An allen Tagen hat HH einen Eigenverbrauch nach § 1 Abs. 1 Nr. 2c UStG bewirkt, da jeweils die Höchstbeträge des EStG überschritten wurden (Abschn. 196 Abs. 5 UStR). Dies sind 20 DM am ersten Tag, 46 DM am zweiten Tag und 10 DM am dritten Tag. Somit sind ertragsteuerlich nur 76 DM als Betriebsausgaben anzusetzen. Da HH jedoch 120 DM, 60 DM und 100 DM sowie jeweils 2 x 7,75 DM (Frühstück 9 DM brutto) = 295,50 DM netto als Betriebsausgaben berücksichtigt hat, liegen in Höhe von (295,50 DM ./. 76 DM =) 219,66 DM nicht abzugfähige Betriebsausgaben vor (§ 4 Abs. 5 Nr. 5 EStG). Die Bemessungsgrundlage für den Eigenverbrauch beträgt somit 219,50 DM (§ 10 Abs. 4 Nr. 3 UStG), die Umsatzsteuer 35,12 DM. Per Saldo verbleibt HH eine umsatzsteuerliche Entlastung von 152,61 DM Vorsteuer ./. 35,12 DM Umsatzsteuer = 117,49 DM.

Hinweis:

Zu vorstehendem Ergebnis kommt man auch, wenn gleich die ertragsteuerlichen Pauschbeträge als Höchstbeträge zugrunde gelegt werden, wobei zu beachten ist, daß im Hinblick auf die Hotelrechnung dann nur die Vorsteuer abzugsfähig ist, die auf die Übernachtung entfällt.

Lösung zu Sachverhalt 6

- **Unternehmereigenschaft der Käthe Ehrlich;**

Durch die Vermietung der Ferienwohnung wird Käthe Ehrlich nachhaltig zur Erzielung von Einnahmen tätig. Die von der Rechtsprechung entwickelten Merkmale für eine nachhaltig ausgeübte auf Dauer zur Erzielung von Entgelten ausgerichtete Tätigkeit (Abschn. 18 Abs. 2 UStR) sind erfüllt.

Deutliches Indiz hierfür ist auch die regelmäßig erscheinende Anzeige in der Zeitung, mit der Käthe Ehrlich „werbend", „wie ein Händler am Markt" auftritt. Damit ist Käthe Ehrlich ab August 1994 mit der Aufnahme von Vorbereitungshandlungen (Anschaffung der Wohnung) Unternehmerin i.S.d. § 2 Abs. 1 UStG geworden. Da nach der Aufgabenstellung die Anwendung des § 19 (Kleinunternehmer) ausgeschlossen ist, ergibt sich für die Vermietungsleistungen folgende umsatzsteuerliche Beurteilung:

- **Umsatzsteuerliche Behandlung der Vermietung an Feriengäste durch die Unternehmerin Käthe Ehrlich**

Mit der Vermietung der Ferienwohnung erbringt Käthe Ehrlich sonstige Leistungen i.S. des § 3 Abs. 9 UStG. Der Ort bestimmt sich nach § 3a Abs. 2 Nr. 1a UStG (Borkum), die mithin im Inland gegen Entgelt (im Leistungsaustausch) ausgeführten Vermietungsleistungen sind somit steuerbar nach § 1 Abs. 1 Nr. 1 UStG.

Die Vermietungsleistungen an Feriengäste sind durch die ausdrückliche Regelung in § 4 Nr. 12 Satz 2 UStG von der Steuerbefreiung ausgenommen und daher steuerpflichtig zum Steuersatz (§ 12 Abs. 1 UStG) von 16 %. Die Bemessungsgrundlage ergibt sich aus § 10 Abs. 1 Sätze 1 und 2 UStG und beträgt 1.000 DM je Woche. Die darauf entfallende Umsatzsteuer in Höhe von 160 DM entsteht jeweils mit Ablauf des Voranmeldungszeitraums, in dem die Vermietungsleistung erbracht worden ist (§ 13 Abs. 1 Nr. 1a Satz 1 UStG). Käthe Ehrlich schuldet die Umsatzsteuer nach § 13 Abs. 2 Nr. 1 UStG.

- **Vorsteuerabzug aus der Anschaffung des Ferienappartements**

Als Unternehmerin ist Käthe Ehrlich aus dem Erwerb der Ferienwohnung grundsätzlich zum Vorsteuerabzug berechtigt (§ 15 Abs. 1 Nr. 1 UStG). Ausschlußgründe für den Vorsteuerabzug nach § 15 Abs. 2 UStG liegen nicht vor. Die Voraussetzungen für die tatsächliche Inanspruchnahme des Vorsteuerabzugs sind allerdings erst im Januar 1995 mit Begebung der Rechnung durch den Verkäufer sämtlich erfüllt. Daher darf Käthe Ehrlich den Vorsteuerabzug in Höhe von 60.000 DM erst für den Vz 01/1995 vornehmen.

- **Unternehmereigenschaft des Erwin Ehrlich**

Die Unternehmereigenschaft geht nicht Erbwege über (Abschn. 19 Abs. 1 Satz 4 UStR).

Ein Erbe wird nur dann Unternehmer im Sinne von § 2 UStG, wenn er nach Eintritt des Erbfalls in seiner eigenen Person eine gewerbliche oder berufliche Tätigkeit selbständig ausübt (Abschn. 19 Abs. 1 Satz 5 UStR). Da Erwin Ehrlich das Unternehmen „Vermietung einer Ferienwohnung" nach dem Ableben der Mutter zunächst unverändert weiterführt, wird er insoweit zum Unternehmer. Die Vermietungsumsätze unterliegen nach den o.a. Vorschriften der Umsatzbesteuerung bei Erwin Ehrlich. Als Gesamtrechtsnachfolger tritt Erwin Ehrlich in die Rechtsstellung seiner Mutter ein. Dies führt dazu, daß er z.B. den „§ 15a "Berichtigungszeitraum" fortführt.

- **Konsequenzen aus der Selbstnutzung zu eigenen Wohnzwecken ab Juni 1997**

Der Entschluß, die Ferienwohnung ab Juni 1998 ausschließlich zu eigenen Wohnzwecken zu nutzen, stellt umsatzsteuerlich einen Entnahmeeigenverbrauch i.S.d. § 1 Abs. 1 Nr. 2a UStG dar. Die zum Unternehmensvermögen gehörende Wohnung wird für nicht unternehmerische Zwecke entnommen. § 1 Abs. 1a UStG findet keine Anwendung, da die Wohnung zwar einen „Betrieb im ganzen" darstellt, aber nicht unternehmerisch weiter genutzt wird. Der nach § 1 Abs. 1 Nr. 2a UStG steuerbare Eigenverbrauch ist nach § 4 Nr. 9a UStG steuerfrei (Abschn. 71 Abs. 2 Nr. 2 UStR).

Die steuerfreie Entnahme der Ferienwohnung aus dem Unternehmensvermögen in 1998 ist anders zu beurteilen als die Verwendung der Ferienwohnung (steuerpflichtige Vermietung) im ersten Kalenderjahr der tatsächlichen Nutzung (1994). Es liegt eine Änderung der Verhältnisse i.S. des § 15a Abs. 4 UStG vor, die zu einer Berichtigung des Vorsteuerabzugs nach § 15a UStG führt. Die Berichtigung ist für den VAZ der Entnahme (§ 44 Abs. 4 UStDV) so vorzunehmen, als wäre das Wirtschaftsgut in der Zeit von der Entnahme bis zum Ablauf des maßgeblichen Berichtigungszeitraums unter entsprechend geänderten Verhältnissen weiterhin für das Unternehmen verwendet worden (§ 15a Abs.6 UStG).

Berechnung des Berichtigungsbetrages nach § 15a UStG:

Berichtigungszeitraum: 01.09.1995 - 31.08.2005 = 120 Monate
Vorsteuerbetrag nach § 15 Abs. 1 Nr. 1 UStG: 60.000 DM
Aufgrund der tatsächlichen zu 100 % zum Vorst.-Abzug
berechtigenden erstmaligen Nutzung abziehbar: 60.000 DM

Aufgrund der steuerfreien zu 0 % zum
Vorsteuer-Abzug berechtigenden Entnahme abziehbar   0 DM

Aufteilung im Verhältnis der Nutzung 45/120 (Zeitraum der stpfl. Vermietung) zu 75/120 (Berichtigungszeitraum nach der Entnahme)

verwendungsabhängig   22.500 DM
entnahmeabhängig   37.500 DM

In der Voranmeldung Mai 1998 (§ 44 Abs. 4 UStDV) ist die Vorsteuer in Höhe von 37.500 DM zu kürzen (vertretbar auch Vz 06/1998).

Aufgabenteil Nr. 5: Abgabenordnung

Sachverhalt 1

Wenn das Finanzamt einen Steuerbescheid berichtigen möchte, hat es zunächst einmal die Festsetzungsfrist zu überprüfen, da bereits verjährte Steuerfestsetzungen nur noch dann anhand einer Berichtigungsvorschrift geändert werden können, wenn eine Ablaufhemmung vorliegt:

Berechnung der Festsetzungsfrist:

Die Festsetzungsfrist beginnt mit Ablauf des Jahres der Abgabe der Einkommensteuererklärung 01: mit Ablauf des 31.12. 02, § 170 Abs. 2 Nr. 1 AO.
- Die Festsetzungsfrist beträgt grundsätzlich vier Jahre, § 169 Abs. 2 Nr. 2 AO.
- In Fällen, in denen Einkommensteuer hinterzogen worden ist, beträgt die Festsetzungsfrist 10 Jahre, § 169 Abs. 2 Satz 2 AO.

⇒ Hinsichtlich des Rechtsfehlers endet die Festsetzungsfrist für die Einkommensteuer des VZ 01 mit Ablauf des 31.12. 06.

⇒ Insoweit die Einkommensteuer hinterzogen worden ist, tritt Festsetzungsverjährung ein mit Ablauf des 31.12. 12.

Die Einkommensteuer hinsichtlich des Rechtsfehlers kann im VZ 07 nicht mehr berichtigt werden, weil die Einkommensteuer insoweit teilverjährt ist. Der Vorbehalt der Nachprüfung ist ebenfalls zum 31.12. 06 kraft Gesetzes entfallen, § 164 Abs. 4 AO.

Hinsichtlich der hinterzogenen Einkommensteuer ist eine Festsetzungsverjährung noch nicht eingetreten. Das Finanzamt darf die Einkommensteuer des Jahres 01 hinsichtlich der hinterzogenen Einkommensteuer allerdings nur dann berichtigen, wenn eine Berichtigungsvorschrift einschlägig ist.

Eine Berichtigung gem. § 164 Abs. 2 AO ist auch in diesem Fall nicht möglich, weil der Vorbehalt der Nachprüfung kraft Gesetzes mit Ablauf des 31.12. 06 entfallen ist.

§ 164 Abs. 4 Satz 2 AO erlaubt selbst in Fällen einer vollendeten Steuerhinterziehung keine zeitliche Verlängerung der Wirksamkeit des Vorbehalts der Nachprüfung.

Allerdings handelt es sich insoweit aus der Sicht des Finanzamtes um eine neue Tatsache mit steuererhöhender Wirkung, so daß § 173 Abs. 1 Nr. 1 AO tatbestandsmäßig erfüllt ist.

Hinweis:

Selbst wenn beim Stpfl. bereits eine steuerliche Außenprüfung stattgefunden hat, kann aufgrund der ausdrücklichen Regelung des § 173 Abs. 2 Satz 1 AO dennoch eine Berichtigung vorgenommen werden.

Sachverhalt 2

Zu 1:

Zunächst ist zu prüfen, ob bei der oHG Feststellungsverjährung eingetreten ist.
Die Vorschriften für die Besteuerung gelten im Feststellungsverfahren sinngemäß, § 181 Abs. 1 AO.
Die Feststellungserklärung der oHG wurde im Jahre 03 beim Finanzamt eingereicht. Somit beginnt die Feststellungsfrist mit Ablauf des 31.12. 03, § 170 Abs. 2 Nr. 1 AO. Die Verjährungsfrist beträgt vier Jahre, § 169 Abs. 2 Nr. 2 AO. Sie endet mit Ablauf des 31.12. 07. Somit war das Finanzamt berechtigt, vor Ablauf der Feststellungsverjährung einen gem. § 164 Abs. 2 AO geänderten Feststellungsbescheid zu erlassen. Die Wirkung des Vorbehalts der Nachprüfung läuft ebenfalls nicht vor dem 31.12. 07 ab, § 164 Abs. 4 AO.

Hinweis:

Besonderheiten aus der steuerlichen Außenprüfung ergeben sich nicht, da die aufgrund der Außenprüfung zu erlassenen Feststellungsbescheide ganz offensichtlich vor Ablauf der Feststellungsverjährung bekanntgegeben worden sind. Insoweit hat keine Prüfung einer Ablaufhemmung gem. § 171 Abs. 4 AO zu erfolgen.

Zu 2:

Die Festsetzungsfrist für die Einkommensteuer des VZ 01 beginnt mit Ablauf des Jahres der Abgabe der Steuererklärung 01, mithin mit Ablauf des 31.12. 02, § 170 Abs. 2 Nr. 1 AO.
Die Festsetzungsfrist beträgt ebenfalls 4 Jahre, § 169 Abs. 2 Nr. 2 AO. Die Festsetzungsfrist endet mit Ablauf des 31.12. 06.

Zwischenergebnis:

Zunächst einmal muß festgestellt werden, daß im Jahre 07 aufgrund der eingetretenen Festsetzungsverjährung ein Einkommensteuerbescheid nicht mehr bekanntgegeben werden darf.

Es ist aber zu prüfen, ob das Finanzamt die Bekanntgabe des Einkommensteuerbescheides nach Eintritt der Festsetzungsverjährung auf eine Ablaufhemmung im Sinne des § 171 AO stützen kann. Einschlägig ist hier insbesondere § 171 Abs. 10 AO, wonach punktuell die Festsetzung eines Einkommensteuerbescheides, für die ein Feststellungsbescheid als Grundlagenbescheid bindend ist, nicht vor Ablauf von zwei Jahren (vgl. § 171 Abs. 10 AO i.d.F. des JStG 1997) nach Bekanntgabe des Grundlagenbescheides verjährt:

Feststellungsbescheid zur Post am	15.3.07
Bekanntgabe des Feststellungsbescheides am (vgl. § 122 Abs. 2 Nr. 1 AO)	18.3.07
Lauf der Ablaufhemmung, § 171 Abs. 10 AO	2 Jahre
Ende der Ablaufhemmung	18.3.09

Maßgeblich ist, wann der geänderte Einkommensteuerbescheid des VZ 01 vom Finanzamt zur Post gegeben worden ist (16.3.09). Somit ist die ESt-Festsetzung 01 insoweit die Ablaufhemmung reicht noch nicht verjährt. Nicht von Bedeutung ist der tatsächliche Zugang bzw. die Bekanntgabe des geänderten Steuerbescheides.

Die Berichtigung des Einkommensteuerbescheides des Olaf Onko kann nicht gem. § 164 Abs. 2 AO erfolgen, weil der Vorbehalt gem. § 164 Abs. 4 AO mit Ablauf der "normalen" Festsetzungsverjährung entfallen ist.

Das Finanzamt muß die Berichtigung anhand § 175 Abs. 1 Nr. 1 AO begründen, weil der Einkommensteuerbescheid 01 (Folgebescheid) bedingt durch den geänderten Feststellungsbescheid (Grundlagenbescheid) der oHG geändert worden ist.

Aufgabenteil Nr. 6: Rechnungswesen

1. Grundstück Steinstr. 1

- Ertragsteuerlich liegen zwei Wirtschaftsgüter (Grund u. Boden und Gebäude) vor, die in der Bilanz getrennt auszuweisen und zu bewerten sind.

- Das bebaute Grundstück gehört zum notwendigen Betriebsvermögen der OHG (vgl. § 4 Abs. 1 EStG i.V.m. R 13 Abs. 11 EStR). Es dient ausschließlich betrieblichen Zwecken. Da es sich um Gesamthandsvermögen handelt, muß die OHG das Grundstück in ihrer Gesellschaftsbilanz ausweisen (§ 5 Abs. 1 Satz 1 EStG i.V.m. § 240 Abs. 1, § 242 Abs. 1, § 246 Abs. 1 HGB).

- Der Grund und Boden gehört zum nicht abnutzbaren Anlagevermögen (§ 247 Abs. 2 HGB, R 32 Abs. 1 Satz 6 EStR) und ist gem. § 6 Abs. 1 Nr. 2 EStG grds. mit den Anschaffungskosten zu bewerten.

Die Änderung des Flächennutzungsplanes führt zu einer voraussichtlich dauernden Wertminderung des Grund und Bodens. Dieser Wertminderung ist gem. § 5 Abs. 1 S. 1 EStG i.V.m. § 253 Abs. 2 HGB durch eine außerplanmäßige Abschreibung (bzw. Teilwertabschreibung) Rechnung zu tragen,. Die Teilwertvermutung wird widerlegt (vgl. R 35a Satz 4 EStR).

Anfangsbestand 01.01.1998	150.000 DM
außerplanmäßige AfA bzw. TWA	./. 50.000 DM
Teilwert = Bilanzwert zum 31.12.1998	100.000 DM
	(Fa. 150.000 DM)

- Das Gebäude gehört zum unbewegl. abnutzbaren Anlagevermögen (R 32 Abs. 1 Satz 5 EStR, R 42 Abs. 1 Nr. 4 EStR) und ist gem. § 6 Abs. 1 Nr. 1 EStG grds. mit den fortgeführten AK (AK ./. AfA) zu bewerten.

- Die AfA beträgt gem. § 7 Abs. 4 Satz 1 Nr. 2a EStG 2 % der ursprünglichen AK. Die AfA nach § 7 Abs. 4 Satz 1 Nr. 1 EStG i.H.v. 4 % kommt nicht in Betracht, da das Gebäude bereits in 1973 hergestellt worden ist (kein Wirtschaftsgebäude).

Die Anwendung des § 7 Abs. 5 Satz 1 Nr. 2 EStG ist unzulässig, da weder die Voraussetzungen hierfür vorliegen noch ein Wechsel zur degressiven Gebäude-AfA möglich ist.

Kontenentwicklung:

Anfangsbestand 1.1.1998	420.000 DM
2 % AfA von 500.000 DM	./. 10.000 DM
31.12.1998	410.000 DM (Fa. 395.000 DM)

- **Buchung:**

Gebäude	15.000 DM an	AfA	15.000 DM
TWA	50.000 DM	Grund und Boden	50.000 DM

- **Gewinn:**

Minderung AfA	+ 15.000 DM
Teilwertabschreibung	./. 50.000 DM

2. Laderampe

- Es handelt sich bei der aktivierungspflichtigen Laderampe um eine typische Betriebsvorrichtung, die als selbständiges Wirtschaftsgut zu bilanzieren ist (vgl. R 13 Abs. 3 Satz 3 Nr. 1 EStR) und fiktiv zum beweglichen abnutzbaren Anlagevermögen gehört (vgl. R 42 Abs. 2 und 3 EStR).
- Die Laderampe ist gem. § 6 Abs. 1 Nr. 1 EStG mit den fortgeführten Herstellungskosten (HK ./. AfA) zu bewerten.

- **Kontenentwicklung:**

Zugang in 6/98 mit Netto-HK	120.000 DM
AfA grds. linear gem. § 7 Abs. 1 EStG 10 %, jedoch lt. Aufgabe:	
AfA degressiv 30 % gem. § 7 Abs. 2 EStG; 1/1 gem. R 44 Abs. 2 Satz 3 EStR	./. 36.000 DM
Sonder-AfA nach § 7g EStG, da das Betriebsvermögen 400.000 DM nicht übersteigt, 20 % zusätzlich	./. 24.000 DM
fortgeführte HK 31.12.1998	60.000 DM

- Die Sonder-AfA ist handelsrechtlich gem. § 254 HGB zulässig; falls neben der HB auch eine StB erstellt wird, muß gem. § 5 Abs. 1 Satz 2 EStG die Sonder-AfA auch in der HB ausgewiesen sein (sog. umgekehrte Maßgeblichkeit).
- **Buchung:**

Laderampe	120.000 DM	an	Gebäude	120.000 DM
Gebäude	2.800 DM		AfA	2.800 DM
AfA und Sonder-abschreibung	36.000 DM 24.000 DM		Laderampe	60.000 DM

- **Gewinn:**

Erhöhung AfA und Sonderabschreibung ./. 57.200 DM

Tz. 3 Betriebs- und Geschäftsausstattung

In vorliegendem Fall ist ausnahmsweise eine Durchbrechung des Bilanzenzusammenhangs möglich, weil die OHG im Jahre 1997 bewußt die AfA unterlassen hat, um dadurch später beachtliche ungerechtfertigte Steuervorteile zu erlangen (H 15 EStH). Da eine Berichtigung des falschen Bilanzansatzes im Ursprungsjahr nicht mehr möglich ist, die OHG darüber hinaus gegen den Grundsatz von Treu und Glauben verstoßen hat, ist der Bilanzansatz wie folgt zu korrigieren:

AK Januar 1997	45.000 DM
AfA 1997 (ohne Korrektur des Vorjahres)	./. 4.500 DM
Bilanzwert 1.1.1998	40.500 DM
AfA linear (Firma: 5.000 DM)	./. 4.500 DM
Bilanzwert 31.12.1998	36.000 DM
	(Fa. : 40.000 DM)

Siehe auch H 44 EStH; Stichwort „unterlassene oder überhöhte AfA".

Buchung:

Eigenkapital Klein	2.250 DM	an	Betriebs- und Geschäftsausstattung	4.000 DM
Eigenkapital Fein	2.250 DM		AfA	500 DM

Gewinn: Minderung AfA 1998 =   + 500 DM

Die AfA für 1997 in Höhe von 4.500 DM geht somit endgültig verloren. Der Totalgewinn stimmt nicht mehr. Nur falls die AfA irrtümlich unterblieben ist, kann entsprechend R 44 Abs. 10 EStR verfahren werden..

4. Wertpapiere

- Die Wertpapiere gehören zum Gesamthandsvermögen der OHG und sind deshalb zwingend gem. § 5 Abs. 1 Satz 1 EStG i.V.m. § 240 Abs. 1, § 246 Abs. 1 HGB zu aktivieren (vgl. auch R 13 Abs. 2 EStR).

- Die Wertpapiere gehören zum nicht abnutzbaren Anlagevermögen (vgl. § 247 Abs. 2 HGB, R 32 Abs. 1 Satz 6 und R 41c Abs. 1 Satz 2 EStR) und sind gem. § 6 Abs. 1 Nr. 2 EStG grds. mit den Anschaffungskosten zu bewerten.

- Zum 31.12.1998 kann gem. § 6 Abs. 1 Nr. 2 Satz 2 EStG auch der niedrigere Teilwert angesetzt werden. Handelsrechtlich darf eine außerplanmäßige Abschreibung gem. § 253 Abs. 2 HGB auf den beizulegenden Wert vorgenommen werden. Der Bilanzwert zum 31.12.1998 berechnet sich wie folgt:

90 Aktien zu 120 DM	10.800 DM	
1,5 % Nebenkosten	+ 162 DM	
Teilwert (= beizulegender Wert) zum 31.12.1998	10.962 DM	(Fa.: 14.210 DM ./. 1.500 DM 12.710 DM)
AK 90 % von 14.210 DM	12.789 DM	
Teilwertabschreibung	1.827 DM	

Da lt. Aufgabenstellung der steuerlich niedrigste Gewinn ausgewiesen werden soll, sind die Wertpapiere am Bilanzstichtag mit dem niedrigeren Teilwert auszuweisen.

- Beim Verkauf der 10 Aktien ergab sich für die OHG ein sonstiger betrieblicher Aufwand, der sich wie folgt berechnet:

10 Aktien zu 150 DM	1.500 DM
Verkaufskosten	./. 100 DM
Bankgutschrift	1.400 DM
AK (Buchwert) der 10 Aktien	./. 1.421 DM (10 % des Bestandes)
sonstiger Aufwand per Saldo	21 DM (Fa. 100 DM)

Möglich ist auch der Ausweis eines sonstigen Ertrages i.H.v. 79 DM, allerdings sind dann die Verkaufskosten i.H.v. 100 DM als sonstige Aufwendungen zu buchen.

- **Buchung:**

  Teilwertabschreibung   1.827 DM   an   Wertpapiere   1.748 DM
                                                                     sonst. Aufw.   79 DM

- **Gewinn:**

  Minderung sonst. Aufw   +   79 DM
  Erhöhung Teilwertabschr.   ./. 1.827 DM

5. Fuhrpark

- Der VW-Bus ist ebenfalls aktivierungspflichtig; er gehört zum beweglichen abnutzbaren Anlagevermögen (R 42 Abs. 2 EStR) und ist gem. § 6 Abs. 1 Nr. 1 EStG grds. mit den AK abzüglich der AfA (= fortgeführte AK) zu bewerten.

- Zu den AK gehören neben den Aufwendungen für den Umbau auch diejenigen für das Firmenemblem, auch wenn es sich hierbei um nachträgliche AK handelt (vgl. hierzu H 32a EStH oder § 255 Abs. 1 Satz 2 HGB). Nicht zu den AK gehört gem. § 9b Abs. 1 EStG die verrechenbare Vorsteuer.

- Die im Jahre 1997 gebildete Rücklage für Ersatzbeschaffung durfte nicht die AK des VW-Busses mindern, denn die Übertragung ist nur bei einem Ersatzwirtschaftsgut zulässig (vgl. R 35 Abs. 1 Satz 2 Nr. 2 EStR).

- Die RfE ist zum 31.12.1998 weiterhin als Sonderposten mit Rücklageanteil (§ 247 Abs. 3 HGB) zu bilanzieren, da die beabsichtigte Ersatzbeschaffung im Frühjahr 1999 voraussichtlich vorgenommen wird (vgl. R 35 Abs. 4 Sätze 3 und 5 EStR).

Bilanzansatz RfE 31.12.1998 <u>10.000 DM</u> (Fa. 0 DM)

- **Kontenentwicklung VW-Bus:**

AK am 15.6.1998	27.000 DM
nachträgliche AK am 3.7.1998	+ 3.000 DM
AK insgesamt	30.000 DM
AfA linear gem. § 7 Abs. 1 EStG (33 1/3 %)	
Vereinfachungsregelung: 1/1 AfA, da Anschaffung in der 1. Jahreshälfte; R 44 Abs. 2 Satz 3 EStR und R 44 Abs. 11 Satz 3 EStR (Unterstellung bei nachträglichen AK)	./. 10.000 DM
Keine Sonder-AfA nach § 7g EStG, da es sich um ein gebrauchtes Fahrzeug handelt (R 83 Abs. 5 EStR)	0 DM
Bilanzwert zum 31.12.1998	<u>20.000 DM</u>

- **Buchung:**

Fuhrpark	3.000 DM	an	Sonderposten mit Rücklageanteil (RfE)	10.000 DM
AfA	10.000 DM		Instandhaltungskosten	2.000 DM
			Werbekosten	1.000 DM

- **Gewinn:**

Erhöhung AfA	./. 10.000 DM
Minderung Werbekosten	+ 1.000 DM
Minderung Instandhaltungsaufw.	+ 2.000 DM
Gewinn	<u>./. 7.000 DM</u>

6. Waren

a) Bewertung

- Die aktivierungspflichtigen Waren gehören zum Umlaufvermögen (Umkehrschluß gem. § 247 Abs. 2 HGB, bzw. R 32 Abs. 2 EStR) und sind gem. § 6 Abs. 1 Nr. 2 EStG oder § 253 Abs. 1 HGB grds. mit den AK zu bewerten.

Ist den Waren am Abschlußstichtag ein niedrigerer Wert beizulegen, so muß dieser nach dem strengen Niederstwertprinzip gem. § 5 Abs. 1 Satz 1 EStG i.V.m. § 253 Abs. 3 Satz 2 HGB angesetzt werden. Nicht verwirklichte Verluste müssen ausgewiesen werden.

Der Teilwert hängt bei zum Absatz bestimmter Ware auch vom voraussichtlichen Verkaufspreis ab (vgl. H 35a EStH „Teilwertvermutungen").

- Bei sinkenden Verkaufspreisen kann (muß) nach dem Grundsatz der besseren Erkenntnis auch der über den Bilanzstichtag hinaus drohende Verlust (etwa 2 Monate) berücksichtigt werden (§ 252 Abs. 1 Nr. 4 HGB).

Der steuerliche Teilwert ist gem. R 36 Abs. 2 Satz 3 EStR retrograd wie folgt zu ermitteln:

Verkaufspreis im Februar 1999	65 DM
noch anfallende Kosten 20 % von 50 DM AK:	./. 10 DM
beizulegender Wert (sog. verlustfreie Bewertung)	55 DM
durchschnittlicher Gewinn = 30 % von den Selbstkosten i.H.v. 60 DM (50 DM + 10 DM)	./. 18 DM
Teilwert pro Stück	37 DM
Bilanzansatz zum 31.12.1998 (500 x 37 DM)	18.500 DM

Handelsrechtlich muß der Gewinnaufschlag nicht abgezogen werden, ein Abzug ist jedoch gem. § 254 HGB möglich. Steuerrechtlich muß lt. Rechtsprechung des BFH der Gewinnaufschlag bei der Ermittlung des Teilwerts abgezogen werden (vgl. auch R 36 Abs. 2 Satz 3 EStR).

Da der beizulegende Wert die ursprünglichen Anschaffungskosten jedoch nicht unterschreitet, bleibt es in vorliegendem Fall bei einem Abwertungswahlrecht gem. § 6 Abs. 1 Nr. 2 Satz 2 EStG.

Alternativ kann der Teilwert auch nach der progressiven Methode wie folgt berechnet werden:

Anschaffungskosten	50 DM
20 % Verwaltungs- und Vertriebskosten	+ 10 DM
Selbstkosten	60 DM
30 % durchschnittlicher Gewinn	+ 18 DM

Vergleichswert (Selbskostenpreis)	78 DM
voraussichtlicher Verkaufspreis	./. 65 DM
nicht gedeckter Fehlbetrag	13 DM
Anschaffungskosten	50 DM
Teilwertabschreibung	./. 13 DM
Teilwert (vgl. H 36 EStH „Warenvorräte")	37 DM

- Buchung:

  Teilwertabschreibung   6.500 DM an Waren   6.500 DM

- Gewinn:

  Erhöhung Teilwertabschreibung   ./. 6.500 DM

b) Privatentnahmen

- Die Schenkung der Knabenhosen stellt eine Sachentnahme i.S.d. § 4 Abs. 1 Satz 2 EStG (R 14 Abs. 2 EStR) dar. Eine betriebliche Beziehung zu dem gemeinnützigen Verein ist nicht erkennbar.

- Die Sachentnahme kann gem. § 6 Abs. 1 Nr. 4 Satz 4 EStG im vorliegenden Fall mit dem Buchwert angesetzt werden (Buchwertprivileg bei unentgeltlichen Sachspenden i.S.d. § 10b Abs. 1 EStG).

- Umsatzsteuerlich liegt ein Eigenverbrauch (fiktive Lieferung) gem. § 1 Abs. 1 Nr. 2a UStG vor. Bemessungsgrundlage ist gem. § 10 Abs. 4 Nr. 1 UStG der Einkaufspreis im Zeitpunkt des Eigenverbrauchs i.H.v. 44 DM. Die USt auf den Eigenverbrauch erhöht gem. § 12 Nr. 3 EStG die Privatentnahme.

Berechnung der Privatentnahmen:

100 Hosen x 38 DM (AK = Buchwert)	3.800 DM
USt 16 % von 4.400 DM	+ 704 DM
	4.504 DM

- **Buchung:**

Privatentnahme Klein	2.252 DM	an	Eigenverbrauch (bzw. Wareneinkauf)	3.800 DM
Privatentnahme Fein	2.252 DM		USt-Schuld	704 DM

- **Gewinn:**

Erhöhung Eigenverbrauch   + 3.800 DM
(bzw. Minderung Wareneinsatz)

a) Tantiemen

Rückstellungen für ungewisse Verbindlichkeiten aus Arbeitsverhältnissen

- Tantiemen sind Vergütungen, die das abgelaufene Geschäftsjahr betreffen und die in ihrer Höhe wegen der erfolgsabhängigen Berechnung noch unbestimmt sind (abhängig z.B. von der Gewinnausschüttung an Anteilseigner oder von der Beschlußfassung durch ein Gesellschaftergremium).

- Fraglich ist in vorliegendem Fall, ob eine ungewisse Verbindlichkeit i.S.d. R 31c Abs. 2 EStR zu bejahen ist. Die Forderung der Arbeitnehmer muß soweit konkretisiert sein, daß sich der Kaufmann ihr am Bilanzstichtag nicht mehr entziehen kann. Eine Rückstellung ist zu bilden, wenn sich derartige Verpflichtungen aus dem Tarif- oder Dienstvertrag ergeben oder wenn beispielsweise an den Betriebsratsvorsitzenden vor Abschluß des Wirtschaftsjahres schon bestimmte Zusagen gemacht worden sind (BFH, BStBl 1954 III S. 343). Dies liegt hier nicht vor.

- Vergütungen, die Mitarbeitern nach Ablauf eines Geschäftsjahres ohne Rechtspflicht gezahlt werden, sind ebenfalls rückstellungspflichtig, wenn solche Leistungen regelmäßig erbracht werden und der Kaufmann sich hierzu verpflichtet fühlt. Die Grenze, inwieweit vertraglich nicht festgelegte Verpflichtungen eine passivierungspflichtige Last sein können, wird in der Literatur als "fließend" bezeichnet.

- Eine Rückstellung für ungewisse Verbindlichkeiten gem. § 249 Abs. 1 Satz 1 HGB i.V.m. § 5 Abs. 1 Satz 1 EStG ist deshalb unzulässig, denn die Verbindlichkeit hat sich nach dem zu beurteilenden Sachverhalt erst mit der Zusage nach dem Bilanzstichtag konkretisiert (vgl. R 31 c Abs. 2 EStR.

- Aufwandsrückstellungen (Innenverpflichtungen) sind grds. unzulässig (Ausnahme: Aufwendungen für Instandhaltung bzw. Abraumbeseitigung gem. 249 Abs. 1 Nr. 1 HGB). Selbst wenn § 249 Abs. 2 HGB zuträfe, wäre diese Rückstellung steuerlich gem. § 5 Abs. 6 EStG i.V.m. H 31c Abs. 1 EStH unzulässig.

Der Bilanzwert zum 31.12.1998 beträgt demnach <u>0 DM</u>

- Buchung: keine

- Gewinn: entfällt

b) Mängelrüge

- Für diese ungewisse Verbindlichkeit (Gewährleistung) besteht Passivierungsgebot gem. § 5 Abs. 1 Satz 1 EStG i.V.m. § 249 Abs. 1 HGB (vgl. auch H 31c Abs. 4 EStH „Garantierückstellungen").
- Die Rückstellung ist gem. § 5 Abs. 1 Satz 1 EStG i.V.m. § 253 Abs. 1 HGB mit dem Betrag einzustellen, der nach vernünftiger kaufmännischer Beurteilung notwendig ist (vgl. H 38 EStH „Bewertungsgrundsätze für ungewisse Verbindlichkeiten"). Der Bilanzwert zum 31.12.1998 ermittelt sich wie folgt:

    (restlichen) 900 Hosen x 10 DM =   9.000 DM

- Buchung:

    Rückstellung   11.000 DM an sonst. Aufwend.   11.000 DM

- Gewinn:

    Minderung sonstige Aufwendungen + 11.000 DM

c) Einkaufsgeschäft

- Es liegt ein schwebendes Geschäft vor, wenn ein gegenseitiger auf Leistungsaustausch gerichteter Vertrag abgeschlossen wurde und von der zur Lieferung verpflichteten Vertragspartei noch nicht erfüllt ist.

- Handelsrechtlich ist gem. § 249 Abs. 1 Satz 1 HGB eine Rückstellung für drohende Verluste aus schwebenden Geschäften zu bilden (Passivierungsgebot). Nicht verwirklichte Verluste müssen ausgewiesen werden. Steuerrechtlich besteht jedoch gem. § 5 Abs. 4a i.V.m § 52 Abs. 6a EStG für nach dem 31.12.1996 endende Wirtschaftsjahre ein Passivierungsverbot.

- Die Bewertung erfolgt gem. § 253 Abs. 1 S. 2 HGB (vgl. auch R 38 Abs. 3 EStR) wie folgt:

Verpflichtung aus Kaufvertrag	50.000 DM
Teilwert am Stichtag	40.000 DM
Verpflichtungsüberschuß und Bilanzwert 31.12.1998	10.000 DM

Buchung in der Handelsbilanz:

sonstige		an	sonstige Rück-	
Aufwendungen	10.000 DM		stellungen	10.000 DM

Gewinn:

Erhöhung sonstige Aufwendungen =   ./. 10.000 DM
steuerliche Korrektur außerhalb der Bilanz =   + 10.000 DM

8. Fahrzeugüberlassung

- Die Kfz-Kosten für den betrieblichen Pkw stellen insoweit steuerlich keine Betriebsausgaben dar, als sie den einem Arbeitnehmer zustehenden Pauschbetrag für Fahrten zwischen Wohnung und Arbeitsstätte (das sind 0,70 DM je Entfernungskilometer) übersteigen (vgl. § 4 Abs. 5 Satz 1 Nr. 6 EStG und H 23 EStH).

- Umsatzsteuerlich liegt Eigenverbrauch gem. § 1 Abs. 1 Nr. 2c UStG vor. Bemessungsgrundlage sind gem. § 10 Abs. 4 Nr. 3 UStG die Aufwendungen. Eine pauschale Kürzung der Aufwendungen um nicht mit Vorsteuern belastete Kosten erfolgt gem. BdF-Erlaß vom 16.2.1999 (BStBl I S. 224).

- **Berechnung:**

    58.000 DM x 0,03 % = 17,4 x 20 km x 12 Monate   4.176 DM
    200 Tage x 20 km x 0,70 DM   ./. 2.800 DM
    steuerlich nicht abzugsfähig   1.376 DM

    Kürzung um 20 % von 1.376 DM = 276 DM,
    Bemessungsgrundlage für die USt somit 1.100 DM

    USt 16 % von 1.100 DM   176 DM

- **Buchung:**

Privatentnahme	1.552 DM	an	Eigenverbrauch	1.376 DM
Klein			USt-Schuld	176 DM

- **Gewinn**: Erhöhung Eigenverbrauch +1.376 DM

Die nicht abzugsfähigen Betriebsausgaben i.S.d. § 4 Abs. 5 EStG sind keine Entnahmen gem. § 4 Abs. 1 Satz 2 EStG. Werden die USt auf den Eigenverbrauch und die nicht abziehbaren Betriebsausgaben in der Buchführung als Aufwand behandelt und über die Gewinn- und Verlustrechnung abgeschlossen, müssen beide Beträge dem steuerlichen Gewinn außerhalb der Buchführung wieder hinzugerechnet werden.

9. Nicht abzugsfähige Betriebsausgaben

- Die Zahlung an den Angestellten der Textil-Großhandels-GmbH ist zutreffend in 1997 ist gem. § 160 Abs. 1 AO nicht gewinnmindernd behandelt worden. Da ein Rückforderungsanspruch nicht besteht, ist die Bilanz zum 31.12.1997 richtig.
- Eine Bilanzberichtigung gem. § 4 Abs. 2 EStG i.V.m. H 15 EStH mit der Folge einer erfolgsneutralen Behandlung der Rückzahlung in 1998 ist daher ausgeschlossen.
- Vielmehr ist die Rückzahlung in 1998 als sonstiger betrieblicher Ertrag zu erfassen. Für diese Sachbehandlung ist unerheblich, daß das Schmiergeld im Jahr der Zahlung den Gewinn nicht mindern durfte (BFH, BStBl 1968 II S. 581).
- Die Zahlung auf das private Geldkonto des Gesellschafters Karl Klein stellt eine Geldentnahme i.S.d. § 4 Abs. 1 Satz 2 EStG dar.
- **Buchung:**

Privatentnahmen K.Klein	6.000 DM	an	sonstige Erträge	6.000 DM

- **Gewinn:**

Erhöhung sonstige Erträge	+ 6.000 DM

10. Gehälter

- Die Gehaltsaufwendungen stellen handelsrechtlich abziehbare Betriebsausgaben dar, weil die vertraglichen Vereinbarungen zwischen der OHG und dem Gesellschafter Karl Klein zivilrechtlich anerkannt werden. Steuerrechtlich liegen jedoch gem. § 15 Abs. 1 Nr. 2 EStG Einkünfte aus Gewerbebetrieb (Vorweggewinn) des Gesellschafters Karl Klein vor. Auf die Angemessenheit kommt es hierbei nicht an, da es sich bei der vorliegenden Gesellschaft nicht um eine Kapitalgesellschaft handelt. Die Buchungen in der Gesellschaftsbilanz der OHG sind nicht zu beanstanden.

- Die Gehälter sind als Sonderbetriebseinnahmen zu behandeln und dem Gesellschafter Karl Klein vorweg zuzurechnen. Für den Monat Dezember 1998 ist eine sonstige Forderung i.H.v. 10.000 DM in der Sonderbilanz des Gesellschafters einzustellen, so daß sich in 1998 eine Gewinnerhöhung von insgesamt 120.000 DM für den Gesellschafter Karl Klein ergibt.

  Die ausgezahlten Gehälter i.H.v. 110.000 DM stellen gem. § 4 Abs. 1 Satz 2 EStG Geldentnahmen im Sonderbilanzbereich des Gesellschafters Karl Klein dar.

11. Grundbesitz des Gesellschafters Fritz Fein

- Die in Düsseldorf Kölner Str. 10 und Lindenstr. 20 belegenen Grundstücke gehören ab dem 1.1.1998 zum notwendigen Sonderbetriebsvermögen des Gesellschafters Fritz Fein (vgl. § 4 Abs. 1 EStG, R 13 Abs. 2 und 12 EStR), da sie ausschließlich dem Betrieb der OHG dienen. Die Nutzungsänderung führt zu einer Sacheinlage i.S.d. § 4 Abs. 1 Satz 5 EStG. Zum 1.1.1998 sind die Grundstücke deshalb gem. § 6 Abs. 1 Nr. 5 EStG mit ihren Teilwerten einzulegen. Die Bewertung des bebauten Grundstücks erfolgt gem. § 6 Abs. 1 Nr. 1 EStG mit den fortgeführten Anschaffungskosten (Einlagewert ./. AfA). Die AfA beträgt ab 1998 gem. § 7 Abs. 4 Satz 1 Nr. 1 EStG 4 % (vgl. auch R 43 Abs. 6 Satz 1 und R 44 Abs. 12 Satz 1 Nr. 1 EStR).

- Das unbebaute Grundstück Kölner Str. 10 und der Grund und Boden Lindenstr. 20 sind zum 31.12.1998 gem. § 6 Abs. 1 Nr. 2 EStG mit ihrem Einlagewert anzusetzen. Spätere Wertsteigerungen bleiben außer Ansatz, da der Einlagewert (= fiktive Anschaffungskosten) die Bewertungsobergrenze darstellt.

- Die laufenden Grundstückskosten sowie die AfA stellen für den Gesellschafter Fritz Fein Sonderbetriebsausgaben (R 18 Abs. 2 Satz 3 EStR) und die Mieterträge Sonderbetriebseinnahmen (§ 15 Abs. 1 Nr. 2 EStG) dar. Der sich hieraus ergebende Gewinn ist verfahrensrechtlich im Rahmen der einheitlichen und gesonderten Feststellung (§§ 179, 180 AO) zu erfassen. Soweit die Grundstückskosten aus privaten Mitteln bezahlt worden sind, handelt es sich um eine Geldeinlage des Gesellschafters Fritz Fein i.S.d. § 4 Abs. 1 Satz 5 EStR. Die erhaltenen Mieterträge inkl. Umsatzsteuer stellen für Fritz Fein in 1998 eine Geldentnahme i.S.d. § 4 Abs. 1 Satz 2 EStG dar.

- Der Gesellschafter Fritz Fein hat gem. §§ 19 Abs. 2 und 9 UStG zur Umsatzsteuer optiert (sog. Doppeloption), so daß er zum Vorsteuerabzug berechtigt ist. Die abziehbare Vorsteuer erhöht deshalb gem. § 9b Abs. 1 EStG nicht die laufenden Grundstückskosten.

Die Umsatzsteuerschuld des Unternehmers Fritz Fein für 1998 i.H.v. 4.500 DM (5.760 DM ./. 1.260 DM) ist in der Sonderbilanz als sonstige Verbindlichkeit einzustellen.

Aktiva   Sonderbilanz Fritz Fein zum 31.12.1998   Passiva

Grund und Boden Kölner Str.	80.000 DM	Privateinlage Grundstücke	580.000 DM
Grund und Boden Lindenstr.	100.000 DM	Privateinlage Geld (Grundstückskosten)	+ 10.860 DM
Gebäude Lindenstr. Zugang: 400.000 DM ./. AfA 16.000 DM	384.000 DM	Geldentnahme (Miete)	./. 41.760 DM
		Gewinn 1998	+ 10.400 DM
		Kapital 31.12.	559.500 DM
		USt-Verbindl.	4.500 DM
	<u>564.000 DM</u>		<u>564.000 DM</u>

Aufwand   Sonder-GuV Fritz Fein 1998   Ertrag

Grundstücksaufwendungen	9.600 DM	Mieterträge	36.000 DM
AfA	16.000 DM		
Gewinn	10.400 DM		
	<u>36.000 DM</u>		<u>36.000 DM</u>